August Sturm

Die Kommissivdelikte durch Unterlassung und die Omissivdelikte

dargestellt in ihrer historischen Entwickelung und klargelegt an einer Revision der

allgemeinen Grundlehren des Strafrechts

August Sturm

Die Kommissivdelikte durch Unterlassung und die Omissivdelikte
dargestellt in ihrer historischen Entwickelung und klargelegt an einer Revision der allgemeinen Grundlehren des Strafrechts

ISBN/EAN: 9783744611107

Hergestellt in Europa, USA, Kanada, Australien, Japan

Cover: Foto ©Suzi / pixelio.de

Weitere Bücher finden Sie auf **www.hansebooks.com**

Die
Commissivdelicte durch Unterlassung

und die

Omissivdelicte.

Dargestellt

in ihrer historischen Entwickelung

und klargelegt

an einer Revision der allgemeinen Grundlehren des Strafrechts.

Eine historisch-dogmatische Abhandlung

von

Dr. jur. August Sturm,

Assessor a. D.

„Das interessanteste Studium für den
Menschen ist der Mensch."

Kassel.

Georg H. Wigand.

1883.

Meinem lieben Bruder

Dr. jur. Heinrich Sturm

gewidmet.

Inhalts-Verzeichniss.

B. Besonderer Theil.

I. Die Kommissivdelicte durch Unterlassung.

a. Die wissenschaftliche Construction.

b. Das positive Recht.

II. Die Omissivdelicte.

a. Die wissenschaftliche Construction.

b. Das positive Recht.

1. Die Omissivdelicte gegen den gegenwärtigen Staat.

2. Die Omissivdelicte gegen die Gattung.

I. Historischer Theil.

Einleitung.

Die Methode meiner Forschung.

Wer eine wissenschaftliche Abhandlung schreibt, betritt geweihten Boden. Arbeit, harte Arbeit der Geister, die vor ihm lebten und mit ihm leben, hat den Boden bestellt. Rings um ihn her sprosst die Saat, die Andere als er bestellt haben. Auf diesem Boden muss er weiter arbeiten und Samen streuen, in der Hoffnung, dass künftige Geschlechter einen Vortheil davon ernten. Denn die Saat der Wissenschaft wächst langsam, und bringt nicht die schnellen Erfolge, wie sie der Geschäftsmann braucht. Dafür wirkt sie aber auch, wenn sie aufgeht, segnend für lange Zeiten. Nicht für immer! Auch die Arbeit der Geister ist schliesslich vergänglich. Und doch in einem anderen Sinne für immer, indem ein Gedanke andere bessere Gedanken weckt, und fortwirkt von Geschlecht zu Geschlecht. —

Aus diesem Grunde bin ich nie dem Verfahren einzelner Autoren gefolgt, welche meinen, die Saat Anderer zerstören zu dürfen, ohne sie eines Blickes zu würdigen, ohne zu prüfen, ob sie nicht Werthvolles zerstören. Ich habe das Geschick gehabt, von Arbeiten angezogen zu werden, bei denen eine **fast unabsehbare Fülle von Material** vorlag. Das eine Mal habe ich bei der Lehre von der negotiorum gestio gewagt, in die Legion der Forscher einzutreten, die dies schwierige Gebiet behandelt haben; auch dieses Mal treffe ich auf eine Literatur, die fast unüberwindlich schien, aber doch mit Lust und Liebe zur Sache zu überwinden war. — Mein Buch ist in vieler Beziehung **ein Buch des Kampfes!** Aus diesem Grunde habe ich jeden Gegner **voll gewürdigt!** Wer in meiner historischen Grundlage nur eine „Zusammenstellung von Ansichten" sieht, dem sage ich: er hat meine Bücher nicht gelesen, und deshalb die Kritik übersehen und nicht gefunden, dass sich bei jeder Kritik neue, **selbständige** Gedanken angereiht finden!

Zudem beruhen die Angriffe auf meine **Methode** auf einer Verkennung des **historischen Wesens des Rechts.** Von Ihering hat mit Recht hervorgehoben, dass die Lebensbedingungen der Gesellschaft **relativ** sind. Die Geschäftsführung ohne Auftrag ist eine andere zur Zeit der Eisenbahnen, eine andere im alten Rom. Das Recht wechselt mit der Zeit. Zu dieser Fortbildung tragen aber auch die Autoren bei, die mit Erfolg eine Rechtslehre behandeln. Das Juristenrecht wird Gerichtsrecht und Volksrecht. Wer also die Lehren der Schriftsteller von Bedeutung ignorirt, verkennt das Wesen des Rechts. Was soll man sagen, wenn neuere Autoren, die so sicher als Reformatoren auftreten, wie Kärger (Zwangsrechte 1882), andere Schriftsteller nicht lesen und das „übermässige Citiren" verspotten (S. X), selbst aber in „vier Wochen" (S. XII) „aus eigener Kraft" die wichtigsten Fragen der allgemeinen Rechtslehre zu erörtern wagen? Es fehlt unserer Zeit an Ruhe. Alles überhastet sich. Wenige haben Zeit für Andere, noch Wenigere können Andere ohne eigenes Interesse würdigen. —

Ich habe zweitens eine Entwickelung der allgemeinen Lehren vor der Spezialuntersuchung gegeben, weil Jeder, der sich mit dem Strafrecht dauernd beschäftigen will, sich mit diesen bestrittenen Lehren auseinandersetzen und einmal Stellung nehmen muss. Ich verkenne nicht, dass es auf dem Gebiete des Strafrechts an der rechten Arbeitstheilung fehlt, und beabsichtige, später Lehren des speziellen Theils zu bearbeiten. Hierzu bedarf es aber unbedingt einer einmaligen Klarlegung des allgemeinen Standpunkts. —

Drittens habe ich dem Werke eine streng philosophische Grundlage gegeben, weil Hertz, Haupt und Andere eine philosophische Richtung verfolgen, die ich nicht anerkenne. Ich konnte die philosophische Grundlage gar nicht entbehren, weil eine neuere Philosophie in der Unterlassung der Lebensbedingungen der Gesellschaft das Ziel unserer Entwickelung sieht. Damit sind aber alle anderen Unterlassungen erlaubt und straflos!

Ich erkenne dankbar an, dass ich Vieles der Anregung Anderer verdanke. Die Unterscheidung von Ursache und Bedingung verdanke ich der Anregung Bindings in dessen „Normen". Den Zweckgedanken im Recht v. Iherings „Zweck im Recht". Vielleicht finden Beide, dass ich dennoch **selbständig** mein Ziel erreicht habe. Die scharfe Abweisung der „Regel des Lebens" konnte ich nicht vermeiden, da mich meine Ansichten über das Gewohnheitsrecht zur Verurtheilung derselben zwangen. Zitelmanns „Irrthum und Rechtsgeschäft" habe ich mit Dank benutzt. —

Ich muss bei meinem, in der Gegenwart etwas **vereinsamten** Standpunkte erwarten, dass ich scharfe Kritiken erfahre. **Vor Allem sind die Deterministen hierzu berechtigt!** —

Nur darf ich erwarten, dass diese Kritiken in anderer Weise erfolgen, als dies bei meiner Schrift über das negotium utiliter gestum geschehen ist. Ruhstrat hat mich blos durch **Beispiele** widerlegen wollen. Dagegen ist nichts einzuwenden! Ich habe in meiner Gegenschrift dieselben Beispiele benutzt. Nimmermehr billigen aber kann ich eine **Art der Kritik,** wie sie Dr. M. **Wlassak** übt. (Zeitschrift

für das Privat- und Oeffentliche Recht v. Grünhut, VII. Band,
S. 191 ff.)

Gerade wer selbst, wie Wlassak, über diese so überaus
schwierige Lehre geschrieben, sollte es mit der Kritik
Anderer viel ernster nehmen (S. 187 loc. cit.). Wlassak
sagt über von Monroy „Fictionen erklären nicht, machen nicht
klarer". Nun, wenn diese Wahrheit gegenüber den sonst
so verdienstvollen Arbeiten Ruhstrats heute endlich
mehr anerkannt wird, so ist dies mit mein Verdienst! Wlassak
benutzt mein geistiges Eigenthum! Ich habe aber zunächst die
Construction aus Fictionen bekämpft. Unrichtig ist es,
dass Fictionen stets nicht klarer machen. Sie sind an anderen
Orten, wo nichts daraus construirt sondern nur verbild-
licht wird, sehr gut zu brauchen, z. B. bei der juristischen
Person. Ueberhaupt ist eine bilderreiche Sprache durchaus kein
Tadel und kein Zeichen fehlender „Wissenschaftlichkeit", wie
Wlassak meint. Der veraltete Standpunkt, dass ein Gelehrter
möglichst langweilig und trocken schreiben müsse, ist ja längst
überwunden.

Total missverstanden hat Wlassak, was ich unter
„Grundprincip" und Construction daraus verstehe. Ich
verweise ihn **jetzt** auf meine **Gegenschrift** „das Grundprincip der negotiorum gestio und das Recht der positiven
Institute".

Uebrigens muss er mir zugestehen, dass meine Resultate
für die **Reichsgesetzgebung** zutreffend sind (S. 194).
Und hieran vor allem lag mir! Weil Ruhstrat **dieses**
Resultat leugnete, nur deshalb habe ich eine Antikritik
geschrieben, und es gewagt, einen vollständigen **Gesetz-
entwurf** über das streitige Institut in 12 Paragraphen aufzustellen (S. 30 ff.). Ich habe aber keineswegs irgendwo gesagt „dass das Institut seine Bedeutung verloren habe". Es war nur nöthig, es **für die Gesetz-**

gebung einmal aus dem Streite der **unfruchtbaren Fictionen**-Theorieen herauszuheben, und **für die Gegenwart** zu construiren. Dahn sagt mit Recht: „das menschliche Denken, sofern es P r i n c i p i e n sucht, nennen wir philosophiren" (S. 299 der Bausteine, 1883). Eben weil ich im Civilrecht ein Institut behandelt habe, bei dem es sich um ein bestrittenes G r u n d p r i n c i p handelt, wurde mir der Uebergang zu den philosophischen Fragen d i e s e r Abhandlung leichter.

Dass ich den „Quellenbeweis" nicht erbracht, kann nur behaupten wer mit Wlassak die Quellen anders versteben w i l l (cf. meine Schrift S. 16—17 und Wlassak loc. cit. S. 192, 193). Dass Wlassak meine so klar erörterte „necessitas" schwer versteht (S. 193), bedaure ich. Ich verweise ihn auf S. 13 meiner Gegenschrift.

Wenn Wlassak tadeln wollte, hätte er die Ansicht über die d i l i g e n t i a schärfer angreifen müssen (S. 193). Ich habe auf eine sehr richtige Entgegnung Windscheids hin, noch ehe ich Wlassaks Kritik gelesen, meine Ansicht über die „Sorgfalt" geändert (S. 11 meiner Gegenschrift).

Wenn Wlassak mich mit v. Monroy vergleicht, so vergleicht er auf verschiedenem Boden stehende Autoren und der Vergleich hat keinerlei ersichtlichen Zweck. Ein jeder von uns hat eben in dieser schwierigen Lehre s e i n e n e i g e n e n S t a n d p u n k t, und ein seltsames Geschick hat es gewollt, dass unsere Werke zu gleicher Zeit erschienen! Ich darf mich daher nicht wundern, wenn ein Autor mit mir nicht einverstanden ist, der z u r g l e i c h e n Z e i t dasselbe Feld g a n z a n d e r s bestellte. Ich lasse Jeden gelten der mich in meinem **„Grundprincip"** s a c h l i c h angreift. Bis jetzt habe ich einen solchen Angriff nicht erfahren, ausser von Rubstrat in der angegebenen Weise.

Der Kritik W l a s s a k s gegenüber ist mir die Anerkennung W i n d s c h e i d s (Pandecten II. B. 5. Aufl. p. 626 ff.)
eine Genugthuung und eine Bestätigung dafür, dass die Angriffe eben nur von Angegriffenen kommen, d i e s i c h i n
ihrer C o n s t r u c t i o n v e r l e t z t s e h e n.

So werde ich denn auch dieses Mal die frühere M e t h o d e
meiner Forschung wieder verfolgen.

Meine D o g m e n g e s c h i c h t e, die über die negotiorum
gestio seit A a r o n s fehlte, würdigt Wlassak k e i n e s
W o r t e s! Es sind mir indess von anderer Seite Anerkennungen
meines h i s t o r i s c h e n Verfahrens zugegangen. Für diese
Lehre war eine fortgesetzte Dogmengeschichte geradezu ein
Bedürfniss. Da es für mein j e t z i g e s Thema an einer **eingehenden** und **Alles umfassenden** Dogmengeschichte
ebenfalls fehlt, so folge ich auch in d i e s e r Hinsicht wieder
meiner Methode. —

Anhang I.

Es sollte doch wohl nach v. Iherings epochemachender
Schrift „der Zweck im Recht" nicht mehr unter Berufung auf
Savignys Lehre von der „ratio legis" d e r Z w e c k in den
positiven Instituten immer und immer wieder so sehr verkannt
werden, wie das noch von Wlassak geschieht (loc. cit. S. 192).
Der Zweck hat allerdings nicht nur eine „weittragende Be-
deutung" (loc. cit. S. 193), sondern er ist geradezu, nicht der
Schöpfer, denn das ist der freie Wille, aber **das
Princip** d e s R e c h t s! —

Wo sind denn die **praktischen Resultate** für das
Reichsgesetzbuch, welche die aus Fictionen construirenden
Quasi - Theorieen gebracht haben? **Ich vermag dieselben nicht zu finden!** Allerdings kann der **Zweck**
nicht ohne das **Gesetzeswort** bestehen, aber man treibt

mit der „ratio legis" nicht „Missbrauch", wenn man hinter dem „Buchstaben des Gesetzes" den **Zweck** aufsucht. --

Ich halte es für die rechte „Methode", in allem Recht den Zweck aufzusuchen. Für einen praktischen Commentar genügt Auslegung des Wortes; will der Commentar mehr sein, genügt sie auch hier nicht! Ein wissenschaftliches Werk aber darf sich nicht an das Wort halten, sondern muss den **Willen** hinter dem Worte aufsuchen. Zu sagen, das Wort sei **„quasi"** gebraucht, fördert diese Erkenntniss m. E. nie. Die Zweckgedanken sind für das Civilrecht jetzt um so mehr zu erforschen, als sie allein die **legislatorischen** Gedanken für das Reichsrecht sind! Stellen wir ein Bollwerk, wie die negotiorum gestio und die Bereicherungsklage, in das Vertragsrecht, so müssen wir den Zweck kennen.

Für das Strafrecht ist der Zweckgedanke geradezu **unentbehrlich**, nachdem feststeht, dass alles Unrecht strafbar ist, und **nur der Zweck der Strafe** die Anwendung entscheidet.

§ 2.

Luden.

Literatur: Luden Abhandl. II., § 219 ff.

Eine Abhandlung, welche sich zugleich mit den Verbrechen durch Unterlassung und den Unterlassungsverbrechen befassen will, muss ihre Kritik mit Luden beginnen, weil dieser z u e r s t den grossen Unterschied zwischen Beiden scharf hervorgehoben hat.*)

Luden sagt: „Der Hauptfehler, in welchen unsere Criminalisten verfallen, liegt darin, dass sie nicht gehörig unterscheiden zwischen Unterlassungsverbrechen im eigentlichen Sinne und zwischen Verbrechen, welche durch Unterlassungshandlungen begangen werden". **)

Der Fehler Ludens bestand aber in einem grossen Irrthume über den C a u s a l z u s a m m e n h a n g. Es hiesse in der That Eulen nach Athen tragen, denselben ausführlich zu rügen, nachdem er von allen Seiten so scharf kritisirt worden ist (cf. z. B. Binding Normen II. S. 209 und die dort genannten ausgezeichneten Kritiken von Krug und Glaser). Es ist eben eine leidige Wahrheit, dass der Forscher, welcher einen alten Irrthum beseitigt, so leicht über das Ziel hinausschiesst.

Es bedarf für den Rechtsforscher unserer Tage keines Wortes darüber mehr, dass nicht die während der Unterlassung vorgenommene positive Handlung die alleinige Ursache des verbrecherischen Erfolgs sei, denn diese Handlung steht absolut in

---

*) Binding, Normen II., S. 209. Anm. 274.
**) Luden loc. cit., Seite 219 und 220. Die Ansichten der f r ü h e r e n A u t o r e n kritisirt Luden und sein Nachfolger K r u g genügend.

keinem Causalzusammenhange mit dem Erfolge. Eine Mutter kann ihr Kind nicht durch Strümpfestricken tödten, wie Krug treffend bemerkt.*)

Dagegen ist auf Ludens Theorie von den echten Unterlassungsverbrechen deshalb näher einzugehen, weil neuerdings sich Binding hier wieder näher an Luden anschliesst („dessen Ausführungen übrigens öfter nahe das Richtige streifen" Binding Normen II. Seite 499 Anm. 654).

Luden meint, zwischen Begehungsverbrechen und Unterlassungsverbrechen bestehe kein materialer sondern nur ein formaler Unterschied; es liege am Gesetzgeber, welche Form er wählen wolle. Ich will an Ludens Beispielen zeigen, wie irrig diese Ansicht ist.**)

Das Gebot, dass Jeder von einer ihm bekannten hochverrätherischen Verbindung Anzeige machen müsse, soll sich in das Verbot fassen lassen, dass Niemand in einem solchen Falle vor gemachter Anzeige etwas Anderes vornehmen solle. Das ist falsch, denn dann müssten eben diese vorgenommenen Handlungen selbständige Verbrechen sein, was sie nicht sind. Ja die Gesetzgebung hat mit diesen Handlungen überhaupt nichts zu thun. Sie sind auch nicht, wie Binding sagt, Verursachungshandlungen des Nichteintritts des Erfolges.***) Nur wenn in ihnen ein Interpretationswille für das Nichthandelnwollen liegt, sind

---

*) Es ist irrig, dass sich sagen lasse, im Falle eines Gebotes sei es verboten, jede andere als die in dem Gebot bezeichnete Handlung zu begehen. Die Stelle 1. 121 D. 50, 17 aus dem berüchtigten Titel de diversis regulis juris beweist nichts (qui non facit, quod facere debet, videtur facere adversus ea, quia non facit). Auch thut der Mensch nicht immer Etwas, denn bei den unbewussten Körperfunctionen während des Schweigens und des Ruhens kann Luden kein „Thun" behaupten wollen.

**) Luden loc. cit., Seite 220, Anm. 2.

***) Binding Normen II, Seite 449, Anm. 654.

sie von Bedeutung, weil dies Moment der inneren Welt aus ihnen erkannt wird.

Luden meint ferner, das Verbot, Niemand solle stehlen, lasse sich auch in das Gebot auflösen, dass Jeder das Eigenthum des Andern thatsächlich anerkennen solle. Dann wäre jeder Eigenthumskläger ein Dieb!

Zwischen Handlung und Unterlassung besteht ein grosser materieller Unterschied. Und es rächt sich stets schwer, wenn er verwischt wird.

Anhang 1.

Ich muss bekennen, dass es interessant wäre, die Literatur vor Luden einmal eingehend von ihren ersten Anfängen an zu behandeln. Indessen würde dies Verfahren die Grenzen meines Buches überschreiten. Ein gutes Verzeichniss der älteren Literatur findet sich bei Geib (Lehrbuch des deutschen Strafrechts, 2. Band, 1862, Seite 184 ff.): Engau Elem. iur. crim. I § 15; Koch Instit. iur. crim. § 21; Paalzow Comp. iur. crim. § 43; Stübel System § 484; Stoltzer Lehrb. § 82; Salchow Lehrb. § 15; Schaffrath Theorie des allg. Thatbest. § 231; Clarus § de malef. n. 10; Fabrinacius qu. 18 n. 22. 23; Matthaeus de crim. Proleg. c. 4 n. 1; Meister Princip. iur. crim. § 29; Klein Grunds. § 66; Bauer Lehrb. § 35. 64; Henke Handb. I S. 395 ff.; Spangenberg im N. Arch. d. Crim.-R. IV S. 549—551; Zachariä Lehre v. Versuche d. Verbr. I. S. 66—70; H. de Vriess Diss. de delictis omissionis.¹ Amstelaedami 1831 p. 44 sqq. Feuerbach Lehrb. § 24; Martin Lehrb. § 69; Heffter Lehrb. § 29.

§ 3.

Krug.

Literatur: Commentar zu dem Strafgesetzbuche für das Königreich Sachsen. Vierte Abtheilung: Abhandlungen. II. Ueber Unterlassungsverbrechen. III. Ueber Causalzusammenhang.

Nach einer kurzen Uebersicht und Kritik der Ansichten der älteren Autoren (Mathäus, Tittmann, Stübel, Bauer, Feuerbach, Spangenberg) behandelt Krug eingehend die Theorie Ludens. Er sagt mit Recht, dass derselbe der Sache weit mehr als seine Vorgänger und Zeitgenossen auf den Grund gegangen sei.*)

Seine Einwürfe richten sich gegen den Satz Ludens: Die positive Handlung während der Unterlassung ist die alleinige Ursache des Erfolgs. Er sagt „Hiernach müssten wir also, wenn die Mutter, während sie dem Säugling Nahrung reichen sollte, Strümpfe gestrickt hat, sagen, das Kind sei am Strümpfestricken gestorben! Offenbar beweist die Argumentation Ludens viel zu viel. Denn da jede Unterlassung voraussetzt, dass der Unterlassende inzwischen etwas anderes gethan habe, so würde, wenn man den verbrecherischen Erfolg dieser anderen Handlung zuschreiben wollte, daraus folgen, dass, abgesehen von aller Verpflichtung zu positivem Handeln, jedes Unterlassen einer Handlung, durch welche ein verbrecherischer Erfolg hätte verhindert werden können, als Urheberschaft dieses Erfolges bestraft werden müsste. Denn der Unterlassende hätte ihn ja dann durch seine (jene anderen) positiven Hand-

---

*) Krug loc. cit., Seite 28.

lungen hervorgebracht; wer aber dies thut, ist unbedingt nach Luden (culposer oder doloser) Urheber des Verbrechens.**)

Allein Krug verkennt, indem er das „zu viel" tadelt, und mit Recht tadelt (ich brauche hierauf nach dem Stande der Literatur nicht näher einzugehen) das Richtige, was bleibt. Die Mutter, welche sieht, dass der Säugling verhungert, und dennoch Strümpfe strickt ohne ihm etwas zu geben, tödtet ihn nicht durch das Strümpfestricken, aber sie legt durch diese Handlung ihren Willen — der nun nicht mehr Wunsch ist — klar dar, dass das Kind, das sich nicht helfen kann, verhungern soll. Und auf die Erkenntniss dieses Willens kommt Alles an!

Er sagt weiter: „Ich sehe am steilen Ufer einen Schwimmer, dessen Kräfte ermattet sind. Ich könnte ihm die Hand oder eine da liegende Stange reichen und ihm heraushelfen. Aber ich sehe ruhig zu, wie er ertrinkt. . . . . . Sein Tod ist lediglich die Folge seiner Unvorsichtigkeit und der hierdurch in Thätigkeit gesetzten Naturkräfte, nicht die meiner Unthätigkeit. Denn diese ist = 0. Aus nichts wird nichts."**)

Das Unterlassen kann nur dadurch mit dem Erfolg in Causalverbindung treten, dass es Bestandtheil der positiven Handlungsweise des Unterlassers wird, mit anderen Worten, dass es mit Handlungen desselben, welche mit dem Erfolge im Causalverhältniss stehen, in Verbindung tritt. Diese Handlungen sind aber nicht diejenigen, welche der Unterlassende während der Zeit, wo er hätte in bestimmter Weise thätig sein sollen, vornimmt, sondern es sind die vorhergehenden Handlungen, durch welche er sich:

1) entweder zu einer bestimmten Thätigkeit, oder
2) zur Unterlassung einer solchen verpflichtet hat.'***)

---

*) loc. cit., Seite 30 und 31.
**) loc. cit.. Seite 32.
***) loc. cit., Seite 34.

Binding sagt mit Recht, dass Krug (wie Merkel und Glaser), indem er in der angeblichen Unterlassung erst eine reine Unthätigkeit erblicke, ihr dann aber kausale Bedeutung zugestehe. durch den zweiten Schritt in Widerspruch mit dem ersten trete. Werde durch die Unterlassung die verbrecherische Ursache erst erzeugt, so sei sie eben keine Unterlassung.*) Den letzten Satz modificire ich dahin: sie ist Unterlassung im Gegensatze zur Handlung, sie ist aber keine r e i n e, keine b e d e u t u n g s l o s e Unterlassung, weil in ihr eine W i l l e n s ä u s s e r u n g liegt.

Krug scheint den Fehler seiner Theorie gefühlt zu haben, denn während er sagt, man sei bei d o l o s e n Unterlassungen deshalb bedenklicher, weil hier allerdings das eigenthümliche Verhältniss eintrete, dass der dolus nicht der Begleiter der verpflichtenden H a n d l u n g, sondern erst der den Erfolg derselben vermittelnden (muss heissen: verursachenden) Unterlassung zu sein pflege**), so führt er doch k e i n e n e i n z i g e n G r u n d zur Rechtfertigung dieses Verhältnisses an, das auf den ersten Blick nicht nur ein „eigenthümliches" sondern ein u n l o g i s c h e s zu sein scheint! Er überlässt es seinen Lesern, sich mit diesem „eigenthümlichen Verhältniss" abzufinden!

Trotzdem hat Krugs Darstellung, ausser der, nur zu weit gehenden, aber trefflichen Kritik Ludens folgende Verdienste:

1) Krug weist bei den Fällen, wo ein Beamter unterlässt, auf die Bedeutung seiner B e a m t e n q u a l i t ä t hin.

Der Bahnwärter, welcher beschliesst, durch Unterlassung des Schienenstellens ein Unglück herbeizuführen, bringt dabei seine V e r p f l i c h t u n g in Anschlag. E r r e c h n e t d a r a u f, dass man im Vertrauen auf seine Thätigkeit Handlungen vor-

---

*) Normen II, Seite 224.
**) Krug loc. cit. Seite 43.

nehmen werde, die, wenn er unthätig bleibt, das beabsichtigte Unglück herbeiführen müssen.*)

2) Er betont mit Recht, dass allgemeine Bürgerpflichten, ja selbst gesetzliche Pflichten ausgeschlossen sind, weil die Pflicht auf einer vorausgegangenen Handlung des Individuums beruhen muss.**)

Wenn das Gesetz die unterlassene Lebensrettung mit Strafe bedroht, so wird, wer Andere nicht rettet, Uebertreter des Gesetzes, aber nicht Ursache des Todes des Bedrängten.

3) Er erkennt, wenn auch noch nebelhaft, die Wahrheit, dass eine allgemeine Amtspflicht zur Verursachung nicht genügt, sondern dass eine qualificirte Amtspflicht vorliegen muss. Er nennt diese eine specielle, vermöge deren darauf gerechnet werden muss, dass in Hinsicht auf ein bestimmtes, zum Voraus erwartetes oder besorgtes Ereigniss eine bestimmte positive Handlung von dem Verpflichteten, und gerade von diesem, in dem entscheidenden Momente vorgenommen werde.***)

Ein Nachtwächter ist verpflichtet, Feuerschaden möglichst zu verhüten. Er meldet das Feuer, das bei seinem Feinde entsteht, nicht. Da das Feuer auch ohne ihn entstanden sein würde, ist kein Causalzusammenhang da. Deshalb ist er nicht Brandstifter, sondern hat nur seine Amtspflicht verletzt.

Ein Nachtwächter soll nach Löschung des Brandes wachen, dass die Glut nicht wieder hervorbreche. Versäumt er diese specielle Pflicht, so ist er an dem daraus entstehenden Unglück schuld, denn ohne ihn wäre es nicht entstanden. Man würde dann einen Anderen als Wache hingestellt haben.

---

*) loc. cit., Seite 35.
**) loc. cit., Seite 36.
***) loc. cit., Seite 38.

Warum soll aber der Bahnwärter haften? Hat nicht der Nachtwächter eine ebenso allgemeine Pflicht, wie dieser, und letzterer wie ersterer?

Es kommt in der That nicht auf das Amt und nicht auf das Privatversprechen an. Es kommt einzig auf den Causalzusammenhang an. Der Beamte oder der Private, der die letzte Bedingung, welche Ursache wird, in's Auge zu fassen hat und sie dolos nicht in's Auge fasst, fehlt nicht nur gegen sein Amt und gegen das Versprechen, sondern verursacht den Erfolg.

4) Krug betont mit Recht, dass es Handlungen gibt, welche ihrer Natur nach eine Verpflichtung zu speciellem, positivem Handeln fordern. Dies sind alle gemeingefährlichen Handlungen.

Wer eine Pulvermine anzündet, ist verbunden, jeden Herannahenden zu warnen. Lässt er den Feind absichtlich herankommen und verunglücken, so ist er ein Mörder.

Es liegt hierin eine Erkennung des Verhältnisses der Vorgänge in der inneren Welt zu den Bewegungen der äusseren Welt, welche selbständig daneben wirken und welchen man einen „unbewussten Willen" zugeschrieben hat. Es handelt sich daher in erster Linie um die Elemente, welche wie mit Willensgewalt wirken (Feuer, Wasser etc.).

5) Krug betont endlich mit Recht, dass derjenige, welcher einen Menschen in eine Lage versetzt, in welcher er ohne seine Hülfe zu Schaden kommen muss, für den Erfolg verantwortlich wird, wenn er ihm diese Hülfe versagt.*)

Auch hier beruht die Verantwortlichkeit, wie ich zeigen werde, auf der Causalität. Die letzte Bedingung ist die Ursache. Die Bedingung ist aber die letzte, wenn der

---

*) loc. cit., Seite 40.

Mensch selbst keine mehr setzen kann und Andere fehlen, die ihm helfen können.

Sehr zu bedauern ist, dass Krug die echten Unterlassungsverbrechen so sehr unterschätzt hat.

Nachdem der richtige Gedanke angedeutet ist, dass es sich bei den Rechtspflichten, die sie verletzen, nicht um das eigentliche Recht*), sondern um das öffentliche Wohl handle. heisst es bei der Ausführung nur: „die Behandlung dieser eigentlichen Unterlassungsverbrechen macht keine besondere Schwierigkeit. Der ganze Thatbestand besteht hier in der Unterlassung.“ **) Hier wäre eine breite Ausführung sehr am Platze gewesen.***)

---

*) „Denn die Rechtspflicht, welche aus dem socialen Verhältnisse hervorgeht, beschränkt sich auf das neminem laede, also auf die Vermeidung von Handlungen, wodurch die rechtlichen Interessen der Gesammtheit oder ihrer Glieder verletzt oder gefährdet werden.“ loc. cit. Seite 21.

**) loc. cit., Seite 22.

***) Binding Normen II, Seite 450, Anm. 655.

§ 4.

Glaser.

Literatur: Abhandlungen aus dem Oesterreichischen Strafrecht 1858. Seite 259 f.

Die epochemachende Abhandlung Glasers: „Ueber strafbare Unterlassungen" ist bereits von Binding in den „Normen" eingehend besprochen worden. So weit diese Besprechung gegen Glasers Nichtbetonung des Unterschieds zwischen Bedingung und Ursache polemisirt, stimme ich derselben bei. Ich bin nicht der Ansicht, dass von dem Augenblicke an, wo der Mensch zu dem Object der Verletzung in eine thatsächliche Beziehung tritt, bis zu dem, wo der Bestand oder Nichtbestand der Verletzung von seiner Willkür völlig unabhängig geworden ist, sein positives oder negatives Verhalten e i n G a n z e s bildet. Aus diesem „Ganzen" sind die einzelnen Bedingungen auszuscheiden; dann erst ist die alleinige Ursache, hinter welcher nur ein vom Willen unabhängiges Geschehenlassen liegen kann, festzustellen. Für dieses Geschehenlassen bedarf es aber nicht d e r F i c t i o n , die Glaser aufstellt, wenn er sagt, dass der Dolus in die getroffenen Vorbereitungen hineintrete, und ihnen r ü c k w i r k e n d den verbrecherischen Charakter gebe.

Von diesem principiellen Unterschiede abgesehen theile ich in verschiedenen Punkten Glasers Ansichten.

Dass p f l i c h t w i d r i g e s Unterlassen kein k a u s a l e s Unterlassen ist, hat Glaser zuerst scharf betont. (S. 308, loc. cit. f.)

Auch die Bedeutung der vorangehenden, f ö r d e r n d e n Handlung erkennt er an. Hätte ihn aber nicht diese Erkenntniss zur Sonderung der Verbrechen durch Unterlassung nach den Menschenclassen führen müssen? Die Uebernahme eines Amtes wirkt für die nachfolgende Unterlassung und ihre Causalität anders, als beim Nichtbeamten. Und ebenso steht es beim Soldaten, beim Arzt, beim Kaufmann.

Man mag über Beselers Eintheilung nach Standesrechten denken wie man will — für die Unterlassung ist die Stellung des Menschen im Staat von höchster Bedeutung.

Mit Recht betont auch Glaser für die Causalität der Unterlassung bei der Alimentirung Nothwendigkeit absoluter Hilflosigkeit des Objects. (S. 437.) Eine Ehefrau, die ihrem Gatten entläuft, endlich hungrig zu ihm kommt, aber wo anders betteln muss, weil sie nichts von dem Erzürnten erhält, kann der Gatte nicht durch diese Unterlassung tödten (S. 375, loc. cit.). Nicht so scharf betonen möchte ich das „Verhalten, das die Hilfe Anderer abhält", denn es bleibt doch oft sehr ungewiss, ob diese eingetreten wären.

Ich bin Glaser darin gefolgt, dass ich die Besprechung anderer Ansichten für nöthig hielt, Glaser hat die Vorgänger eingehend gewürdigt, ehe er seine scharfsinnige Ansicht vorträgt. Jetzt halten Einige ein solches Verfahren nicht mehr für nöthig.

Ich bin endlich Glaser auch darin gefolgt, dass ich an den einzelnen Paragraphen des Gesetzbuches nachgewiesen habe, wie sie durch Unterlassung übertreten werden können. Seine Abhandlung bezieht sich in dieser Hinsicht aber natürlich auf das mir fern liegende Oesterreichische Recht.

Anhang I.

Gessler (Ueber den Begriff und die Arten des Dolus) lehnt sich wesentlich an Glaser an, der nach seiner Meinung die Mängel der Krug'schen Auffassung beseitigt hat (Seite 255,

loc. cit.). Er sagt von Glasers Grundsätzen: sie „sind, so weit
in Wirklichkeit Causalzusammenhang besteht, durchaus nothwendig begründet; in so weit aber derselbe nicht vorliegt —
und er ist nach der im Text gegebenen Ausführung in manchen
Fällen, wo Glaser ihn annimmt, wohl logisch an sich nicht
begründet — kann begründete Veranlassung für das Recht
vorhanden sein, den Causalzusammenhang hierbei in aus-
gedehnterem Sinne zu nehmen.“ Leider werden diese
dunklen Worte nicht genügend beleuchtet. Beachtenswerth sind
aber die Ausführungen Gesslers über die Causalität, weil
er die Ursache von der Bedingung trennt (cf. Seite 217 ff.,
loc. cit.).

Merkel.

Literatur: Kriminal. Abth. I., Seite 76 ff.

Auch die treffliche Abhandlung Merkels hat von Binding
eine eingehende Beurtheilung erfahren, so dass ich im kritischen
Theile meiner Abhandlung auf Bindings Widerlegung verweisen
kann, und nur einige eigene Bemängelungen hinzuzufügen
habe.

Die Lehre Merkels ist in Kürze Folgende: Unterlassungen
können uns für den Eintritt irgend welcher Verletzungen nur
insofern und insoweit verantwortlich machen, als wir die Integrität des Andern **in zurechenbarer Weise** auf die
Vornahme der entsprechenden Handlungen gestellt haben.

Die Worte „in zurechenbarer Weise" sind im Druck doppelt
durchschossen, der Autor legt also sehr grossen Werth auf sie
und will sie von Anderen ausnehmend beachtet wissen. Der
schwache Punkt der Theorie Merkels liegt aber gerade in den
Worten, die er so ausnehmend betont.

Denn „Zurechenbarkeit" soll dann vorliegen, wenn „Voraussehbarkeit" des sicheren oder möglichen Eintritts unserer Handlungen vorliegt.

Allein hier zieht das Wesen der menschlichen Gedanken
und ihrer Werkstatt eine Grenze.

Was ist Voraussehbarkeit? Ich kann nur voraussehen, woran ich sinnlich denken kann, ich kann insofern
nur an das denken, was mir durch die Sinnenwelt in das
Bereich der Gedankenwelt gerückt wird, und nur in Bezug
hierauf kann ich wollen. Das Voraussehen ist ein inner-

liches Sehen, aber es theilt mit dem Sehen das Erforderniss, dass seine Objecte in der gegenwärtigen Sinnenwelt liegen müssen. Alles, was der Erfahrung angehört, kann
ich nicht voraussehen, ich kann nur schliessen, dass es
möglicherweise eintrete. Der Mann, der dem ungeübten
Schwimmer verspricht, ihm im Wasser zur Seite zu bleiben,
sieht die ungeübten Schwimmversuche, er sieht das Sinken des
Mannes im Geiste voraus als etwas Mögliches, aber er sieht
nicht voraus einen Sturm, der sich erhebt, oder einen gefrässigen
Haifisch, der in dem Seebade Nahrung sucht, denn weder der
Sturm noch der Haifisch lagen bei seiner Zusage in dem Bereiche
seiner Sinnenwelt. Die Erfahrungswelt aber mit ihrer
unendlichen Möglichkeit von Möglichkeiten wird Merkel nicht
voraussehbar nennen.*)

Daraus ergibt sich, dass der Bahnwärter, der in ein
Amt tritt, mit dem besten Willen nicht voraussehen kann, dass
einmal Verbrecher einen Stein auf die Bahn legen werden.

In allen den Fällen, in denen Merkel Seite 83 loc. cit. die
„Wärter" anführt, macht sich der Wärter zunächst eines Be-
amtenverbrechens schuldig. Diese Verbrechen, über
welche eine zeitgemässe Monographie fehlt und die
auch in den Lehrbüchern nicht eingehend genug behandelt
werden, verstossen gegen ein Amt, d. h. gegen eine in einer
gewissen Dauer übertragene Dienstpflicht. Ob das Legen
des Steines bei dem Antritt des Amtes voraussehbar war, ist
gleichgültig, die dauernde Dienstpflicht fordert von dem Eisenbahnwärter eine dauernde Aufmerksamkeit.

Soll daher zugleich noch ein gemeines Verbrechen vorliegen, so kann dessen Verschuldung nicht in der vielleicht

---

*) Die Ausdehnung der Voraussehbarkeit beruht auf einer
irrigen Annahme des Verhältnisses des Willens zur Vorstellung, und einer
Verwechslung zwischen dem geistigen Vorstellungsbilde und dem
durch die Reize der Aussenwelt von der Seele vorausgesehenen Bilde.

Jahrzehnte vorher fingirten Voraussehbarkeit, sondern nur in der Verschuldung während der Unterlassung liegen.

So sehr ich dem Satze Merkels zustimme, „nach meiner Ansicht muss ebensowohl die subjective wie die objective Zurechnung nicht fictionsweise sondern in Wirklichkeit auf das aktive Verhalten zurückgeführt werden, wenn von einer verbrecherischen Urheberschaft soll gesprochen werden können", so muss ich ihm doch vorwerfen, dass er selbst mit der nicht vorhandenen Voraussehbarkeit und der nicht vorhandenen Zurechenbarkeit eine Urheberschaft bildet, die eben so sehr an der unfruchtbaren Fiction krankt, wie die Urheberschaft seiner Gegner.

Nach diesem eigenen Einwande bleibt mir nur übrig auf Binding und von Buri zu verweisen, welche beide die Lehren Merkels eingehend widerlegt und gewürdigt haben.

Binding und von Buri kommen übrigens, von verschiedenem Standpunkte ausgehend, zu demselben Endurtheil. Binding meint*), nur dann, wenn dem Bahnwärter schon bei Uebernahme seines Amtes Vorsatz oder Fahrlässigkeit mit Bezug auf den eingetretenen schädlichen Erfolg zur Last fiele, könnte nach Merkel wirklich ein Delikt zur Entstehung kommen, von Buri aber sagt in seiner später von mir citirten dritten erweiterten Consequenz Merkels, es verhalte sich bei der von vorn herein begründeten Strafbarkeit wie bei jedem Versuch eines dolosen Verbrechens oder wie bei einer culposen Handlung; ich selbst aber, der ich die Verantwortung für die reine Vorstellungswelt entschieden in Abrede stelle, komme zu demselben Resultat, denn von diesem Standpunkte aus kann dann, abgesehen von den Fällen, wo die Sinnenwelt unmittelbar die Voraussehbarkeit hervorruft, nur von Wünschen und nicht vom verantwortlichen Willen die Rede sein.

*) Normen II, Seite 222.

Dagegen sind meines Erachtens die Ausführungen Merkels über die Unterlassungsverbrechen sehr zu beherzigen.

Merkel behandelt zunächst die Frage, ob bei Begehung der Omissivdelikte positive Akte bedeutsam werden können?*)

Bei der Beantwortung dieser Frage greift er auf seine treffliche Unterscheidung des positiven und des negativen Unrechts zurück.

„Es existirt nämlich eine allgemeine rechtliche Verantwortlichkeit nur für das, was wir in der Rechtssphäre Dritter in zurechenbarer Weise bewirken; nicht aber für das, was ohne unser Zuthun innerhalb derselben vor sich geht, für das, was wir fördern oder verhindern hätten können, aber nicht gefördert oder verhindert haben. Sollen wir daher in dieser letzteren Beziehung, also dafür, dass wir uns für die Zwecke Dritter nicht bemüht haben, juristisch verantwortlich gemacht werden, so muss dafür ein specielles rechtliches Fundament geschaffen sein."**) Eine jede Rechtspflicht zu einer Wirksamkeit für fremde Zwecke setzt ein besonderes Gesetzesgebot voraus, und die betreffende Unterlassung ist nur in Bezug auf dieses Gebot Unrecht.

Diese Definition stimmt mit dem Kantischen Rechtsbegriffe überein, und mag zugleich als Abwehr gegen Ortmann dienen, der dem grossen Philosophen mit Unrecht vorwirft, das Recht zu eng gefasst zu haben. (cf. Meine Kritik über Ortmann in dieser Abhandlung).

Die „für den Staat interessanten Zwecke" liegen in dem heutigen Staatsbegriff, weil dieser Staat nicht Rechtsstaat im falschen Sinne ist. Zugleich liegt aber in dem richtigen Begriffe des Rechtsstaates die Anforderung, die bestimmten Gebote für

---

*) Kriminalistische Abhandlungen I, Seite 90.
**) loc. cit., Seite 77.

diese Zwecke zu normiren.*) (Moralich bedeutungslos, wie Merkel annimmt, ist das allgemeine Gebot: „Diene den Interessen Dritter!" nicht, denn es deckt sich mit dem positiven Moralgebote: „Liebe deinen Nächsten wie dich selbst!" Die Moral wird von der Jurisprudenz vielfach gänzlich verkannt!)

Merkel behauptet nun nicht mit Unrecht, dass die rechtswidrige Unterlassung in der Form positiver Handlungen auftreten könne.**)

Ein Soldat, der sich dienstuntauglich macht, handelt.

Eine Zeuge, der schweigt, handelt aber nicht, sondern äussert durch das Schweigen auf die Frage des Richters seinen Willen.

Im ersten, wie im zweiten Falle der Nichterfüllung der Zeugenpflicht liegt eine Willensäusserung vor, und nur diese braucht vorzuliegen. Die Handlung interessirt nur desshalb, weil sie den inneren Willen klar legt: Ich will nicht der Zeugenpflicht genügen. Dieser innere Wille kann sich ausserhalb der Hirnschale auch dadurch äussern, dass der Zeuge schweigt, denn dadurch, dass die Aufforderung zu reden an sein Inneres ergeht und dass er dieser Aufforderung nicht nachkommt, erkennen wir, dass in seinen Innern eine Willensbewegung stattgefunden hat, die das Gesetz verbietet, weil es die gegentheilige Bewegung mit der ihr folgenden Aeusserung gebietet. Wenn es aber nicht auf die Handlung, sondern nur auf die Aeusserung des Willens ankommt — der auch in der Handlung, aber nicht nothwendiger Weise sich äussern kann —, so sind nur Handlungen durch die Gebote verboten, welche sich als Willensäusserungen dem Gebote ent-

---

*) H. Schulze, dass Preussische Staatsrecht, Band I, Seite 145, Anm. zu § 45.

**) loc. cit., Seite 91.

gegensetzen, es sind aber ausserdem alle Willensäusserungen verboten, welche dem Gebote widersprechen. (Absichtliches Schweigen, absichtliches Einschlafen, absichtliches Nicht-
achtgeben, Fliehen, Nichthörenwollen, Nichtsehenwollen, ja es
kann durch Gesetze selbst die stillste Willensäusserung durch Nichtfungirenlassen der Organe bedroht
sein, was doch sicher keine Handlung ist: Verbietet ein
Gesetz dem Soldaten den Versuch des Selbstmords, so verletzt er
das Gebot, wenn er nicht mehr isst, also ganz gewiss absolut nichts thut, aber seinen Willen äussert.)*)

Binding tadelt**), dass Merkel die Uebertretung der Gebote
durch positive Handlungen als mögliche Ausnahme, nicht aber
als ausnahmslose Regel betrachte. Ich kann auf diesen Tadel
erst später eingehen. So viel erhellt jetzt, dass von meinem
Standpunkte aus, von dem aus nur die Willensäusserung
in Betracht kommt, Merkels Verfahren zu loben ist.

Anhang I.

Die Bestrafung der Unterlassungsverbrechen ist je nach
dem verschiedenen Standpunkte der Strafrechtstheorie und der
Theorie vom Staate verschieden zu beurtheilen. Wer von dem
Rechtsstaate im falschen Sinne ausgeht, d. h. wer meint,
dass der Staat für gar nichts weiter zu sorgen habe, als für
die Rechtsordnung, der muss diese Delicte straflos lassen,
denn sie verletzen die Rechte Dritter nicht. Wer aber von
der allein richtigen Ansicht ausgeht, dass der Staat alle Gemeinzwecke des Volkslebens, also auch das Fördern der
Interessen Dritter, zu verwircklichen hat***), dem kann für die

---

*) Durch dieses Beispiel hoffe ich das Nichtnöthigsein einer
Handlung überzeugend nachgewiesen zu haben.
**) Normen II, S. 453.
***) Schulze, Pr. Staatsrecht I, S. 132.

Aufstellung und Bestrafung dieser Gebote und ihrer Uebertretungen nur das Wohl des Volkslebens eine Grenze
setzen.

Darin hat Merkel Recht, dass in dem rechtswidrigen, negativen Verhalten den gesetzlichen Anforderungen gegenüber ein
Mangel an legaler Gesinnung*) hervortritt, aber nur zunächst. In zweiter Linie sündigt das Individuum gegen
den Zweck für das Wohl des Volkslebens, gegen das Staatswohl, neben dem sein Belieben oder Nichtbelieben keinen
Raum haben darf. Wenn daher auch die Strafen für diese
Kategorie der Rechtsverletzungen nicht Strafen im eigentlichen Sinne, d. h. Wiedervergeltungen, sondern stets
directe oder indirecte Zwangsmittel zur Realisirung
des Staatszwecks sind, so dürfen sie doch recht
energisch werden. Denn der Staatszweck muss gegen den
Ungehorsam des Einzelnen eine schneidige Waffe haben.

Am Staate und seinen Gesetzgebern, vorzüglich aber an
den Juristen ist es, die oft sehr verkehrte „Regel des Lebens",
d. h. den aus Kurzsichtigkeit oder Egoismus die Interessen
des Ganzen verkennenden, einrostenden Schlendrian, energisch
zu corrigiren. Denn diese „Regel des Lebens" lautet heut zu
Tage bekanntlich „Thue Recht und scheue Niemand", d. h.
„Greife nicht in die Rechtssphäre Dritter ein, für die Erreichung deiner Interessen scheue kein Mittel, für die
Zwecke Dritter und der Gesammtheit brauchst du
dich nicht zu bemühen". Die „Regel des Lebens", wie
ich sie hier an einem praktischen Beispiel in ihrem Regel-
wort gezeigt habe, werde ich später in ihrer ganzen Nichtigkeit darstellen.

*) Merkel, loc. cit., S. 94.

Anhang II.

Merkel meint, den Omissivdelicten stünden gewisse Kommissivdelicte unserer Polizeistrafgesetzbücher sehr nahe *), Handlungen, deren Bestrafung nicht in dem materiellen Momente, sondern, wie bei den Unterlassungsverbrechen, in dem formellen Momente ruht. Es wird bei diesen davon abgesehen, ob der Erfolg eingetreten, und ob er zurechenbar ist (Bedrohung des Besitzes ungestempelter oder ungeaichter Maasse, Waagen und Gewichte, Annahme eines fremden Familiennamens, Benutzung neuangelegter Kamine vor der polizeilichen Untersuchung etc.). Das Verhalten wird an sich verboten, ohne Rücksicht auf den Erfolg und die Zurechenbarkeit der Gefahr des Eintritts. (Desshalb sind sie keine Gefährdungsverbote in Bindings Sinne.) Die Achtung der Rechtsordnung wird nicht gefordert um der Integrität der Güter willen, um deren Sicherung es sich handelt, sondern wegen der Unterwerfung des Einzelwillens unter den herrschenden Gemeinwillen.

Es wird nicht aus dem Materialgrunde, sondern aus dem Formalgrunde der Strafe das Unrecht bestraft. Auf diese Delicte will Merkel den Namen Polizeivergehen anwenden (nicht hierher gehören also Vergehen, die nur ihre Geringfügigkeit dazu stempelt), indessen ist sein Ausdruck: Formalvergehen**) entschieden besser. Richtig ist, dass die Strafe auch hier keine Wiedervergeltung ist — und nur eine solche ist in meinem Sinne eine Strafe im engeren Sinne — , sondern dass sie stets den Charakter eines indirecten Zwangsmittels behält und Strafe im weiteren Sinne ist.***) (Moralische Geringschätzung der Formalvergehen im Leben, geringe Strafe, Aburtheilung durch Beamte, die keine Richter sind.)

---

*) loc. cit., Seite 95.
**) loc. cit., Seite 99.
***) loc. cit., Seite 103.

§ 6.

Binding.

Literatur: Die Normen und ihre Uebertretung. 1872.

Der von Binding mit grösster logischer Schärfe aufgestellte und mit Recht so beifällig überall aufgenommene Ursachenbegriff ist Folgender:

„Erzeugung der Ursache ist nichts weniger als Erzeugung sämmtlicher zum Erfolg hinwirkender oder Vernichtung sämmtlicher von ihm abhaltender Bedingungen. Die Ursachen, die nie einfach sind, bilden sich stets aus einer solchen Menge von Bedingungen, dass der Mensch selbst bei sorgfältigster Beobachtung nicht alle in seinem Bewusstsein erfassen und sie nie alle produciren kann. Keine dieser Bedingungen kann fehlen, alle sind nothwendig, damit ihre Summe verbunden mit ihrem Spannungsverhältniss sich als Ursache darstelle. Der Mensch verursacht etwas, sofern er jene Ueberlegenheit der hinwirkenden über die abhaltenden Bedingungen bewirkt, und wieviel oder wie wenig er dazu zu thun hat, dies bestimmt sich nach dem Machtverhältniss der beiden Bedingungsmassen, wie er es vorfindet. Am leichtesten ist seine Aufgabe im Falle des Gleichgewichts, schwerer, wenn die abhaltenden Bedingungen an Kraft ihren Gegnern überlegen sind.

Verursachung einer Veränderung ist identisch mit einer Veränderung des Gleichgewichts zwischen den sie abhaltenden und den zu ihr hinwirkenden Bedingungen zu Gunsten der Letzteren. Ursache sind die zum Erfolge hinstrebenden Be-

dingungen in ihrem Uebergewicht über die von
ihm abhaltenden."*)

Dieser Ursachenbegriff ist von von Bar auf das heftigste
angegriffen worden (bei Grünhut IV. Band 1877, Seite 59).
Er sagt, in der mit so vielem Beifall (mit Recht!) und so
wenig Kritik (ob dies wahr ist, werde ich zeigen) aufgenom-
menen „Gleichgewichtstheorie" Bindings liege eine
„leere Phrase" vor! Ich werde zeigen, dass von Bars
„Regel des Lebens" desshalb ein Juristisches Nichts ist, weil
sie von einer falschen Theorie des Rechts ausgeht, die in
Deutschland zu unserem Heile nicht gilt!

Von Bars Einwand, soweit er sachlich ist, geht nun vor
Allem dahin, dass das Wort „Gleichgewicht" als Bild nicht zu
verwerthen sei. Dieser Einwand interessirt mich deshalb, weil
ich selbst in meinen früheren Schriften stets den Grundsatz
verfochten habe: Aus einer Unwahrheit, einer Fiction,
die man selbst geschaffen, kann man nichts
folgern!

Von Bar sagt: „jene Annahme wird durch die einfache
Erwägung hinfällig, das ein Gleichgewicht jener Art
keinen Augenblick existiren kann, absolut unmöglich
ist. Der Stein fällt entweder oder er fällt nicht. Ein Gleichgewicht zwischen dem Fallen und dem Nichtfallen ist keinen
Augenblick denkbar; so lange der Stein nicht fällt, haben die
negativen oder hindernden Bedingungen das Uebergewicht, nachher die positiven Bedingungen. Die ganze Definition ist nichts
als eine Folgerung aus einem ungenauen Bilde, das hier wie
sonst schon oft der klaren Erfassung der Sache gefährlich**)
geworden ist.

---

*) Normen, I., Seite 42 und 43.
**) Die Gefahr liegt allerdings in der Folgerung aus der Un-
wahrheit, der Fiction. Hätte das die Gegenwart endlich erkannt, so

Die Bedingungen einer Erscheinung werden nicht wie die chemischen Ingredienzen, die ein Chemiker in Verbindung setzen will, erst abgewogen und treten dann erst in Wirksamkeit: sie wirken vielmehr jeden Augenblick; nur ist ihre Wirkung, je nach dem eine oder mehrere Kräfte ihre Wirksamkeit mit der ersteren verbinden, zu verschiedenen Zeitpunkten eine verschiedene. Existirt aber kein Augenblick des Gleichgewichts, so verschwindet jeder specifische Unterschied zwischen den früheren und den späteren Bedingungen, und der ganze Satz bedeutet nichts Anderes als: man kann eine Erscheinung verursachen, indem man entweder die positiven Bedingungen verstärkt oder die Wirksamkeit der negativen verringert oder aufhebt. In der That ist auch von Binding nicht ein einziger praktischer Fall nach seinem Princip beurtheilt worden, und doch sollte man glauben, es sei dies die beste Probe der Haltbarkeit eines Princips." *)

Die Kritik ist richtig und falsch. Sie ist richtig, wenn man nach einer Ursache für das Ding „an sich" fragt. Hier gibt es nur Bedingungen, die Ursache liegt in der Unendlichkeit, ein Begriff, mit dem jeder Denker so gut rechnen darf wie der Mathematiker. Hier gibt es kein Gleichgewicht der Bewegungen (Erscheinung ist hier ein falsches Wort).

Sie ist falsch, wenn man nach der Ursache eines Dinges (einer Erscheinung) fragt, wie es der Mensch mit seinem Begriffe nennt, und wie es nur für den Menschen und dem Begriffe nach durch den Menschen existirt. Hier besteht ein specifischer Unterschied zwischen der Bedingung, welche den Begriff vervollständigt und deshalb schafft, und den Bedingungen, welche diese Vervollständigung bedingen.

---

spräche man nicht mehr von Quasi-Verträgen. Aber von dieser Erkenntniss ist sie leider noch weit entfernt. Ich stehe auf diesem Gebiete mit meinen Ansichten ganz einsam, das „Quasi" lebt fort!

*) von Bar bei Grünhut loc. cit. S. 43 und 44.

Diesen specifischen Unterschied gefunden zu haben, ist Bindings grosses Verdienst, denn im Rechte interessirt der Satz causa causae est causa causati in seiner abstracten Auffassung nicht, hier gilt der Satz: in jure non remota causa sed proxima spectatur (Baco von Verulam), eben weil das Recht mit dem Ding „an sich" nicht rechnen kann.

Meine Auffassung von der Ursache im Strafrecht kann ich erst später begründen. Sie weicht von der Bindings ab. Doch danke ich ihm die Erkenntniss des specifischen Unterschieds von der Bedingung.

Sofort wie wir von dem Ding „an sich" abstrahiren und die Bewegung mit einem menschlichen Begriffe nennen, wie sie sich in einer bestimmten Zeit unseren Sinnen darstellt — aber an sich nicht in dieser Weise existirt — müssen wir mit einem Bilde operiren, weil wir von dem Ding „an sich" als Sinnenwesen nichts wissen. Selbst der Ausdruck „Bewegung der Atome" ist ein Bild, für welches das Wort „Wirkung" besser wäre, weil es abstracter ist. Indessen will ich von dem Worte nach dieser Verwahrung Gebrauch machen.

Binding verwerthet das Bild richtig, weil er aus demselben nichts folgert. Er construirt nicht aus einer Fiction. Die Wirkungen des Dinges „an sich" sind für uns, die wir eine bestimmte Erscheinung z. B. den Tod oder den Mord, im Auge haben, hinwirkende und abhaltende. Eine hinwirkende Bedingung für den Tod ist die Geburt, das Verzehren der Kräfte; eine abhaltende: eine starke Lebenskraft. Hinwirkend ist das Setzen von Gift in den Speiseschrank, abhaltend die Warnung, das Gift nicht zu essen, abhaltend die eigene Untersuchung des Giftes, hinwirkend die Bemerkung, dass das nicht nöthig sei, weil es kein Gift sei (Arsenik und Zucker). Die letzte Bedingung, welche den Begriff Tod zu einer bestimmten Zeit vervollständigt und desshalb für uns schafft, ist für uns die Ursache, die ausser uns nicht existirt, die wir aber brauchen, um einen von uns geschaffenen Begriff zu schaffen, dessen Ursache an sich, wie die Ursache aller seiner Atome, in der Unendlichkeit liegt.

Das Bild von der Wage („Gleichgewicht" Bindings) ist daher deshalb zu verwerthen, weil das Sinken der Wage nach der bestimmten Erscheinung zu, die nur für uns existirt, durch eine letzte Bedingung, wie durch ein hinzugelegtes Gewicht, verwirklicht wird, und weil es nur darauf ankommt, dem Sinnenmenschen den specifischen Unterschied dieser letzten Bedingung von den übrigen sinnlich klar zu machen.

Es wird daher aus der Fiction nichts construirt. Sondern es wird nur mit dem Bilde eine existirende Wahrheit veranschaulicht. Und desshalb ist von Bar's Kritik total falsch, sobald es sich um Rechtsbegriffe oder menschliche Begriffe handelt.

Ich will es im Folgenden versuchen, das Wesentliche aus der grossen Gedankenfülle der Normen über dies Gebiet herauszuheben und zu kritisiren.

Das zeitliche Verhältniss des widerrechtlichen Willens zur widerrechtlichen That ist derartig, dass die Schuld der verursachenden Thätigkeit vorausgehen muss. Es gibt keinen dolus und keine culpa subsequens.*)

Hiermit bin ich völlig einverstanden, und es ist praktisch, mit Binding den grossen Kreislauf, den unsere Lehre in der Literatur genommen, von dem Standpunkte aus zu betrachten, dass man fragt, wenn stehen Schuld und That in der richtigen Folge?**)

---

*) Normen II, Seite 192 ff.
**) Normen II, Seite 207 bis 224.

Es kommt dann in der That nach dem gegenwärtigen Standpunkt der Lehre darauf an, das kausale Element in der Unterlassung zu erkennen. *)

Binding zählt die hier behandelten Fälle unter das Kapitel: Die Schuld scheinbar zur Zeit der That noch nicht vorhanden.

Er trennt die Fälle aber in zwei Gruppen:

I. sogenannte Kommissivdelikte durch Unterlassung.
   (Unechte Unterlassungsverbrechen.)
   Hier ist das Moment der Verursachung streitig. In diesem Moment muss Schuld nachgewiesen werden. Sonst müssen sie straflos bleiben.

II. Scheinbar schuldlos wird ein verbotener Erfolg verursacht, ohne dass der Umschlag der Gefahr in die Verletzung gehindert wird.
   (Scheinbare Konkurrenz von schuldloser Verursachung und culpa subsequens.)

Die Unterlassungsverbrechen werden von Binding auf das strengste nach seiner Gleichgewichtstheorie von der Ursache construirt, um zu zeigen, dass Schuld und Ursache im Moment der Unterlassung in dem rechten Zeitverhältniss stehen.

Mit Recht sucht Binding die Ursache nicht in der ersten Handlung. Luden, Krug, Glaser, Merkel „halten Alle den Arzt für den Grund der Krankheit". Statt es zu begehen, bekämpft diese Handlung das Verbrechen. —

Mit Recht, sage ich, denn ist es nicht absurd, die Anstellung eines tüchtigen Eisenbahnbeamten oder eines Richters

---

*) Normen II, Seite 224.

als ein Infragestellen fremder Interessen zu bezeichnen?

Meines Erachtens hat man sich blenden lassen durch
die Wahrheit, dass der Gebrauch der Naturkräfte, insbesondere
des Dampfes, fremde Interessen in Frage stellt. Nicht
der Eisenbahnbeamte ist gefährlich, sondern die Eisenbahn!
Hätte man an dessen Stelle den Richter gesetzt, so würde
von dem „Infragestellen fremder Interessen" weniger die Rede
gewesen sein.

Ich will nun Bindings Bahnen weiter folgen. Sie laufen,
möchte ich sagen, mit mathematischer Genauigkeit zum
Ziele. Um so nöthiger ist es, keine Grösse dieser Rechnung
ungewürdigt zu lassen.

A. Natur der der Unterlassung voraufgehenden Handlung.

Ihr Urheber soll sich mittels ihrer als eine zur Abhaltung
bestimmter schädlicher Erfolge wirkende Bedingung hinstellen.
Diesem Entschlusse muss das nöthige Wahrnehmungsvermögen
zu Gebote stehen, die heraufziehende Gefahr zu erkennen, und die nötige Kraft, um sie zu beschwören.
Falls der Entschlossene aber ein unkräftiger Wärter ist, muss
ihm wenigstens der Schein der Kraft beiwohnen. —

Hier muss ich gestehen, dass es mir nicht gelingt, die
Skrupel zu überwinden, die auch Binding früher empfunden
hat (cf. Normen II, S. 229). Ich trenne streng die innere
Welt von der äusseren Welt, den inneren Willen und
seine erkennbaren Aeusserungen. Die Ausführungen Seite
230 loc. cit. können mir diese Skrupel keineswegs nehmen,
ja sie beweisen nur, dass es keine Skrupel sondern berechtigte, logische Einwürfe sind. Die Rhetorik Bindings,
so gewandt sie ist, kämpft hier umsonst gegen die Logik, der
er doch sonst so consequent folgt.

Die Vorgänge, die sich im Innern des Menschen ab-
spielen, spielen im Rechte keine Rolle.*) Unverwirklichte und
unausgesprochene Entschlüsse wirken, aber weil ihre Wirkung
der inneren Welt angehört, können wir sie als Juristen nicht
berücksichtigen. „Viele Pläne scheitern, weil der Urheber des
Verbrechens einen Gegenwillen fürchtet.“ Aber dieser Vorgang
geht hinter der Hirnschale des Urhebers und des Gegners vor,
der Gegenwille ist nicht geäussert, und nur äusserlich
kann er im Recht zu einem anderen Willen in Beziehung
treten.**) Aus der Geschichte sind diese Vorgänge nicht zu
weisen, der Historiker darf ihre immerhin höchst unsichere Existenz vermuthen, der Jurist aber kann mit
diesen Grössen der inneren Welt nicht rechnen. Ich leugne
also, gegen Binding, nicht die Macht des reinen noch
unverwirlichten Entschlusses in der inneren Welt,
ich leugne aber entschieden die Bedingungsqualität in
der äusseren Welt des Rechts.

Bindig führt nun weiter richtig aus, dass Niemand allein
durch Vernichten genau derselben abhaltenden Bedingung,
die er gesetzt hat, Urheber einer Veränderung werden kann.***)

Wir müssen uns bei den Ausführungen genau an das Bild
von dem Gleichgewicht halten, um die logischen Consequenzen richtig zu verstehen.

---

*) Normen II, Seite 230.

**) Wenn ich vor einem Haus „auf und abgehe“, so hindere ich
nicht durch den inneren Entschluss, sondern durch die Willensäusserung. Eine Sache, die ich „preisgebe“, kann nicht gestohlen
werden. Aber diese Preisgabe muss sich objectivirt haben. Sage
ich im Augenblick des Diebstahls, ich gebe sie Preis, so nehme ich in
diesem Moment äusserlich dem Object eine Qualität, die zum Dieb-
stahlsbegriff gehört. Sage ich nichts, so muss der Wille sonst erkennbar sein.

***) Normen II, Seite 234.

Wer gleichviele und gleichstarke abhaltende und hinwirkende Bedingungen setzt, wer die gesetzten positiven oder negativen Bedingungen beseitigt, ehe sie gewirkt haben, oder ehe letztere sich mit anderen, die m i t b e s e i t i g t werden, u n t r e n n b a r verbunden haben, dessen Verhalten ist in Beziehung auf die Causalität indifferent, denn er verändert das G l e i c h g e w i c h t nicht.

Anders aber verhält es sich, wenn sich der Handelnde als eine dem Erfolge entgegenwirkende Bedingung aufstellt, aber zugleich a u s s e r d e m positive Bedingungen zum schädlichen Erfolge setzt, oder den Wegfall vom Erfolge abhaltender Bedingungen verursacht, oder die Entstehung anderer den Erfolg abhaltender Bedingungen hindert.[*] Diese C o m b i n a t i o n von Fördern und Hindern ist eine derartige, dass die Hinderung nach Absicht des Handelnden ein A e q u i v a l e n t für die Förderung bilden soll. R e a l i s i r t sich diese Absicht, so liegt nach Binding eine sog. U n t e r l a s s u n g s h a n d l u n g vor.[**] Niemand kann v e r u r s a c h e n, indem er sich zur abhaltenden Bedingung macht und als solche später nicht fungirt, während er nicht zugleich irgend wie den Eintritt des Erfolges gefördert hat.[***]

Diese Combination von Förderung und Hinderung des Erfolges hat, weil letztere nur A e q u i v a l e n t der ersteren ist, die Folge, dass die Kraft der gesetzten positiven Bedingungen so lange suspendirt wird, als das A e q u i v a l e n t erhalten bleibt, und dass das Wegfallen der Letzteren sofort den Ersteren ihre den Eintritt des Erfolges befördernde Wirkung zurückgibt. Das Zerstören der selbstgesetzten abhaltenden Bedingungen ist nicht blose A n n u l l a t i o n eigener Thätigkeit, sondern eine E r w e c k u n g der selbstgesetzten positiven Bedingungen zu voller Wirksamkeit. —

[*] Normen II, S. 238.
[**] Normen II, S. 239.
[***] Normen II, S. 242.

Dies ist in Kurzem Bindings Lehre.

Prüfen wir dieselbe, da sie mit mathematischen Begriffen rechnet, zunächst rechnerisch. Ist das Verhältniss der vorliegenden Bedingungsmassen: + 5 : — 6 und setze ich dazu — 1 und als Aequivalent + 1 so erhalte ich + 6 : — 7, also keine Ursache. Ist das Verhältniss + 6 : — 6 und setze ich jetzt + 1 und — 1 hinzu, so erhalte ich + 7 : — 7, also keine Ursache. Nehme ich im zweiten Falle später die — 1 zurück, so erhalte ich + 7 : — 6; in diesem Momente entsteht die Ursache. Nehme ich im ersten Falle die — 1 später zurück, so erhalte ich + 6 : — 6, also keine Ursache.

Binding folgert: Stehen beide Bedingungsmassen einander gleich (6 : 6), kann der Erfolg also nur durch Wirksamkeit der gesetzten abhaltenden Bedingung hintertrieben werden (7 : 7) und wird nun das Aequivalent vernichtet (7 : 6), so enthält dieses die Ursache. Gewiss!

Er sagt ferner: Bei grosser Kraft der abhaltenden und bei geringem Vermögen der hinwirkenden Bedingungen enthält der Wegfall des Aequivalents eine Verstärkung der Letzteren, aber nicht nothwendig eine Verursachung. Prüfen wir an Zahlen. Es sei das Verhältniss + 3 : — 7, gesetzt wird + 2 und — 2. Also erhalte ich + 5 : — 9. Nach dem Wegfall der — 2 bleibt + 5 : — 7. Also liegt keine Ursache vor. Nun sei aber gesetzt + 5 und — 5. Ich erhalte dann + 8 : — 12, nach Wegfall der — 5 bleibt + 8 : — 7. Sofort liegt Verursachung vor.

Da es sich um ein Aequivalent handelt, das zu dem Verhältniss gesetzt wird, so lehren uns die Zahlen:

1) Niemand kann ohne positive Einwirkung auf der negativen Seite verursachen:

+ 7 : — 7. Ich setze — 7 und nehme es wieder fort: + 7 : — 14, trotz der grossen Veränderung erhält + 7 nach der Wegnahme nicht den Sieg.

2) Stehen die Bedingungsmassen gleich, so muss die spätere Vernichtung des Aequivalents verursachen:

Gegeben ist: $+ 7 : - 7$. Ich setze $+ 1$ und $- 1$, erhalte $+ 8 : - 8$, nehme $- 1$ weg, es entsteht die Ursache $+ 8 : - 7$. Die Ursache entsteht unter allen Umständen, mag ich 1 oder 100 als Aequivalent setzen.

Eine Locomotive fährt auf einer Curve, die an sich sehr gefährlich ist. Ein kleiner Stein, den der Bahnwärter dort liegen lässt, verursacht, und der Wärter wird Urheber des Unglücks. (cf. Binding, loc. cit., S. 246, Anm. 306).

3) Stehen die Bedingungsmassen sich nicht gleich gegenüber, so ist die Verursachung sehr ungewiss. Aus $+ 3 : - 7$ werde $+ 9 : - 13$, ich nehme später $- 6$ weg und erhalte $+ 9 : - 7$, also eine Ursache. Ebenso erhalte ich eine Ursache, wenn ich 5 dazu setze und wegnehme: $+ 8 : - 7$. Ich erhalte aber keine Ursache, wenn ich mit 4 rechne: $+ 3 : - 7$, wird $+ 7 : - 11$, bleibt später $+ 7 : - 7$.

Die Grenze ist: ich erhalte keine Ursache, wenn ich die positiven und negativen Bedingungen um ein Aequivalent erhöhe, welches die positiven Bedingungen den negativen, ohne das Aequivalent, gleichstellt, wenn ich auch zugleich dies Aequivalent zu den negativen Bedingungen setze und es später wegnehme. Ich erhalte aber eine Ursache, wenn ich beide Bedingungsmassen um ein Aequivalent erhöhe, wodurch die positiven Bedingungen über die negativen Bedingungen, ohne das Aequivalent, siegen, und wenn ich dann das negative Aequivalent wegnehme. Diese letzte Consequenz ist von Binding in dieser Weise nicht gezogen.

In das Leben übersetzt heisst sie: Stehen die Bedinguugsmassen gleich, d. h. fehlt zu dem Erfolge ein Schritt, so thue nichts für den Erfolg, wenn du ihn nicht hindern kannst! Ein schlechter Schwimmer ist ausser Gefahr, wenn ein Kahn neben ihm schwimmt. Ueberrede ihn nicht, ohne den Kahn mit dir zu schwimmen, wenn du nicht selbst ein so guter Schwimmer bist und ihn retten kannst, so dass er dir wie dem Kahne trauen kann.

Stehen die Bedingungsmassen nicht gleich, so prüfe, ob du durch deine positive Handlung nicht die dem Erfolge entgegen stehenden Bedingungen beseitigst. Ein guter Schwimmer schwimmt im sicheren Strom. Die entgegenstehenden Bedingungsmassen überwiegen bedeutend. Rufst du ihm zu, durch einen gefährlichen Strudel an's Ufer zu schwimmen, und sagst ihm, du wollest ihm eventuell mit einem bereit liegenden Kahn zu Hülfe kommen — so bringst du beide Bedingungsmassen in's Gleichgewicht, mit Aufbietung aller Kräfte kann der Schwimmer den Strudel vielleicht überwinden. Ueberwindet er ihn aber nicht und sinkt, und du blickst unthätig zu, so hast du den positiven Bedingungen den Sieg verschafft, weil du ihn veranlasst hast, es zu wagen, ohne ihm zu helfen.

Es ist wahr, dass man bei diesen Erwägungen sehr ü b e r - l e g e n muss, aber der homo sapiens soll überlegen, wenn er handelt.*) Uebrigens heisst doch wohl die Frage nach dem Gleichgewicht m. E. nichts anderes als: f e h l t n u r e i n S c h r i t t z u m E r f o l g? Und diese Frage d r ä n g t s i c h g l e i c h s a m a u f. Die künstliche Rechnung der Theorie ist in der Praxis nicht gefährlich.

Precärer ist der Fall, wenn der Erfolg nicht vor der Thüre steht. Aber dann muss ja auch die positive Handlung eine sehr thatkräftige sein (cf. das obige Beispiel, wo der gute Schwimmer zu einem grossen Wagniss verlockt wird). Und solche Handlungen darf der Mensch nur mit Erwägung aller v o r l i e g e n - d e n U m s t ä n d e d. h. aller B e d i n g u n g e n vornehmen.

---

*) cf. über die Ueberlegung als Mittel die Rechtmässigkeit der That zu wahren. Binding No. II, S. 89.

Indessen ist zuzugeben, dass die Berechnung schwieriger
wird, als Binding sie darstellt, denn die Bedingungen mehren sich
nicht, wie in seinen Berechnungen, um 1, sie sind oft ungleich.
Eine Handlung wiegt schwerer als die andere.

Doch ist auch dieser Einwand gegen die Möglichkeit oder
vielmehr Nothwendigkeit der Abmessung der Bedingungen im Menschengeiste zu beseitigen, wenn man
folgendes bedenkt.

Die Bedingungen an sich laufen in die Unendlichkeit aus
und sind unendlich. Der Erfolg und die letzten ihn setzenden
Bedingungen liegen in der Gegenwart, wie die letzte Bedingung,
die Ursache. Diese letzten Bedingungen sind im Verhältniss zu den vorliegenden Bedingungen „an sich" ungeheuer
gering an Zahl. Sie heben sich um so mehr ab, je mehr sich
die Bewegung der Dinge „an sich" dem nähert, was wir mit
einem Namen z. B. Tod nennen.

Hieraus folgt die letzte Consequenz:

4) Das Aequivalent, welches der Mensch zu den positiven
und negativen Bedingungen hinzusetzt, kann nie so gross sein,
als eine von beiden Summen dieser vorliegenden Bedingungen.

Ich kann zu $+ 4 : - 7$ nie $+ 4$ und $- 4$ setzen, denn
ich finde stets Gegebenes vor, was an Masse der Bedingungen
meine Bedingung überwiegt, sei es auf der negativen, sei
es auf der positiven Seite.

Hierdurch wird der Satz 3 eingeschränkt. Ich kann
die positiven Bedingungen nicht um ihre eigene Summe
vermehren, um ihnen zum Siege über die negativen Bedingungen
ohne das Aequivalent zu helfen. Ich kann zu $+ 4 : - 7$
nie $+ 4 - 4$ setzen, aber ich kann zu $+ 6 : - 8$ gewiss
$+ 3 - 3$ setzen ($+ 9 : - 11$) und, indem ich $- 3$ später
fallen lasse, verursachen ($+ 9 : - 8$).

Diese Einschränkung ergiebt sich aus meinem Ursachenbegriff, den ich erst später entwickeln kann.

Der Zeitpunkt der Verursachung ist, wie erhellt, nach Binding „der Moment der Zerstörung jener Bändigung, wodurch die selbstgesetzten positiven Bedingungen zu neuem Wirken als solche erweckt werden.“ *)

B. Das Wesen der Unterlassung selbst.

Dieses Wesen ist nach Binding: eine Bewegung hinter der Maske der Ruhe.**) In dem Zerstören der abhaltenden Bedingungen liegt der eine Theil der Handlung, welche sich hinter der Unterlassung verbirgt. Aber dieses Zerstören erlangt Bedeutung für die Förderung des Erfolgs nur dadurch, dass die zerstörte Schranke Aequivalent war für die Förderung, die der Zerstörer früher selbst dem Eintritt des schädlichen Erfolges hat zu Theil werden lassen.***)

C. Das Verhältniss zur Schuld.

In dem Zeitpunkte, in welchem die abhaltende Bedingung vernichtet und dadurch die Ursache erzeugt wird, muss Schuld vorhanden sein.

Binding erreicht also durch seine Construction, dass er die Fiction einer culpa subsequens gänzlich vermeidet.

Beim Rückblick auf seine Theorie der sog. Commissivdelikte durch Unterlassung bleibt mir nur das Urtheil übrig, dass sie mit seinem Verursachungsbegriff übereinstimmt, und so fördert wie seine „Ursache“ die gesammte Theorie gefördert hat. Von meinem Standpunkte aus aber halte ich die Vorgänge der inneren Welt weder für Schranken noch für Bedingungen im Rechte. Diese gegnerische Ansicht lässt sich jedoch erst im Zusammenhange bei der dogmatischen Bearbeitung, insbe-

---

*) Normen II, S. 246.
**) Normen II, S. 249.
***) Normen II, S. 252.

sondere bei der Lehre von der Ursache, darstellen. Im historischen Theil würde ihre Ausführung stören.

II. Scheinbare Konkurrenz von schuldloser Verursachung und culpa subsequens.

Diese Fälle liegen vor, wenn der Eintritt schuldlos verursachter verbotener Erfolge nicht gehindert wird.[*]

Dieselben werden nach Binding desshalb verkannt, „weil eine Ursache, woraus eine Folge sich nicht mit Nothwendigkeit, also unabwendbar, ergibt, undenkbar ist." So lange wir den positiven Bedingungen noch die Wirkung nehmen können, so lange haben wir noch nicht verursacht, erst wenn wir dies nicht vermögen oder nicht zu thun beschliessen, wird die Ursache fertig, weil unwiderruflich.

Wir sehen, auch hier rechnet Binding bei der Ursache mit Bewegungen, die allein in der inneren Welt des Menschen vorgehen und nicht erkennbar sind (Ein Beschluss). Und hierin liegt der Einwand, den ich gegen seine Construction mache.

Binding meint, noch sei der Wille in diesen Fällen nicht verwirklicht, noch habe es der Wille in der Hand, die Bedingungen zu mehren oder zu mindern; wenn er daher die Herrschaft über die verlaufende Entwicklung aufgebe, so verschütte er die Quelle weiterer abhaltender Bedingungen, und verschaffe dadurch der Kraft der gesetzten fördernden Bedingungen freien Raum, zu einer definitiven Uebermacht über ihre Gegner zu gelangen.[**]

In dem Entschlusse liege die Verursachung. Es werde verantwortlich gehandelt unter der Maske der Unthätigkeit.

---

[*] Normen II, S. 260.
[**] Normen II, S. 264.

Ich glaube nicht an die Maske der Unthätigkeit.
Meiner Ansicht nach ist Thätigkeit d. h. Bewegung hinter
der Hirnschale allerdings an sich nicht Unthätigkeit, sondern
eben Bewegung, allein im Rechte dürfte diese Bewegung keine
causale sein.

Uebrigens ist die Unterscheidung der unechten und scheinbaren Unterlassungsverbrechen, wie sie Binding und nach ihm
Ortmann annimmt, eine vollberechtigte.

III. Die echten Unterlassungsvergehen.

Binding will nachweisen, dass die Unterlassung Willensverwirklichung, also Handlung*) sei. Ich nenne die Unterlassung, wie ich bei Merkels Kritik**) hervorgehoben habe, eine
Willensäusserung. Meines Erachtens ist hier ein Vorsatz
so gut möglich, wie bei der Willensverwirklichung, wie
sie sich in der Handlung darstellt.

Richtig ist, die Unterlassung, bei der ein absoluter
Mangel an Willen vorliegt, von der zu unterscheiden, wo eine
Willensbewegung, wo Beschluss, stattfindet.***) Die
ungewollte Unterlassung interessirt auch mich nicht, denn sie ist
keine Willensäusserung.

Dagegen gebe ich zunächst nicht zu, dass der Wille, wenn
er den Nichteintritt einer Veränderung verursacht, die abhalten-

---

*) Normen II, Seite 448.

**) Mit Recht tadelt Binding die Vernachlässigung der echten
Unterlassungsdelikte, und nennt Merkels Abhandlung lehrreich und
lichtvoll. Mir ist es bei der Kritik Bindings umgekehrt ergangen wie
bei der Kritik Merkels. Während ich bei den unechten Unterlassungsverbrechen Merkels Gegner bin, kann ich ihm bei den echten Unterlassungsverbrechen in Vielem zustimmen. Dagegen hat Binding in der
Darstellung der unechten Unterlassungsverbrechen, die geradezu meisterhaft
ist, meinen Beifall, während ich ihm bei der Behandlung der echten
Unterlassungsverbrechen durchaus nicht beizustimmen vermag.

***) Normen II, S. 449.

den Bedingungen über das Kraftmass der Hinstrebenden hinaus
verstärkt, und mit der Hinderung des Erfolges zusammenfällt.*)

Die Bewegungen des Willens, die nur hinter
der Hirnschale vorgehen, sind m. E. keine Bedingungen im Recht. Und selbst die Aeusserung dieses Willens
ohne die Vermittlung durch ein Mittel ist verschieden von der
Handlung in ihrer Kraft in Bezug auf den Erfolg.

Wenn sich Jemand selbst dadurch hindert, dass er Urheber
eines bestimmten Erfolges werde, dass er nur darauf hinwirkt,
seinerseits keine Bedingung zu setzen, so liegt nur eine Willensäusserung, aber keine durch den Willen entstandene Thätigkeit
vor. Dieser Einwand ist folgenschwer, ich kann ihn aber nicht
für einen Irrthum halten.**)

„Jeder Hinderungswille muss sich dadurch realisiren, dass
er vom Erfolge abhaltende Bedingungen von genügender Kraft
setzt." Ich bin dieser Ansicht nicht, weil ich die durch innere
Bewegungen gesetzten Bedingungen als solche im Recht nicht
anerkenne. Ganz entschieden bestreite ich aber, dass dieser
Wille sich durch die Vornahme anderweiter Handlungen
realisire. Ich veranstalte eine Treibjagd, um nicht mit dem
Manne zusammenzutreffen, dem ein Verbrechen droht, das ich
anzeigen müsste. Die Veranstaltung der Treibjagd kann zum
Interpretationsmittel meiner Willensäusserung: „ich will nicht
anzeigen," dienen. Der Wille „ich will eine Treibjagd veran-
stalten" ist ein Handlungswille, denn er gebraucht Mittel
zur Verwirklichung. Daneben existiert der Wille „ich will
dadurch das Zusammentreffen mit dem Bedrohten vermeiden,
denn ich fürchte mich bei ihm zu verrathen, und ich will doch
das Verbrechen geheim halten." Dieser zweite Wille
allein neben dem Handlungswillen ist für die Willens-

---

*) Normen II, S. 450.
**) Normen II, S. 451.

bewegung „ich will nicht anzeigen," der Interpretationswille, aus dem wir diese innere Bewegung hinter der Hirnschale vermuthen. Aus diesem Grunde kommt es auf den Handlungswillen durchaus nicht an.

Die Willensbewegung aber, die wir durch den Interpretationswillen, der neben dem Handlungswillen existiert, erkennen, kann sich auch ohne irgend einen Handlungswillen äussern, z. B. durch Schweigen. Nur muss dann der Anlass feststehen, der die Willenswelle in Bewegung setzt. Wo dieser Anlass (also das Bekanntsein des Verbrechens in diesem Falle) nicht erweislich ist, darf ich keine Willensbewegung vermuthen. Es muss aber auch das Ufer gegeben sein, an das die Willenswelle anschlagen soll, es aber unterlässt. Es muss z. B. ein Anlass zum Reden, zum Anzeigen gegeben sein, und dieser Anlass muss erweislich sein. Sind diese beiden Momente im Willensstrom erkennbar, so dürfen wir das Schweigen getrost eine Willensäusserung nennen und hinter ihm eine Willensbewegung vermuthen.

Ich will diesen folgenschweren Einwand bildlich darstellen.

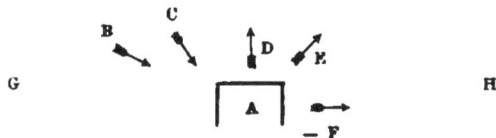

A sei die Welt des Willens, die innere Welt hinter der Hirnschale, G H die Linie, wo unser Wissen davon aufhört und die Vermuthung anfängt. Aeusserlich erkennbar ist das Gebot des Gesetzes B: Zeige derartige Verbrechen an, und die Nachricht C: dem E droht ein Verbrechen. Wir vermuthen, dass beide in A eine Bewegung hervorrufen. Die innere Welt bewegt sich. A bewirkt die Handlung D, er veranstaltet eine Treibjagd. Aber er vermeidet dadurch den sicheren Besuch des E, und den will er meiden, dies erkennt man an dem

sonderbaren Unternehmen einer Treibjagd während Besuch ankommt. Dieser Interpretationswille E ist also erkennbar.
Und hierdurch schliesse ich mit Hilfe von B und C auf die
innere Bewegung — F „ich will nicht anzeigen!" Nun erhellt
es doch klar, dass auf den Handlungswillen D absolut nichts
ankommt, er bleibt ganz ausser Betracht.

Demnach enthalten die Unterlassungen kein Handlungs-
moment. Eine Handlung, während ihrer Dauer vorgenommen,
enthält nur Bedeutung durch einen Nebenwillen, der auf eine
Willensbewegung schliessen lässt. Dieses Nebenwillens bedarf
es nicht, wenn eine sonstige Aeusserung der Willensbewegung
vorliegt. Die Handlung selbst aber ist ohne alle und
jede causale Bedeutung.

Weil aber die Bewegung eine innere ist, und weil die
geäusserte Handlungsbewegung während der Unterlassung
nicht im Causalzusammenhange steht, so kann eine Unterlassung
nicht den Nichteintritt eines bestimmten Erfolges verursachen,
denn nur geäusserte Bewegungen wirken in der Welt des
Rechts. Ich bin also hierin gänzlich anderer Ansicht als Binding
(Normen II, S. 452).

Es ist meines Erachtens dringend davor zu warnen, in der
Handlung während der Unterlassung mehr als eine Willensäusserung zu sehen, die mit der Causalität nichts zu thun hat.*)

---

*) Bei anderer Auffassung droht der Irrthum Ludens sich wieder
geltend zu machen, die Handlungen werden Uebertretungen des im Gebote
steckenden Verbots. Binding meidet diesen Irrthum entschieden: Die
Handlungen sind nicht selbständige Delikte sondern Verursachungshandlungen des Nichteintritts! Da ich Bindings
Ursachenbegriff nicht theile, kann ich die Handlungen nicht in dieser Weise
bezeichnen. cf. Meyer, Lehrbuch, 3. Aufl., Seite 197, dem ich gegen
Binding hier zustimme. cf. Normen II, S. 451, Anm. 657 i. f.

Anhang I.

Bindings Verdienst um die „Normen" ist allgemein anerkannt. Sollten die „Normen" nicht weitergreifen?

Wo das Recht des Privatwillens, das Vertragsrecht
und das Recht des objectiven Mustervertrags aufhört, beginnt das Recht der positiven Rechtssätze im Civilrecht sich in
ausnehmender Weise geltend zu machen. Meines Erachtens muss
auch Binding die Annahme meiner „positiven Institute"
nach seiner Theorie billigen. Auch er muss annehmen, dass
z. B. bei den Quasi-Verträgen und verwandten Fictionen (negotiorum gestio, Testamentsvollstreckung) kein Vertrag existire,
weil von der einen Seite das entschieden nicht vorhanden
ist, was im gesammten Rechte einzig und allein
„Wille" heisst. Es kommt gar nicht darauf an, ob sich der
dominus vorstellen kann, dass ein gestor für ihn eintritt, ob
er an diesen Fall denkt, ja es kommt nicht darauf an ob er
ihn wünscht! Das positive Recht giebt im Interesse der
Abwesenden und Verhinderten ein Institut für den, der sich
ihrer Geschäfte annehmen will (utiliter gerere) und Ersatz
erhalten will. Einzig aus diesem Grundprinzipe des
positiven Instituts ist der dominus zur Erstattung verbunden, auch wenn ihm die Handlung absolut nichts genützt
hat. Mit der Ansicht Lassalles (Das System der erworbenen
Rechte I, Seite 119 ff.) vermag ich mich nicht zu befreunden.
Ein nicht existirender, vom Gesetz allein vorausgesetzter Wille ist
kein bedingter Wille (S. 127 loc. cit.), denn er ist überhaupt
kein Wille! Den Willen kann nur der Mensch selbst bedingen. Dagegen enthalten dessen Vorwürfe gegen die Quasi-
Eintheilung (S. 434 ff., loc. cit.) viel Wahres. Ich bin trotz Bindings
Widerspruch gegen Civilrechtsnormen (Normen I, S. 144)
versucht, bei den positiven Instituten Civilrechtsnormen
anzunehmen. Binding sagt: „jede Norm ist öffentlich rechtlicher

Natur." Allein auch im Privatrecht begründen die positiven
Institute „eine Pflicht gegen das Gemeinwesen, dem sich der
Einzelne nicht willkürlich entziehen kann." Sie ruhen auf der
Billigkeit ex variis causarum figuris. Sie sind Boll-
werke der Gesammtheit gegen die individuelle
Freiheit. Der negotiorum gestor sorgt für den Abwesenden, der Testamentsvollstrecker für den Todten, der Vormund
für den Unmündigen, der Alimentationspflichtige für den
Bedürftigen. Hier sorgt also die Gesammtheit für ihre
schwachen Glieder. Sie sorgt aber auch in Collisions-
fällen der Willen, die der Vertrag nicht verursacht hat,
für das Wohl der Einzelnen (Gemeinschaft, Grenzverwirrung,
Bereicherung, Güterpflege, Amt, Gesetzliche Eigenthumsbe-
schränkung, Pflicht zum Vorweisen, lex Rhodia de jactu), denn
hier kann kein Privatwille helfen. Und in den Forderungen
aus Vergehen tritt der Normcharakter ebenfalls hervor.
(cf. Binding, Normen I, S. 223: „Die rechtliche Grundlage der
sogenannten Delictsobligationen scheint mir genau dieselbe wie
bei der negotiorum gestio: der sogenannte Quasicontract,"
m. E. das positive Institut.)

§ 7.

Ortmann.

Literatur: StRZ 1873, S. 465 ff.; GS 1874, S. 439 ff.; 1875. S. 209 ff.;
1876, S. 82 ff.; GA XXIII, S. 263 ff.; XXIV, S. 93 ff. †)

Mit Recht sagt Binding *), dass die Fehde zwischen Ortmann
und von Buri für ihn von ganz besonderem Interesse sei, weil
Ortmann seinen Ausführungen den Ursachen-Begriff zu Grunde
lege, den er selbst aufgestellt habe **), denn in der That
erscheinen die Abhandlungen Ortmanns als eine praktische Verwerthung dieses Begriffes zur Lösung unserer Controverse.***)

Ortmann nennt Ursache einer· Erscheinung die zu der
Erscheinung hinwirkenden Kräfte in ihrem Uebergewicht über
die ihr entgegenwirkenden Kräfte, er setzt also für den von
der inneren Welt ausgehenden Ausdruck Bindings: Erfolg,
den sowohl die Wirkungen der inneren wie der äusseren Welt
umfassenden Ausdruck: Erscheinung. Nun ist aber für das
Strafrecht nur der Erfolg bedeutungsvoll. Ein Unglück ist
eine Erscheinung, mag es von dem Willen oder von der
Naturkraft herrühren, das Verbrechen aber ist nie eine Erscheinung, sondern ein Erfolg, mag er mit dem dolus oder

---

*) Binding, Normen II, S. 208, Anm. 272.

**) Binding, Normen I, S. 42.

***) GS. 1876, S. 209 u. S. 210, „geht man von dem richtigen
Ursachenbegriff aus, wie ich ihn früher nach Bindings Vorgang bestimmt
habe etc."

†) Die Abkürzungen haben folgende Bedeutung:
GA = Goltdammer, Archiv f. Strafrecht.
GS = Gerichtssaal.
StRZ = Allgemeine deutsche Strafrechtszeitung von Holtzendorff.

mit der culpa in ursächlichem Zusammenhang stehen. Die
Erscheinung braucht nicht mit einer menschlichen Handlung in ursächlichem Zusammenhange zu stehen — z. B. ein
Brand vom Blitz bewirkt — der Erfolg muss mit einer
menschlichen Handlung in diesem Zusammenhange stehen, sei
es, dass sich eine Absicht im Erfolge verkörpert*), sei es, dass
in Folge eines vermeidlichen Irrthums ein unbeabsichtigter
verletzender Erfolg eingetreten ist.**) Nun ist es freilich
richtig, dass sich der Erfolg total von der inneren Welt loslöst
und einen rein äusserlichen Charakter annimmt***), allein der
Umstand, dass er hierin dem Ereigniss gleicht, nimmt ihm
nicht die Eigenthümlichkeit, die ihm seit seiner Geburt aus
der inneren Welt anhaftet. Ursache einer Erscheinung
und Ursache eines Erfolges dürfen im Strafrecht nicht nebeneinander gestellt werden, wenn man sich nicht einer Verwechslung schuldig machen will.†)

Von diesem Ursachenbegriff ausgehend kommt Ortmann zu
nachstehender Folgerung für unser Thema:

Das Wesen der causalen Unterlassung besteht in der unterlassenen Thätigkeit selbst. Der Unterlasser muss, wenn seine
Unterlassung causal sein soll, die unterlassene Handlung selbst
durch ein vorheriges actives Verhalten als eine dem Erfolg
entgegenwirkende Bedingung gesetzt haben. Dies ist aber allemal dann der Fall, wenn das vorherige positive Verhalten ein
solches war, durch welches der Unterlasser die Erwartung,
er werde eine bestimmte, den fraglichen rechtswidrigen Erfolg

---

*) Berner, Lehrbuch, § 96, S. 167.
**) Berner, Lehrbuch. § 97, S. 168.
***) Berner, Lehrbuch, S. 167.
†) Seite 211 loc. cit. sagt Ortmann freilich sofort „es sei nicht
willkürlich, nur dass letzte Ereigniss, durch dessen Eintritt der concrete
Erfolg bedingt war, als Ursache zu bezeichnen." Allein ein solches
Schwanken ist nicht erlaubt.

verhindernde Handlung vornehmen, dergestalt erregte, dass
Andere, hierauf vertrauend, entweder jenem Erfolg sich aussetzten oder nicht selbst für die Abwendung desselben
sorgten. *) Ortmann meint, durch ein solches Verhalten habe
der Unterlasser objectiv die dann unterlassene Verhütung
des Erfolgs zur Bedingung **) des Nichteintritts dieses Erfolgs
gemacht. Diesem objectiven Werthe seiner Handlung gegenüber sei es dann ganz einerlei, ob sein subjectives Wollen zur
Zeit dieser Handlung dem objectiven Werthe derselben ent-
sprochen habe, ob er bei Vornahme derselben die Absicht
gehabt habe, den Erfolg, dem die unterlassene Thätigkeit
entgegenwirken sollte, zu verhindern, oder ob er diese Absicht
nicht gehabt habe. Jene Absicht sei und bleibe ein factum
internum.***)

Aus dem Causalitätsbegriff, wie ihn Ortmann acceptirt,
folgt nun auf jeden Fall, dass eine r e i n e Unterlassung den
Erfolg nicht verursachen kann. Denn wer die Ursache nur in
der letzten Bedingung sieht, welche die zum Erfolge hinwirkenden Bedingungen vermehrt, oder die entgegenwirkenden
vermindert, so dass die ersteren siegen †), der muss zugeben,
dass das Nichtthun „an sich" das Gleichgewichtsverhältniss
unberührt lassen muss. Und Ortmann giebt das auch zu. ††)

Auch darin ist ihm beizustimmen, dass die concludente
Unterlassung nur dem Scheine nach ein Nichtthun, in Wahrheit

---

*) GS. 1874, S. 446 u. 447.

**) Bedingung im technischen Sinne Bindings.

***) Als Beispiel führt Ortmann den Fall an, wo eine Mutter ihr neu-
geborenes Kind verhungern lässt. Die Mutter habe durch die Zeugung
ihre Fürsorge zur entgegenwirkenden Bedingung gemacht. Auf ihre Gedanken beim Zeugungsakte komme es nicht an.

†) GS. 1874, S. 439.

††) Aus dem Begriffe des reinen Nichtthuns folgt, dass auch
die Rechtspflicht nie ein omittere zum committere machen kann.

aber eine positive Handlung ist.*) Ortmann hätte aber dann hier den Ausdruck „Unterlassung" fallen lassen sollen. Denn eine Unterlassung ist eben nie eine Handlung, und der Schluss, welcher den Andern bestimmt, kann hier nur aus den vor oder während der Unterlassung vorgenommenen Handlungen gezogen werden. Man könnte einwenden: es gibt ein concludentes Schweigen.**) Gewiss, aber nur dann, wenn jemand vorher etwas äusserte oder that, so dass er später reden musste. Dieses Thun kann selbstverständlich auch in dem Sichhineinsetzen in einen dauernden, mit Pflichten verbundenen Zustand (Amt, Auftrag) bestehen. Ein Kind findet Gift im Schrank. Es nimmt das Gift in die Hand, um es zum Munde zu führen, blickt aber fragend die Mutter an. Diese schweigt, das Kind isst das Gift und stirbt. Hier war die Mutter als Mutter verpflichtet, zu reden. Der Knecht findet in seinem Speiseschrank Rattengift, welches der Herr für die Ratten hineinstellte. Der Knecht hält es für Zucker, und der Herr, welcher sieht, wie es jener in seinen Kaffee thut, schweigt. Hier war der Herr in Folge seiner ersten Handlung verpflichtet, zu reden. Aus dieser ersten Handlung, aus dem Vorhandensein des Gifts im Speiseschrank, schloss der Knecht darauf, dass es nichts schädliches sei.

Wie steht es nun mit Ortmanns „causalem Nichtsthun?" Auf den ersten Blick muss es scheinen, als ob bei seinem Begriffe der Causalität das Nichtsthun nie causal werden könne. Denn das nichtige Nichtthun kann nie ein Uebergewicht an sich bewirken. Hierauf entgegnet Ortmann, dass es die negativ wirkenden Bedingungen beseitigen könne, welche

---

*) GS. 1874, S. 440.

**) Wenn das Schweigen an sich zu einem „bedeutsamen" wird, so müssen eben noch andere concludente Handlungen, und sei es nur ein Blick der Augen, vorliegen, d. h. eine neue Aeusserung des inneren Willens.

in einer vorangegangenen positiven Handlung des Unterlassenden gesetzt worden seien. Das ist richtig. Denn wenn sich die positiven zu den negativen Bedingungen verhalten wie 4 : 4, und ich nehme dann von den negativen die vierte hinweg, die ich vorher hinzugesetzt habe, so tritt bei dem Verhältniss von 4 : 3 der Erfolg nach Ortmanns Ansicht ein. Richtig ist auch, dass ich eine Bedingung durch Nichtsthun hinwegnehmen kann, dann muss aber diese negativ-wirkende Bedingung derartig sein, dass sie durch ein reines Nichtsthun beseitigt werden kann, was bei weitem nicht bei allen Bedingungen der Fall ist. Es muss eine besonders qualificirte Bedingung sein.

Diese Nothwendigkeit einer besonderen Qualification der negativ wirkenden Bedingung fühlt Ortmann, denn er sagt, der Unterlasser müsse die Erwartung, er werde eine bestimmte den Erfolg hindernde Handlung vornehmen, so erregen, dass Andere, hierauf trauend, dem Erfolg sich aussetzten oder nicht selbst für die Abwendung sorgten.

Es erhellt sofort, dass Ortmann von dem Unterlasser ein objectives Verhalten fordert, dass ihm subjectives Wollen zur Zeit der ersten Handlung nicht genügt, dass er aber auf der anderen Seite von dem Beschädigten zur Zeit der ersten Handlung ein subjectives sich Bestimmenlassen verlangt. Er fordert zur Zeit der ersten Handlung die Erregung einer Erwartung und ein Vertrauen auf die Hinderung in Folge dieser Erwartung.

Er fordert also eine Einwirkung auf die innere Welt des Verletzten. Daher scheint zunächst seine Theorie in allen den Fällen unhaltbar, wo diese innere Welt entweder noch nicht zum denkenden Ich entwickelt, oder wo sie krankhaft gestört war. Denn hier tritt kein Vertrauen auf die erregte Erwartung ein. Das Kind, das neben der Mutter spielt und in eine Wanne steigt, thut dies nicht in Folge einer früher erregten Erwartung, sondern handelt aus kindlichem Unverstand. Und doch erscheint die Mutter strafbar, wenn das Kind in der Wanne umfällt, ertrinkt, ohne dass sie die Hand zur Hülfe bietet.

Zweitens stimmt die Theorie nicht mit Ortmanns Causalitätsbegriff überein.

Ortmann unterscheidet*) eine absolute Nothwendigkeit des Erfolgs. Diese soll dann eintreten, wenn die Handlung oder Naturkraft die positive Kraftmasse so stärkt, oder die negative Kraftmasse so schwächt, dass unter allen Umständen das Uebergewicht des pro über das contra hergestellt worden sein würde.**)

Daneben gibt es zweitens eine relative Nothwendigkeit des Erfolgs. Jede Ursache bringt ihre Wirkung unter den obwaltenden Umständen mit Nothwendigkeit hervor. Diese relative Nothwendigkeit soll ein wesentliches Merkmal des Ursachenbegriffs sein.

Aus dem angegebenen Erfordernisse des Causalitätsbegriffs soll folgen, dass die Verursachung fremder Handlungen schlechthin unmöglich ist.

Ich lasse einstweilen die Richtigkeit dieser Behauptungen dahin gestellt.

So viel ist von vorn herein gewiss, dass Ortmann, wenn er mit dieser Folgerung operirt, niemals eine causale Unterlassung construiren kann. Ortmann sagt, wenn zwischen meiner Thätigkeit und einem eingetretenen Erfolge die Handlung eines Anderen in der Mitte liege, so stelle sich meine

---

*) Die Lehre vom Kausalzusammenhang. Das Zusammentreffen mehrerer Handlungen zur Herbeiführung eines und desselben verbrecherischen Erfolgs. GA. XXXIII. S. 268 ff.

**) Diese absolute Nothwendigkeit soll nach Stübel nicht im Begriffe der Causalität liegen.

Thätigkeit nicht als Ursache, sondern höchstens als Veranlassung dar, und auch dies nur dann, wenn meine Thätigkeit den Andern zu der in der Mitte liegenden Handlung erst
bestimmte.

Besteht nun aber das vorherige positive Verhalten in einer
derartigen Erregung einer Erwartung, dass Andere, hierauf
trauend, sich dem Erfolg aussetzen oder ihn nicht abwenden,
also dass sie handeln, so tritt zwischen die Thätigkeit des
Unterlassers und den Erfolg die Handlung des Verletzten,
und mithin kann die Unterlassung nicht causal sein, weil
zwischen die Reihe der Bedingungen eine Handlung, ein
freier, menschlicher Wille tritt, sie wäre nur ver-
anlassend.

Damit fiele aber das ganze Gebäude Ortmanns zusammen.

Ortmann könnte nun erwidern, dass er ja behaupte, dass
die negativ-wirkende Bedingung, in deren Beseitigung das
Wesen der causalen Unterlassung bestehe, in der nachher
unterlassenen Thätigkeit selbst zu suchen sei.*) Allein
die unterlassene Handlung ist nicht vorher objectiv gesetzt,
sondern es ist nur durch das Verhalten objectiv in
Anderen eine subjective Erwartung erregt. Nicht eine
nachher unterlassene Thätigkeit fällt auf die Wagschaale der
Bedingungen, sondern eine Erwartung Anderer wird nicht erfüllt; eine nachher unterlassene Thätigkeit des Unterlassers kann keinen Erfolg bewirken, das könnte nur eine
unterbrochene Thätigkeit. Besteht die Thätigkeit nur
in der Erregung einer Erwartung einer anderen Thätigkeit, so wird nicht die erste nachher unterlassen, sondern die

---

*) GS. 1879, S. 446. Der Satz „Nach alle dem komme ich" muss mit
dem Satze „Nach meiner Meinung muss also" verbunden werden. Dann
zeigt es sich, dass die nachher unterlassene Thätigkeit eine
nachher nicht eingetretene Erwartung ist.

Erwartung, auf Grund deren Andere thätig geworden, wird nachher nicht erfüllt.

Trotz der zuversichtlichen Ausführungen Ortmanns kann ich mich von der Richtigkeit derselben nicht überzeugen. ·

Und doch hätte Ortmann so leicht zu einem richtigen Resultate kommen können, wenn er nicht bei dem Causalitätsbegriff in einem gar seltsamen, ich möchte sagen, rein philosophischen Irrthum gerathen wäre.

Ortmann meint: Wir können in einem Anderen die Beweggründe für die Vornahme einer Handlung steigern oder die inneren Hindernisse, welche ihn von der Vornahme abhalten, schwächen, dass jene Beweggründe mit diesen Hindernissen in's Gleichgewicht kommen, aber dass jene Beweggründe über diese Hindernisse die Oberhand gewinnen, das kann nur der Andere dadurch bewirken, dass er sich zu der Handlung selbst bestimmt.

Hiermit bekennt er sich zu dem Glauben an die Freiheit des Willens. Allein nicht der **Wille** ist frei, sondern das **Ich** hinter dem Willen!

Der Satz „entweder ist der menschliche Wille frei, oder er ist es nicht — ist er es nicht, so lässt sich gegen diesen Grund nichts einwenden, ist er aber frei, so herrschen seine Gesetze eben nicht mit Nothwendigkeit" ist absolut nicht dazu angethan, um anzunehmen, das Gesetz fingire im Falle einer qualificirten Drohung, eines unechten Irrthums, eines unbedingt verbindenden Befehls, dass der Gefährdete, der Irrende, der Befehligte unter dem Banne der Naturnothwendigkeit stehe, und dass daher die Thätigkeit desselben nicht geeignet sei, die Causalität der früheren Thätigkeit des Gefährdenden etc. auszuschliessen. *)

---

*) GA. XXIII, Seite 277.

Eine solche Fiction wäre auf dem strafrechtlichen Gebiete viel gefährlicher als auf den civilrechtlichen. Auf dem civilrechtlichen darf eine Fiction aufgestellt werden, um bildlich zu erklären, niemals aber um eine Folge zu rechtfertigen. Denn Folgen folgen aus Principien, niemals aus einer Unwahrheit, die man selbst geschaffen. Ich will das hier nicht weiter ausführen, ich habe auf civilrechtlichem Gebiete den Kampf gegen die Fiction selbst eröffnet. Auf dem strafrechtlichen Gebiete aber darf man die Fiction erst recht nicht benutzen. Enthielte daher das Gesetz eine Fiction, so wäre es zu verwerfen.

Was ist nun eine Fiction? Sie ist die Unwahrheit im Recht. Eine Fiction schreibt vor, dass eine Thatsache diejenige Wirkung habe, welche vorhanden sein würde, wenn Etwas wäre, was nicht ist, oder Etwas nicht wäre, was ist.*) Es liegt auf der Hand, dass eine Unwahrheit nicht eine Folge erklären, sondern nur dem Verstande ein Bild bieten kann. Wenn z. B. das römische Recht, das den Gebrauch der Fictionen liebt um neue Rechtsbegriffe durch alte zu verdeutlichen — freilich hier und da in der Theorie leider auch um zu construiren —, ausspricht, dass der römische Bürger, möge er aus der Gefangenschaft heimkehren oder in derselben sterben, anzusehen sei, als sei er nie in der Gefangenschaft gewesen, so spricht es eine Unwahrheit aus, und nie kann es aus derselben folgern, dass er seine Rechte nicht verliere.**) Diese Folge folgt einzig und allein aus der civilrechtlichen Norm, aus dem Grundprincipe des Instituts,

---

*) Windscheid, Lehrbuch, 5. Aufl., § 67, Seite 175. v. Ihering, Geist des röm. R., 2. Aufl., S. 293—301 und Jahrb. f. Dogm., X, S. 9, Anm. 12.

**) Ich wähle Windscheids Beispiel, obwohl es für mich nach meinen früheren Arbeiten auf diesem Gebiete näher läge, die negotiorum gestio oder die Testamentsexecution zu wählen.

welches lautet: Ein römischer Bürger verliert sein Recht nicht durch feindliche Gefangenschaft!

Das Recht darf daher unter Umständen sagen: X ist gleichsam der Urheber einer Handlung, obgleich er das nicht ist, es darf aber das Strafgesetz nie sagen: X wird wegen dieser Fiction gestraft.

Es liegt aber in der That gar keine Fiction in dem Gesetze vor, denn dasselbe schreibt nicht vor: Wenn Jemand qualificirt droht, so soll dies eine Wirkung haben, die vorhanden sein würde, wenn Etwas wäre, was nicht ist. Denn die Strafe tritt ein, nicht weil der Causalzusammenhang fingirt wird, sondern weil er wirklich vorhanden ist.

Ortmann muss selber zugeben (loc. cit. 278), dass der menschliche Wille nicht absolut indeterminirt ist, sondern durch Motive bestimmt wird, und dass es unter Umständen schwer ist, einem starken Motive ein mächtigeres Gegenmotiv entgegen zu stellen.

Diese Vorgänge in der inneren Welt entnehmen wir aus unserer eigenen inneren Welt, die wir in unserm Gehirn tragen. Von uns aus entnehmen wir die Wahrheit, dass uns Motive bestimmen, und desshalb dürfen wir vermuthen, dass auch Andere dadurch bestimmt werden. Das Gesetz also gefasst als Gesetzgeber und Mensch darf vermuthen, dass z. B. qualificirte Drohungen auf den Menschen und seinen Willen wirklich wirken. Die Thatsache, dass Motive uns bestimmen, und dass Drohungen auf die Motive wirken, steht durch Selbstbeobachtung fest, und aus diesem Grunde dürfen wir vermuthen, dass sie auch im einzelnen Falle feststehe. Es wird nicht, wie bei der Fiction, angenommen, dass etwas vorhanden wäre, was nicht ist, sondern es wird im einzelnen Falle vermuthet, dass Etwas vorhanden sei, was sonst vorhanden ist, also wirklich ist.

Selbstverständlich ist die Wirkung eine relative. Die äusseren Umstände sind neben der Thatsache, dass eine Drohung geeignet ist, auf die Motive zu wirken, zu beachten.

Ortmann wird einwenden: der Wille ist frei! Trotz der Drohung kann ich 'nicht wollen. Also wird fingirt eine Wirkung, die im einzelnen Falle nicht da ist.

Allein die Einwirkung ist da! Wenn anders ein normales Gehirn da ist. Vorhanden ist aber nicht die Wirkung der Einwirkung. Die Einwirkung wirkt auf die innere Welt ein, aber diese reagirt nicht, weil sie nicht auf sich einwirken lassen will. In diesem Falle irrt die Vermuthung. Es wird nichts fingirt, was nicht da ist, denn dann müsste nach dem Begriffe der Fiction feststehen, dass die Wirkung nicht da ist. Dies können wir aber nicht wissen, weil wir die innere Welt eines Andern nicht ergründen können. Aus diesem Grunde kann das Recht nicht mit diesem reinen Willen rechnen, es kann ihn nur in Betracht ziehen, sobald er sich äussert. Ist es erkennbar, dass die Drohung an dem eisernen Sinn des Anderen abprallte, dann dürfen wir nicht mehr vermuthen, dass sie gewirkt habe.

Wir haben bisher die Ansichten Ortmanns über die Begehung der Verbrechen durch Unterlassung geprüft. Derselbe hat indess auch die eigentlichen Unterlassungsverbrechen behandelt. Es wäre nur wünschenswerth gewesen, dass er diesem Theile seiner Untersuchung gleiche Liebe gewidmet hätte, wie dem ersten.

Um die Unterlassungsverbrechen einzuordnen, meint Ortmann, der Kant'sche Rechtsbegriff sei einer Ergänzung bedürftig. Man müsse das Recht nicht ausschliesslich als ein Coexistenzialprincip, sondern, wenn auch nur secundär zugleich als ein Assistenzialprincip betrachten.

Zunächst frage ich, was heisst: s e c u n d ä r? Und kann etwas zugleich ein secundäres Princip, also ein s e c u n d ä r e s E r s t e s haben? Ich bin leider durch den Missbrauch der Worte: „secundär", „uneigentlich", „im weiteren Sinne" bei unseren Schriftstellern sehr misstrauisch geworden. Und nicht mit Unrecht!

Dann betone ich, dass einem Manne wie K a n t gegenüber die Vernunft doppelt vorsichtig sein sollte, Worte anzuwenden, die sich vor dem Secirmesser der Kritik als krank erweisen.

Kant sagt: „eine jede Handlung ist r e c h t, die oder nach deren Maxime die Freiheit der Willkür eines Jeden mit Jedermanns Freiheit nach einem allgemeinen Gesetze zusammen bestehen kann." Diese Definition steht m. E. bisher felsenfest. Das F ü r e i n a n d e r s e i n der Personen hat das R e c h t im engeren Sinne nicht zu regeln. Wer dieses vermischt, der vermischt die s c h a r f e n K a n t i s c h e n Begriffe von j u r i d i s c h und e t h i s c h, der verwechselt die L e g a l i t ä t mit der M o r a l i t ä t der Handlung.

Es erweist sich auch bei Ortmann sofort, dass das „secundäre" Assistenzialprincip im Recht eine Seifenblase ist, welche die Kritik der reinen Vernunft hinwegfegt. Denn Seite 475 der allg. D. Strafrechtszeitung von 1873 heisst es, dass „an und für sich" d. h. abgesehen von einem ausdrücklichen Gebote des Staats, der Mensch nur rechtlich verpflichtet ist zur Achtung der Coexistenzialbedingungen.

So hat denn das leidige Wort „secundär" wieder einmal zu einem logischen Irrthume verleitet! Das Recht hat nur das Coexistenzialprincip. Es gibt aber Etwas, was auch das F ü r e i n a n d e r s e i n zu verwirklichen hat, und das ist der S t a a t. Ich verweise hier nur auf die treffliche Definition in S c h u l z e s Preussischem Staatsrecht, B. 1, S. 132 und die Ausführungen über den Rechtsstaat S. 145 und S. 146 loc. cit. Der Staat hat zwar vor allem die Herstellung der Rechtsordnung, das

Nebeneinandersein, secundär aber auch — und hier ist das Wort am Platze, — das Füreinandersein als Gemeinzweck des Volkslebens zu verwirklichen. Heut zu Tage wird Niemand behaupten „zum Begriffe des Rechtsstaates gehöre es, dass der Staat für gar nichts weiter zu sorgen habe, als für die Rechtsordnung" (Schulze, loc. cit., Seite 145, Anm.).

Dagegen ist Ortmann darin zuzustimmen, dass die Nichtverhinderung eines Erfolgs ein besonderes Unterlassungsverbrechen sein, nie aber allein die Ursache eines Erfolgs sein kann, wie Luden annimmt. Auch hat er darin Recht, dass die fahrlässige Handlung nur in den Fällen ein Unterlassungsverbrechen ist, in denen es auch die absichtliche sein würde, dass aber in anderen Fällen das Strafgesetz verbiete, dass der Mensch Handlungen vornehmen solle, die das Coexistenzialgebiet verletzen.

Mit der Anführung der Hauptfälle der Unterlassungsverbrechen aber kann ich mich nicht einverstanden erklären, denn es fehlt hier sowohl an der systematischen Darstellung als auch an der Vollständigkeit, ein Fehler, den viele Autoren begangen haben, welche diese Lehre behandelten.

Anhang I.

Interessant ist eine Gegenüberstellung der Rechtssätze über den Willen, welche Ortmann hier Fiction nennt, und der Rechtssätze, welche im Civilrecht bei der Lehre von der negotiorum gestio von manchen Autoren noch als Fiction aufgestellt werden, die muthig mit der Unwahrheit im Recht weiter construiren, ohne zu bedenken, dass ihre Arbeit von vorn herein erfolglos sein muss. Denn aus dem Scheine kann eben nur Schein folgen. Ortmann nennt irrthümlich eine Vermuthung über den inneren Willen, über dessen Reaction einer thatsächlich vorliegenden Einwirkung gegenüber wir nichts wissen können, die wir aber

als Menschen vermuthen dürfen, eine Fiction, ohne zu bedenken, dass wir nicht wissen, dass der Wille nicht reagirt.
Dagegen nimmt Ruhstrat bei der negotiorum gestio an, in
der Uebereinstimmung des Willens des Geschäftsherrn und des
Geschäftsführers sei das materielle Substrat eines Vertrags
gegeben, dessen Band das Recht durch eine Fiction supplire.
Allein wir wissen hier in den meisten Fällen, dass der Ge-
schäftsherr nicht die Führung will, weil er keine Kenntniss hat, also gar nichts Aeusseres auf seine innere
Welt einwirkt. Hierin liegt also schon die erste Fiction!
Und dieser soll dann eine zweite Fiction helfen! Und aus
dieser doppelten Unwahrheit soll dann etwas folgen!

§ 8.

von Buri.

Literatur: GS. 1869, S. 189—218; 1875, S. 25 ff.; 1876, S. 170 ff.; GA. XXIV, S. 89; Ueber Causalität und deren Verantwortung. Leipzig 1873 (insbesondere Abschnitt VIII. Causalität durch unterlassene Thätigkeit, S. 96 ff.).

An eine kurze Uebersicht der Literatur *) anknüpfend baut von Buri zunächst die Ansicht Merkels weiter aus.**)

Er meint, Merkel scheine als Voraussetzung der Haftbarkeit für den Erfolg zu verlangen, dass der Handelnde bei Vornahme der ersten Handlung eine bestimmte weitere Handlung im Auge gehabt haben müsse, durch welche er die Gefahr der ersten Handlung beseitigen wolle. Das sei nicht nöthig. Auch sei nicht nöthig, dass der Handelnde sich bei der ersten Handlung bewusst gewesen sein müsse, dass gerade er demnächst den Erfolg abzuwenden haben werde. Auch dies sei überflüssig. Ueberhaupt scheine sich Merkel die Sache so vorzustellen, als sage der Handelnde gleich bei Vornahme der die Causalität bedingenden Handlung, für den Fall er demnächst die zur Abwendung des drohenden Erfolgs erforderliche Handlung unterlasse, wolle er die vorausgegangene Handlung in verbrecherischer Absicht unternommen haben. Allein dies sei nicht der Fall, denn derjenige, welcher seine Hülfe zusage, wisse zwar, dass eine Unterlassung einen unglücklichen Erfolg herbeiführen könne, allein er wolle diesen

---

*) GS. 1869, S. 189 und 190.
**) GS. 1869, S. 191 ff.

Erfolg weder bedingt noch eventuell, ja er wolle ihn entschieden nicht. Desshalb sei seine Handlung bis zum Momente der Unterlassung vollkommen straflos.

Hierin gebe ich von Buri recht. Richtig ist es auch gewiss, dass Merkel, wenn er die Handlung dann als von vorn herein strafbar ansieht, den erst durch die Unterlassung existent gewordenen verbrecherischen Willen auf den Beginn der Handlung zurückbezieht.

Da man aber nach meiner Ansicht aus einer Fiction nichts folgern kann, also auch wegen einer Fiction nichts für strafbar erklären kann, so ist es im Strafrecht nicht erlaubt, die von vorn herein straflose Handlung einer Unwahrheit wegen nachher strafbar zu nennen.

Die eigene Ansicht von Buris ist folgende: Wer eine gefährliche Handlung, oder eine möglicherweise gefährlich werdende Handlung (und zu dieser kann eine jede werden!) unternimmt, der kann das straflos nur unter der Voraussetzung und mit dem Willen thun, dass mit derselben nicht in fremde Rechtskreise eingegriffen, dass der etwa drohende Erfolg durch die Entwickelung des Causalzusammenhangs glücklich werde abgewendet werden, sei es durch einen Naturcausalismus, sei es durch Dritte, sei es namentlich durch ihn selbst, der zunächst zu dieser Abwendung berufen ist. Mit dem Willen, eine straflose Handlung zu begehen, sei der Wille, den etwaigen Erfolg derselben abzuwenden, untrennbar verbunden. Jeder übernimmt durch Vornahme einer beliebigen Handlung die Verbindlichkeit, den etwaigen schädlichen Erfolg derselben abzuwenden, es mag dieser Erfolg voraussehbar gewesen sein oder nicht. *)

Es erhellt sofort, dass, angenommen diese beiden Willen, der Thatwille und der Abwendungswille, existirten,

---

*) von Buri, loc. cit., Seite 196 und 197.

von vorn herein eine straflose Handlung vorliegt, denn beide Willen enthalten kein Schuldmoment.

Wie kommt dies nun aus der inneren Welt in die äussere Welt?

Von Buri gibt folgende Antwort. Ist eine Handlung mit dem Willen, den möglichen schädlichen Erfolg abzuwenden, unternommen, so ist er ein Bestandtheil des Geschehenen, der Handelnde muss die That anerkennen in der Gestalt, wie sie von ihm ausgegangen ist. Aber der Wille, den Erfolg abzuwenden, darf kein blos formaler, sondern er muss ein lebenskräftiger Wille sein. Das soll nun blos so lange der Fall sein, als er in Uebereinstimmung mit dem in dem Handelnden zurückgebliebenen Willen steht.

Sobald dieser Zusammenhang unterbrochen und dadurch die Lebensfähigkeit des in dem Geschehenen enthaltenen Willens beseitigt ist, erscheint dieser Wille als vernichtet und tritt an dessen Stelle der entgegengesetzte Wille. Die Causalität für die nunmehr begründete Strafbarkeit liegt in der vorausgegangenen Handlung, der subjective Grund für die Strafbarkeit hingegen in der Trennung des bestehenden Willenszusammenhanges, durch welche an die Stelle des straflosen ein strafbarer Wille in das Geschehene übertragen worden ist.*) Die Unterlassung ist nur insofern relevant, als sie und beziehungsweise die während der Unterlassung vorgenommene Thätigkeit der Abänderung des Willens ihr nothwendige äussere Gestalt verleiht.

Allein diese Construction vermag mich nicht zu überzeugen.

Wenn ich Jemandem den Rath gebe, in das Wasser zu gehen, und mir denke, ich wolle ihm durch meine Schwimm-

---

*) von Buri, loc. cit., Seite 198 und 199.

kunst helfen, aber — wie das bei von Buri keinen Widerspruch finden kann — ihm das nicht sage, ihm aber helfen will, so verstehe ich nicht, wie dieser Vorgang in meiner Willenswelt eine „Qualität des Geschehenen" werden soll. Der Wille bleibt in meiner inneren Welt zurück! Wenn ich diesen Willen später ändere, so ist das ein Vorgang in meinem Inneren, der mit der Causalität der vorausgegangenen Handlung deshalb nichts zu thun hat, weil er nicht auf die Aussenwelt gewirkt hat, weil es nicht wahr ist, dass dieser Wille eine Qualität des Geschehenen geworden.

In dem freiwillig aufgegebenen Versuche liegt ferner keine „entsprechende Erscheinung". Denn hier liegt zuerst der Wille vor, zu handeln, dann der Wille, nicht zu handeln, es liegen aber nicht zugleich ein Thatwille und ein Unterlassungswille vor. Der zweite Wille wird aus der Unterlassung erkannt. Der erste Wille ist aus anderen Handlungen erkennbar.

Dazu kommt, wie von Buris Gegner[*]), Ortmann, mit Recht sagt, dass der Wille, den etwaigen Erfolg abzuwenden, eine unbewiesene und unbeweisbare Voraussetzung ist, und dass es viele Fälle gibt, in denen der Thäter bei der Handlung an die Möglichkeit eines schädlichen Erfolgs gar nicht dachte, also weder ein eventueller Dolus noch eine Abwendungsabsicht vorliegen konnte.

Von Buri fingirt einen Abwendungswillen, er fingirt weiter eine Unterbrechung eines in der Handlung latenten (nicht geäusserten und nicht thätig gewordenen) Willens.

---

[*]) Ortmann im GS. 1874, Seite 438 ff., auf dessen näheren Ausführungen seines richtigen Einwandes ich verweise. Meines Erachtens genügt zur Widerlegung schon mein Einwand. Ein Wille, der in der inneren Welt bleibt, kann sich nicht in einer Handlung veräusserlichen. Und deshalb wirkt seine Unterbrechung nicht auf die Causalität ein.

Merkel fingirt ein Denken an den Erfolg und ein Wollen des Erfolgs, es ist aber eben so irrig, einen vom Erfolg absehenden Abwendungswillen und eine nicht vorhandene äussere Existenz desselben zu fingiren.

Jede Fiction ist und bleibt für die Construction im Recht ewig unfruchtbar! Diese Wahrheit ist eine logische und unwiderlegbare.

Von Buri scheint sich auch seiner Fiction bewusst zu sein, denn er führt einen zweiten Grund für die Strafbarkeit der Unterlassung an, was er nicht thun würde, wenn ihm der erste unbedingt genügte. [*]

Er sagt: „Es ist noch ein weiterer Gesichtspunkt (?) dafür massgebend, inwiefern in dem nunmehrigen Willen, zu unterlassen, zugleich eine Handlung enthalten ist. Der Handelnde hat in der vorausgegangenen Handlung den Willen, den möglichen Erfolg abzuwenden, niedergelegt, und es ist hierin eine dem Erfolg entgegenwirkende causa zu erkennen. Wenn nun der Handelnde in sich den neuen Willen erweckt, das Gegentheil von dem früher Gewollten zu wollen, so unterdrückt er hierdurch seinen früheren Willen und hiermit zugleich die causa, welche ihn dazu antreiben musste, der Entwickelung des schädlichen Erfolgs entgegen zu treten, um nicht wegen der Causalität seiner früheren Handlung für denselben haftbar zu werden.

Die Verhinderung der Entwicklung einer entgegenwirkenden Ursache ist aber gleich einer mitwirkenden Ursache, und darum erscheint die Umänderung des ursprünglichen Willens in sein Gegentheil zugleich causal.

Diese Umänderung des Willens ist nun freilich eine lediglich innere Handlung (!), aber ihre Wirksamkeit wird hier-

---

[*] SG. 1869, Seite 199 und 200.

durch nicht beseitigt. Wäre sie nicht wirksam, so könnte auch derjenige nicht gestraft werden, welcher zur Umänderung des Willens angestiftet hat, denn an der vorausgegangenen Handlung ist er unschuldig."

Es ist nicht richtig, dass die Verhinderung der Entwickelung einer entgegenwirkenden Ursache gleich einer mitwirkenden Ursache sei, nur die Vernichtung einer entgegenwirkenden Ursache, die sich aus der inneren Welt heraus in der äusseren offenbart hat, wäre gleich einer mitwirkenden Ursache. Die Verhinderung eines reinen Willens ist so gut ein Vorgang in der inneren Welt wie dessen Entstehung, und beide können für sich allein nie causal wirken, weil sie überhaupt nicht wirken können. Innere Handlungen gibt es nicht und kann es nicht geben.

Die Heranziehung des Anstifters hilft nichts! Denn der Anstifter „nimmt solchen Falls die vorausgegangene Handlung des Angestifteten als Bestandtheil in seine Thätigkeit auf." *)

Schliesslich vermisse ich bei von Buri die reinen Unterlassungsverbrechen. Wer die Begehung der Verbrechen durch Unterlassung behandelt, also die Wirkung der Unterlassung an sich in's Auge fasst, der darf, wenn er die Frage umfassend behandeln will, diese Seite der Strafbarkeit der Unterlassung entschieden nicht so wenig berücksichtigt lassen.**)

Anhang I.

Man mag über von Buri einer Ansicht sein welcher man will, das Lob müssen ihm seine entschiedensten

---

*) Ortmann im GS. 1874, Seite 442.
**) Eine kurze Bemerkung findet sich GS. 1869, S. 214: Man macht sich bei der Unterlassung der gesetzlichen Pflicht zur Abwendung nur derjenigen Strafe schuldig, welche das Gesetz der Unterlassung androht. Urheber des Erfolgs wird man nur dann, wenn die Pflicht zur Abwendung nebenbei auch auf eigner vorausgegangener Handlung beruht.

Gegner, zu denen ich mich zählen muss, lassen,
dass er sich in allen seinen Folgerungen aus dem
kühnen Satze: „Die ganze Summe der mitwirkenden Kräfte
ist die Ursache der Erscheinung; man kann daher auch jede
einzelne dieser Kräfte für sich allein schon als die Ursache der
Erscheinung betrachten, denn die Existenz derselben hängt so
sehr von jeder Einzelkraft ab, dass, wenn man aus dem Causalzusammenhange auch nur eine einzige Einzelkraft ausscheidet,
die Erscheinung selbst zusammen fällt" auf das Ent-
schiedenste consequent bleibt. Eine ganz vorzügliche Kritik seines Causalitätsbegriffs, die von Buri an
seinen eigenen Beispielen widerlegt und die Fehler der Theorie
in der That „an ihren Früchten" erkennt, findet sich bei
Geyer (zur Lehre vom dolus generalis und vom Causalzusammenhang, G. A. 1865, Seite 239 ff. und Seite 313 ff.), der
bekanntlich auch die Irrthümer von Bars so trefflich nachgewiesen hat (Kritische Vierteljahrsschrift von Pözl, B. XIV,
1872, S. 161 ff.; Grünhuts Zeitschrift IV, 1877, S. 35 ff.).

§ 9.

Der Streit zwischen von Buri und Ortmann.

Literatur: cf. die beiden vorigen Paragraphen.

Von Buri und Ortmann haben meine Frage ausführlicher behandelt, als sie ursprünglich beabsichtigten, weil sie durch die Lösung derselben in einen wissenschaftlichen Streit gerathen sind, über den so wenig ein eingehendes Urtheil eines Dritten vorliegt, als beide Autoren noch eine eingehende Würdigung gefunden haben.

Die letztere hoffe ich gegeben zu haben; ich kann aber auch den Streit an sich nicht unentschieden lassen, weil er zu eng mit meiner Frage verknüpft scheint.

Der Kernpunkt des Streites zwischen den beiden Autoren liegt nicht in dem Wesen der „Unterlassung", sondern in dem Wesen der „Causalität." Nun hängt aber, wie ich später zeigen werde, die Frage nach der Begehung der Verbrechen durch Unterlassung auf das engste mit der Frage nach der Causalität zusammen. Wer daher von vornherein einen so entgegengesetzten Standpunkt betreffs der Ursachlichkeit einnimmt, wie die beiden Gegner, kann nicht über die Verbrechen durch Unterlassung, sondern nur über den Causalzusammenhang mit Erfolg streiten. Der Streit über die Unterfrage ist ein vergeblicher! Indessen war er hier zu würdigen, weil, wie ich nachgewiesen habe, selbst abgesehen vom Causalzusammenhang, beide Autoren die Frage nach der Unterlassungsnatur irrthümlich behandeln, indem sie mit unzulässigen Fictionen operiren und aus denselben folgern.

An dieser Stelle habe ich daher einzig und allein die Frage nach der Natur des Causalzusammenhangs, wie sie von den Gegnern erörtert wird, zu würdigen, um dann bei der Darstellung der eigenen Ansicht die abweichenden Ansichten beseitigt zu haben.

Ortmann folgt dem Ursachenbegriffe Bindings, und in so weit darf ich auf das über Binding Gesagte einfach verweisen. Er irrt aber bei der Ausführung darin, dass er annimmt, eine menschliche Handlung könne nicht verursacht, sondern nur veranlasst werden. Er nimmt aus der Folge der „Bedingungen" ein wichtiges Stück ganz mit Unrecht heraus. Er nennt Fiction, was nur berechtigte Vermuthung ist. Aus diesem Grunde ist nicht zu befürchten, dass, wie er sagt, diese „Fictionen hoffentlich bald nur noch geschichtlich interessiren werden." *) .

Von Buri **) stellt einen von Ortmann und Binding verschiedenen Causalzusammenhang auf. Er fasst denselben, ich möchte sagen, naturwissenschaftlich. Er ist ihm der Prozess der Entstehung einer Erscheinung. Die ganze Summe der Kräfte, welche für die Erscheinung sich irgend wie geäussert haben, ist die Ursache der Erscheinung. Mit demselben Rechte lässt sich aber auch jede einzelne dieser Kräfte für sich allein schon als die Ursache der Erscheinung betrachten, denn man kann keine einzige Einzelkraft ausscheiden. Es macht jede Einzelkraft alle übrigen causal. Der mensch-

---

*) Ortmann im GA. 1875, Seite 269—280. „Zur Lehre vom Causalzusammenhang. Das Zusammentreffen mehrerer Handlungen zur Herbeiführung eines und desselben verbrecherischen Erfolgs;" sowie derselbe in GA. 1876, Seite 93—103. „Zur Lehre vom Causalzusammenhang. Das Zusammentreffen einer Handlung mit einem Naturereigniss zur Herbeiführung eines verletzenden Erfolgs."

**) Von Buri „Ueber Causalität und deren Verantwortung" I, II und VIII, Seite 1 ff., Seite 13 ff. und Seite 96 ff.

liche Wille ist nur insofern Bestandtheil des Causalzusammenhanges, als er die Körperkräfte in Bewegung gesetzt hat; ob er
ein bewusster oder der eines Unzurechnungsfähigen ist, erscheint
für den Causalzusammenhang gleichgültig, denn dieser ist nur
eine Verkettung von Thatsachen.

Wie aber der Causalzusammenhang lediglich bedingt ist
durch das Ineinandergreifen von Thatsachen, so ist in
Betreff der Verantwortlichkeit für denselben lediglich die Wil-
lensbeschaffenheit entscheidend.

Um den Erfolg zur Schuld zuzurechnen, muss nicht
allein ein Causalzusammenhang, sondern auch ein Willens-
zusammenhang zwischen der eigenen Handlung und dem
eingetretenen Erfolg bestehen.

In seinem Streite mit Ortmann hat von Buri diese Theorie
lebhaft vertheidigt. Er sagt: „Zweifellos könne 'sich derjenige,
dem die Begründung einer absoluten objectiven Verschiedenheit
zwischen Bedingung und Ursache gelinge, an die Seite der
Reformatoren im Strafrecht stellen. (!) Alle Versuche, zu erweisen, dass der Haupthandlung ein besonderer sie
von der Nebenhandlung unterscheidender objectiver Charakter
beiwohne, seien hinfällig gewesen. (?)*)

In der That fällt von Buris Theorie, wenn erwiesen wird,
dass der Erfolg eine Ursache hat, die von den Bedingungen
verschieden ist. Und dieser Beweis ist, wie ich zeigen werde,
zu liefern.

Aber auch die Erscheinung hat eine Ursache, sobald sie der
Mensch mit einem Begriffe nennt. Betrachten wir zunächst
die Erscheinungen im Körperreich. Vier Personen haben vier
gleich grosse Stäbe, aus denen sie ein Viereck bilden wollen.
A, B und C haben ihre Stäbe gelegt, es entsteht ein Zweieck

---

*) GA. XXIV, Seite 89 ff.

mit einer offenen Seite. Nun legt D seinen Stab hinzu. Sofort ist das Viereck fertig.

Ist es denn da nicht klar, dass D objectiv für die Herstellung des Vierecks mehr gethan, als seine Vorgänger? Von Buri vergisst, dass es objectiv gar kein Viereck gibt. Objectiv gibt es blos vier aneinander gelegte Dinge. Und für diese Dinge ist es ganz gleichgültig, ob B oder D eines hinzulegt. Aber der menschliche Begriff des Vierecks wird erst durch den Stab des D geschaffen! A, B und C können ein Viereck wollen, wie sie immer wollen, nur der Wille des D schafft den Begriff.*) Freilich könnte er ihn ohne die Stäbe des A, B und C nicht schaffen, die ihn bedingen, aber A, B und C können das Viereck überhaupt nicht schaffen, und desshalb wiegt die Thätigkeit des D um so viel schwerer.

Oder sehen wir uns um in der Zahlenwelt. Eins und Eins gibt zwei und Eins gibt drei. Die „Drei" schafft die Eins, die ich zu Zwei füge und desshalb ist für den Begriff Drei diese Eins wichtiger, als die beiden Einsen, die ihn bedingen, denn sie können den neuen Begriff überhaupt nicht schaffen. Objectiv, von Menschen abgesehen, gibt es weder Eins noch Zwei noch Drei. Objectiv liegen die Dinge einfach nacheinander, wie sie im Raume nebeneinander liegen.

Oder blicken wir in die Welt der Naturereignisse. Ein Blitz schlägt in einen Baum ein und zündet ihn an; es entsteht ein Waldbrand. Gewiss ist, dass diesen unzählige Bedingungen bedingen, die ganze Lehre von der Electricität und von der Botanik müssen wir kennen, um die „Ursache" des Baumes und des Blitzes und dann die des Brandes in von Buris Sinne zu verstehen, und wir werden doch immer auf eine letzte Ursache kommen, wo unser Nichtwissen anfängt und sich in eine endlose

---

*) GA. 1876 Seite 90.

Reihe fortsetzt. Allein wir fassen ja die Welt nicht aussermenschlich als eine Reihe von gleichwerthigen, namenlosen Erscheinungen, wir sprechen nicht von den Dingen an sich, sondern wir nennen die Dinge mit menschlichen Namen und wir bilden menschliche Begriffe. Und für den Begriff des Waldbrandes ist eben die letzte der Erscheinungen (selbst dieser Begriff ist nicht abstract genug für von Buris Theorie, denn abgesehen von der Menschenwelt kann nur für die Thierwelt etwas erscheinen, weil zur Erscheinung auf der andern Seite das Auge gehört) der Blitz die Ursache, denn er schafft für uns den Waldbrand, während ihn Wald, Electricität, die Erde etc. bedingen.

Und wie auf diesen drei Gebieten. so ist auch in der Welt der Verbrechen, von Buris Theorie in ihrem Grunde falsch. Wer in einem Morde nur eine Erscheinung, die ganz abstract Bewegung genannt werden müsste, sieht, für den ist nicht der Mörder, sondern die ganze Reihe der Ahnen mit die Ursache, ja für ihn ist die Ursache aller Verbrechen, d. h. aller Bewegungen, stets die Welt und der Weltgrund mit.

Anhang I.

Binding*) äussert sich über den Streit wie folgt: „Von Buri und Ortmann wenden sich gegen die zeitliche Trennung von früher verursachender Handlung und schuldhafter Unterlassung... Die scheinbare Unterlassung ist ihrer Ansicht nach eine höchst energische und zwar gerade die verursachende Handlung; sie verlegen also den Zeitpunkt der Verursachung genau dahin zurück, wo ihn die frühere Theorie und Praxis fand, und stellen dadurch das normale Verhältniss von Schuld und Ver-

---

*) Normen II. Seite 211 und 212.

ursachung wieder her. — So wäre der Kreislauf vollendet und wissenschaftlich erfasst, was die frühere Doctrin richtig geahnt hatte, wenn es den Angreifern in der That gelungen wäre, die Verursachungshandlung bei diesen unechten Unterlassungsdelikten als unter der Maske der Unterlassung verborgen überzeugend nachzuweisen. Allein dem Angriff fehlt bis jetzt jedenfalls der äussere Erfolg: denn die von Luden begründete, von seinen Nachfolgern so fein fortgebildete Theorie der Unterlassungsverbrechen darf heute noch als die herrschende bezeichnet werden, obgleich sie heute als wissenschaftlich unhaltbar selbst dann nachweislich ist, wenn man den noch aussenstehenden Beweis von der Priorität der Verursachungshandlung vor der scheinbar verursachenden Unterlassung als erbracht annehmen wollte."

Anhang II.

Von Buri erweitert die Ansicht Merkels zunächst dahin:

1) Derjenige haftet für den Erfolg seiner Handlung, welcher denselben als bestimmt oder doch als möglich vorausgesehen hat, oder hatte voraussehen können. Er muss desshalb den Erfolg abwenden, um straflos zu bleiben. Lag diese Voraussehbarkeit zur Zeit der Handlung nicht vor, so braucht der erst im Verlaufe des Causalitätszusammenhanges zum Bewusstsein gekommene drohende Erfolg nicht abgewendet zu werden, selbst wenn dies mit Leichtigkeit geschehen kann.

2) Im Falle der Voraussehbarkeit des Erfolgs datirt die objective und subjective Haftbarkeit für denselben nicht ex nunc — der Zeit der beabsichtigt gewesenen, dann aber unterlassenen Abwendung — sondern ex tunc — der Zeit der unternommenen vorausgegangenen Handlung.

3) Die Consequenz aus 2) ist aber folgende. Fällt die Unterlassung weder bezüglich der Causalität noch bezüglich des Schuldmoments in das Gewicht, und haftet der Handelnde wegen

seiner von vorn herein vorhanden gewesenen subjectiven Verschuldung für die Causalität seiner Handlung, so heisst das nichts anderes, als der Handelnde habe von vorn herein die Absicht gehabt, den Erfolg herbeizuführen. Dann aber muss auch unter allen Umständen abgewendet werden, wenn Straflosigkeit begründet werden soll. Es kommt hiernach nicht auf die Absichtlichkeit der Unterlassung an, sondern lediglich die Thatsache der Abwendung beseitigt die von vorn herein begründete Strafbarkeit. Das ist aber dann das nämliche Verhältniss wie bei jedem Versuch eines dolosen Verbrechens, beziehungsweise einer von vornherein vorgelegenen culposen Handlung.

Seine eigenen Merkel entgegengesetzten Consequenzen sind:

1) Nicht allein wenn der Erfolg bei Vornahme der Handlung voraussehbar gewesen ist, muss derselbe abgewendet werden, sondern auch wenn dies nicht der Fall gewesen war.

2) Nicht von der Zeit der Vornahme der vorausgegangenen Handlung, sondern von der Zeit an ist diese Haftbarkeit begründet, zu welcher die Umänderung des Willens stattfindet und sie beziehungsweise durch die Unterlassung zur äusseren Erscheinung kommt.

3) Die unterlassene Abwendung des Erfolges begründet nur dann diese Haftbarkeit, wenn die Abwendung möglich gewesen war.

Ortmann zieht gleiche Consequenzen:

1) Die Zurechnung des Erfolges wird nicht schon durch die vorangegangene positive Handlung, sondern erst durch das nachherige Unthätigbleiben begründet.

2) Ein doloses oder culposes Delikt liegt vor, sobald im Augenblick der Unterlassung dolus oder culpa vorlag.

2) Ein Delict liegt nicht vor, wenn die Abwendung des Erfolgs zur Zeit der Unterlassung unmöglich war, ausser es

wäre diese Unmöglichkeit erst vom Unterlasser selbst in schuldhafter Weise herbeigeführt worden.

Dagegen lässt er die Zurechnung des Erfolgs durch das Unthätigbleiben dann n i c h t begründen, wenn das erste Thun in u n z u r e c h e n b a r e r W e i s e geschah (ein Knecht stürzt durch Zufall mit der Laterne in der Scheune, zündet das Stroh dadurch an, und lässt es weiter brennen).

Anhang III.

Der Streit zwischen Ortmann (jetzt Landgerichtsrath in Dresden) und von Buri (jetzt Reichsgerichtsrath in Leipzig) hat neuerdings noch ein N a c h s p i e l gehabt. Von Buri hatte im Gerichtssaal Band XXIX, S. 110 ff. des Beilagehefts der reinen Unterlassung eine Mitwirksamkeit für den Fall beigelegt, dass die Unterlassung m i t e i n e m gesetzlichen Gebote in W i d e r s p r u c h s t e h e. Meines Erachtens ist diese, übrigens c o n s e q u e n t e Durchführung der von Burischen Theorie (Ortmann leugnet dies mit Unrecht) von Ortmann im Gerichtssaal Band XXXII, S. 173 ff. mit Gründen w i d e r l e g t worden. Obwohl ich Ortmanns Causalitätsbegriff nicht theile, bin ich doch mit ihm der Ansicht, dass der „reinen Unterlassung" eine Mitwirksamkeit für den Eintritt des Erfolgs in k e i n e m F a l l e zugeschrieben werden dürfe. Nur möchte ich für „reine Unterlassung" Omissivdelikts - Unterlassung sagen, denn eine „reine" ist eine ohne Willenserklärung, und um diese handelt es sich hier nicht. Es handelt sich vielmehr gerade um die W i l l e n s - e r k l ä r u n g in der Unterlassung; weil d i e s e für die Strafbarkeit genügt, bedarf es weder der Causalität noch des Erfolgs in diesen Fällen.

§ 10.

von Bar.

Literatur: Die Lehre vom Causalzusammenhange im Rechte, besonders im Strafrechte, 1871; Grünhuts Zeitschrift für das Privat- und öffentliche Recht der Gegenwart, IV. Band, §. 20 ff: „Zur Lehre von der Culpa und dem Causalzusammenhange im Straf- und Civilrecht."

Die Lehre von Bars über den Causalzusammenhang weicht durch ihre Verwerthung über „die Regel des Lebens" wesent- lich von der Lehre der anderen Autoren ab, während derselbe Schriftsteller in Beziehung auf die von mir behandelte Frage auf Glasers Standpunkt steht. Wenn ich mich auch deshalb betreffs der letzteren Frage kurz fassen darf, so übt doch die Lehre vom Causalzusammenhange, wie mehrfach erwähnt, auf dieselbe einen so ungeheuren Einfluss, dass es nöthig erscheint, diese den Causalzusammenhang ergänzende „Regel des Lebens" am Schlusse der Kritik energisch ins Auge zu fassen.

Von Bar*) sendet mit Recht seiner Ansicht einen kritischen Ueberblick der Theorie voraus und bleibt mit demselben in dogmatischem Zusammenhange, worin ich von meinem Stand- punkte aus stets einen grossen Vorzug erblicke. Wir gewinnen durch ihn einen guten Ueberblick über die Lehre von Feuer- bach bis Glaser.

An den letzteren schliesst er an. Darin, dass er sich zu eng an ihn anschliesst, gebe ich Binding Recht. Darin aber kann ich ihm nicht Recht geben, dass man sich deshalb, weil von Bar eine absolute Verschiedenheit von Handlung und Unterlassung leugnet und deshalb weit hinter Krug zurück

---

*) Die Lehre vom Causalzusammenhang, Seite 90 bis 119.

gehe, einer eingehenden Widerlegung seiner Lehre enthalten
könne, denn dieses Leugnen beruht bei ihm total auf seinem
Dogma von der „Regel des Lebens", und nicht auf den Gründen
seiner Vorgänger.*)

Von Bar sagt: „Eine Scheidung von Handlungen und Unterlassungen in einem absoluten Sinne (?) können wir nicht anerkennen. Eine absolute Negation ist eine Unmöglichkeit. Der
Mensch, indem er scheinbar unthätig ist, thut doch immer
Etwas, und selbst durch Schlafen, wo Wachen Pflicht gewesen
wäre, kann Jemand sich verantwortlich machen. So kann
von Handlungen und Unterlassungen nur in einem relativen, im
rechtlichen Sinne die Rede sein. Eine Handlung ist ein Verhalten, welches der Regel nach verantwortlich, eine Unterlassung, ein Verhalten, welches der Regel nach rechtlich
nicht verantwortlich macht." (Die Theorie unterscheidet sich
von der Ludens dadurch, dass von Bar das Strümpfestricken,
das die Mutter während der Unterlassung thut, „rechtlich
nicht in Betracht" kommen lässt!)

„Eine absolute Negation ist eine Unmöglichkeit!" Der
Satz erschreckt mich nicht!

Handlungen und Unterlassungen im absoluten Sinne oder
besser „an sich" gibt es nicht. Aber es gibt Bewegungen,
besser Wirkungen „an sich." Und diese Wirkungen auf die
Dinge ausserhalb des Dinges kann der Mensch, als Ding betrachtet, nur durch das Vornehmen, was wir Handlung nennen,
eine Unterlassung als reines Nichtsthun wirkt nicht nach
aussen. Wenn der Mensch unthätig ist, thut er nichts!
„Seine blosse Existenz und der normale Verlauf seiner körperlichen Functionen" (Glaser) können Veränderungen hervorbringen,
aber nur an seinem Körper. Das „Unterlassen des Athmens"

(Glaser) verursacht grosse Veränderungen," aber nur am eigenen Körper, nicht an den Dingen ausser mir. Wer freilich den Körper des Menschen wieder nur als Ding auffasst, kann zu der Ansicht kommen, dass auch die unbewussten körperlichen Functionen (Schlafen, Athmen) ein „thun" sind, weil sie Wirkungen nach aussen hervorrufen (die Mutter erdrückt mit der Körperlast im Schlafe oder im Tode das eigene Kind). Allein das Recht und die Sprache nennen die unbewussten Wirkungen des Körpers nicht „thun" (sonst wäre auch das „zu Staube werden" ein „Thun") sondern nur die bewussten, vom Willen ausgehenden werden rechtlich und sprachlich unter diesen Begriff gefasst.

Demnach ist es nicht wahr, dass der Mensch immer Etwas thut.

Es ist wahr, dass es Handlungen und Unterlassungen an sich nicht gibt, aber es ist nicht wahr, dass es keine Scheidung von Handlungen und Unterlassungen im absoluten Sinne gebe. —

Das Rechnen mit falschen Begriffen schadet. Und desshalb muss das Strafrecht philosophisch — als Recht natürlich nicht a priori aber geschichts-philosophisch — construirt werden. (cf. von Bar, loc. cit., Anm. 2, wo derselbe sagt, dass „in Wahrheit stets sehr mannigfache und zu verschiedenen Zeiten auch verschieden starke Rücksichten die Grenze des Civilunrechts gegenüber dem strafbaren Unrechte bestimmen." Also die Grenze, wo der Mensch aufhört ein „guter Geschäftsmann" zu sein und in den Augen des Rechts „ein Betrüger" wird, bestimmen sich ändernde Rücksichten! Nein! Diese Grenze bestimmt die Logik des Rechts aus dem civilrechtlichen Dolus und dem strafbaren Betrug. Und hat sich diese Grenze gefunden — und die Arbeiten schreiten gerade jetzt vor — so wird sie Eingang finden zu der Thür des Gesetzgebers wie in den Gerichtssaal und der „gute Geschäftsmann" wird trotz „aller starken Rücksichten auf die Zeit" in das Gefängniss zu den Betrügern gesteckt werden.)

H a n d l u n g ist eine lebendige Vermittelung des Willens zur That. Das Subject legt seinen Willen in das Mittel. Das Mittel regt sich. Es setzt sich gegen das Object in Bewegung. Und vermöge dieser Bewegung des Mittels v e r m i t t e l t sich der W i l l e zur That. (Berner, Lehrbuch, 12. Aufl., Seite 158).

Bei der U n t e r l a s s u n g als Unthätigkeit gefasst aber legt das Subject seinen W i l l e n in k e i n M i t t e l, und es vermittelt sich der Wille n i c h t zur That.

Demnach gibt es eine absolute Scheidung von Unterlassungen und Handlungen.

Auch ist der r e l a t i v e Unterschied von Bars nicht richtig. Wenn eine Handlung ein V e r h a l t e n ist (sie ist es nicht, wie ich, Berner folgend, gezeigt habe), welches der Regel nach rechtlich verantwortlich macht (hierin, in der S c h u l d s e i t e, kann und darf der Unterschied nicht allein gesucht werden) eine Unterlassung aber ein Verhalten ist, welches der Regel nach rechtlich nicht verantwortlich macht (was heisst „der Regel nach?" Gibt es denn nicht strafbare Unterlassungen genug? Und fragt es sich denn nicht eben von vorn herein, w a n n eine Unterlassung v e r a n t w o r t l i c h macht, so dass die Beantwortung der Hauptfrage doch entschieden nicht in die D e f i n i t i o n ge-setzt werden kann?)*, und nun gefragt wird, unter welchen Voraussetzungen ein der Regel des Lebens der Regel nach ent-sprechendes Verhalten doch ausnahmsweise v e r a n t w o r t l i c h macht, so heisst das nach von Bar: wann ist eine Unterlassung eine Handlung? Hiermit fällt also der in die V e r a n t w o r t-l i c h k e i t gesetzte U n t e r s c h i e d fort und ich verstehe nicht, wie man durch diesen K r e i s l a u f der Gedanken zu einem Resultate kommen will, denn der Kreis führt zu keinem Z i e l e.

_____

*) von Bar loc. cit. Seite 97.

6 *

Nun soll aber eine Unterlassung dann als Ursache eines
eingetretenen schädlichen Erfolges betrachtet werden können,
wenn eine positive Thätigkeit vorausgeht, welche als eine der
Regel des Lebens entsprechende nur angesehen werden kann,
wenn der Handelnde eine andere positive Thätigkeit darauf
folgen lässt.*)

Worin liegt nun der Grund zu dieser Umgestaltung der in
ihren Ausnahmen der Handlung total gleichen Unterlassung?
Das juristisch Entscheidende ist entweder eine Regel-
widrigkeit, eine culpa bei der ursprünglichen Veranstaltung,
oder, wie von Bar hinzufügt, der Umstand, dass die
ursprüngliche Veranstaltung nur unter der Voraussetzung
einer Beaufsichtigung oder Warnung eine regel-
rechte war.**) Der ganze Schwerpunkt liegt also in dem „regelrecht", und es kann auch nicht anders sein nach von Bars
Definition der Handlung und der Unterlassung. Die Handlung muss regelwidrig oder nur unter Voraussetzung einer
späteren Handlung regelrecht sein.

Sehen wir uns nun diese „Regel des Lebens", welche
von Buris ganze Causalitätslehre beherrscht, näher an.

Irrig ist, wie bereits Mill hervorgehoben, dass es bei der
Frage nach der Ursache auf den Zweck der Untersuchung
ankomme.***) Richtig ist, dass, philosophisch gesprochen
(soll heissen: die Dinge »an sich« betrachtet) wir kein Recht
haben, den Namen einer Ursache einer einzigen Bedingung zu
geben.†) Und dies hervorgehoben zu haben ist m. E. von
Buris Verdienst! Aber es ist falsch, deshalb zu sagen, den
Namen „Ursache" schaffe der Zweck der Untersuchung.

---

*) von Bar loc. cit. Seite 99.
**) von Bar loc. cit. Seite 100.
***) von Bar loc. cit. Seite 9.
†) von Bar loc. cit. Seite 7.

Die Dinge „an sich" bleiben für uns nicht Dinge an sich, sondern werden zu Namen und zu Begriffen, und die letzte Bedingung, welche uns, gestützt auf die andern, diesen Begriff schafft, ist f ü r u n s wichtiger als die vorhergehenden Bedingungen, weil diese ohne die letzte Bedingung den Begriff (z. B. Tod) nicht schaffen können, und deshalb nennen wir sie Ursache. Es kommt also durchaus nicht und nie auf den Zweck der Untersuchung an, sondern es kommt darauf an, für welche Erscheinung, für welchen Namen, für welchen Begriff wir die Ursache suchen. Für jedes Ding, sobald es menschlich genannt wird, ist eine der stets in die Unendlichkeit auslaufenden Bedingungen die letzte, ohne die sein Menschlicher Begriff nicht ist, und diese nennen wir Ursache. Wie wir uns für die Dinge „an sich" eine erste Ursache in der Unendlichkeit denken müssen, so müssen wir für die Namen, die wir den Dingen in unserer Zeit geben, eine letzte Ursache annehmen, und diese letzte Ursache ist für unsern Namen so nothwendig, wie für das Ding „an sich" die erste Ursache, oder, wenn wir von dieser abstrahiren, die metaphysische Unendlichkeit. Denn diese letzte Ursache vermittelt uns den Begriff des aus der Unendlichkeit herauf tauchenden Dinges „an sich" in den Schranken der Zeit. Für das Kind ist für uns die Ursache die Geburt, für die Leiche der Tod, für den Staub die Verwesung, diese Ursachen liegen in der Zeit, für das Kind, die Leiche und den Staub „an sich" liegt die Ursache in der Unendlichkeit. —

Von Bar sagt weiter: „Die Naturkraft die wir gerade untersuchen, erscheint uns als die letzte Bedingung zur Hervorbringung einer Erscheinung. Wir nennen sie Ursache."*) Das ist nicht richtig. Wir nennen stets die Ursache einer Erscheinung die Bedingung, welche das Ding „an sich" f ü r

---

*) von Bar loc. cit. Seite 11.

uns zu einer benannten Erscheinung macht. Richtig ist, dass wir bei der Setzung einer Ursache in der Natur eine Menge von Voraussetzungen als regelmässige annehmen. „Wer eine chemische Untersuchung vornimmt, kann dies nicht anders, als dass er gewisse Agentien in ihrer regelmässigen Wirksamkeit begriffen voraussetzt.*) „Allein diese Regelmässigkeit wissen wir positiv aus der Erfahrung! Will der Chemiker sicher gehen, so muss und kann er sich überzeugen, ob die Agentien regelmässig wirken, oder ob nicht.

Nun aber wagt von Bar den gewaltigen Sprung aus dem Leben der Natur in das Menschenleben! Die Uebertragungen, die heut zu Tage so üblich geworden sind, sind stes misslich. Wer sie benutzt, muss stets daran denken, dass er im Bilde spricht. Selbst der Begriff „organisch", dem wir jetzt überall in unsrer Wissenschaft begegnen, bedeutet im Menschenleben etwas ganz anderes als in der Natur. Der Naturkörper, den eine Kraft beseelt, ist total verschieden von dem Staatskörper, der in unserem Begriffe allein lebt und den freie Menschenwillen, und keine Zellen, bilden.**)

Von Bar sagt: „ein Mensch ist im rechtlichen Sinne Ursache einer Erscheinung, insofern er als die Bedingung gedacht wird, durch welche der sonst als **regelmässig** (auch hier

---

*) von Bar loc. cit. Seite 11 Anm. 11: „Die Probe für die Richtigkeit des Begriffes ist leicht zu machen."

**) von Lilienfeld sagt in seinen: Gedanken über die Socialwissenschaft der Zukunft, fünfter Theil, 1881, Seite 1: „Wie die Naturorganismen aus Zellen, Geweben, Organen und Organsystemen, die sich alle zu einem Ganzen vereinigen, bestehen, so auch der sociale Organismus." Und so wird in dem ganzen Buche mit Zellen, Zellengeweben, Zwischenzellensubstanz, Nervenfäden der Gesellschaft operirt. als hätte man einen Leichnam vor sich. Habe ich da nicht recht, wenn ich immer wieder rufe: Fiction bleibt Fiction und man kann aus ihr nie folgern oder construiren?

ist, wie bei Merkel, das Wort doppelt durchschossen gedruckt, welches die Theorie zu Falle bringt) gedachte Verlauf der Erscheinungen des menschlichen Lebens ein an derer wird."*)

Was ist nun denn aber die Regel des Lebens? Ich habe sie trotz aller Mühe bei Bar so wenig gefunden, wie sie Binding gefunden hat.**) Die Antwort „in vielen Fällen wird die Entscheidung dieser Frage, welche mit derjenigen identisch ist, ob Jemand die Diligentia eines bonus pater familias beobachtet habe, ohne Weiteres klar sein. In zweifelhaften Fällen wird hier eine indirekte Beweisführung zum Ziele führen," ist keine Antwort und kann in ihrer Unsicherheit nicht bei Fragen nach der Ursache im Strafrecht genügen, wo es sich um Freiheit und Leben handelt.

Von Bar hat seine „Regel des Lebens" indess später (Grünhuts Zeitschrift, Band 4, Seite 32 ff.) so warm vertheidigt, dass ich auch gegen diese Vertheidigung meine Waffe versuchen muss, wenn ich nicht den Vorwürfen ausgesetzt werden will, die von Bar seinen zahlreichen Gegnern macht.

Er sagt, unsere Strafrechtstheorie lasse mehr, als gebilligt werden könne, den Zusammenhang mit der civilistischen Jurisprudenz ausser Acht. Das ist nicht richtig. Ich will nur an den Streit über die Grenze des strafrechtlichen Betrugs erinnern. Und ich will später zeigen, dass ein Zuviel hier schaden kann!

Er sagt ferner, man unterlasse es den Sinn eines Satzes an wirklichen Rechtsfällen zu prüfen. Ich will nicht nach den Akten fragen, aus denen von Bar seine Beispiele entlehnt hat. Mir selbst sind in meiner Praxis nur Fälle vorgekommen, wo es sich um Unterlassungen von Beamtenpflichten oder Arzt-

---

*) von Bar loc. cit. Seite 11.
**) cf. die überaus scharfe Kritik Bindings in dessen Normen I, Seite 39 Anm. 85.

pflichten handelte (z. B. Bahnwärter bei einem Zusammenstoss der Eisenbahnzüge, Unterlassene Handlungen bei schwerer Geburt). Indessen können seine Beispiele alle Tage vorkommen, und sie sollen geprüft werden.

Hier interessirt mich zunächst aber seine Berufung auf die Theorie des Gewohnheitsrechts,*) denn ich selbst habe über diese Theorie geschrieben**) und war erstaunt zu vernehmen, dass die Abgötterei, welche Stahl mit demselben getrieben, „heutzutage" noch „allgemein anerkannt" sein soll.

Die Bedeutung des Römischen „Solet" in der bekannten Stelle lasse ich jetzt aus dem Auge. Ich halte mich zunächst an die Analogie mit dem Gewohnheitsrecht. Das Verfahren einzelner Personen soll dem Richter bei Beurtheilung der Handlungsweise anderer Personen nicht deshalb massgebend sein, weil jene ein Recht einführen,***) sondern weil der Richter die Handlungsweise dieser Personen als ein meistens (!) zutreffendes Kennzeichen (?) dafür betrachtet, was das Recht fordert, und dies stets von der Praxis gehandhabte Verfahren durch eine tiefer gehende philosophische Betrachtung gerechtfertigt wird.

Der Richter hat aber nie zu fragen „was fordert das Recht" sondern „was ist Recht", und das können ihm drei Kaufleute oder vier Lootsen nicht sagen.

Von Bar geht noch weiter. Wenn die ideale Regel, bei deren Bildung das wirklich zunächst Vorkommende nur einen, wenn auch den zunächst in Betracht kommenden Anhaltspunkt abgibt (wie unsicher ist diese „ideale Regel!"), den Richter verlässt, so soll er fragen, ob es vernünftig sei, in dem

---

*) von Bar Grh. Zeitschr. loc. cit. Seite 33 Anm. 18.
**) Mein „Kampf des Gesetzes mit der Rechtsgewohnheit" 1877.
***) von Bar loc. cit. Seite 33.

fraglichen Falle eine rechtliche Verantwortlichkeit anzunehmen oder nicht anzunehmen.

Wenn also bei einem Morde die Regel des Lebens nicht mehr sagt, ob der Mörder die Ursache ist, dann entscheidet die individuelle Vernunft (warum nicht lieber „der gesunde Menschenverstand", der nicht abstrahiren kann, der den einzelnen Fall nie subsummirt, und den ein Gefühl leitet, das entweder subjective Rache oder subjectives Mitleid auf jeden Fall aber eine bodenlose Ungerechtigkeit ist) des Richters allein über Leben und Tod.

Ich vermisse hier bei von Bar das Citat Adickes' („Zur Lehre von den Rechtsquellen, insbesondere über die Vernunft und die Natur der Sache als Rechtsquellen, und über das Gewohnheitsrecht"), denn dessen Lehre ist es, die er hier vorträgt. Diese **Irrlehre** habe ich seiner Zeit widerlegt und ihre für das Leben so überaus gefährlichen Consequenzen verworfen. Wenn die Theoriker anfangen auf die subjective Vernunft, auf den gesunden Menschenverstand des Einzelnen ihre Lehre von dem Recht und der Gerechtigkeit zu gründen, dann ist es Zeit, einmal ein energisches „Halt" zu rufen.*)

Die „Regel des Lebens" hat mit dem Gewohnheitsrecht nichts zu thun.

„Recht" hat einen doppelten Sinn. Im objectiven Sinn ist es der Inbegriff der geltenden Rechtsgrundsätze (und dieser kann sich nur durch die Nothwendigkeit geltend machen), im subjectiven Sinn ist es „der Niederschlag der abstracten Regel zu einer concreten Berechtigung der Person" (von Ihering),

---

*) Adickes nennt die Vernunft „vage, unbestimmt und nebelhaft", aber die normale Vernunft des Richters „verdeckt den Mangel des positiven Rechts." So werden die Richter, Halbgöttern gleich, Finder des Rechts." Armes Publikum und noch ärmere Richter! Doch zum Glück ist in der Praxis wenig von dieser subjectiven Vernunfttheorie zu spüren! (cf. meine Schrift, Seite 10, 11.).

die concrete Berechtigung der Person ist aber nichts anderes, als die Freiheit dieser Person, sofern sie sich mit der Freiheit der anderen verträgt (Kant).

Daraus folgt, dass die Grundelemente des Rechts die Freiheit und die Nothwendigkeit sind, und dass diese beiden Grundelemente unlöslich verbunden sind.

Der einzelne Mensch allein hat volle Freiheit, aber kein Recht. Sobald er mit Anderen im Staate lebt, hat er die unbedingte Freiheit nicht mehr, aber er hat seine ihm vom Staate garantirte und durch die Anderen beschränkte Freiheit. Indem er seine unbedingte Freiheit der Nothwendigkeit unterordnet, erhält er die bedingte Freiheit, sein Recht. Und dieses allein ist die Menschliche Freiheit, die Freiheit eines staatenbildenden Wesens. Die unbedingte Freiheit ist thierisch, wenn sich auch Anklänge der bedingten Freiheit in den Thierstaaten (Ameisen, Bienen) finden, und wenn auch die unbedingte Freiheit von verthierten Individuen im Staate zuweilen geltend gemacht wird (Nihilismus).

Dem Gesetz gibt die Nothwendigkeit die Zwangsgewalt des Staats. Dem ungesetzten Recht (dieser Ausdruck ist besser als „Gewohnheitsrecht“) die innere Nothwendigkeit der Gewohnheit. Aus dem unbewussten Rechtsgefühl wird im Laufe der Zeit ein Rechtsglaube, eine opinio necessitatis an die thatsächliche, vom Rechtsgefühl geschaffene Rechtsordnung, und dieser Glaube ist nicht nur durch die Dauer der Zeit geheiligt, sondern auch dadurch, weil das Rechtsgefühl aus dem Menschengeiste und dem Geiste der Nation (das sind Worte, aber ich weiss kein besseres Wort und bin dem dankbar, der es mir gibt) schöpft, und weil die Rechtsordnung nicht von aussen gegeben (Stahl) sondern im heissen Kampfe von der Nation erkämpft ist (von Ihering).

Diese opinio necessitatis ersetzt die Zwangsgewalt, freilich muss zu ihr die Zwangsgewalt des Staats treten, weil das ungesetzte Recht diese ebenso braucht wie dass gesetzte, allein der Staat gibt hier der Nothwendigkeit, die sich die Gesellschaft geschaffen, nur seine Hülfe, während er bei dem Gesetz die Nothwendigkeit erst schafft. Bei dem Gesetz ist er Schöpfer der Nothwendigkeit, bei der Gewohnheit dagegen ihr Schirmherr.*)

Der „Regel des Lebens" nun fehlt durchaus die Nothwendigkeit, das Wesen der Gewohnheit, die opinio necessitatis, der innere Zwang des ungesetzten Rechts**), und deshalb darf ihr der Staat nicht seinen Schutz dadurch verleihen, dass er sie auf das subjective Recht so einwirken lässt,

---

*) Daraus ergiebt sich der grosse Conflict, welcher entsteht, wenn der Staat die Bildung des Gewohnheitsrechts verbietet. Windscheid hat jetzt eine andere Ansicht über diesen Conflict (Lehrbuch, vierte Auflage B. 1, Seite 50 Anm. 3) als früher, er meint, dem Verbot gegenüber müsse die Uebung der Rechtsüberzeugung vorliegen, dass das Verbot nicht gelte. Allein diese Uebung kann sich nur darin äussern, dass in einzelnen Fällen ein Gewohnheitsrecht trotz des Verbots gilt, denn das Verbot bietet keinen Fall, gegen den sich die Uebung auflehnen könnte, und die Ueberzeugung ohne Uebung kann das Verbot nicht beseitigen. Wir stehen eben hier vor einem Conflict, den nicht die Theorie sondern nur der Staat selbst beseitigen kann, und zwar m. E. dadurch, dass er auch nach der Schöpfung des Civilgesetzbuchs eine dauernde Gesetzcommission einsetzt, welche der Rechtsüberzeugung, die sich eben ändert, Worte im Gesetz verleiht, ehe sie auf dem Wege der Uebung gegen das Verbot sündigen muss.

**) Meine Erstlingsschrift über das Gewohnheitsrecht ist vier Jahre nach ihrem Erscheinen von Brandis in überaus eingehenden Weise kritisirt worden, eine Aufmunterung, für welche ich ihm meinen besten Dank sage (Kritische V. J. S. von Brinz und Seydel N. F. Band IV, 1881, Seite 204 bis 209). Ich muss indess dabei bestehen bleiben, dass das „Gefühl des Gebundenseins" von der „Ueberzeugung" verschieden ist. Es ist ja richtig, dass bei diesen rein theoretischen Fragen wir stets an eine letzte Grenze kommen, wo die Erklärung aufhört. Doch glaube ich, diese Grenze nicht überschritten zu haben, da sich meine Ausdrücke noch mit feststehenden Begriffen decken.

dass sie, wie von Bar will, zur Erkenntnissquelle ("Kennzeichen") des Rechts wird. Denn die "Regel des Lebens" ist kein Recht und darf nie als Recht gelten! Es gibt indessen ein Gebiet, wo die "Regel des Lebens" in gewisser Weise von Wichtigkeit ist. Und dies Gebiet ist das individuelle Vertragsrecht. Das Recht bildet, durch Gesetz oder durch Gewohnheit, einen Mustervertrag mit Musterparteien, und diesem sind die Individuen untergeordnet, wenn sie sich nicht anders äussern. In Folge der Freiheit des Vertragsrechts kann aber diese Willensäusserung auch darin bestehen, dass sie, abweichend vom Gesetz und von der Gewohnheit, auf lokale Ueblichkeiten Bezug nehmen. Dieses "Bezugnehmen" hängt aber von ihrem freien Willen ab, und es gibt hier keinen objectiven, alle bindenden Zwang. Dieses "Vertragsrecht" ist kein Recht im subjectiven Sinne, sondern es ist eine dem Individuum garantirte Freiheit, die ihm deshalb gelassen ist, weil sie nicht mit der Freiheit aller Andern (Kant), sondern nur mit der Freiheit eines oder mehrer Staatsbürger in Conflict kommt, welche ein Stück ihrer Freiheit freiwillig im Vertrage aufgeben. Sofort wie von dieser freiwilligen Aufgabe keine Rede ist, gilt nur das objective Recht. Zu einem Zwange für Dritte kann aber dieses Handeln innerhalb der Vertragsfreiheit nur dann werden, wenn es im Gesetz oder in der Gewohnheit zwingende Gewalt erhält, so dass dieses Handeln dann für ein Muster-Handeln*) Aller gilt, wenn sie nichts Anderes

---

*) Bei den positiven Instituten (cf. den von mir eingeführten, gegen die Quasi-Theorie Front machenden Begriff in meinem "Grundrincip der negotiorum gestio") ist von dieser Vertragsfreiheit keine Rede, weil sie keine Verträge, trotz aller übrigen Behauptungen, sind, denn ein "quasi" ist im Rechte ein Nichts, ein Bild. Sobald ein Parteiwille hinzutritt, werden sie unter Umständen zu einem Vertrage (negotiorum gestio und mandat).

wollen. So lange diese Objectivirung nicht geschehen, hat dieses Handeln für Dritte nur dann Werth, wenn sie es freiwillig zum Muster nehmen. Andernfalls aber ist es auch im Civilrecht eine res inter alios acta, die Dritte nichts angeht und nach der sich Niemand zu richten braucht.

Die „Regel des Lebens" ist kein objectives Recht. Sie gilt weder im Civilrecht noch im Strafrecht ohne Weiteres für Dritte.

Aus diesem Grunde ist die Regel des Lebens weder für die Causalität noch für unsere Frage von irgend welchem praktischen oder theorethischen Nutzen. —

Ich würde mich bei dieser Widerlegung beruhigen, wenn nicht von Bar sich darauf beriefe, dass Wharton seine Lehre vom Causalzusammenhange in der 6. Auflage seines Criminal law of the United States in der Lehre von der Tödtung angenommen, und in der civilrechtlichen Untersuchung neuerdings geradezu zu Grunde gelegt habe.

Mir stehen beide Werke des gelehrten Amerikaners nicht zur Verfügung. Ich kann daher nicht entscheiden, inwiefern derselbe bei der Lehre von Tödtung, bei der ernstesten Lehre, die überaus unsichere „Regel des Lebens" mit Recht ververwerthet hat.

Dagegen muss ich von vorn herein behaupten, dass alle Fälle aus dem Civilrecht, die Wharton in seinem zweiten grossen Werke angeführt haben mag, mich nie überzeugen können, dass die „Regel des Lebens" irgend wie für Dritte gelte, und wenn sie in England und Amerika angewandt wird, ohne dass sie von den Parteien in den Vertrag aufgenommen ist, so handeln die Richter, welche nicht den durch Gesetz oder Gewohnheit gegebenen Muster-Vertrag anwenden, willkürlich und unrecht, und können uns Deutschen nicht zum Vorbild dienen!

Im Strafrecht aber die „Regel des Lebens", welche
nicht Recht ist und überhaupt weder Haut noch Knochen hat,
anzuwenden, wäre eine schreiende Ungerechtigkeit.

Und hiermit komme ich zu dem Vorwurfe, dass wir das
Civilrecht zu wenig berücksichtigten. Die Diligentia eines bonus
pater familias soll uns auch im Strafrecht einen festen, abstracten Massstab geben! Dieselbe verletzt schon im Civilrecht*) in seltenen Fällen die Freiheit des Einzelnen. Im
Strafrecht ist sie absolut nicht zu gebrauchen!

Und weshalb nicht? Ich will nicht abermals mit dem
Begriffe des Rechts arbeiten, den von Bar, wie ich am
Schlusse zeigen werde, nicht theilt. Ich will mich an seine
Beispiele**) halten. Damit wird der letzte Vorwurf beseitigt.

„Wer an die Regel des Lebens sich hält, der
handelt weder dolos noch culpos." (Seite 88 des
Causalzusammenhanges.***)

Damit wäre ja Etwas gefunden, was den Katechismus und
das Strafgesetzbuch ersetzen könnte! Doch zu den Beispielen!

---

*) Ich erinnere hier nur an den Fall, wo auf Grund eines positiven
Instituts die Freiheit beschränkt wird, ohne dass ein Vertrag ein Recht
dazu giebt; hier ist es mit dem „Römischen Mustermann" eine missliche
Sache (cf. Windscheid über meine Ansicht im Lehrbuch, 5. Aufl., B. II
S. 623 Anm. 5 und meine Entgegnung und Modificirung in meinem „Grundprincip der n. g." Seite 23 und 24). Streng genommen muss der
Gestor nach den Regeln der Logik die Sorgfalt anwenden, welche der
Herr vermutblich angewendet haben würde. Da man indessen im Civilrecht nicht so ängstlich auf die subjective Freiheit zu achten hat, wie
im Strafrecht, kann man die Sorgfalt des „Römischen Mustermanns"
hier acceptiren.

**) Die Berufung auf die „Beispiele" bildet stets das Ende der Ver-
theidigung von Lehren, die sich in der Theorie nicht mehr halten lassen.
Da soll dann die Praxis helfen! Aber diese ist von ersterer nicht zu
trennen.

***) Soviel vermag ein Messer ohne Klinge, dem der Griff fehlt!

1) Jemand lässt zum Schutze seines Hauses einen gefähr-lichen Hund umherlaufen. Das ist nach der Regel des Lebens bloss auf einem einsamen Gehöfte, nicht in der Stadt erlaubt. (S. 88 und 89 des Causalzusammenhanges.) Wo steht diese g e s c h r i e b e n ? Wenn sie nirgends g e s c h r i e b e n steht, darf ich mir in der Stadt einen Köter halten, der den Dieb in der Nacht zerfleischt. *)

2) Wer ein in seiner Wohnung und in seiner Gegenwart ausbrechendes Feuer nicht löscht, bei dem wird regelmässig (!) Dolus vermuthet. Bei einer nicht benutzten Wohnung verhält sich das anders, denn diese braucht man nach der Regel des Lebens nicht zu beaufsichtigen (loc. cit. S. 101). — Allein es gibt keinen „regelmässig vermutheten Dolus". Die böse Absicht muss stets bewiesen werden. Auch gibt es bei der Feuersbrunst keine „Regel des Lebens", sondern P o l i z e i - v o r s c h r i f t e n. **)

3) Wenn ein Arzt den Patienten vernachlässigt, ohne das zu erkennen zu geben, so ist die regelmässige Folge, dass der Patient ohne ärztliche Hülfe bleibt (loc. cit. 104). — Hier wird die „Regel des Lebens" zur „regelmässigen Folge". Allein warum soll der Patient r e g e l m ä s s i g ohne Hülfe bleiben? Tausend Gelegenheiten können sie ihm schaffen, er kann die Vernachlässigung merken ohne die Aeusserung des Arztes.

4) Ein Thurmwächter unterlässt die Anzeige eines Brandes. Er ist nicht Ursache, weil das Weiterverbreiten von Bränden nicht als regelmässige Folge der Unthätigkeit des Wächters angesehen werden kann. — Wenn also statistisch die Zahl der

---

*) Etwas ganz anderes ist es, wenn positive P o l i z e i v o r s c h r i f t e n existiren. Dann liegt eine Uebertretung der Polizeivorschrift vor. (Gesetze über das Hundehalten).

**) Anzeigepflicht. Feuerlöschordnungen.

Brände zur regelmässigen Folge wird, dann ist er Ursache. Wann tritt dieser Zeitpunkt ein?

5) Wenn Jemand die Aufsicht über bestimmte Personen zu führen hat und unterlässt das Hindern, so liegt darin für diese Personen eine Aufmunterung, das Verbrechen zu begehen, die Unterlassung der Hinderung ist etwas regelwidriges. (Seite 115 loc. cit.) — Nein, sie ist etwas Widriges gegen das Amt oder gegen den Vertrag, sie verletzt nicht die vage Regel des „Lebens", sondern die bestimmte Regel des „Gesetzes!"

6) Ich will noch das von Pfizer, Gerichtssaal 1875, S. 548 ff. (von Bar bei Grünhut, loc. cit., S. 63) angeführte Beispiel besprechen.

„Ein Hohenheimer Studirender brachte eine noch geladene Flinte einem Büchsenmacher in Stuttgart zur Reparatur; er sagte nichts davon, dass sie noch geladen sei. Der Büchsenmacher wollte einem Bekannten den Mechanismus des Gewehrs zeigen, dabei entlud sich dieses und der Schuss tödtete den eben im Laden anwesenden Knecht des Büchsenmachers. Die Strafkammer verurtheilte ausser dem Büchsenmacher auch den Studenten wegen fahrlässiger Tödtung."

Pfizer führt, ohne auf die Schuldfrage einzugehen, aus, dass der Student als Mit-Ursache (es gibt keine Mitursache!) der Tödtung anzusehen sei, denn „causa causae causa est causati", allein dieser Satz gilt so unbedingt im Recht nicht, wie ich später bei der eignen Ansicht zeigen werde.

Von Bar stellt die Regel auf: bei geladenen Gewehren muss man warnen, wenn man sie zur Reparatur gibt. Dann soll es aber trotzdem darauf ankommen, ob der Büchsenmacher das Geladensein bemerkte. Demnach müsste von Bar doch wiederum eine Regel für das Verhalten der Büchsenmacher aufstellen! Dies hat er unterlassen. Und es dürfte ihm schwer werden, alle die Regeln zu finden, die eine so schwer-

wiegende Folge haben, dass man Freiheit und Leben mit ihrer
Uebertretung einbüssen kann.

Davon abgesehen, dass die „Regel des Lebens" der „Regel
der Natur" gleich gestellt wird, obwohl Menschenleben und
Naturleben sich nicht in dieser Weise vergleichen lassen, wird
auch bei der Natur nicht das Gesetz, das wir doch erkennen können, sondern eine vage Naturregel als das Massgebende angenommen. „Schlecht gehaltene Strassen werden im
Winter in der Regel noch ·schlechter" (von Bar bei Grünhut
loc. cit., S. 62), „das Scheuwerden ist bei den Pferden etwas
Ausserordentliches" (wirklich?), das sind Wahrheiten, bei denen
die Ausnahmen ebenso leicht zur Regel werden, da sie von
den Umständen des Falles abhängen, und deshalb sind sie
nicht zu brauchen.

Viel ernster aber wird die Gefahr der Anwendung der
Regel des Lebens bei dem Betrug. Die Abgrenzung des
civilrechtlichen und strafrechtlichen Betrugs ist das Kennzeichen für das Rechtsgefühl der Nation. Bei
diesen Fragen schlägt das nationale Gewissen, und wenn es
der Geschäftsstand nicht hört, so muss ihm der Juristenstand
seine gewichtige Stimme leihen. Von Amerika haben wir
als Deutsche in dieser Hinsicht nichts zu lernen!

Ich war anfangs der Meinung, dass die Behauptung „zu
strenge Grundsätze hemmen den Fortschritt und die Entwicklung der Industrie" (von Bar bei Grünhut, loc. cit., S. 23) sich
nur auf die gefährlichen Unternehmungen erstrecke,
und hier ist sie richtig. Ich sehe indessen, dass sie sich auf
die Wahrhaftigkeit des Verkehrs erstreckt. Und hier hat
sich der Jurist nicht nach dem gewöhnlichen, regelmässigen
Verlaufe der Dinge (von Bar bei Grünhut, loc. cit., S. 41)
zu richten.

Von Bar sagt: Ein absoluter Gegensatz von Unterlassen
und Handeln ist auch beim Betruge nicht durchzuführen, viel-

mehr das der Regel des Lebens Entsprechende, beziehungsweise das Regelwidrige an die Stelle zu setzen ..... in gewissen Verhältnissen sind einmal gewisse Täuschungen durch ausdrückliche Versicherung üblich, so dass eine mit der Regel des Verkehrs bekannte Person darauf gar keinen Werth legen wird (die Lehre vom Causalzusammenhange, S. 109).

Wir sehen, zu welchem Abgrund die Regel des Lebens führt!

Ich will diesen Worten über den Betrug gegenüber nur an die tiefen Abhandlungen Merkels und an die klassische, ernste Darstellung Berners*) in seinem Lehrbuche erinnern.

Wo Täuschungen (also Vorspiegeln, Entstellen oder Unterdrücken von Thatsachen — denn nur übertriebene Urtheile sind frei) üblich sind, soll der Andere „gar keinen Werth darauf legen". Nein, anzeigen soll er den Betrüger, und wenn der Betrug anfängt üblich zu werden, so wird dem Geschäftsmanne und Betrüger eine Zuchthausstrafe bis zu 10 Jahren (Betrug im zweiten Rückfalle) lehren, dass wir Juristen uns um die goldene „Regel des Lebens" nicht kümmern.

---

*) cf. dessen Lehrbuch Seite 557. Während die französische Auffassung, dass es kein „Recht auf Wahrheit" gebe, keinen Anklang fand, hat das R.-Str.-G.-B. gewisse Anhaltspunkte für dieses Recht gegeben, und diese sind m. E. in der Praxis so streng festzuhalten, wie sie jetzt von der Theorie festgehalten werden. Wo eine arglistische Täuschung und nicht blos eine unzutreffende Empfehlung einer Sache vorliegt, wo es sich um Annoncen mit bestimmten Thatsachen und nicht blos um Marktschreierei handelt, da fängt die Lüge an, Betrug zu werden, da steht es dem Betrogenen frei, den Staatsanwalt anzurufen. Es sollte dies nur öfter geschehen! Dann würde die „Regel des Lebens", in der sich bereits amerikanischer Humbug breit macht, von den Juristen durch die Strafe curirt werden. Aber der Betrogene „soll ja keinen Werth auf die Lüge legen." —

Die ganze Lehre von der Regel des Lebens ruht auf einer
falschen Auffassung vom Gewohnheitsrechte. Von Bar
sagt, die englisch-amerikanische Praxis betrachte das Gesetz
als die potenzirte Regel des Lebens (bei Grünhut, loc. cit.,
S. 62, Anm. 57). Von Bar betrachtet nun die nicht potenzirte Regel des Lebens einfach als Gewohnheitsrecht
(Seite 33, loc. cit.). Das ist sie aber nicht, ja sie hat mit
dem Gewohnheitsrechte nichts zu thun, weil sie es nicht zur
opinio necessitatis gebracht hat, und nicht dazu bringen kann,
weil es sich nicht um Uebungen des Rechts, sondern um
Uebungen des Lebens handelt, bei denen wir uns nicht nach
der lieben Mittelmässigkeit zu richten haben.

Es ist ja schon bei dem Gewohnheitsrecht für den, der
die opinio necessitatis nicht hat, schwer, sich ihm zu fügen.
Allein er fügt sich einer Macht, einem Glauben, dass dies nun
einmal jetzt Recht sei. Von Bar stützt sich bei der Erklärung
dieser Macht auf die Ansicht Stahls. Diese ist aber längst
überwunden. Das Gewohnheitsrecht dankt nicht seine Macht
dem Gefühl des Gebundenseins an die Ordnung Gottes. Aberglaube und Priestertücke, wie sie sich in den Hexenpro-
cessen spiegeln, auf den höchsten Begriff zurück zu führen,
wäre Gotteslästerung; und diese Institute waren gewohn-
heitsrechtliche! Das ungesetzte Recht dankt seine Macht
dem Wesen der Gewohnheit, und deshalb ist es eine Macht
eines unbestimmten Gefühls, und hat mit dem Gottesbegriff
so wenig zu thun, als die Gewohnheit selbst. Ich muss
daher dagegen protestiren, dass ich dem „Vorgange Stahls"
gefolgt sei (Brandis in der kritischen Vierteljahresschrift N. F.,
Band IV, Seite 205, Anm. **). Meine Ansicht hat mit Stahls
Ansicht, die ich verwerfe, nichts gemein. Stahl construirt
von aussen nach innen, ich construire von innen nach
aussen, und die unbewusste Macht, auf die wir beide

stossen, ist eine verschiedene*), die G e w o h n h e i t ist nicht göttlich.

Von Bar geht aber v i e l w e i t e r a l s S t a h l, er gibt auch den Regeln des Lebens die unbewusste Macht, wie den Regeln des Rechts, sobald sie G e w o h n h e i t geworden. Und während es, Dank dem gesunden Sinne der Nation, wahr ist, dass das Gewohnheitsrecht s e l t e n vollkommen irrational sein kann**) (es ist aber dann doch R e c h t, was von Bar leugnet [Grünhut, loc. cit., S. 34], denn es hat sich o b j e c t i v i r t (meine Schrift, Seite 21 und 22), so sind die „Regeln des Lebens" o f t unrechtlich, unsittlich und total verwerflich. Ich brauche blos an den ü b l i c h e n Humbug und den Betrug zu erinnern. ***)

Ich habe mich bei meiner Kritik lediglich eigener Waffen bedient, und hoffe nachgewiesen zu haben, dass die „Regel des Lebens" des auf anderen Gebieten so hochverdienten Rechts-

---

*) Wenn einmal der Ansicht S t a h l s gegenüber, die v o n B a r vertritt, eine Ansicht ausgesprochen werden soll, die den l e t z t e n G r u n d des Rechts berührt, so will ich sagen: das p o s i t i v e Recht ist m e n s c h l i c h; eines C u l t u r v o l k e s würdig ist nur das g e s e t z t e Recht, weil die U e b e r z e u g u n g höher steht als das G e f ü h l.

**) Einen vortrefflichen Rath, sich gegen das Aufkommen von irrationalen Gewohnheiten zu schützen, gibt der Jurist 1. 34 D. 1, 3. Hierauf beruht das Erforderniss der G e r i c h t l i c h k e i t. Dies Erforderniss ist falsch, wenn es dahin interpretirt wird, dass erst die gerichtliche Anerkennung die Macht gebe, denn diese Macht gibt nur die Gewohnheit. Aber w i s s e n s c h a f t l i c h gebildete Richter, wie es die Römischen Richter im Gegensatz zu den Deutschen Schöffen waren, können es hindern, dass ungerechte Gewohnheit e i n e M a c h t w e r d e. Dass die „Regel des Lebens" keine Macht werde, dafür wird der wissenschaftlich gebildete Richterstand sorgen, denn er braucht sich dieser Regel nicht zu fügen, weil sie zu einer verwerflichen Gewohnheit, nie aber zu einem Gewohnheitsrecht werden kann, das ihn Kraft seiner Macht bindet (cf. meine Schrift über das Gewohnheitsrecht S. 27).

***) Ein treffliches Beispiel der „Regel des Lebens" nennt G e y e r in der Münch. kr. Vierteljahrschr. 1872 S. 173 „M o r d a n K i r c h t a g e n in N i e d e r b a y e r n."

forschers einer falschen Auffassung des Rechts selbst*) entspringt, und dass sie aus diesem Grunde auch für die Causalität und die Unterlassungsverbrechen keine Geltung haben kann.

Weil ich die „Regel des Lebens" in ihrem tiefsten Grunde angegriffen habe, deshalb sehe ich einer etwaigen Entgegnung ruhig entgegen, und fürchte keine Berufung auf das Amerikanische Recht, das die deutschen u. m. E. einzig richtigen Rechtsbegriffe nicht zu theilen scheint.**)

Anhang I.

Von Bar sagt, die Vorwürfe, die man gegen ihn richte, träfen auch das „Solet" in dem anerkannten Satze der römischen Jurisprudenz (bei Grünhut, loc. cit., Seite 33). Ich will die Stelle betrachten, die von Bar betont, und von der die Glosse sagt, sie sei werth, mit goldenen Buchstaben geschrieben zu werden. Wenn ich mir stipulirt habe, es solle zu Ephesus gegeben werden, so fragt sich, was diese Zeit-

---

*) Von einem anderen Standpunkte ausgehende Kritiken finden sich bei Binding Normen II, S. 213 Anm. 279, Normen I S. 39 Anm. 85, Grundriss S. 82; Geyer, Kr. V. 1872 S. 161 ff., Grünhut 1877 S. 35 ff; v. Buri: Ueber Causalität.

**) Rechtsvergleichung für die Gesetzgebung ist stets mit Vorsicht zu gebrauchen. Desto nöthiger ist sie für die Rechtsgeschichte. Hier ist nicht nur das Leben der Culturvölker, sondern auch das Leben der wilden Völker von Werth, weil es uns in Zeiten führt, die wir aus unserer Ueberlieferung nicht kennen. Vor allem sind hier zu nennen die leider zu wenig bekannten Forschungen von Dr. A. H. Post (cf. Kr. V. von Brinz und Seydel N. F. B. IV, Seite 174 ff., die Kritik von Kohler über drei grössere Werke des überaus fleissigen und umsichtigen Forschers.) Nur eines möchte ich den fleissigen Forschungen gegenüber mit F. Dahn betonen (Bausteine 1883 S. 289), „alle Völker standen auf primitiver Stufe, aber dieselbe hatte keineswegs bei allen Völkern den gleichen Charakter und Rechtsinhalt!" Post verkennt auch nach meiner Auffassung den nationalen Unterschied zwischen den einzelnen Völkern.

bestimmung sagt. Man will nicht Tag und Nacht trotz
Sturm und Wetter reisen, sondern man will als guter Haus-
vater Rücksicht auf Zeit, Alter, Geschlecht und Gesundheit
nehmen, um zu einer Zeit anzukommen, wo die meisten
Menschen in gleichen Verhältnissen anzukommen pflegen
(„Solet"). Hier spricht also das „Solet" nicht von einer „Regel
des Lebens" sondern von einer Willensinterpretation.
Bei einem Vertrage handelt es sich nicht um Freiheit und
Leben, sondern um Interessen, die hinter jenen weit zurück
stehen, deshalb will man nicht Alles aufs Spiel setzen.
Von einem Gewohnheitsrecht ist bei diesem reinen
Lebensverhältniss keine Rede! Wollte sich ein Betrüger aber
auf das „Solet" berufen, so würden wir eben auch seine Mit-
genossen bestrafen müssen, denn im Strafrecht, wo es sich
um ernstere Dinge handelt, gilt dieses „Solet" nicht. Deshalb gilt der Vorwurf gegen von Bar nicht gegen die Römischen
Juristen.

Anhang II.

Es sei mir an dieser Stelle gestattet, die von Bar ver-
tretene Theorie Stahls in ihrem Verhältniss zum künftigen
Deutschen Gesetzbuch zu berühren. Die Meinung vor der
historischen Schule leugnete die Möglichkeit des Gewohnheitsrechts. Sie irrte, weil sie die Existenz des letzteren wider-
legte. Die spiritualistische Ansicht stellt das Gewohnheitsrecht
über das Gesetz, weil es die unmittelbare Volksüberzeugung sei.
Sie irrt, weil die Gewohnheit eine Macht des Gefühls ist,
die allerdings, wie der Rechtstrieb, im nationalen Leben
seine Quelle hat, die sich aber für ein Kulturvolk als Ausdruck des Rechts nicht mehr eignet. Das ungewisse Wesen
der opinio necessitatis, die Nichterkennbarkeit für die Sinne,
die Kämpfe beim Wandel derselben, ehe das alte Unrecht
neues Recht wird, vor allem aber das Nachstehen des Gefühls

hinter der Ueberzeugung weist die Kulturvölker auf das gesetzte Recht, auf das geschriebene Wort, wie es aus der Ueberzeugung der Nation quillt. Die alten Unterschiede von „Volksrecht" und „Juristenrecht" sind nicht mehr berechtigt, seit wir eine deutsche Nation geworden. Sie waren berechtigt, als das „Volk" im Particularismus aus einander ging, und die Juristen, getragen von dem nationalen Gedanken, mühsam das nationale Recht suchten, an dem jetzt Volk und Juristen als Nation arbeiten. Das Gesetz steht so hoch über der Gewohnheit, wie das Wissen des Rechts über dem Glauben an eine dunkle Macht, die Ueberzeugung über dem Gefühl steht.

Nach der Ansicht von Bars und Stahls wie nach der Ansicht der historischen Schule lässt sich eine Codification des deutschen Rechts nicht rechtfertigen.

Erst die Ansicht, welche zeigt, dass nur das Wesen der Gewohnheit in der opinio necessitatis dem ungesetzten Rechte die zwingende Macht gibt, deren jedes Recht logisch bedarf, kann dahin führen, endlich auszusprechen, dass das Gesetz eine bessere Rechtsform ist als die Gewohnheit, weil seine Macht auf einem Verfassungsacte beruht, der aus der Ueberzeugung einer ihres Rechts vollbewussten und nicht blos — wie vor Zeiten — dunkel ahnenden und fühlenden Nation entspringt. Und diese Ansicht allein rechtfertigt nicht blos die Schöpfung unseres Gesetzbuchs, sondern bringt auch den alten Streit über die Gegensätze von Gesetz und Gewohnheit zum Austrag.

Gesetz und Gewohnheit sind nicht gleichgute Rechtsquellen, das Gesetz verdient den Vorzug. Aber beide haben gleiche Kraft! Wenn das Gesetz schweigt und das Recht fortschreitet, so entsteht ein Zustand, der auch die Richter bindet; es macht sich das Gewohnheitsrecht geltend, mag man es „Natur der Sache", „Consequenz der Motive" oder „Recht der Wissenschaft" nennen. *)

Will man nun diesen Zustand vermeiden, so muss das Recht, wenn es beginnt Gewohnheitsrecht zu werden, von neuem im Gesetzbuch Aufnahme finden.

Es bleibt also kein anderer Ausweg als der einer fortarbeitenden — wenn auch mit grossem Bedacht und langsam vorgehenden — Commission für das bürgerliche Recht. Auf allen anderen Rechtsgebieten zeigt sich dieser ewige Strom der Rechtsbildung, er wird auch hier nicht zu hemmen sein, mag auch im ersten Jahrzehnt wenig davon zu fühlen sein, weil er auf diesem Gebiete ruhiger fliesst, als auf dem des öffentlichen Rechts. Die Römer hatten kein Gesetzbuch in unserem Sinne, und ihre Verhältnisse liegen bei uns nicht vor.

In neuerer Zeit hat Binding (Zeitschrift für die gesammte Strafrechtswissenschaft, I. Band, S. 4 ff.) sich treffend über das Verhältniss der Gesetzgebung und der Wissenschaft ausgesprochen, denn seine Lehren gelten nicht allein für das Strafrecht. Auch die Leistungsfähigkeit eines Civilgesetzbuchs wird überschätzt. Obwohl ich glaube, dass unsere Zeit vor allem für die Civilgesetzbuchsredaction des Reiches berufen ist, weil neben das Reichsrecht in schönem und starkem Jugendbunde die Reichsmacht tritt, weil unser Gesammt-Ich die Einheit will, weil endlich Zeiten nach grossen Kriegen und Siegen stets dem praktischen Ausbau des Staats zugewandt waren, auch der Wissenschaft nicht mehr die Güter fehlen, die von Savigny vermisste, so

---

*) In seinen Anfängen wird dies Recht des Gerichtsgebrauchs aber stets Unrecht sein, selbst wenn es vom Reichsgericht ausginge. cf. Berner über Gewohnheitsrecht und dessen richtige Würdigung der Entscheidungen des Reichsgerichts in dessen Lehrbuch S. 80.

fürchte ich doch, man überschätzt die Folgen der Reichs-
codification in betreff der Vollständigkeit des künftigen Gesetzbuchs.

Der Richter muss auch im Civilrecht den Gesetzgeber
„an der Stelle vertreten, wohin sein Arm nie zu langen vermag".
Er muss eine „adelige Aufgabe" erfüllen. Ich möchte daher mit
Binding nicht von „Richterstolz" sondern von **Aristokratie des
Geistes** reden. Nicht weltverachtend, wie Schopenhauer,
soll er hassend und einsam im Leben stehen, sondern welt-
liebend und weltregelnd, aber fern von den Interessen des nach Golde hastenden Verkehrs, der sich um ihn
herum abspielt.

Allzueifrige Kommentatoren, die sich wissenschaftliche
nennen, aber mögen nicht glauben, der Welt dadurch
einen Dienst zu leisten, wenn sie etwa gleich nach dem Erscheinen des neuen Gesetzbuchs mit der Papierscheere
die Motive ausschneiden und Eintagsbücher verfertigen.
Freilich, das „Geschäft" lockt!

Anhang III.

Eine treffliche Auseinandersetzung über den von mir seiner
Zeit nicht so glimpflich kritisirten Adickes gibt Felix Dahn
(Bausteine, 4. Reihe: Erste Schicht, 1883, S. 234 ff.). Er sagt
mit Recht, dass die Lehre des Gewohnheitsrechts noch des be-
rufenen Meisters harrt. Ansichten, wie die von Bars, können
sie m. E. nicht fördern. Auch Dahn fusst auf dem sittlichen Geselligkeitstrieb des Menschen (S. 237). Richtig ist,
dass es keine objective „Natur der Sache" für alle Zeiten
gibt. Wohl aber gibt es eine naturalis ratio einer Nation
für eine bestimmte Zeit. Die Nutzung des Waldes z. B.,
die Dahn erwähnt, ist bei Römern und Germanen eine verschiedene (S. 242, loc. cit.). Und doch gibt es auch in gewissem Sinne eine absolute naturalis ratio. Es liegt in

der „Natur der Sache", den Wald zu s c h o n e n (Waldschutz-
genossenschaften!). Es liegt in der Natur der Sache, Unterlassungen
der Soldaten strenger zu strafen. Das G r u n d p r i n c i p des
betreffenden Instituts ist für die „Natur der Sache" in diesem
Sinne massgebend.

Mit Recht zieht Dahn die Consequenz, die auch ich trotz
allen Widerspruchs seiner Zeit gezogen, dass, auch wenn der
Gesetzgeber die ändernde Kraft des Gewohnheitsrechts ausgeschlossen hat, dennoch diese ändernde Kraft sich aufrecht
erhalten muss. Die opinio necessitatis richtet sich schliesslich
gegen das Verbot selbst (S. 268, loc. cit.).

Anhang IV.

Die Lehre von der Fortwirkung des Gewohnheitsrechts
gegenüber dem verbietenden Gesetzesrecht, die ich früher ziem-
lich einsam vertreten habe, zu welcher sich aber jetzt Grössere
als ich bekennen, führt mich zu v. Iherings „G e r e c h t i g -
k e i t s h o f im S t r a f r e c h t". Vielleicht ist meine frühere
praktische Thätigkeit daran schuld, dass ich mich mit der Ein-
setzung eines höchsten Gerichtshofs ü b e r d e m G e s e t z, mag
er noch so viele Garantieen bieten, n i c h t befreunden kann.
Erzeigt sich der Katalog der Verbrechen lückenhaft, so muss
die G e s e t z g e b u n g eintreten. Wir müssen endlich davon ab-
kommen, dass im Strafrecht wie im Civilrecht auf Jahre hinaus
R u h e herrschen müsse. Ruhe ist der Tod, aber die Gesellschaft l e b t! Ich halte für angebracht **einen dauernden
Gesetzgebungshof von Juristen,** der die Stimmen
der Gesellschaft hört, an den sich Anträge richten, die er prüft,
und der d a n n bei der gesetzgebenden Gewalt seine Anträge
formulirt. N u r d i e s e k a n n d i e A n t r ä g e b e s t ä t i g e n
o d e r n i c h t b e s t ä t i g e n! Aber die **Ausführung** der
Paragraphen und ihre Formulirung sollte man vertrauensvoll
den **Juristen** überlassen. Binding sagt mit Recht, dass

„die Art der Mitwirkung der Parlamente bei Feststellung
des Textes jeden guten Entwurf ruiniren muss und ein
formell gutes Gesetz geradezu unmöglich macht" (Zeitschrift
f. d. ges. Rechtsw., I. B., S. 13).

Anhang V.

Es ist zu bedauern, dass v. Hartmann nicht das Gewohnheitsrecht behandelt hat.   Er hätte sicher gelehrt, dass sich
darin das „Unbewusste" offenbare.   Dann wäre die Gewohnheit wieder ein „Gott" geworden, denn „das Unbewusste irrt
nicht", das Unbewusste gleicht der Regel des Lebens, und
wer an das Unbewusste oder an die Regel des Lebens sich hält
„der handelt weder dolos noch culpos" (v. Bar, loc.
cit., S. 88).

Damit stünden wir wieder auf dem überwundenen Standpunkte Stahls. — —

Das Gewohnheitsrecht ruht nicht auf dem „Unbewussten,"
sondern auf dem nicht weiter zu erklärenden Geselligkeitstrieb, der in der geschichtlichen Zeit lebenden
Gattung: Mensch.   Somit wie sich diese Gattung durch die
Gesellschaft hindurch zu dem alle Gattungszwecke regelnden
Staate entwickelt, muss die Gesetzgebung die Gewohnheit ablösen.

§ 11.

Zitelmann.

Literatur: Irrthum und Rechtsgeschäft. Eine Psychologisch-Juristische Untersuchung. 1879.

Obwohl in Zitelmanns verdienstvollem Werke meine Strafrechtsfrage nicht ausdrücklich erörtert ist, finden sich in demselben doch so viel neue und fruchtbare Forschungen über die Grundlagen des Rechts, dass auch die Frage nach der Natur der Unterlassungen durch dasselbe der Lösung erheblich näher gerückt wird. —

Zunächst findet sich bei Zitelmann folgende neue Definition des Willens: „der Wille ist derjenige psychische Act, welcher unmittelbar auf die motorischen Nerven einwirkt und so Ursache einer eigenen körperlichen Bewegung ist." Ich kann, da ich mich nur auf philosophische und nicht auf medicinische Grundlage zu stützen vermag, die Frage nach der Wirkung der Seele auf die Nerven, wie ich eingestehe, nicht beantworten. Für mich genügt es aber, Zitelmanns Worte dafür anführen zu können, dass das Wesen des Menschen, dass Ich, nicht der „Wille" der neueren Philosophen ist, sondern dass der Wille ein psychischer Act ist, der vom Ich ausgeht. Er ruht auf innerem Vorgang. Ebenso darf ich die Worte unterschreiben „der Wille ist an sich weder bewusst noch unbewusst", das Gegentheil liesse sich nur sagen, wenn man das Ich mit dem Willen verwechseln wollte. Gegen diese Verwechslung kämpfe ich aber an. (cf. S. 79, loc. cit.).

Unverständlich ist mir aber folgende, mit seinem ganzen System m. E. in Widerspruch stehende Aeusserung Zitelmanns:

„Es muthet stets eigenthümlich an und beweist eine Verkennung des Standpunktes der Jurisprudenz, wenn
ein juristisches Buch sich für seine Zwecke die Entscheidung
der Vorfrage, ob der Wille frei sei; ob unfrei, nicht glaubt
ersparen zu dürfen." —

Einem Autor wie Zitelmann gegenüber muss ich meine
Stellung rechtfertigen, denn der Vorwurf ist schwer, und trifft
mein Buch am schwersten. —

Schopenhauers Richtung droht m. E. das Wesen des
Rechts zu zerstören. Schon mehren sich die Juristen, die
ihm folgen. Herz spricht in seinem Unrecht den Gegnern der
Unfreiheit gegenüber schon von „Scholastik." Soll diesen übereilten Angriffen unserer kämpfenden und ringenden Zeit
gegenüber der Jurist wirklich nur „bescheidene Entsagung
üben?" (S. 53, loc. cit.). Ich bin nie Freund der „Entsagung"
auf wissenschaftlichem Gebiet gewesen; Schopenhauer und seinen
juristischen Jüngern gegenüber ist diese „Entsagung" ein
Unrecht.

Uebrigens „entsagt" Zitelmann selbst nicht. Er sagt, „der
Jurist muss auf unerschütterlich festem Boden stehen, und dieser
Boden ist und kann nur sein die innerliche Gewissheit
der unbefangenen Auffassung. Für diese war der Wille
seit jeher frei und wird es bis in alle Ewigkeit sein."
(loc. cit., S. 53.)

Damit ist nichts anderes gesagt, als dass Zitelmanns
Selbstbeobachtung ihn mit Recht die Freiheit seines
Wesens lehrt. Indessen, es mehren sich die Stimmen, die diese
Freiheit in ihrem Wesen leugnen. Unsere Zeit verlernt die
Selbstbeobachtung. Sie glaubt an Schopenhauers Indische
Lehren!

Damit fehlt dem Strafrecht das Fundament, und der
Mord ist kein Unrecht mehr, das strafbar wäre. Im Civilrecht mag die Frage ja, wie ich zugeben will, weniger

brennend sein. Allein, die E i n h e i t alles Rechts gebietet auch dem Civilisten, die unentbehrlichen Stützen des Strafrechts vor irrigen Angriffen zu schützen.*)

Höchst erfreulich und vom grössten Interesse sind Zitelmanns Untersuchungen über das Wesen der U n t e r l a s s u n g.

Wenn Unterlassungen blos Nicht-Handlungen wären, sagt Zitelmann mit Recht, so wären sie Nichts (S. 61, loc. cit.). Das Wesen der Unterlassung bei den Omissivdelicten liegt m. E. in der E r k l ä r u n g. Zitelmann sagt „die Erklärung ist eine eigene körperliche Bewegung, welche in einem Andern bestimmte, den meinigen adäquate Vorstellungen hervorrufen soll." (S. 241, loc. cit.). Für das C i v i l r e c h t reicht diese Erklärung aus. Für das C i v i l r e c h t ist es auch ganz gewiss richtig, dass die „R e g e l d e s L e b e n s" über die Bedeutung der Erklärungen entscheidet (S. 240, loc. cit.). B i n d i n g sowenig wie meine Wenigkeit sprechen der „Regel des Lebens" d i e s e Bedeutung ab, in meiner Lehre vom Gewohnheitsrecht habe ich diese E r - k l ä r u n g s r e g e l von der R e c h t s r e g e l streng getrennt (cf. S. 19 meines „Kampf des Gesetzes mit der Rechtsgewohnheit," 1877).

Allein für das S t r a f r e c h t reicht es nicht aus, die Er- klärung eine eigene körperliche Bewegung zu nennen. H i e r ist es nicht i m m e r wesentlich, damit in einem Andern eine

---

*) Mit Zitelmanns Definition der Ursache (loc. cit. S. 291), kann ich mich nicht einverstanden erklären. Zitelmann folgt der Lehre von Bars, der wiederum Mill folgt. Wenn man sagt: „Ursache ist diejenige Voraus- setzung einer Wirkung, welche der a l l g e m e i n e n Beobachtung und Erfahrung nach zu einer Reihe r e g e l m ä s s i g z u s a m m e n vorkommen- der Momente a u s n a h m s w e i s e hinzutritt, deren Hinzutreten am meisten auffällt und am wenigsten vermuthet werden kann", so verfällt man in die Fehler der „Regel des Lebens." Richtig ist an dieser Definition nur das Moment des H i n z u t r e t e n s einer l e t z t e n Bewegung zu den übrigen, welche einen menschlichen Begriff schafft. Auf das „Regelmässige" und „Ausnahmsweise" kommt es dabei durchaus nicht an.

Vorstellung hervorzurufen. Wenn ich z. B. von einem geplanten Morde höre, aber absolut nichts thue, und mich absolut
n i c h t bewege, sondern nur lebe und athme, was man nicht
„thun" nennen sollte, so kann doch eben darin, dass ich mich
körperlich nicht bewege und n i c h t anzeige, die W i l l e n s -
e r k l ä r u n g liegen, dass ich n i c h t a n z e i g e n w i l l.

Dieser Fall unterscheidet sich streng von der reinen Unterlassung o h n e W i l l e n s ä u s s e r u n g. Wenn ich von dem
geplanten Morde nichts höre, so unterlasse ich, nicht, weil ich
nicht will, sondern weil ich nichts in Bezug auf ihn wollen
kann. Der Wille ruht in diesem Falle! Höre ich aber von
dem Mord und unterlasse, so v e r m u t h e t das Recht, welches
diese Vermuthung der S e l b s t b e o b a c h t u n g dankt, die
Unterlassungsursache des N i c h t w o l l e n s. Das N i c h t g e -
h o r c h e n w o l l e n genügt. Auf weitere Motive (loc. cit., S. 334)
kommt es nicht an. Der I n t e r p r e t a t i o n s w i l l e, welcher
in der unterdessen vorgenommenen Handlung liegt, vermag,
wenn eine Handlung, w a s n i c h t n ö t h i g i s t, unterdessen
unternommen wird, das N i c h t g e h o r c h e n w o l l e n noch klarer
an den Tag zu legen.

Indem ich wiederhole, dass ich mich auf anatomischem
Gebiet durchaus für incompetent erkläre, und die Prüfung der
Wahrheit des nachfolgenden Satzes durchaus dem M e d i c i n e r
überlasse, acceptire ich Zitelmanns Ergebniss: „Bei der Unterlassung geht der Wille dahin, der äusseren wirkenden Kraft
durch eigene Muskelarbeit zu begegnen, oder dem Reiz auf die
s e n s i b l e n N e r v e n den Zutritt zu den m o t o r i s c h e n
N e r v e n zu versagen, beziehentlich die folgeweise Erregung des
motorischen Nerven nicht zur M u s k e l c o n t r a c t i o n werden
zu lassen."

Wie Zitelmann meine p h i l o s o p h i s c h e n Sätze, insbesondere meine „Darstellung des Undarstellbaren" sicher
„eigenthümlich anmuthen" werden, so muthen mich, den Laien

auf diesem Gebiete, seine medicinischen Sätze eigenthümlich an. Indessen verwerfe ich eine solche Benutzung des Materials anderer Wissenschaften nicht. Universalität ist und bleibt ja das Ziel! Man möge aber nicht glauben, damit die Metaphysik im Wesen des Menschen entbehren zu können. (Auch Zitelmann erkennt das „ewig Unbegreifliche, was in allen Grundvorgängen liegt," wissenschaftlich an. cf. S. 37, Anm. 31, das Citat aus Ballauf: die Elemente der Psychologie, 1877.)

Ich will versuchen, klarzulegen, was meines Erachtens mit Zitelmanns Forschung erreicht ist.

Die äussere Welt der Bewegungen ist durch die Beobachtung des Nervensystems ein Stück hinter die Hirnschale ausgedehnt! Aber eben damit, dass im Willen eine Nervenerregung erkannt wird, liegt das Zugeständniss, dass die Ursache dieses Willens nicht Schopenhauers dogmatischer „Wille" ist! —

Die Vorgänge aus dem Ich, welche den Willen schaffen, bleiben unerkennbare Vorgänge in der inneren Welt, das Wesen unserer Erscheinung als Ding „an sich" bleibt metaphysisch. —

Ist Zitelmanns Annahme richtig, dann ist die Bewegung in der Unterlassung nachgewiesen. Der Imperativ des Strafgesetzes richtet sich an das Ich, dessen Wünsche in Bezug auf diesen Imperativ ohne Bedeutung für das Recht sind. Erfährt X den Plan eines Mordes, so melden die sensiblen Nerven — um in der Sprache Zitelmanns zu bleiben — dies dem Ich, der Imperativ des Gesetzes müsste dieses zum Anzeigenwollen treiben (auch Zitelmann erkennt das Wesen des Triebes hinter dem Willen an), allein das Ich versagt dem Reiz auf die sensiblen Nerven den Zutritt zu den motorischen.

Aber selbst wenn diese Thatsache einer Bewegung ohne jeden Zweifel wäre, bleibt sie für den Juristen ein innerer, unerkennbarer Vorgang. Der Jurist hört nur den Appell an den fremden Willen, und sieht, dass trotz des Appells keine äussere Körperbewegung erfolgt. Das Wirken auf die motorischen Nerven bleibt ihm verborgen.

In Folge dessen glaube ich in der Unterlassung nur eine Willenserklärung, und für das Recht keine „negative Handlung" sehen zu dürfen (loc. cit., S. 62.).

In den Fällen Zitelmanns, wo wir dem Körper im Vertrauen auf die Macht der Gewohnheit überlassen, selbst das Richtige zu thun (cf. S. 58, 59), sehe ich ein „Geschehenlassen," das strafbar werden kann. Der Wille ist hierfür verantwortlich, weil er als „Schliesser der motorischen Nervenbahnen" sein Amt schlecht verwaltet hat. Für den Juristen bleibt auch hier die innere Bewegung ein innerer Vorgang. Der Jurist bemerkt nur den Appell an den Willen, die motorischen Nervenbahnen zu schliessen, und sieht, dass dies nicht geschieht. Auf Grund der Selbstbeobachtung vermuthet er daraus, dass der Wille nicht hemmen will. Dieser Fall liegt vor bei dem Kutscher, der gewohnheitsmässig seine alte Strasse fährt, und, trotzdem ein Kind vor den Pferden liegt, die Pferde nicht anhält. Die altera natura der Gewohnheit ist für das Strafrecht kein Entschuldigungsgrund.*)

---

*) Alle diese Klarlegungen des Wesens der Gewohnheit sollten übrigens, nebenbei bemerkt, dazu führen, den Vorzug des codificirten Rechts, dem eine dem Verkehr lauschende, ihn erwägende und für ihn sorgende Gesetzgebung fortbildend zur Seite steht (andernfalls würde die Gewohnheit Sätze des Codex schliesslich aufheben), endlich einmal, zumal Angesichts des Civilgesetzbuchs, offen anzuerkennen. Wir müssen uns m. E. total von der Abgötterei, die mit der Gewohnheit getrieben wird, in unserer auch ihr Recht kritisch und klar prüfenden Zeit befreien.

§ 12.

Schlossmann.

Literatur : Der Vertrag, Leipzig 1876.

Neue Ansichten über „Unterlassung" stellt Schlossmann auf, und wenn dieselben auch in den „Vertrag" entschieden nicht gehören, sind sie doch an sich dankenswerth (loc. cit., Seite 313—324).

Schlossmann sagt e r s t e n s, dass zum Begriff des Verschuldens und des Delicts ein H a n d e l n n i c h t w e s e n t l i c h s e i (S. 318, loc. cit.). Er meint, die Gesellschaft fordere auch die Entfaltung positiver Thätigkeiten zur Abwendung von Schäden und nicht selten auch zur Förderung der Interessen Anderer. Die G e s e l l s c h a f t fordert das gewiss nicht! Sie begnügt sich mit dem Kantischen Recht, dem Recht im engeren Sinne. Aber der m o d e r n e S t a a t setzt das Recht im weiteren Sinne, und a u f d i e s e m ruhen die U n t e r l a s s u n g s vorschriften.

Mit Recht unterscheidet Schlossmann „blosse Unterlassungen" und „an ein vorgängiges Handeln sich anschliessende Unterlassung, welche gerade mit Rücksicht auf jenes Handeln pflichtwidrig erscheint." Bei letzterer hat der Schuldige die positive Thätigkeit nicht in der A b s i c h t, den einen Anderen schädigenden Erfolg herbeizuführen, entwickelt. (Der Arzt, der bei einer Operation dem Patienten kunstgerecht eine Arterie durchschneidet und demnächst in der nachträglich gefassten Absicht, den Patienten sterben zu lassen, die Unterbindung unterlässt; der Heizer, der nach Heizung des Ofens eingeschlafen ; l. 8, pr. l. 27, § 9, ad leg. Aqu. 9, 2.).

Schlossmann folgert: Delict ist demnach nicht eine unseren Sinnen wahrnehmbare Thatsache (dies erinnert an das alte corpus delicti), sondern ein complexer und abstracter Begriff, dessen Elemente nur zum Theil in der Aussenwelt sich vorfinden. Er meint, das ein Delict constatirende Urtheil beruhe erstens auf der Wahrnehmung einer Verletzung Jemandes. Das ist nicht richtig, denn es gibt Verletzungsdelicte, daneben aber Gefährdungsdelicte und Delicte an und für sich („Uebertretungen von Verboten schlechthin," Binding). Richtig ist, dass ein Urtheil zweitens auf der Annahme beruhe, dass diese Verletzung (muss heissen: äusserer, erkennbarer Vorgang!) nicht eingetreten sein würde, wenn der für schuldig Erklärte eine bestimmte Thätigkeit entwickelt, oder wenn er das, was er gethan, nicht gethan hätte. Denn dieser Vorgang ruht auf dem Gesetze der Causalität, und über diese äussert sich das Urtheil.

Drittens soll das Urtheil auf dem, in einer durch die Rechtswissenschaft nicht weiter erklärbaren Weise in uns entstehenden Gefühl der Missbilligung des Erfolges und des Verhaltens des Schuldigen beruhen.

Hiermit berührt er die Metaphysik der Sitten und des Rechts. Indem er aber von einer „nicht weiter erklärbaren Weise" spricht, zieht er eine Grenze, die die Wissenschaft überschreiten muss.

Diese „Nichtbilligung" findet sich in der Gesellschaft nur bei dem Kantischen Recht im engeren Sinne. Auf ihr beruht die Thierische Rache und die Menschliche Talion. Für das Recht im weiteren Sinne, auf dem auch die Unterlassungsverbrechen ruhen, übt nur der Staat die Missbilligung in der Staatsstrafe. Die Strafe hat eine Doppelnatur! (cf. meine Ansicht.)

Sehr richtig bemerkt dagegen Schlossmann, dass man sich dadurch, dass in den meisten Fällen die Verletzung durch eine Handlung des Schuldigen herbeigeführt wird, hat verleiten lassen,

8*

das Delict als eine in bestimmter Weise qualificirte H a n d -
l u n g o d e r T h a t zu bezeichnen; „den Delictscharakter
b l o s s e r U n t e r l a s s u n g e n zu retten, hat man dann die
Aufstellung der Kategorie der „Omissivhandlungen" erfunden,
welche mit demselben Rechte Handlungen genannt werden
dürfen, wie Lichtenberg von einem Messer ohne Stiel und
Klinge spricht" (S. 320, loc. cit.).

Ich stimme Schlossmann bei. Nur hat derselbe die Bedeutung der W i l l e n s ä u s s e r u n g in der Unterlassung nicht
erkannt, auf der a l l e i n ihr Delictscharakter beruht (gegen den
Ausdruck „Omissivd e l i c t · lässt sich nichts einwenden", loc.
cit., S. 320, Anm. 1).

Schlossmann sagt zweitens, dass V e r s c h u l d u n g und
V e r u r s a c h u n g Begriffe seien, die nichts mit einander gemein
haben, und dass sehr häufig Jemandem im Strafrecht wie im
Vermögensrecht Erfolge, die er nicht verursacht hat, zugerechnet
werden müssen (loc. cit., S. 318). „Ein C a u s a l z u s a m m e n -
h a n g zwischen dem Verhalten des Delinquenten und der Verletzung findet nur bei Commissivdelicten statt; bei Omissivdelicten kann man nur sagen, dass e i n e e n t g e g e n g e s e t z t e
V e r h a l t u n g s w e i s e das g e s c h ä d i g t e G u t u n v e r s e h r t
e r h a l t e n h a b e n w ü r d e" (loc. cit., Seite 321). Daran ist
richtig, dass auch eine W i l l e n s ä u s s e r u n g (Schweigen) verschulden kann, ohne dass sie eine Ursache setzt. Und bei
Omissivdelicten haben wir es mit schuldhaften Willensäusserungen zu thun. Aber i r r i g ist es, auch hier nur von Verletzung
d. h. „g e s c h ä d i g t e m G u t" zu sprechen, denn es gibt eben
Gefährdungsdelicte und Delicte an und für sich; sie beruhen
auf Normen, welche der m o d e r n e S t a a t in seiner über Kants
Begriff hinaus gehenden F ü r s o r g e (statt der blossen Sorge
für das N e b e n e i n a n d e r s e i n) setzt.

„Eine Person kann durch blosses passives Verhalten niemals causal wirken." Das ist richtig, denn zur Causalität

gehört äussere Bewegung gegen die Dinge. Aber eine Person kann durch passives Verhalten einen strafbaren Willen äussern! Wer einen beabsichtigten Mord nicht anzeigt, verursacht ihn gewiss nicht, die Ursache ist der Mörder, aber er äussert einen Willen, der strafbar ist, er verursacht eine Willensäusserung, und hierdurch wird er schuldig.*)

Schlossmann kommt zu folgendem Resultat für die sogenannten Commissivdelicte durch Unterlassung: Die erste Handlung (die Oeffnung der Arterie, die Heizung) verursacht, obwohl das Verschulden oder richtiger das ein Verschulden constatirende Urtheil durch das passive Verhalten nach der vorangegangenen Thätigkeit begründet wird (loc. cit., S. 322). Er will an Stelle des Causalzusammenhanges das negative Moment (?), dass bei entgegengesetztem Verhalten der schädliche Erfolg vermieden worden wäre, setzen (Seite 322, Anm. 1). So kommt er trotz des richtigen Ausganges (er verwirft a. a. O. mit Recht v. Bar und v. Buri) zu einem Irrthum oder einer Unklarheit. Denn es bleibt dunkel und räthselhaft, wie das „negative Moment," welches nicht verursacht, strafbar und schuldhaft ist.**)

---

*) Trefflich unterscheidet dagegen Schlossmann bei der Thätigkeit eine doppelte Causalität: die physische Causalität und die Motivation (loc. cit. Seite 321 f.). Die physische erfordert Bewegung gegen die Dinge „an sich", gegen die Erscheinungswelt, die Motivation erregt in der innern Welt einen Gedanken, dem das reine Sein, das Ich, seinerseits die Stärke eines willenserzeugenden Motivs verleiht. Die letztere Causalität ist eine durch das Ich des Andern bedingte, die erstere ist nur durch willenlose Bedingungen bedingt. Bei der Willensäusserung der Unterlassung handelt es sich um eine besondere Causalität, die Ursache setzt sich hier nicht an den Schluss einer so grossen Reihe von Bewegungen der Dinge „an sich", sondern verursacht eine Willensäusserung.

**) Nebenbei bemerkt lobt Schlossmann mit Recht die Logik der Stelle l. 27 §. 9 ad leg. Aqu. 9, 2 und tadelt §. 230 des R.-St.-G., „nach welchen streng genommen niemand für eine Unterlassung bestraft werden könnte" (loc. cit. S. 322 Anm. 1).

Er bleibt auf halbem Wege stehen.*)

Endlich behauptet Schlossmann, dass eine Richtung des Willens auf den gemissbilligten Erfolg kein nothwendiges Merkmal des Verschuldens sei (loc. cit., Seite 318).

Es ist richtig, dass das Delict nicht bloss Handlung ist; es gibt nämlich auch Willensdelicte. Aber irrig ist es m. E. zu behaupten, dass der Wille nicht ein allgemeines Merkmal des Delicts sei. Das Delict ist nicht stets Handlung, aber es ist stets gewollt. Das Nichtwollen ist auch ein Wollen (Seite 323) und das liegt bei Omissivdelicten vor.**) Wer den Willen leugnet, der leugnet die Schuld und darf nicht strafen. Schlossmann müsste die Omissivdelicte wie die fahrlässigen Verbrechen straflos lassen!***)

--- --

*) Weil er das Wesen der Willensäusserung in der Handlung wie in der Unterlassung verkennt.

**) „Es wird auch beim fahrlässigen Delict anerkannt, dass der Wille auf den Erfolg nicht gerichtet war und damit zugleich zugegeben, dass der Wille in der einzigen Bedeutung, in welcher er neben der in der Imputabilität bereits eingeschlossenen Willensfreiheit als Element des Delicts überhaupt noch denkbar wäre, ein solches nicht sein könne." Beim fahrlässigen Delict spielt der Wille eine andere Rolle, ist aber vorhanden, wie ich zeigen werde. Der Heizer, der beim Feuer einschläft, will schlafen und deshalb nicht wachen. (cf. S. 324 loc. cit.) Schliefe er in Folge eines Schlafmittels etc. ungewollt ein, so wäre er sicher schuldlos!

***) So sehr ich hier von Schlossmann abweiche, so sehr muss ich ihm auf einem anderen Gebiete, wo er Fiction mit Recht bekämpft, zustimmen. Ich meine das Gebiet des „Quasi" im Civilrecht. So einsam, wie ich mit meiner Lehre der positiven Insitute (negotiorum gestio, Testamentsvollstreckung etc.) stehe, — die Autoren der Quasi-Theorie ignoriren meine Lehre oder führen einfach ihre früheren Scheingründe auf — hat mich doch folgendes Wort Schlossmanns wiederum darin bestärkt, dass ich das Rechte gefunden. „Ein Urtheil: die negotiorum gestio obligirt, weil sie ein Quasicontract ist, oder: durch effusum und deiectum wird eine Schadensersatzpflicht begründet, weil hier ein Quasidelict vorhanden — enthält blos Worte, mit denen man einen Gedanken nicht verbinden kann."

§ 13.

Hälschner.

Literatur: Das gemeine deutsche Strafrecht, I. Band 1881.

Der erste Band von Hälschners neuem Lehrbuche ist zu einer Zeit vollendet, als die Controverse über unsere wichtige Frage bereits lebhaft erörtert worden war. Der Verfasser hat die Lehren bis zum Erscheinen seines Buches eingehend gewürdigt und mit eigener Begründung benutzt. *)

Mit Recht trennt Hälschner Unthätigkeit des Willens und das Nichtwollen. Nur hätte er nicht von einer „negativen Handlung" reden sollen. Er übersieht in der von reinem Nichtsthun verschiedenen Unterlassung das Moment der Willensäusserung.

Richtig ist die Unterscheidung von Omissivdelicten und durch Unterlassung verübten Commissivdelicten darein gesetzt, dass der Thatbestand der Ersteren nur das Unterlasssen erfordert, und nicht noch eine weitere an die Unterlassung sich anschliessende Folge (S. 236, loc. cit.). Nur wäre eine weitere Ausführung der vernachlässigten Omissivdelicte erwünscht gewesen.

Die einzelnen Fälle der Commissivdelicte durch Unterlassung (S. 237 ff.) werden gut unterschieden. Meines Erachtens war aber mit Binding, den Hälschner auf diesem

---

*) cf. die treffenden Kritiken Seite 299 Anm. 1 und 2, Seite 245 Anm. 1. Insbesondere ist Bindings Lehre m. E. richtig gewürdigt. Nur bin ich nicht damit einverstanden, dass Hälschner Bindings Fälle scheinbarer Concurrenz von schuldloser Verursachung und culpa subsequens verwirft. S. 246 Anm. 1.

Gebiete anerkennt, noch schärfer zu betonen, dass die nachfolgende Unterlassung nur dann verursachen kann, wenn die
vorangehende Thätigkeit eine den Erfolg fördernde war.

Da wo wir ein ohne unser Zuthun sich entwickelndes
causales Verhältniss unterlassend mit ansehen, kann nicht davon
die Rede sein, dass der Unterlassende den eingetretenen Erfolg
als einen von ihm gewollten anzuerkennen habe. Die „jede
Bewegung hemmende Einwirkung des Willens auf die motorischen Nerven" (S. 243, loc. cit.) wird nicht causal, wenn
wir den Dingen, die wir nicht in Bewegung gesetzt haben,
„ihren Lauf lassen".

Der Lehre Hälschners, welche auf den herrschenden Ansichten über die Controverse fusst, ist neuerdings von Buri ent-
gegengetreten (Zeitschrift für die gesammte Strafrechtswissenschaft, B. 1, S. 400 ff. „Ueber die Causalität der Unterlassung").
Die Ansichten von Buris beruhen auch hier auf seiner mit
grosser Consequenz durchgeführten Causalitätstheorie, die ich
eingehend besprochen habe. Zu loben ist die muthige Ver-
tretung des freien Wesens unsers Ichs (S. 405) gegenüber den
modernen Dogmen vom Willen, der „an sich blind" ist und
dem der menschliche Intellekt „als Leuchte zu dienen hat" (?),
der aber trotzdem das innerste Wesen des Menschen ist (cf.
Haupt, Zeitschrift für die ges. Strafrechtsw. II, S. 543).
Uebrigens dürften die Folgen der von Burischen Causalität, die
dieser consequent zieht, darauf hinweisen, dass der Fehler
in der Construction dieser Causalität liegt. Von Buri kommt
jetzt zu dem Resultat, dass die reinen Omissivdelicte sich von
den übrigen Fällen nicht wesentlich unterscheiden (S. 413, loc.
cit.). Nun brauche ich aber nur an das treffende Beispiel
Hälschners von der Unterlassung des gebotenen Raupens und
der Verursachung des Raupenfrasses, von dem unterlassenen
Anbringen des Schlittengeläutes und einer verursachten Körperverletzung zu erinnern, um den grossen Unterschied zu zeigen,

der zwischen diesen Fällen besteht (Hälschner Lehrbuch, S. 237 Anm. 1).

Von meinem Standpunkte aus muss ich die Angriffe von Buris auf Merkel, der Hälschners Strafrecht angegriffen, billigen (cf. Zeitschrift für die gesammte Strafrechtswissenschaft, 2. B., S. 232 ff. „Ueber Causalität und Theilnahme"). Es ist ganz in der Ordnung, dass die „Systeme unserer Ethiker, Rechtsphilosophen und Kriminalisten höhere Prätentionen (sollte heissen „und berechtigte Anforderungen") machen als die „Lehrsysteme der Naturforscher". Denn die ersteren haben es mit dem metaphysischen Wesen des Menschen zu thun. Es bleibt ewig wahr: ein determinirter Wille ist kein Wille, und der Begriff der Strafe kann bei dieser Ansicht, die sich übrigens recht vordrängt*), nicht erhalten bleiben (v. Buri, loc. cit., S. 239).

Mit Recht sagt Hälschner (Lehrbuch, S. 321), dass sich der menschliche Wille von allen natürlichen Kräften dadurch unterscheide, dass er aus freier Entschliessung hervorgehe.

Zu beklagen ist, dass er, auf dieser metaphysischen Grundlage fussend, den Unterschied zwischen Ding an sich und Erscheinung nicht verwerthet. Vom Menschen abstrahirt ist ja die Ursache eines Erfolgs immer die Gesammtheit aller Bedingungen (Lehrbuch, S. 230). Vom menschlichen Standpunkte aus aber ist die letzte Bedingung, welche auf Grund der andern die betreffende Erscheinung schafft, die ohne sie nie wäre, die Ursache, und von der Gesammtheit der andern wesentlich verschieden.

---

*) Es ist Aufgabe der Wissenschaft, dogmatischen Willensträumen gegenüber die menschliche Willensfreiheit zu vertreten. cf. von Buri loc. cit. Seite. 233.

§ 14.

Berner.

Literatur: Lehrbuch des Deutschen Strafrechts. Zwölfte verbesserte Auflage, 1882.

In dem Abschnitte des Lehrbuchs: „die Handlung und die Zurechnung" vermisse ich den Begriff der Ursache*). Das Gesetz verbietet nicht, wie Binding hervorgehoben, alle möglichen Handlungen, sondern nur die verursachenden Handlungen. Ich meine daher, dass dieser Begriff an diese Stelle gehört.

Dagegen finde ich ihn mit dem Causalzusammenhange bei den Verbrechen und Vergehen wider das Leben (Seite 481 des Lehrbuchs). Allein er ist ein allgemeiner Begriff!

Berner trennt Ursache und blosse Veranlassung des Todes. Hat eine Verletzung den Verletzten zu einer sinnlosen ihn tödtenden Handlungsweise bestimmt, so ist sie Veranlassung. Ich sehe keinen Grund, sie nicht ebenfalls Bedingung zu nennen. Umfasst das Wollen die Handlungsweise des Verwundeten mit, lege ich neben ihn zum Verbande ein vergiftetes Tuch, so ist die Bedingung die Ursache.

Berner sagt: „der Causalzusammenhang von Verletzung und Tod wird dagegen nicht unterbrochen, wenn der Handelnde, nachdem er den äusseren Ursachen die Richtung auf den Erfolg gegeben, das Weitere nur geschehen lässt . . . . In

---

*) Lehrbuch Seite 158.

allen .. Fällen des Geschenlassens, nachdem man positiv gehandelt, kann von blosser Unterlassung nicht die Rede sein."

Dies ist richtig, wenn das G e s c h e h e n l a s s e n auf die
g e w o l l t e U r s a c h e folgt. Wer seinem Feinde mordlustig
Gift in den Speiseschrank setzt und die Vergiftung abwartet,
der v e r u r s a c h t u n d l ä s s t g e s c h e h e n.

Damit ist aber noch nicht über unsere Fälle entschieden,
wo die Handlung gleichzeitig eine Förderung und eine Hinderung des Erfolgs enthält. Z. B. der geschickte Schwimmer
veranlasst o h n e d e n M o r d w i l l e n, sondern mit dem
Rettungswillen, einen Ungeschickten, in ein gefährliches Wasser
zu gehen, und fasst d a n n den Entschluss, sein Versprechen
nicht zu halten. Hier liegt kein G e s c h e h e n l a s s e n einer
den Mord verursachenden Handlung vor, denn die erste
Handlung war z u i h r e r Z e i t durch das „Aequivalent"
straflos.

Für d i e s e F ä l l e fehlt leider eine Aeusserung Berners.

Von den U n t e r l a s s u n g s v e r b r e c h e n, die Berner nicht
übergeht wie jene Fälle (die in der Anm. 1. Seite 159 loc. cit.
angegebene Literatur umfasst auch die übergangenen Fälle),
sagt derselbe, sie seien n e g a t i v e H a n d l u n g e n. „Das
Nichtwollen ist auch ein Wille." Gewiss! „Die unterbliebene
Ausführung des Gebotenen ist auch eine That. Und wenn
diese That i n F o l g e jenes negativen Willens eingetreten ist,
so ist dies auch eine Vermittelung von Wille und That, also
eine Handlung." Nein! Es gibt keine „negativen Handlungen".
Bei „Plus und Minus" muss man einen P u n k t annehmen, von
dem man a u s g e h t. Ist dieser Punkt, wie hier, die G r e n z e
der ä u s s e r e n u n d d e r i n n e r e n W e l t, so fällt die That
in die i n n e r e W e l t, sie ist k e i n e T h a t mehr, sie bleibt
n i c h t w o l l e n d e r W i l l e. Und n i c h t s A n d e r e s ist auch
die „n e g a t i v e H a n d l u n g".

Die Andeutungen Berners über die Eintheilung der Unterlassungsverbrechen sind werthvoll. Sie beruhen auf dem Principe des Strafrechts im weiteren Sinne.

Bemerken möchte ich nur noch, dass die Zahl der strafbaren Unterlassungen im R.-G.-B. allerdings klein, in den Nebengesetzen (Militär-St.-G.-B., Gewerbeordnung, Zollgesetz, Pressgesetz, etc.) aber gross ist (Lehrbuch, S. 159, Anm. 1).

Richtig ist endlich, dass die Strafe meist gering ist. Der Grund dafür, den Berner nicht angibt, liegt in der Natur des Strafrechts im weiteren Sinne, die ich später entwickeln werde.

§ 15.

Schütze.

Literatur: Lehrbuch des Deutschen Strafrechts, 2. Aufl., 1874.

Schütze bemerkt über Causalität Folgendes: „Ursachzusammenhang, im Strafrechtsgebiete die Voraussetzung der Schuldfrage, gleichwie im Privatrechte der Ersatzpflichtfrage, ist ein Begriff der Logik. Dieser allein gehört die Construction des abstracten Begriffs: Ursächlichkeit; dagegen die thatsächliche Frage des Verursachthabens dem praktischen Blicke der Erfahrung von Fall zu Fall. Rechtswissenschaftliche Untersuchungen über jenen Begriff in abstracto verheissen m. E. keine unmittelbare Ausbeute."

Allein die Trennung von „Abstract" und „Praktisch" (der „praktische Blick", wenn er nicht Theorie treibt, mag eine „Regel des Lebens" finden, aber kein „Recht"!), von „Logik" und „Rechtswissenschaft" ist verfehlt und unstatthaft.

Wir dürfen uns daher nicht wundern, bei Schütze für die „uneigentlichen Unterlassungsverbrechen" keine Erklärung zu finden, denn sie sind nur durch den Begriff der Causalität zu erklären.

Schütze nennt Commissivdelicte, durch Unterlassung verübt, Begehung einer strafbaren Handlung durch vorsätzliche bezw. fahrlässige Unthätigkeit, während die Pflicht zur entgegengesetzten Thätigkeit aus privatrechtlichem Grunde oder amtshalber oblag. Allein dies würde nur eine Strafe des Amtsvergehens oder des Privatversprechens *) erklären. In Bezug

---

*) Es könnte an sich auch der Bruch eines Privatversprechens bestraft werden. Denn Alles Unrecht ist strafbar (Binding, vergl. jetzt auch Schwalbach, Gerichtssaal 1879, Seite 544). Die Täuschung einer Person „isolirt betrachtet" ist z. B. strafbar, denn es gibt ein „Recht

auf das Delict selbst und dessen Strafbarkeit gibt nicht der Umstand, dass — = + sei (Seite 102, loc. cit.), sondern die Causalität mit ihrer Logik allein die Antwort.

Deshalb bleibt es auch unerklärlich, warum die Fälle, wo kein privatrechtliches Versprechen, sondern ein einfaches Versprechen vorlag, straflos oder strafbar sein sollen.

Zu billigen ist, dass Schütze auch die verbrecherische Zusage einer Unthätigkeit, der die Unterlassung folgt, behandelt. Auch hier hilft aber der Begriff „negativ" nichts. Nur die Causalität gibt uns Aufschluss, ob es z. B. strafbar ist, wenn A zusagt, den schlafenden X, welchen B bestehlen oder tödten will, nicht wecken zu wollen (loc. cit., S. 103, Anm. 10).

Eigentliche Unterlassungsverbrechen nennt Schütze die „Uebertretung des eine gewisse Thätigkeit gebietenden Strafgesetzes". (Nicht zu billigen ist der Ausdruck „polizeiliches Gepräge", da der Rechtsstaat im modernen Sinne kein Polizeistaat ist. Seite 101, loc. cit.) Leider fehlt auch hier eine Behandlung derselben. Selbst die einzelnen Fälle des St.-G.-B. sind nicht aufgezählt, noch weniger, wie bei Berner, systematisirt.

Anhang I.

Lueder sagt in seinem Grundriss (zweite Aufl., Erlangen 1877) mit Recht, dass ein blosses Unterlassen für den objectiven Thatbestand genügen kann („ein objectiv erkennbares Factum, welches im Causalzusammenhange mit dem Willen des handelnden Subjectes steht", loc. cit., Seite 15).

---

auf Wahrheit," das deutsche Schriftsteller nicht wie manche Geschäftsleute in Abrede stellen sollten (cf. Villnow im Gerichtssaal 1879 Seite 511 und die dort citirte unwahre Leugnung dieses Rechts auf Wahrheit von Oetker [Goltd. A. B. XXVI S. 288] im schroffen Gegensatze zu den Ansichten der Alten. Sind wir Deutschen mit unserem Rechtsgefühl durch den „Verkehr" schlechter geworden, als Jene?). — Allein jene Strafe hat mit der Unterlassungsstrafe nichts zu thun. —

§ 16.

Schwarze.

Literatur: Commentar zum Strafgesetzbuche für das Deutsche Reich. 4. Aufl., 1879, S. 38 ff. und S. 93.

Schwarze gibt in dem Excurs VII seines Commentars gute Erörterungen über Commissivdelicte, welche durch Unterlassung begangen werden.

Mit Recht verwirft er die F i c t i o n eines eventuell rechtswidrigen Willens. Im S t r a f r e c h t hat die Fiction viele Feinde. Im C i v i l r e c h t aber darf man es noch kaum wagen, etwas gegen das C o n s t r u i r e n a u s S c h a t t e n b i l d e r n vorzubringen; hier gilt noch vielfach die S c h e i n w a h r h e i t und man beruhigt sich bei dem Quasi.

Schwarze sagt: die Haftpflicht fliesst vielmehr aus der, mit der Vornahme der Handlung eintretenden Verpflichtung, sie so vorzunehmen, dass sie Andern nicht schädlich wird und rechtsverletzende Erfolge einer an sich strafbaren Handlung selbst dann abzuwenden, w e n n s i e b e i d e r V o r n a h m e n i c h t v o r a u s z u s e h e n g e w e s e n. Mit der Wendung der äusseren Verhältnisse tritt an den Thäter die Mahnung heran, dass er handeln müsse, um den nachtheiligen, ihm nunmehr bekannt werdenden Erfolg seiner Thätigkeit abzuwenden. Diese Unterlassung begründet seine Schuld.

So richtig wie Schwarzens Erörterungen sind,*) so vermisse ich doch eine Ausführung darüber, warum der W i l l e bei der U n t e r l a s s u n g entscheidet.

------

*) Vorzüglich sind die Bemerkungen über den Versuch, Seite 93 loc. cit.

Es darf daher auch nicht Wunder nehmen, dass die Unterlassungsverbrechen (Omissivdelicte) nur sehr kurz und nicht
immer richtig von ihm abgehandelt werden, denn bei ihnen
handelt es sich um eine Willensäusserung, wie dort
(S. 39, loc. cit. und S. 93). Er meint: „recht eigentlich stellen
sich die Verletzungen derartiger Gebote als Polizei-Contra-
ventionen dar." Das ist richtig, wenn damit das Strafrecht
im weiteren Sinne gemeint ist, zu welchem die Sorge für
das „Füreinander" gehört. Das Wort Polizeiunrecht führt
zu den grossen Irrthümern, die Meyer (Lehrbuch, Seite 120, 121)
hervorhebt, und sollte durch ein anderes ersetzt werden. Es
besteht „ein qualitativer" Unterschied zwischen Criminalunrecht
und Polizeiunrecht. Nur lässt sich derselbe nicht so darlegen,
wie es geschieht.*)

---

*) „Der wahre Unterschied liegt darin, dass durch das Criminalun-
recht die wesentlichen, durch das Polizeiunrecht die ausserwesent-
lichen Interessen des Gemeinwesens verletzt werden." Meyer Lehrbuch
Seite 123. Dabei bleibt aber eben fraglich was „wesentlich" ist.

§ 17.

Schwalbach.

Literatur: Die Lehre von den „echten" Unterlassungsdelicten. Gerichtssaal
B. XXXI. 1879.

Es war für mich erfreulich, am Schluss meiner historischen
Abhandlung noch auf eine, so lang vermisste, Arbeit über
die echten Unterlassungsdelicte zu treffen. Es bedarf einer
eingehenden Behandlung von Schwalbachs Forschungen. —

Zunächst sind Schwalbachs Angriffe auf Kant nicht ganz
begründet. Kants Rechtsbegriff bleibt felsenfest bestehen, mag
sich der Staatsbegriff ändern, wie er will. Wir erhalten
nur neben dem Recht im engeren Sinne ein Recht im weiteren
Sinne, welches darauf ruht, dass der Staat auch das
Füreinandersein gesetzlich ordnet. Aber das Recht im
engeren Sinne, aus dem im Strafrecht die Talion entspringt, ist specifisch anderer Natur. Deshalb sind
auch die Bemerkungen über den, auch von Binding hochge-
stellten und auf Kant fussenden De Vriess nicht stichhaltig
(Schwalbach, loc. cit., Seite 539 und 540).

Mit Recht hebt Schwalbach hervor, dass auf vielen Gebieten Unterlassungen als Rechtsverletzungen strafbar sein
können. (Die Ehre durch Nichtanerkennung der Persönlichkeit,
der Hausfriede durch das „Bleiben," das Leben durch Mangel
der Kindespflege; im letzteren Falle ist auch nach meiner
Meinung zu bedauern, dass im Str.-G.-B. kein Gebot der Fürsorge sich findet, es müsste nur dann auch eines für die Kinder
gegenüber den unbehilflichen Alten und eines für den Ehegatten gegenüber dem kranken Gatten bestehen. So selbst-

verständlich diese Pflichten sind, werden sie doch übertreten).
Allein in allen diesen Fällen liegen nach dem jetzigen Standpunkte des positiven Strafrechts sogenannte Comissivver-
brechen durch Unterlassung vor. Sie werden durch eine
vorangehende Handlung in Verbindung mit einer Unterlassung
strafbar. Von diesen Fällen will aber Schwalbach nicht
sprechen! (Seite 605, loc. cit.)

Der Staat kann Gebote für das Füreinandersein geben.
Dann entstehen aber sofort echte Unterlassungsdelikte. Falsch
ist es, wie ich mit Berufung auf H. Schulze schon mehrfach
hervorgehoben, hierbei von Polizeistaat (loc. cit., S. 546) zu
sprechen. Diese Gebote gehören dem Rechtsstaat im
richtigen Sinne an. Dass auch im „urwüchsigen Strafrecht des Mittelalters" Pflichten für das „Füreinander" bestanden
(Gerichts- und Heerespflicht, loc. cit., Seite 547) ist richtig.
Aber den Begriff des Rechts im weiteren Sinne hat m. E.
erst der moderne Rechtsstaat voll erfasst.*)

Es darf überhaupt nicht die Handlung der Unterlassung
gegenübergestellt werden, ohne das Willensmoment zu betonen.
Im Willen liegt die Schuld! Schwalbach sagt, beim
Ehebruch könne die Strafbarkeit nicht davon abhängen, ob beide
wirklich „handelten" oder die eine Person sich etwa bloss
„passiv verhielt." Ein seltsames Beispiel! Der „Handelnde"
wird hier meist der Mann allein sein. Das Weib lässt geschehen. Aber in dem „Handeln" wie in dem Geschehenlassen

---

*) Schwalbach führt an: H.-G.-B. Art. 26, 89; Bundesgesetz vom 25.
Oct. 1867 §. 15; G.-V.-G. §. 56, 96; C.-P.-O. §. 774; M. St.-G.-B. §. 89
etc. etc. „Der moderne Staat kommt auf dem Gebiete der Rechtspflege
mit einer weit geringeren Zahl von Strafgeboten aus", weil die Nation, wie
die Juristen sie erzogen haben, jetzt besser weiss, was sie an ihrem Rechte
hat. Aber auf anderen Gebieten überwiegen die Unterlassungsstrafen
unserer Zeit die gleichen Strafen der Vorzeit in dem Grade, in welchem
sich der Staatsbegriff erweitert hat.

liegt der Wille. Und dieser Wille ist strafbar. Der Wille ist sozusagen die Seele des Strafrechts! Ohne Willen keine Strafe! Die Unterlassungen der Beamten bedürfen besonderer Abhandlung! Schwalbach nennt als Fälle des „Geschehenlassens" §§ 331, 332, 335, 340, 341, 343, 345, 347, 354, 355, 358 des Str.-G.-Bs. Hier soll das Geschehenlassen dem Selbstbewirken gleich stehen (loc. cit., Seite 549). Bei dem Beamten wird aber das „lassen" und „gestatten" strafbar durch die vorangegangene Uebernahme des Amtes. Die Beamtenverbrechen ruhen auf einem Acte, welcher dem Willen und dem Sein des ganzen Menschen eine bestimmte Anforderung stellt, die sowohl im Handeln wie im Unterlassen übertreten werden kann. Denn beide Vorgänge sind Willensäusserungen.

Sehr verdienstvoll und meines Erachtens richtig sind die Ausführungen Schwalbachs über die grosse Gruppe der Steuer- und Zollhinterziehungen (S. 550 ff., loc. cit.).*)

---

*) Leider verleitet aber Schwalbach seine Verkennung des Rechts im weiteren Sinne zu unberechtigten Angriffen gegen Merkel (Criminal. Abh. Band I) der mit Recht die geläufige Unterscheidung zwischen Omissiv und Commissivdelicten als rechtlich bedeutsam geleugnet und ihn auf den Unterschied der Rechtsanforderung des Staats zurückgeführt hat. (Die „Veränderung in der Rechtssphäre Dritter" und die „Forderung irgendwelcher für den Staat interessanter Zwecke" wird m. E. mit Recht unterschieden). Schwalbach meint, dass Gotteslästerung, Meineid, Sodomie in dieser Eintheilung keinen Platz finden könnten. Indessen hat ja der Staatsbegriff auch das Recht im weiteren Sinne in die Commissivdelicte hineingetragen und gerade bei den genannten Verbrechen — ausser der Sodomie, die strafbar ist, weil der Mensch neben dem Menschen nicht als Vieh stehen kann, — äussert sich das „Füreinandersein" neben dem „Nebeneinandersein." Das ergibt die Probe: bei der Gotteslästerung ist Talion nicht möglich, dagegen beim Meineid (Unglaubwürdigkeit für immer); die innere Welt ist uns verborgen, aber nicht unerkennbar und unverletzbar wie der Gottesbegriff. Deshalb muss der Mensch vom Nebenmenschen fordern, dass er richtig über sie aussage, wenn er selbst Glauben finden will.

Die Defraudation wird in Handlungen aufgelöst und diese erzeugen Commissivdelikte.[*] Aber auch ohne die Auflösung sind Defraudationen meist keine „echten" Unterlassungsdelicte. Ich finde in denselben vielfach sog. Commissivdelicte durch Unterlassung. Wer die Gewerbesteuer nicht zahlt, ist strafbar durch den Gewerbebetrieb (Handlung), der mit dem Willen anzuzeigen und zu zahlen geschehen muss, und die Unterlassung, in welcher sich das Nichtwollen äussert. Ebenso besteht bei der Einkommens-, Vermögens-, Erbschaftssteuer die erste Handlung in der Annahme des Geldes, die Unterlassung in einem Nichtzahlenwollen. Ich darf Vermögen erwerben, aber nur mit dem Willen es zu besteuern. Bei der Kopfsteuer [**] heisst es nur „Zahle so und so viel!" Hier fehlt es an einer ersten Handlung, denn die Geburt des Bürgers veranlassen die Eltern. Indessen gibt hier die Thatsache zu bedenken, dass in der Regel ein Minimum von Vermögen frei von der Steuer bleibt, also erst die Handlung, der Erwerb des Vermögens steuerpflichtig macht.

Im zweiten Abschnitte seiner Abhandlung (Seite 603 ff., loc. cit.) kritisirt Schwalbach Binding und von Buri. Er erkennt mit Recht die abweichenden Ansichten des Letzteren als Folge der höchst consequenten Fortbildung seiner Verursachungstheorie. Gegen Bindings Auffassung der „echten" Unterlassungsdelikte habe auch ich mich verwahren müssen. Das Nichtwollen ist nach meiner Ansicht die Schuld und das Nichtsthun die Thatseite, weil die Willensäusserung, das Verhalten, strafbar ist. Allein Binding trennt richtig die ungewollte (Nichtanzeige eines bevorstehenden Verbrechens seitens derjenigen, die gar nichts davon erfahren haben) von der gewollten Unterlassung (wo Jemand auf Grund

---

[*] loc. cit. Seite 551.
[**] loc. cit. Seite 551.

angestellter Erwägung beschliesst, nicht anzuzeigen). Es bleibt bei
ihm der Wille bestehen! Schwalbach aber sagt: „die strafbare
Unterlassung ist die schuldhafte Nichtvornahme der bei Strafe gebotenen Handlung, also nicht Wollen," er muss aber sofort
hinzusetzen „sondern schuldhaftes Nichtwollen." Das Nichtwollen ist aber durchaus keine Negation eines Willens
(diese liegt nur bei der reinen Unterlassung vor) sondern das
Nichtwollen des Willens. Erhalte ich von einem Verbrechen
keine Kunde, so herrscht in mir Nichtwollen, reine Unthätigkeit. Erhalte ich Kunde und will nicht anzeigen, so herrscht in
meiner inneren Welt Thätigkeit. Das freie Ich verstärkt den
Reiz, das Motiv zum Willen, und dieser Wille will nicht
(negatives Motiv). Verstärkt das Ich das positive Motiv, so ist
das Resultat: der Wille will. Der Unterschied zwischen
Nichtwollen und Nichtwollen ist so gross wie der Unterschied zwischen Bewegung und Ruhe, Thätigkeit und Unthätigkeit. Diese scharfe Unterscheidung hat Schwalbach leider verkannt. Obwohl er sich dagegen verwahrt, den Willen mit der
Körperbewegung selbst zu identificiren, kann ich doch aus
seinen Aeusserungen keine andere Ansicht herauslesen (S. 608,
Anm. loc. cit.). „Die Aeusserung der Seele, welche die
Muskelinnervation bewirkt" ist vielleicht medicinisch
ein electrischer Schlag, Wille im juristischen Sinne ist
sie nicht. Die Willensursache liegt hinter dieser
Mechanik, sie ist nicht erst da „wenn ich das Gewehr ab-
drücke," sondern schon dann, wenn mir Jemand befiehlt, zu
schiessen, und ich nicht will. Diese Beobachtung kann Jeder
an seiner inneren Welt selbst machen und m. E. wird sie
Niemand leugnen. —

Trotz dieses, meines Erachtens principiellen Fehlers (denn:
ohne Willen keine Strafe!) enthalten Schwalbachs weitere Ausführungen viel Richtiges und Neues.

„Physischer Zwang hebt das Delict auf." Gewiss, denn eine erzwungene Unterlassung ist keine. —

„Bei Unterlassungsdelicten gibt es keinen Versuch." Ich bin hiermit einverstanden, aber aus anderen Gründen. Das Nichtwollen erkennen wir, wenn ein Reiz auf das Ich wirkt und dieses nicht gegen die positiven, sondern gegen die negativen Motive reagirt (das Nichtwollen erkennen wir am Fehlen des Reizes). Es gibt einen Versuch des Nichtwollens, aber dieser ist unerkennbar. Der Wille ist das Resultat streitender Gedanken nach der Entscheidung des Ich, was vor diesem Resultate liegt ist für den Juristen nuda cogitatio, wenn es auch an sich ein werdender Wille ist. Auch würde hier nach dem positiven Recht der „Anfang der Ausführung" stets fehlen.

„Eines Erfolgs der Unterlassung bedarf es nicht." Denn sie ist Willensäusserung und nicht Handlung.

„Es kommt nicht vor, dass ein an sich strafbares Nichtwollen durch ungewollte Pflichterfüllung überdeckt (?) wird." Das ist selbstverständlich. Ungewolltes ist irrelevant, aber Nichtgewolltes strafbar.

„Mitthäterschaft und physische Beihilfe sind bei Unterlassungsdelicten nicht denkbar." „Begünstigung und Beihilfe durch vorheriges Versprechen sind möglich."

Gewiss, aber aus anderen Gründen. Mitthäterschaft des Willens kann es nicht geben, denn er entspringt der inneren Welt. Wenn Mehrere im Einverständniss ein Gebot nicht erfüllen, so will doch Jeder für sich allein die Nichterfüllung. Hier sei bemerkt, dass Schwalbach Merkel wiederum m. E. mit Unrecht tadelt, denn die positiven Acte bei den Unterlassungsdelicten haben Bedeutung als Interpretationswillensacte. Es gibt eine Unterlassung durch

Begehung:*) wenn sich Jemand die Pflichterfüllung physisch
unmöglich macht. Aber wie bei der Begehung durch Unterlassung der widerrechtliche Wille das strafbare Moment
ist, der nicht in der Handlung sondern in der nachfolgenden
Unterlassung liegt, so liegt auch in diesem Falle das strafbare
Moment nicht in der Begehung sondern in dem Willen. Der
zur Aufstellung eines Feuerzeichens Verpflichtete**) fällt schwer
betrunken in Schlaf. Nicht das Schlafen ist strafbar, sondern
der Wille zu trinken, um zu schlafen und nicht zu
handeln (das Nichtwollen!). Gibt ihm ein zweiter unver-
merkt ein Schlafpulver, so will er überhaupt nicht (er will
nicht — während es in dem ersten Fall heisst: er will nicht!),
die Begehung ist gleichgültig, er ist straffrei weil der
Wille fehlt. —

Mit grosser Schärfe unterscheidet Schwalbach folgende
zwei Fälle. Jemand verreist, hat aber schon Zeit verstreichen
lassen ohne anzuzeigen. Gewiss ist er strafbar, denn sobald er
das Verbrechen erfahren und erkennbar seinen Willen
äussert, nicht anzuzeigen, ist das Delict vollendet (loc. cit.
S. 613). Ein Lieferant thut Alles, um die bestellten Vorräthe
an den Lieferungsort zu schaffen, plötzlich aber zerstört er sie.
Wenn er darauf Reue empfindet und die Lieferung anderweitig
beschafft, soll das Delict auch nicht zum Theil begangen sein
(loc cit., Seite 614). Allein hier wird das Resultat durch die
Worte „zur bestimmten Zeit" bewirkt (§ 329, St.-G.-B.). Erst
zu dieser „bestimmten Zeit" wird es gewiss, dass er den
strafbaren Willen hat, zur „bestimmten Zeit" nicht zu
liefern.

---

*) loc. cit. Seite 613.
**) loc. cit. Seite 612. cf. §. 322 und §. 326 des R.-St.-G.-B. Es
handelt sich um ein Beamtenvergehen, deshalb ist die Unterlassung
strafbar.

Irrig ist, dass bei einer Unterlassung keine Anstiftung vorkommen könne (Seite 614, loc. cit.). Das freie Ich ist ein „Werkzeug" eines andern Ichs! (Anm.** loc. cit.) Der § 48 des St.-G.-B. ist nothwendig, denn die Anstiftung wird von der strengen Causalität nicht getroffen, weil das Ich und sein Wille frei sind. Aber die eigene Erfahrung lehrt uns, dass das Ich bei Geschenken, Versprechen, Drohung gern — aber durchaus nicht nothwendig („les motifs inclinent sans necessiter" Leibnitz) — die Motive zum Wollen oder Nichtwollen stärkt, und aus diesem Grunde bestrafen wir um der Schwäche der Durchschnittszahl der Menschen willen die Anstiftung. Und wir müssen sie daher auch bei den Unterlassungsverbrechen bestrafen!

Eine gemeinschaftliche Ausführung einer Willensäusserung (§ 47, St.-G.-B.) kann es nicht geben. Seinen Willen äussern kann nur das Ich des Einzelnen.

Der Ort der begangenen Unterlassung ist da, wo der Schuldige nicht wollte. Schwalbachs Gegengründe (615 loc. cit.) vermögen mich nicht zu überzeugen.*) Glaser meint, ein Ort der begangenen That sei hier eigentlich nicht vorhanden, da eben nirgend gehandelt würde. Den Ort, wo sich der Schuldige befand, will er nicht gelten lassen, „denn an sein „Verhalten an diesem Orte knüpft sich nichts Strafbares." Allerdings! An diesem Ort äusserte er seinen Ungehorsamswillen und deshalb wird er bestraft. Der Ort, wo die unterlassene Handlung hätte vorgenommen werden sollen, ist von keiner Bedeutung, weil es auf den Erfolg und die Causalität nicht ankommt.

---

*) Die Handlung „ist zwar nirgendwo vorgenommen, also aller Orten unterlassen worden (nein! nur da, wo der Wille sie unterliess!), aber ihr Nichtgeschehen ist von rechtlicher Bedeutung nur da, wo sie stattfinden sollte." (weshalb?).

Anhang I.

Neuerdings hat Ortmann Schwalbach's Lehren kritisirt (Gerichtssaal, XXXII. B., S. 176, Anm.), er konnte aber der Stellung seiner Frage gemäss nur auf die Causalität eingehen.

Schwalbach hat seine Lehre gegen Glaser vertheidigt, welcher in Holtzendorffs Rechtslexikon seinem früheren Standpunkte getreu bleibt (Bd. III, S. 933). Ich habe über die Controverse zwischen Schwalbach und Glaser folgende Ansicht: Ich halte, weil ich in der Unterlassung die Willensäusserung betone, den Entschluss für wesentlich. Nur muss er erkennbar sein. Das wird aber in der Praxis Schwierigkeiten haben. Erfahre ich von einem Morde und zeige nicht sofort an, — wie lässt sich erkennen, ob ich nicht später bei passender Gelegenheit anzeigen wollte? Indessen wird der Interpretationswille in der unterdessen vorgenommenen Handlung, Aeusserungen, Verhalten etc. auf die rechte Fährte helfen können. Die Fassung des positiven § 139 halte ich, wie ich später zeigen werde, für keine glückliche, denn er rechnet nur mit dem Erfolg. Meines Erachtens haben ihn praktische Erwägungen veranlasst, die eine andere Fassung gefordert hätten. Die näheren Ausführungen folgen an anderer Stelle. —

Leider sind weitere Ausführungen über die echten Unterlassungen von dem Verfasser nicht mehr zu erwarten, da derselbe gestorben ist.

Seligsohn.

Literatur: Die eigentlichen Unterlassungsdelicte nach dem deutschen Strafgesetzbuch. Goltdammer Archiv für Strafrecht. B. XXVIII. S. 210 ff.

Es ist zu bedauern, dass Seligsohn nicht Schwalbachs Abhandlung mitbenutzt hat.

Die Abhandlung enthält Manches, worin ich beistimme, aber Vieles, worin ich dem Autor nicht beistimmen kann.

Richtig ist, dass der Unterscheidung der Begehungsdelicte von den Unterlassungsdelicten ein inneres sachliches Moment zu Grunde liege. Die Nichtbefolgung einer Präceptivvorschrift ist mit dieser Nichtbefolgung abgeschlossen und braucht nicht von einem weiteren durch sie verursachten Erfolg begleitet zu sein. Richtig ist, dass Rubos Ansicht (Kommentar, S. 410) nicht zu billigen ist, der diesen Unterschied leugnet.

Seligsohn übersieht aber den ersten Erfolg. Er erkennt nicht die Willensäusserung, welche die Unterlassung verursacht. Er verkennt, dass diese oft in der unterdessen vorgenommenen Handlung erst recht erkennbar wird. Obwohl ich Bindings Ansicht nicht theile, halte ich Seligsohns Angriffe gegen diesen aus dem angegebenen Grunde für verfehlt.

Irrig ist es, zu behaupten, dass zu dem Thatbestand des Unterlassungsdelicts „reine Unthätigkeit" genüge. Reine Unthätigkeit liegt dann vor, wenn überhaupt von Aussen kein Appell an den Willen ergangen ist, wenn z. B. Jemand von einem Verbrechen, das er anzeigen soll, gar nichts erfährt. Diese reine Unthätigkeit muss ausser Betracht bleiben, nicht, weil sie nicht causal wirkt, sondern weil keine Willensäusserung in ihr liegt (Seite 216, loc. cit.). Ich möchte die reine Unthätigkeit lieber als „Unterlassung ohne Willensäusserung" bezeichnen, denn der Vorgang spielt sich hinter der Hirnschale ab, und das Wort „Thätigkeit" führt, wie dass Beispiel zeigt, leicht zu grossen Missverständnissen. „Aeusserung" und „Thätigkeit" brauchen sich nicht zu decken.

Anzuerkennen ist dagegen Seligsohns näheres Eingehen auf das positive Recht. —

§ 19.

Hertz.

Literatur: Das Unrecht und die allgemeinen Lehren des Strafrechts.
1. Band. Hamburg, 1880.

Bei meinem Studium Schopenhauers kam mir der Wunsch, einmal ein strafrechtliches Werk zu lesen, welches auf dem Boden dieser Philosophie aufgebaut wäre. Der Wunsch ist mir erfüllt worden. Hertz hat Schopenhauer in die juristische Praxis übersetzt. Seine philosophischen Irrthümer werde ich widerlegen. Hier handelt es sich speciell nur um die Frage nach dem Wesen der Unterlassung.

Hertz beginnt seine Abhandlung (Seite 196 loc. cit. ff.) mit einer Kritik Ludens, Krugs, Glasers und Merkels. Da er Kant'sche Begriffe nicht kennt, die Freiheit leugnet, an Schopenhauer und Indiens Aberglauben glaubt, die Causalität nur im mechanischen[**]) Sinne zu fassen vermag, so hat seine Kritik nur geringen wissenschaftlichen Werth.[*])

Nur für den Reformator Hertz kann es „befremdend“ wirken, wenn die Neueren nicht „mit der Causalität völlig brechen,“ sondern „grade (sic!) diese wieder vertheidigen“ (Seite 200 loc. cit.).

Die Kritik dieses modernen Autors ist wiederum haltlos und oberflächlich. von Buri, Ortmann und Binding sind mit so

---

[*]) Ich habe das bewiesen durch meine Kritik seines Kampfes gegen das „Dogma der Willensfreiheit.“ Selten ist mit mehr Anmassung und weniger Gründlichkeit der Grundlage unserer Wissenschaft des reinen Menschenthums der Krieg erklärt worden. Mit Schopenhauerschen Citaten kann man nicht reformiren!

[**]) Dass auch in mechanischen Vorgängen ein metaphysisches Princip liegt, ist offenbar.

wenig Tiefe nicht zu widerlegen. Richtig ist z. B. bei der Kritik Bindings nur das eine, dass dessen ganze Deduction steht und fällt mit der Bindingschen Causalitätstheorie. Wer Ursache und Bedingung nicht zu scheiden vermag, wer Schopenhauer zu Liebe seine juristischen Begriffe aufgibt wie Hertz, kann aber überhaupt keine haltbare „Deduction" aufstellen.

Es war vorauszusehen, dass Hertz den alten farblosen Unterschied von „wirklich" und „nichtwirklich" verwerthen würde. Wer ein nichtwirkliches Erfolgshinderniss beseitigt, der wird nicht causal, wer aber ein w i r k l i c h e s Erfolgshinderniss beseitigt, der wird causal (S. 217 loc. cit.). Mit derartigen farblosen Begriffen kann ein wissenschaftlicher Streit nicht gelöst werden.

Es darf daher nicht Wunder nehmen, dass Hertz zu den haltlosesten Consequenzen kommt. Stürzt Jemand in eine Grube, die ich, als ich sie zuerst sah, zuschüttete, dann aber später wieder aufdeckte, so bin ich für den Erfolg c a u s a l !

Das eigene Ergebniss der Hertz'schen Forschung nach dessen N e g a t i o n a l l e r V o r a r b e i t e n ist h ö c h s t m a n g e l h a f t e r A r t (s. S. 221 ff. loc. cit.). Schuld ist Jemand „auf Grund seiner das zur Schuld erforderliche Thatmoment in sich schliessenden Handlung und auf Grund seines rechtswidrigen Willens: also zweier Momente, von denen jedes einzelne allein zur Herstellung der Verantwortlichkeit nicht ausreicht." Eine Handlung, welche das zur Schuld erforderliche Thatmoment in sich hält, o h n e W i l l e n s ä u s s e r u n g , gibt es einfach nicht! Und eine Willensäusserung kann sehr wohl a l l e i n verantwortlich machen, z. B. bei der Beleidigung etc. Bei dieser unklaren Theorie ist es nicht zu verwundern, wenn Hertz gegen Binding meint, wenn Jemand mit Gewalt mir die Brandfackel in die Hand gezwängt und das Haus angezündet habe, müsse ich löschen (S. 222 Anm. 200). Die Abwendungspflicht erscheint als Consequenz „des allgemeinen Verbotes, die rechtlich geschützten Interessen Anderer zu verletzen." Ein solches Verbot gibt es nicht und

kann es nicht geben! Nur die letzte Bedingung, die Ursache
der Verletzung sollen wir nicht setzen. Dieses „allgemeine
Verbot" ist von Hertz erfunden!

Ganz unberechtigt sind an dieser Stelle die Angriffe gegen
die Willensfreiheit. Er sagt: „gehört zur Schuld Willensfreiheit, so muss jedenfalls das Thatmoment als Ausfluss des
Willensmomentes erscheinen, nicht aber darf dieses, in welchem
ja alsdann der Ursprung des zu verantwortenden Erfolges gelegen
ist, jenem erst auf dem Fusse folgen." (S. 226.) Dies ist irrig,
Nicht auf das Thatmoment, sondern auf die Verursachung
kommt es an. Im Momente der Unterlassung muss Verursachung vorliegen, und in diesem Momente muss der Wille
frei sein.

Anhang I. Werfen wir noch einen Blick auf das von
Hertz erfundene allgemeine Verbot, die rechtlich geschützten
Interessen Anderer zu verletzen, auf dem seine Theorie über
unser Thema ruht. Dieses Verbot ist nur eine Consequenz einer
anderen unrichtigen Behauptung: dass lediglich unsere Interessen,
die wir in ihrer Totalität als unser individuelles Wohl bezeichnen,
das Rechtsschutzobject bilden, und dass im Unrecht nichts Anderes,
als eben nur unser Wohl verletzt wird (S. 55 loc. cit.). Es ist
bei solchen Ansichten, welche den Staat nur für eine Anstalt
zum Wohle des eigenen, lieben Ich halten, das übrigens der
Verfasser mit Schopenhauer leugnen müsste, nicht zu verwundern, dass das Princip der Sittlichkeit, der Rechtsschutz der
Religion und anderer grosser Rechtsgüter geleugnet wird. Es
kommt im Rechte nur darauf an, dass sich das Interesse
des Einzelnen recht wohl befindet!? Der Meineid ist
nach Hertz strafbar, weil er unser Vermögen schädigen kann
(loc. 63). Hertz geht noch weiter, er leugnet die Güter der
Gesammtheit und Rechtssubjecte neben den einzelnen physischen
Menschen. „Weder der Staat, noch die Nation . . können als

solche verletzt werden." Alle diese Dinge sind „schatten-
artige Begriffe." Im engen Anschluss an von Hartmanns
Lehre findet schliesslich Hertz auch Schuld in der Natur. „Die
unsere Rechtssphäre treffende Verletzung ist ganz die gleiche, unser
Ansehen mag nun dadurch vernichtet werden, dass Jemand von
uns behauptet, wir hätten gestohlen, oder es mag der Windstoss
ein uns anvertrautes Werthpapier entführt und uns, zumal wir
ersatzunfähig sind, in Verdacht der Unterschlagung gebracht
haben." (S. 70 loc. cit.) Mit dieser Behauptung hat die Indische
Träumerei in der deutschen Jurisprudenz Boden gewonnen und
zugleich ihre Höhe erreicht.

§ 20.

Meyer.

Literatur: Lehrbuch des Deutschen Strafrechts, 3. Aufl. 1882.

Die Aufgabe eines Lehrbuchs kann nicht sein, brennende Fragen in dem Umfange zu besprechen, in welchem sie eine Monographie behandeln muss, wohl aber muss es den streitigsten Fragen eine grössere Aufmerksamkeit widmen, als den weniger streitigen. Deshalb ist es zu loben, dass Meyer die Lehre vom Causalzusammenhange und vom Thun und Unterlassen ausführlicher besprochen hat. Es kann aber auch ein Lehrbuch sich nur dann auf der Höhe der Controverse erhalten, wenn ihm das Glück beständig neuer, umgearbeiteter Auflagen zu Theil wird. Ich will dies Meyer in dem Masse wünschen, wie es Berner mit Recht zu Theil geworden ist. Es kann nichts kränkender für einen Autor sein, als wegen der Bücherkaufunlust des deutschen Publikums — im schroffen Gegensatze zu England und Frankreich — auf den Weiterbau seiner Lehre verzichten zu müssen. In der belletristischen Literatur müssen die Leihbibliotheken helfen, in der wissenschaftlichen glaubt man vom Ankauf von Büchern absehen zu können, weil es ja „praktische Commentare" und Universitätsbibliotheken gibt. —

Die dritte Auflage des Meyerschen Lehrbuchs vom Jahre 1882 umfasst die gegenwärtige Literatur mit eigener Kritik, und verdient deshalb betreffs meiner Frage eine eigene Behandlung wie jede Monographie.

Dass Verbrechen durch Unterlassung begangen werden können, nimmt Meyer in folgenden Fällen an:

1) Wenn das Vorhandensein einer besonderen Rechtspflicht eine Verantwortlichkeit bezüglich des Eintritts eines bestimmten Erfolgs begründet, vorausgesetzt, dass der Erfolg als eine wirkliche Folge der Unterlassung eintrat.

Das Wort „vorausgesetzt" sagt aber, dass es hier nicht die Rechtspflicht als solche, sondern allein die Causalität, die Setzung der Ursache ist, welche strafbar für den Erfolg macht. Der Fall ist daher von dem Falle sub 2 nicht verschieden.

2) Wenn Jemand durch sein eigenes vorangegangenes Thun für den Nichteintritt eines Erfolges sich verantwortlich gemacht hatte.

Meyer nähert sich hier Binding, indem er die zweite Thätigkeit eine complementäre nennt („die mit ihrem Aequivalent verbundene Förderung", Normen II, Seite 244).

Er hält dabei streng an dem Charakter der blossen Unterlassung fest.*)

Damit verkennt er aber die auch in der blossen Unterlassung wie in der anderweitigen Handlung liegende Willensäusserung, und desshalb kann ich ihm nicht beistimmen.

Es erklärt sich dann auch nicht, weshalb, wie Meyer richtig annimmt, zur Zeit der Unterlassung Schuld vorhanden sein soll (Seite 201, loc. cit.). Auch kann die „Thatseite" nie in einer Unterlassung bestehen, denn der Unterlassende thut nichts.

Mit Recht betont dagegen Meyer, dass die Pflicht zur Abwendung eines Erfolgs niemals eine absolute ist (Noth-

---

*) Weder von Buris „Unterdrückung des dem Erfolge entgegenwirkenden Willens" noch das Nichtthun als „die Vernichtung einer vom Erfolg abhaltenden Bedingung" (Binding) erkennt er an. Seite 201 loc. cit.

stand). Dass sie geringer strafbar ist, ist ebenfalls wahr, nur hätten die Gründe dafür angegeben werden müssen.

Absolut verneinen muss ich aber, dass von Bars unbrauchbare „Regel des Lebens" bei der Construction von Bedeutung ist (Seite 200, Anm. 15, loc. cit.). Dieselbe habe ich ausführlich kritisirt. Es ist sehr zu bedauern, dass diese „Regel", die für den Juristen keine „Regel" ist, auch auf den Causalitätsbegriff Meyers so grossen Einfluss geübt hat, der mit der Unterlassungstheorie stets so eng zusammenhängt.

Meyers Einwand gegen Binding ist unberechtigt, es ist wesentlich, dass von diesem das „Uebergewicht" selbst Ursache genannt wird. Nur wenn man dies für „unwesentlich" hält (Lehrbuch, Seite 192, Anm. 8), kann man zu der irrigen Annahme Meyers kommen, dass jede Bedingung, welche für den Erfolg wesentlich (was heisst das?) ist, das „Uebergewicht" herbeiführe.

Meyer selbst sagt: „vielmehr muss es genügen, wenn die Thätigkeit einen wesentlichen Beitrag zu den Bedingungen des Erfolgs geliefert hat, ohne dass es nöthig wäre, dass sie einen hervorragenden Platz unter den Bedingungen einnimmt".

„Wesentlich" und „hervorragend" sind keine Begriffe, mit denen man bestimmen kann, ob die That eines Mordes etc., vorliegt. Sie sind zu unbestimmt und Meyer vermag sie auch nicht zu definiren. Ohne Definition ist aber ein solches Wort „ein Messer ohne Klinge, dem der Griff fehlt".

Auch die weitere Ausführung hebt dieses Uebel nicht: „In Wahrheit ist ausser der Eigenschaft der Handlung als einer wesentlichen Bedingung des Erfolges noch etwas Anderes zu verlangen, nämlich dies, dass sie dem Kreise des-

jenigen Thuns angehöre, welches der Gesetzgeber durch
Bedrohung der betreffenden Delictsart unter Strafe gestellt
hat. Dieses Thun kann unendlich verschiedener Art sein;
niemals aber darf dasselbe so gestaltet sein, dass es in den
sonstigen Verhältnissen seine ausreichende Rechtfertigung findet
(innere Grenze des Kreises!) und niemals so, dass es vom
Thäter nur kraft einer allzu singulären Berechnung als
Mittel zur Erreichung eines verbrecherischen Zwecks benutzt
wurde" (äussere Grenze des Kreises).

Es ist schon misslich, von einem „Kreise" des Thuns
zu sprechen. Noch bedenklicher wird der Ausdruck durch
die Abgrenzung, schon der „Kreis" umfasst doch eine
Menge Handlungen (das Bild ist richtiger eine von 2 Kreis-
linien begrenzte Fläche!), wie soll der Richter urtheilen, wenn
auch diese Menge sich nicht von den straflosen streng ab-
hebt? „Rechtfertigung in den sonstigen Verhältnissen" deckt
sich zur Noth mit „positiv erlaubt". Nie aber kann ich
zugeben, dass eine allzu singuläre Berechnung straflos macht.
Rechnet der Mörder auf alle möglichen complicirten Umstände — unvorhersehbarer Zufall gehört nicht hierher, denn
mit diesem kann man nicht rechnen, diesen kann man nicht
wollen, sondern nur wünschen — und erreicht seinen
Zweck, so zeigt dies gerade von einem intensiven Wollen
und Ueberlegen! Meyer scheint zu diesem Irrthume durch
von Bar verleitet zu sein.

Schliesslich nennt Meyer die Ursache: die Hand-
lung, welche den vorhandenen Umständen die entscheidende
Richtung auf den Erfolg gab. Eine Definition, welche die
Ursache mit Recht von den Bedingungen unterscheidet.

Ich komme nach der Kritik von Meyers Causalzusammenhang zu dessen Lehre von den Unterlassungsverbrechen.

Mit Recht findet Meyer den Grund für die Ausbreitung derselben in der Gegenwart in der ausgedehnten Fürsorge für die verschiedenen Culturzwecke von Seiten des modernen Staats.

Sie beruhen eben auf dem Strafrecht im weiteren Sinne.

Es ist ferner richtig, dass dieselben nur durch Unterlassung begangen werden können. Nur verkennt Meyer das auch in der reinen Unterlassung liegende Moment der Willensäusserung.

§ 21.

Haupt.

Literatur: Zeitschrift für die gesammte Strafrechtswissenschaft von Dochow †
und von Liszt II. Band S. 533 ff. „Zur Lehre von den
Unterlassungsdelicten.

Die Abhandlung Haupts, welche in ihrem Eingange „den
vorgetragenen Meinungen" jedes Verdienst abspricht, ist
ohne jeden Werth! Sie will die Frage betrachten „an der
Hand des grossen Denkers Schopenhauer." Sie besteht aber
zum grössern Theil nur aus Schopenhauerschen Citaten. (Von
den 17 Seiten derselben sind 7 Seiten Citate!) Diese Mühe
hätte sich der Verfasser sparen können! Was er citirt, ist zur
Genüge bekannt!

Mit Schopenhauers Behauptung, dass für die allgemeine
Betrachtung (also nicht für das Recht!) nur der ganze, den
Eintritt des folgenden herbeiführende Zustand als Ursache gelten
könne, meint Haupt Bindings Theorie widerlegt zu haben. (loc.
cit. S. 535.)

„Der menschliche Wille ist kein Stein, der gestossen werden
müsste" — gewiss nicht. Aber wenn der Wille unthätig
bleibt, spielt sich seine Bewegung in der inneren Welt ab. Es
kann nicht davon die Rede sein, dass „eine reine Unthätigkeit
als causal" zu betrachten sei.

Beizustimmen ist dem Verfasser darin, dass auch bei der
culposen Unterlassung die Schuld im Willen liegen muss.

Nur ist es irrig, dass der Wille den Intellekt an der ihm
möglichen Erkenntniss bei der culpa hindert, denn das innerste
Wesen des Menschen ist eben nicht der Wille, sondern das
Ich! —

Zu bedauern ist, dass auch in dieser neueren Abhandlung der alte Wahn wieder hervortritt, dass „das Wesen des sogenannten eigentlichen Commissivdelicts keine besondere Schwierigkeit biete" (Seite 546 loc. cit.).

In den Fällen, wo die Mutter ihrem Kinde keine Nahrung reicht und der Kutscher die Pferde über einen Betrunkenen hinweggehen lässt, liegt ein Geschehenlassen vor, dessen Wesen Haupt völlig verkennt (S. 548, 549 loc. cit.). Der Kutscher verletzt nicht nur die Pflicht des diligenter providere, sondern „lässt geschehen" dass er eine Tödtung verursacht!

§ 22.

Lammasch und von Berger.

Literatur: Zeitschrift für das Privat- und öffentliche Recht der Gegenwart, IX. Band 1882. Handlung und Erfolg, ein Beitrag zur Lehre vom Causalzusammenhange von Dr. H. Lammasch, S. 221 ff., loc cit. Ueber Bewirken und Unterlassen von Dr. Alfred Freiherrn von Berger. S. 734 ff., loc. cit.

Vorbemerkung.

Die Abhandlungen, die ich in der Ueberschrift citirt habe, erschienen und gelangten zu meiner Kenntniss, als mein Werk bereits druckfertig vorlag. Obschon ich mehrmals bereits den Druck in Folge des Erscheinens neuer Abhandlungen über meine Frage aufgeschoben, glaubte ich doch, diesen beiden Abhandlungen gegenüber noch ein letztes Mal die Vollendung der eigenen Schrift aufschieben zu müssen.

Es war mir aber nicht mehr möglich, die Lehren der beiden Autoren an den geeigneten Stellen abzuhandeln, und kann ich dieselben daher an dieser Stelle nur kurz besprechen.

a) Lammasch.

Die Abhandlungen beider Autoren stehen im engsten Zusammenhange (S. 246, Anm. 5, loc. cit.), und so empfiehlt es sich, auch Lammasch an dieser Stelle zu besprechen, obwohl er nicht ausdrücklich mein Thema behandelt hat.

Auch sonst stehen beide Autoren durch die überaus zu lobende Bezugnahme auf die neuere Philosophie, insbesondere auf James Mill, in enger Verwandtschaft.

Nur möchte ich auch beiden empfehlen, sich von einem gemeinsamen Fehler zu befreien, und in Zukunft in kurzen, klaren, übersichtlichen Sätzen ihre Ideeen auszudrücken.

Meine Lehre weicht von der Lammasch's wesentlich ab, so dass wenig Vergleichungspunkte sich finden. Die Schuld daran mag der Umstand tragen, dass die meine auf anderer philosophischer Grundlage ruht.

Lammasch will keines der „Antecedentien" eines Erfolgs als Ursache angesehen wissen. Ursache im wissenschaftlichen Sinne soll die Gesammtheit der Bedingungen eines individuellen Ereignisses sein. Im vulgären Sinne werde darunter ein aus eben dieser Gesammtheit der Antecedentien des individuellen Geschehnisses herausgehobenes Glied verstanden. Das rein negative Resultat seiner Lehre ist: dass der Begriff der Ursache in der Rechtslehre aufs ungebührlichste überschätzt werde (S. 279, loc. cit.).

Auch in Betreff des Willens theilt er nicht meine Ansicht (darin, dass „Wollung" ein Unwort ist, stimme ich ihm bei, Seite 222, loc. cit.), indem er das Begehren und Wünschen nicht scharf von diesem Begriffe trennt. —

Lammasch sagt: „Ursache ist, wenn man unter ihr etwas Anderes als die Totalität der Bedingungen versteht, nur ein Wort" (Seite 267), und hierin liegt in der That die Lösung der Frage! Die Jurisprudenz als menschliche Wissenschaft kann die für die Naturwissenschaft geltende „Ursache" nicht verwerthen. Sie stellt ihre eigene „Ursache" auf, die aber eben so „wissenschaftlich" ist, wie jene. Sie rechnet mit menschlichen Begriffen und menschlichen Worten; deshalb kann sie die Metaphysik gar nicht entbehren.

b) von Berger.

Ich bedauere, dass von Berger die von ihm angedeuteten Gedanken nicht weiter in das Gebiet der Metaphysik verfolgt

hat; es ist „mit Vorsicht zu betreten," aber „verrufen" ist
es gewiss nicht! (S. 735, loc. cit.) Ueber die Willensfreiheit spricht sich Berger nicht aus. Sein Ursachenbegriff ist derselbe, den auch Lammasch aufstellt. Von diesem
Ursachenbegriff aus wird dann die Frage beantwortet, ob wir
berechtigt sind, das Nichteintreten einer Erscheinung Ursache
einer anderen Erscheinung zu nennen? — Mit Recht wird bei
der Lösung der physische Act, welcher das Verhindern der
Erscheinung unterbrach, von der unterdrückten Regung
unterschieden. Ich sehe von meinem Standpunkt aus in dem
innerlichen „Contredampfgeben" eine Willensbewegung,
die dadurch, dass man den Appell an den Willen sieht und
hört, also vermuthen darf, dass eine „Regung" vor sich geht
und „unterdrückt" wird, zur Willensäusserung wird. —

§ 23.

Schluss.

Der Grund des Reichthums der Literatur über die Unterlassungsverbrechen.

Hiermit wäre der historische Theil meines Werkes beendet. Wer immer späterhin nach mir diese schwierige Lehre bearbeitet, darf sich auf meine Erörterungen stützen! Ich halte den historisch-kritischen Theil bei dieser Lehre, für die die Gegenwart, wie ich zeigen werde, mit Recht eine besondere Vorliebe hat, wichtiger als bei der negotiorum gestio, die ich ebenfalls historisch-kritisch behandelt habe. Ob eine derartige Arbeit ohne Werth ist, wie Wlassak absprechend meint, der mir· überhaupt jede Anerkennung versagen will, wird die Zukunft lehren, und hat Wlassak nicht zu entscheiden!

Fragen wir nach dem Grunde des Reichseins der Literatur über diese Frage in der jüngsten Gegenwart, so ist er kein zufälliger! Die Philosophie des Unbewussten will die Menschheit zur Unterlassung des Lebens und der Fortpflanzung bewegen, sie stellt Anforderungen, die noch nie an die Menschheit gestellt worden sind.

Die Jurisprudenz, diese weltbejahende und weltfreudige Wissenschaft, regt sich gegen diese Richtung!

Die Waffen in dem Kampfe aber kann ihr nur die Idee der Freiheit unseres innersten Wesens und die Zweckidee: das ewige Erbrecht der Menschheit, geben. Diese beiden Dinge fordern moralisch und juristisch ein Handeln und erklären das Unterlassen für unmoralisch oder für ein Unrecht.

II. Dogmatischer Theil.

A. Allgemeiner Theil.

Revision der allgemeinen Grundbegriffe des Strafrechts.

———

Die äussere und die innere Welt.

„Im unendlichen Raume zahllose, leuchtende Kugeln, um jede
von welchen etwan ein Dutzend kleinerer, beleuchteter sich wälzt,
die inwendig heiss, mit erstarrter, kalter Rinde überzogen sind,
auf der ein Schimmelüberzug lebende und erkennende Wesen
erzeugt hat; — dies ist die empirische Wahrheit, das Reale,
die Welt." .... Da hat nun endlich die Philosophie der neueren
Zeit, zumal durch Berkeley und Kant, sich darauf besonnen,
dass Jenes alles zunächst doch nur ein Gehirnphänomen
und mit so grossen, vielen und verschiedenen subjectiven
Bedingungen behaftet sei, dass die gewähnte absolute Realität
desselben verschwindet, und für eine ganz andere Weltordnung
Raum lässt, die das jenem Phänomen zum Grunde Liegende wäre
d. h. sich dazu verhielte, wie zur blossen Erscheinung das Ding
an sich selbst." (Schopenhauer, die Welt als Wille und Vorstellung II. S. 3, 4.)

Derselbe Gedanke wird würdiger von Kant ausgedrückt:

„Zwei Dinge erfüllen das Gemüth mit immer neuer und
zunehmender Bewunderung und Ehrfurcht, je öfter und anhalten-
der sich das Nachdenken damit beschäftigt: der bestirnte
Himmel über mir und das moralische Gesetz in
mir..... Das zweite erhebt meinen Werth, als einer Intelligenz, unendlich, durch meine Persönlichkeit, in welcher
das moralische Gesetz mir ein von der Thierheit und
selbst von der ganzen Sinnenwelt unabhängiges
Leben offenbart." (Kant, Kritik der praktischen Vernunft,
Beschluss.)

Die äussere Welt mit der Erde und allen ihren Objecten kommt für das Recht als Erscheinungswelt insofern in Betracht, als sie ihm die Objecte des rechtlichen Willens liefert.

Das Recht ist praktisch. So weit es Civilrecht ist, ist es concret und nicht abstract. Im Civilrecht gelten alle Dinge als Erscheinungen; denn der Mensch ist nie Object des Civilrechts. Und nur in diesem Falle müsste er hier als Ding an sich behandelt werden. — Der Mensch ist zunächst ein Lebewesen; Leben aber ist das Vermögen eines Wesens, nach Gesetzen des Begehrungsvermögens zu handeln. Das Begehrungsvermögen wiederum ist das Vermögen desselben, durch seine Vorstellungen Ursache von der Wirklichkeit der Gegenstände dieser Vorstellungen zu sein. (Kant, Kritik der praktischen Vernunft, Vorrede.)

Das Begehrungsvermögen im Ich schafft den Wunsch. Wünsche können sich auf Concretes und Abstractes richten. So wenig aber, als ein Dichter mit aller Phantasie Wesen erdenken kann, die nicht entweder der Erscheinungswelt seines Planeten, auf der er lebt, entnommen sind, oder aus Erscheinungen zusammengesetzt sind (Engel als Menschen mit Flügeln, Geister als Menschenschatten, Sphinxe etc.) die er kennt, so wenig kann ein Mensch etwas wünschen, was er nicht vor sich sieht, vor sich gesehen hat, oder was ihm durch die Construction aus dem Wahrgenommenen oder die Tradition über das Wahrgenommene gegeben ist. Hierzu gehört aber alles Concrete und Abstracte mit, was ihm die Menschheit selbst durch Sprache und Tradition überliefert; deshalb kann ich Vergangenes wünschen, obwohl der Wunsch unerfüllbar ist. —

In diesem ungeheuren Reiche der Wünsche herrscht aber nicht das Recht, sondern die Moral. —

Das Recht hat es mit dem Willen, nicht mit dem Wunsche, zu thun. Der Wille ist ein Vermögen den Vorstellungen entsprechende Gegenstände entweder hervorzubringen, oder sich selbst zur Bewirkung derselben d. i. seine Causalität zu bestimmen. (Kant," Kritik der praktischen Vernunft, Einleitung.)

Im Strafrechte nun kommt nur der Wille als Verursachung in Betracht. Aus sich heraus setzt das Ich einen Willen, dieser setzt eine Bewegung. Das Ich verursacht den Willen, und dieser verursacht in der äusseren Welt etwas, entweder durch eine Handlung, oder eine blosse Aeusserung. Die Verursachung aber kann sich nicht gegen das unendliche Reich der Wünsche richten, sondern nur gegen bestimmte, in der Gegenwart gegebene Objecte. Ich kann nicht Vergangenes verursachen. Ich kann nicht Zukünftiges verursachen, ohne die erste Bewegung in der Gegenwart zu setzen. — —

Die Verursachung schafft eine Veränderung der Erscheinungen.

Während wir aber im Civilrecht bei den Erscheinungen, wie sie der gesunde Menschenverstand sieht, stehen bleiben müssen, weil der Mensch nicht das Ding an sich, sondern das Object der Erscheinung begehrt und der Mensch selbst nie Object ist, müssen wir im Strafrechte von der Erscheinung abstrahiren, denn hier strafen wir den Menschen nicht bloss als Erscheinung, sondern auch als Ding an sich.

Draussen in dem grossen Reiche der äusseren Welt herrscht nun der Begriff der Causalität als Naturnothwendigkeit. Es ist die Aufgabe der Naturwissenschaft, das „Warum?" und „Weil" immer tiefer zu erforschen. Der Jurist muss diesen Forschungen folgen, denn somit wie der Wille eine Bewegung setzt, greift er draussen in das Gesetz dieser Naturnothwendigkeit ein. Sachverständige aber können Dem nichts erklären der gar nichts von der Sache versteht. Der Begriff der Causalität als Naturnothwendigkeit betrifft aber nur die Existenz der Dinge, sofern sie in der Zeit bestimmbar ist (Kant), folglich als Erscheinungen. Diesen stehen gegenüber die Dinge an sich selbst. Obwohl uns die Wissenschaft lehrt, dass der Schall n u r d u r c h u n s u n d m i t u n s Schall, der Rosenduft Rosenduft, das Licht Licht ist, giebt es doch noch S i n n e n g l ä u b i g e, denen der Begriff des „Dinges an sich". fehlt.*) Mit dem G l a u b e n aber kann man nicht streiten! Die Welt ohne uns wäre vom Standpunkte der N a t u r w i s s e n s c h a f t eine Materie voller Bewegungen, ohne Klang, Ton, Farbe. Wenn diese Wissenschaft alle Ursachen der Bewegungen der äusseren Welt gefunden, steht sie an ihrer Grenze.

Von den „Dingen an sich selbst" kann sie als menschliche S i n n e n w i s s e n s c h a f t keine Auskunft geben!

Wir haben es in der Welt des Rechts, w a s d i e O b j e c t e b e t r i f f t, z u n ä c h s t nicht mit den Dingen an sich zu thun. Im Civilrecht wie im Strafrecht ist der Tod eines Menschen kein Vorgang an einem Ding an sich, von dem wir nichts wissen, sondern die s i n n l i c h e Wahrnahme des Endes eines Lebens. Aus diesem Grunde hat die Rechtswissenschaft nicht nach dem Ursprunge, der letzten U r s a c h e d e r O b j e c t e zu fragen; diese letzte Ursache liegt nicht in der Welt der Erscheinungen. Das r e i n e S e i n aber zu erforschen ist nicht ihre Aufgabe!

Ganz anders steht es aber mit den S u b j e c t e n des Rechts, den Menschen. Kant sagt: „Will man einem Wesen, dessen Dasein in der Zeit bestimmt ist, Freiheit beilegen, so kann man es, sofern wenigstens, vom Gesetze der Naturnothwendigkeit aller Begebenheiten seiner Existenz, mithin auch seiner Handlungen,

---

*) F r a n z B a c o nennt in seinem „Neuen Organon" (Uebersetzt von Kirchmann, Seite 301) die Sinnesorgane d i e T h o r e, durch welche der Inhalt des Seienden in die Seele eintreten kann (hierauf beruhen die „Fälle der Thüre oder des Thores", welche die unmittelbare Wirksamkeit der Sinne unterstützen). Das Seiende tritt aber nicht ein, von dem S c i e n d e n an sich erfahren wir durch die Sinne nichts, nur die E r s c h e i n u n g tritt aus dem Thore hervor, nachdem die Materie den Sinn gereizt hat.

nicht ausnehmen; denn das wäre so viel, als es dem blinden Ungefähr übergeben" (loc. cit. S. 114).

Demnach müsste der Mörder morden. Dann aber können wir ihn nicht strafen. — — —

Es „bleibt kein Weg übrig, als das Dasein eines Dinges, sofern es in der Zeit bestimmbar ist, folglich auch die Causalität nach dem Gesetze der Naturnothwendigkeit, bloss der Erscheinung, die Freiheit aber ebendemselben Wesen, als Dinge an sich selbst, beizulegen" (Kant S. 115 loc. cit.).

Nicht der Erscheinungsmensch mordete frei, aber der Mensch an sich, das „freie Ich," wie ich dies nenne, mordete frei, und deshalb trägt er Schuld und kann sie nicht auf die Naturnothwendigkeit wälzen. Das Subject ist sich auch seinerseits als „Dinges an sich" recht wohl bewusst und betrachtet sich, sofern es nicht unter Zeitbedingungen steht, bestimmbar durch Gesetze, die es sich durch seine Vernunft gibt. Es rechnet sich als eine von aller Sinnlichkeit unabhängige Ursache*) die Causalität des Mordes selbst zu. An dieses freie Ich richten sich die Gesetze. Wäre es stets vollkommen, so genügte dieser Appell zur Befolgung der „Normen." Auch der Beamteneid und der Fahneneid ist nichts, als der Appell an dieses freie, sich selbst bestimmende Ich, der dessen Verantwortlichkeit unendlich mehrt, weil er seine Wirkung voraussetzen darf. —

Auf der Freiheit des Ich ruht das Gewissen, das Kant so scharf betont,**) und die Reue, die Schopenhauer nicht kennt.

---

*) Das „Ding an sich" erscheint dem Alltagsmenschen und Sinnengläubigen unserer Tage oft als „Unsinn!" Wenn er damit sagen will, dass es nicht sinnlich sei, so hat er durch Hilfe der Sprache, die mit ihrer ganzen grossen Vergangenheit für ihn denkt, das Rechte getroffen. Nimmermehr aber ist das „Ding an sich" etwa „unwahr."

**) „Hiermit stimmen auch die Richtersprüche desjenigen wundersamen Vermögens in uns, welches wir Gewissen nennen, vollkommen überein" (loc. cit. S. 118).

Nicht „langweilen" soll sich der Verbrecher in der Zelle, wie
Schopenhauer wähnt, sondern sein Gewissen hören und
bereuen. Was die Vernunft Aller sagt, das, meine ich, kann
ein Philosoph nicht wegleugnen. Die Einwendungen, welche man
neuerdings hört, dass das Gewissen der „Wilden" ein Anderes
sei, berühren das Recht eines Kulturvolkes nicht! Hier kann
Jeder die Stimme des Gewissens hören, und er hört sie. Dass
die „Wilden" anders das Verbrechen beurtheilen — Dr. Post
zeigt, dass die Unterschiede gar nicht so gross sind — ruht
darauf, dass das Menschengeschlecht eben erzogen wird. Auch
in dem Kinde erwacht das Gewissen erst durch die Erziehung.
Das eben ist das Grosse der Menschheitsgeschichte, dass wir
alle Glieder einer Kette sind, und Jeder Schuld am Wehe
aber auch am Wohle Aller ist! Für das Wohl gibt ihm
das Leben keinen Lohn, wenn anders einer nöthig wäre, für die
Schuld in diesem grossen Sinne aber hat ihn der Richter
nicht zu strafen.

§ 2.

Bewegungen und Vorgänge.

Die Bewegungen und ihre Ursachen und Wirkungen zu erforschen ist Sache der Naturwissenschaft. Sie lehrt uns, dass in der **Erscheinungswelt** alles **nothwendig** erfolgt. Wo wir diese Nothwendigkeit nicht sehen, da fehlt sie nicht, sondern da wird sie noch nicht erkannt. —

Die **Erkenntniss** kann hier allein zu richtigen Zielen führen. Hier ist ihr Reich, während Schopenhauer wähnt, dass die Erkenntniss im Reiche der **Moral** herrsche, weil sie Motiven, für welche ohne sie der Mensch verschlossen bliebe, den Zugang öffne ((Grundprobleme der Ethik, Seite 52). Jeder Lehrer weiss, dass die klügsten Schüler nicht stets die moralisch Besten sind. Und jeder Jurist hat in Verbrechern schon sehr kluge Leute kennen gelernt.

Die Frage nach der letzten Ursache der **Bewegungen** berührt das Recht nicht. Der Jurist mag mit Interesse den Forschungen der andern Wissenschaften hier folgen.*) Für ihn aber **genügt** es, dass sie da sind, und dass der Mensch nicht

---

*) Das naturwissenschaftliche Denken stimmt mit dem rein philosophischen naturgemäss oft überein ! Während man früher bei der Darwin'schen Anschauung, bei der mechanischen d. h. zufälligen Entwicklung stehen blieb, ist neuerdings vielfach von einer innewohnenden, leitenden Kraft die Rede. — Am 17. Februar 1600 wurde im Namen der christlichen Religion ein Mann verbrannt, der den Tod in den Flammen der feigen Verleugnung seiner wissenschaftlichen Ueberzeugung vorzog, und nichts weiter begangen hat, als Gedanken der Gegenwart vor egoistischen Priestern auszusprechen, Giordano Bruno. (Von der Ursache, dem **Principe** und dem Einen. Uebersetzt von A. Lasson, 1882).

vorsätzlich oder fahrlässig handeln darf, weil er in keiner todten Welt lebt, sondern Ursachen setzt, die weiter wirken. —

Die Frage nach der Ursache der Materie, oder wie man sonst den Träger der Bewegungen nennen mag, berührt den Juristen, weil er Mensch ist. Hier darf der Naturforscher nie sagen, dass nur er zu entscheiden habe, denn hier kann er nur als Philosoph reden. Sein Reich ist das Reich der Erscheinungen, die äussere Welt, die letzte Ursache aber liegt in dem Reiche des reinen Seins, in der inneren Welt. Das freie Ich, das Ding an sich und die letzte Ursache sind nicht sinnlich erkennbar. Ob sie beweisbar sind, hat der Jurist zunächst nur insoweit mit zu entscheiden, als es sich um das „freie Ich" handelt. Die grossen theologischen Fragen, ob Gott die Ursache der Verbrechen sei, etc. können ihn als Juristen nicht kümmern.*) Dass die „Unsterblichkeit der Seele" ein Postulat der reinen praktischen Vernunft sei, mag er mit Kant annehmen — für das Recht in dieser Erscheinungswelt ist die Frage nach einer etwaigen Vergeltung in dem reinen Sein keine praktische Frage. —

In der inneren Welt darf man nicht von Bewegungen reden. Auch das „Ding an sich" im Nicht-ich hat keine Bewegungen, nur uns unerkennbare Wirkungen, denn das Wort „Bewegung" ist hier nicht abstract genug. Ebenso ist im „Ich" als „im Ding an sich" nicht von Bewegungen die Rede. Wenn die Naturwissenschaft einst das Gehirn zerlegt, die Nervencentren alle erkannt, die electrischen Ströme untersucht haben wird, dann dürfen wir vielleicht sagen, dass Bewegungen vom Ich ausgehen. Aber diese Bewegungen sind nichts anderes, als die Willens-

---

*) Der von der Kirche verbrannte Bruno behielt den Gottesbegriff bei, nannte ihn aber unerkennbar.

äusserungen, die wir z. B. in der Handbewegung sehen. Der
ganze Erfolg ist der, dass wir dann die Willensäusserungen
noch eine Strecke in der äusseren Welt verfolgt
haben werden, die wir jetzt noch nicht kennen. Ein
grosser Erfolg für den Forscher, ein kleiner für die
Rechtswissenschaft. Denn das Gehirn ist nicht das Reich
der inneren Welt; das Reich ist allein das „individuelle Ich".
Und in diesem Reiche gibt es keine Bewegungen. —

Wie sollen wir aber einen Ausdruck für Nichtsinnliches
finden? —

Durch die Sprache, die „von sich" spricht. Die Sprache
nennt das Weben im inneren Reiche: Vorgänge („Es geht
etwas in mir vor"). Ein vortreffliches Wort! Aus der Tiefe
des Ich tauchen die Gedanken herauf, und „gehen vor."
Im Reiche der Moral werden sie zum Wunsche. Im Reiche
des Rechts werden sie zum Willen. Hier steht der Gedanke
vorn an der Pforte der Aussenwelt.

Wir können ihn erkennen, selbst wenn wir nur anklopfen
und er dann nicht reagirt. Auch Schweigen kann ja im
Civilrecht Willensäusserung sein: wenn ein vernünftiger und
ehrlicher Mann eine Ablehnung ausgesprochen hätte, falls er
nicht einverstanden gewesen wäre (Dernburg, Windscheid).
Im Strafrecht kann Schweigen strafbar sein, wenn das Reden
geboten war und im speciellen Falle Veranlassung dazu
vorlag. Hier vermuthen wir, dass in dem Anderen ein
Wille vorgeht, wir dürfen es vermuthen, weil wir Gleiches
in Gleichem Falle von uns erfahren. Auch zur Erkennung
dieser feinsten Form der Willensäusserung bedarf es also
eines äusseren, bestimmten Anlasses.

Noch mehr bedarf es desselben, wenn ein Wille sich durch
Handlungen äussert und verursacht. Verursachung, ohne dass
sich die von innen gesetzte Bewegung zunächst gegen ein be-

stimmtes, gegenwärtiges Object richtet, ist gar nicht möglich. Mag es sich um die erste Folge oder um eine fernere*) handeln, die sich der Mensch vorstellt, die Verursachung richtet sich zunächst gegen unmittelbar Gegenwärtiges.

---

*) Aber auch die fernste Folge muss eine mögliche im Recht sein. In der Geschichte kann die für den Einzelnen unmögliche Folge, auf die er nicht rechnen konnte, die ihm aber „das Glück" gab, Folge heissen, im Recht ist sie Zufall.

§ 3.
Willensäusserung, Handlung, That.

Die Vorgänge in der inneren Welt gehen vom „Ich" aus und werden im Rechte zur Willensäusserung und zur Handlung.

Die Willensäusserung kann im Schweigen bestehen, wenn das Reden geboten, im Nichthandeln, wenn das Handeln gefordert, und wenn im einzelnen Falle ein Object das Reden oder Handeln gleichsam herausforderte. Diese Willensäusserung erkennen wir durch Vermuthung.

Die Willensäusserung kann auch im Reden bestehen. Das Wort aber verursacht nicht in der Aussenwelt, sondern wirkt nur ein auf die innere Welt eines anderen Menschen. Für die Aussenwelt ist es eine Bewegung der Lufttheile wie jede Andere, etwa das Sausen des Windes.

Endlich kann die Willensäusserung in der Handlung bestehen. Hier geht sie aber völlig aus der inneren Welt heraus, und wirkt nicht mehr auf die innere Welt des andern, sondern auf die äussere Welt. Sie betritt das grosse Reich der Naturnothwendigkeit, und setzt den Anfang einer Reihe von Bewegungen. Ein Wort trifft den Menschen in seinem reinen Sein, wenn es auch für die Aussenwelt ein leerer Hauch ist. Hierauf ruht das Wesen der Beleidigung, das unser Gesetzbuch verkennt. Eine Handlung trifft nicht den Menschen als Ding an sich, sondern als Erscheinung. Drückt sie zugleich das aus, was sonst ein Wort sagt, so trifft sie zugleich das reine Sein des Menschen. Die Realinjurie verletzt die Erscheinung und das freie Ich des

Menschen, die fahrlässige Körperverletzung nur die Erscheinung desselben.

Die Handlung verursacht in der Aussenwelt. Die reine Willensäusserung ist die Verursachung eines Willens. Sie ist das Weitere, die Handlung das Engere. Man dürfte daher besser Zufall und Willensäusserung die beiden grossen Gegensätze des Rechts nennen, und nicht den Zufall und die Handlung.

Weiter als die Handlung geht die That. Auch sie bedarf zu ihrer Verursachung des Willens. Ein von Krämpfen befallener Kranker begeht keine That. Das Unheil, das er anrichtet, ist eine Thatsache, ist sie vom Wärter nicht verschuldet, so ist sie im Rechte Zufall (cf. die treffenden Bemerkungen Bindings Normen II, S. 35, 36, 37). Bei der That handelt es sich aber nicht bloss um Erzeugnisse des sich verwirklichenden Willens, wie diese Verwirklichung das Recht auffasst, sondern um Setzung einer Ursache, die zu einem Erfolge führt, den zugleich das mit herbeiführen hilft, was im Rechte Zufall heisst. Eine That in der Weltgeschichte, die Verursachung eines Helden, dem ein „Glück" half, das er gar nicht vorher berechnen konnte, ist in der Geschichte seine That. Eine Handlung im Rechtssinne ist sie nicht. Nur die zurechenbaren Folgen, durchaus nicht alle Folgen der Verursachung, spielen im Rechte eine Rolle.

Das Wort That für die objective Seite der Handlung zu gebrauchen, ist misslich, denn der Begriff ist ein weiterer. Uns fehlt das Wort für diese objective Seite. Dagegen möchte ich die Willensbethätigungen eines Menschen, die nicht Handlungen sind, nicht speciell Thaten nennen. Sind diese Bethätigungen von Anderen (Wärter) verschuldet, so liegt im Recht eine verschuldete Thatsache vor, andernfalls eine zufällige Thatsache. Es fehlt hier m. E. noch an technischen Begriffen.

Causalität und Verursachung.

Schon das Wort „Ursache" weist, wie der „Grund", auf ein Letztes zurück. Und es liegt in dem „Ich" begründet, nach den Ursachen der Dinge weiter und immer weiter zu forschen. —

In der Welt, so lange in ihr der Mensch nicht steht, gibt es nur Bewegungen. Eine Bewegung ist so gut wie die andere, ein ewiger Wechsel, ein Leben und ein Sterben, an sich indifferent, durchwogt das All. —

Mit dem Menschen wird „das Ding an sich" zur „Erscheinung". Er nennt jede vorübergehende, an sich indifferente Modification des Dinges an sich mit einem Namen. —

Alle Bedingungen der Modification des Dinges an sich verlaufen, je nach dem Standpunkte, in die Unendlichkeit oder in eine letzte Ursache des reinen Seins. Hier ist eine Bedingung so gut wie die andere. Keine kann ohne die Andere sein, keine ist mehr, keine weniger, als Alle.

Die Erscheinungen aber, die der Mensch mit Begriff und Namen nennt, werden bedingt von allen Vorbedingungen, aber geschaffen durch die letzte Bedingung.

Für die Dinge „an sich" gibt es keine 1, 2, 3, 4, hier gibt es nur 1 neben oder durch 1. Hier ist die 1 welche + 3 die 4 setzt, so gut, wie 1, welche + 1 die 2 gibt.

Für die Erscheinung, für den Namen und Begriff der Vier ist die 1, welche zur 3 gefügt wird, mehr! Sie ist

qualitativ von allen anderen Einsen verschieden! Die drei
ersten Einsen bedingen die Vier, können sie aber nicht
schaffen. Die letzte Eins schafft die Vier, sie bringt etwas
hervor mit Hilfe der drei ersten Einsen, das ist richtig, aber
sie bringt etwas hervor, was die ersten Bedingungen,
mögen sie unendlich sein, nie hervorbringen
können.

Deshalb ist im Recht die letzte Bewegung,
die letzte Bedingung die Ursache!

Es darf uns das auch nicht Wunder nehmen, denn das
Recht ist das Reich des reinen Menschenthums. In
diesem stolzen Reich heisst Alles, was nicht menschliche Schuld
ist, Zufall. In diesem Reiche kommt es nicht auf die Vorbedingungen an. Das Recht ist praktisch. Es fragt nicht:
Was verursachte dies Ding an sich in seinen wechselnden Erscheinungen? Es müsste ja auch z. B. beim Mord den ganzen
Organismus, die Eltern, Voreltern, ja die letzte Ursache des
Mörders wie des Gemordeten mitberücksichtigen, es fragt:
welche letzte Bedingung schuf, auf den Vorbedingungen ruhend, diese Erscheinung? Wer
schnitt dem X. die Kehle durch? Wer setzte die Ursache zu
seinem Tode?

Und das Recht hat ein Recht dazu, diese letze Bedingung
die Ursache zu nennen, denn nur diese liegt erkennbar vor,
und nicht unerkennbar wie die Letzte im Reiche des reinen
Seins; nur diese ist eine letzte „Sache", eine Ursache, welche
aus sich heraus eine Reihe von Bewegungen setzt.

Obwohl ich mit Binding die Ursache von der Bedingung
scharf scheide, gebrauche ich nicht, wie er, das Bild der
Wage, sondern definire: verursachen heisst: diejenige Bedingung setzen, welche für den Menschen
eine bestimmte Erscheinung, auf Grund der Vorbedingungen, schafft. Die Vorbedingungen sind dieser

Ursache durchaus nicht gleich; Geburt, Krankheiten, Schwäche, Gram, Gift bedingen einen Todesfall, und betrachtet man den Uebergang in die Verwesung als Modification des Menschen als „Ding an sich", so ist eine Bedingung so gut wie die andere. Im Rechte ist aber das Gift die Ursache der Erscheinung des Mordes, und der Giftgeber der Verursacher des grausen Verbrechens, wenn er es auch ohne die Vorbedingungen nicht hätte ausführen können.

Hier ist aber noch Eines zu betonen. Die Objecte der Rechtsobjecte sind Erscheinungen in der Zeit. Es handelt sich stets um die Verursachung einer gerade gegenwärtigen Erscheinung.

Dies zeigt sich beim Versuche. Es gibt einen Versuch, der milder zu strafen ist, als die That, weil er die Ursache zagend und nicht so intensiv setzt. Wer morden will, aus Reue nicht genug zuschlägt, und deshalb den Mord nicht vollbringt, ist nicht so schlimm, wie der Mörder, dessen Handlung der Stärke seines Willens entspricht, und der deshalb sein Ziel erreicht.

Es gibt aber auch einen Versuch, der ebenso strafbar erscheint, als die That, so dass uns der Laie nicht begreift, wenn wir milder strafen. Ich meine den Fall, wo der menschliche Wille Alles zur Erreichung des Zieles dienende verursacht, ein Zufall oder ein anderer Wille den Erfolg vereitelt, oder selbst setzt oder verursacht.

Wenn ein Mörder einen Menschen zum Tode verwundet, diesen aber ein Anderer schliesslich ermordet, oder wenn den Verwundeten der Blitz erschlägt, warum ist der Erste nur des Mordversuches schuldig, und wird milder gestraft? Die Laien und auch Schopenhauer wollen in diesem Falle die volle Strafe des Verbrechens angewandt wissen. — —

Man muss unterscheiden! Wenn Jemand einem Andern zum Tode trifft und ein Zweiter, ehe der Verwundete stirbt, diesem die Kehle abschneidet, so ist nur der Letzte der Mörder, der Erste hat nur einen Versuch begangen. Und zwar aus folgenden Gründen.

Zunächst ist vorauszusetzen, dass wirklich ein beendigter Versuch vorliegt. Dieser ist nur dann vorhanden, wenn der Thäter die auf den Erfolg gerichtete Handlung erfolglos vollzogen hat; wenn er insbesondere den letzten Konsummationsakt erfolglos vollzogen hat. (cf. Berner, Lehrbuch, S. 183, R.-G.-B. § 46, No. 2, Berner, Gerichtssaal 1865, S. 81 ff.). In diesem Falle darf man fragen, weshalb ein solcher Versuch nicht eventuell ebenso gestraft werden soll, als die vollendete Handlung, denn der Mörder ist nicht daran schuld,*) dass der Erfolg nicht eintrat. —

Man kann den Grund einer milderen Strafe hier nur darin finden, dass das Recht es mit der gegenwärtigen Erscheinung zu thun hat. Der Ermordete, der in seinem Blute liegt, wurde getödtet von dem zweiten Mörder. An diesem gegenwärtigen Mord ist dieser schuld, denn er setzte die letzte Bedingung, die Ursache. Der Erste, der den Mord versuchte, aber, nicht durch seine Schuld, nicht vollendete, setzte eine Ursache eines Todes, und dieser wäre in Folge der

---

*) Ich gebrauche das Wort „schuld" auch im diesem Falle. Denn es ist ein Irrthum, die die Handlung begleitenden Begriffe nur bei der verbrecherischen Handlung anzuwenden, sie gelten auch für die Verursachung von etwas Indifferentem und etwas Gutem. Es gibt ja auch einen guten Vorsatz. Ebenso muss es Fahrlässigkeit bei einer Verbrechenshandlung geben. Der Mörder, der morden will, nicht genug überlegt und schlecht trifft, handelt fahrlässig. Während aber bei einer guten Handlung Fahrlässigkeit allein strafbar sein kann, führt sie beim Verbrechen oft zum Versuche und so zu geringerer Strafe. Und mit Recht, denn ihr Fehlen zeigt an, dass die rechte Ueberlegung fehlt. Im Verbrechensfalle also deutet sie an, dass das Verbrechen nicht so intensiv gewollt ist, als in den Fällen, wo der Mörder die rechten Mittel mit kalter Ueberlegung wählte und sie richtig anwandte. Der Erfolg ist der Probirstein des Willens! —

letzten Bedingung eingetreten, wenn nicht der Zweite die Ursache eines anderen Todes gesetzt hätte. Aber der zuerst verursachte Tod, der also später eingetreten wäre, ist nicht gegenwärtig, ist nicht im Erfolge sichtbar. Es bewirkt der Erste eine Veränderung, aber diese führte nicht zur Erscheinung eines Todes. Moralisch ist der eine ein Mörder, wie der andere, juristisch sind wir an die Ursache der gegenwärtigen Erscheinung gebunden.*)

Anders liegt der Fall, wenn der Mörder einem vollendeten Versuch beging und nun der Zufall die Ursache setzt. Hier ist der erste Mörder nicht schuld an dem Morde, aber auch der Zufall nicht; denn dieser trägt keine Schuld.

Soll man etwa sagen: so gut, wie wir die Folgen tragen müssen, die uns die Bewegungen der äusseren Welt, auf die wir rechnen konnten, setzen, wenn wir einmal eine Bewegung verursacht haben, ebenso muss es uns zu gute kommen, wenn Bewegungen der äusseren Welt, auf die wir nicht gerechnet, den Erfolg setzen? Ich glaube kaum. Denn im ersten Falle haben wir die weitere Bewegung mitbedingt, im letzten Falle nicht.

Hier**) wäre es wohl angebracht das Maximum der Versuchsstrafe nicht hinter der Maximalstrafe des vollendeten Delictes zurückbleiben zu lassen.

Das Nähere über diese Lehre wäre anderweit auszuführen. Hier sei nur erwähnt, dass es nur Versuch vorsätzlicher, nicht

---

*) In meinem Falle weiss der zweite Mörder nichts vom ersten. Andere Grundsätze treten natürlich ein, wenn Theilnahme vorliegt. Hier verknüpfen sich Vorgänge in der inneren Welt, Verabredungen etc. mit den Erfolgen in der äusseren Welt.

**) Ich gehe also nicht so weit wie Meyer (Lehrbuch S. 231). „Reiner Zufall" d. h. keine „Schuld" liegt mir vor, wenn ein Zufall die Ursache setzt, nicht dann, wenn sie ein anderer Mensch setzt. Hier fehlt die Schuld nicht, und mit ihr schwindet der Zufall!

fahrlässiger strafbarer Handlungen geben kann. Ganz irrig
ist es, mit Meyer (Lehrbuch S. 210) anzunehmen, dass das unvoll-
ständig gebliebene fahrlässige Delict strafbar sei, z. B. ein fahrlässiger Schuss, der nicht getroffen hat (culpa attentata). Bei
der Fahrlässigkeit richtet sich der Wille auf einen Erfolg, er
überlegt nicht und verursacht deshalb einen zweiten Erfolg
fahrlässig. Fehlt dieser, so mag eine moralische Fahrlässigkeit vorliegen, von einer juristischen ist nicht die Rede. Es
müsste dann z. B., wie Meyer will, die fahrlässige Gefährdung
menschlichen Lebens in genereller Weise unter Strafe stehen.
Ein solches Gesetz wäre nur möglich in einer wenig bevölkerten
und nicht mit den Verkehrsmitteln der Cultur versehenen Welt.
So wünschenswerth das Gesetz erscheinen mag, es wird wohl
beim Wunsche bleiben. Nur einzelne Sicherheitsmass-
regeln kann man geben.

Bei den echten Unterlassungsverbrechen ist ein
Versuch nicht möglich, wenigstens nicht im Sinne des Strafgesetzbuchs.

Ebenso ist der Versuch unmöglich bei Uebertretungen des
reinen Ungehorsams. Denn in der innern Welt kann kein
„Anfang der Ausführung" erkennbar sein, wenn er auch
vorhanden ist.

Mit Unrecht ist der Versuch überhaupt bei Uebertretungen
ausgeschlossen. Noch weniger rechtfertigt sich der Ausschluss
bei Vergehen in den nichtgenannten Fällen (cf. Binding, Grundriss, S. 77).

Eng verbunden mit der Frage nach der Verursachung ist
endlich die Frage, ob ein Versuch mit untauglichen
Mitteln möglich sei. —

Man muss unterscheiden! Ist die Willensäusserung
strafbar, so genügt es, wenn sie verursacht ist. Auf die
Mittel kommt es nicht an. Ist die Handlung strafbar, so kann
bei untauglichen Mitteln nicht von Strafe die Rede sein.

Man sollte nicht behaupten, es gebe nur taugliche und untaugliche Mittel! (Binding, Normen II, S. 411, Anm. 633). Man kann Niemanden mit einem Strohhalm erschlagen oder mit einer kleinen Quantität Zucker vergiften (Meyer, Lehrbuch, Seite 218).

Lebten wir in einer Welt des reinen Seins, so brauchten wir auf die Tauglichkeit der Mittel keine Rücksicht zu nehmen, wir könnten die Willensäusserung, ja den Wunsch strafen. In der Welt der Erscheinungen aber müssen wir mit dem E r f o l g e rechnen, und ein solcher wird nicht „verursacht", wenn ihn das Mittel u n t e r vorliegenden U m s t ä n d e n (so scharf ist der Begriff zu fassen) nicht verursachen kann. M a n k a n n N i e m a n d e n o h n e W e i t e r e s „T o d t b e t e n." Und wer mit einer Flinte nach einem Manne schiesst, d e n e r m e i l e n w e i t d u r c h s F e r n r o h r e r b l i c k t , „verursacht" nie den Mord jenes Mannes. Wollte das Gesetz hier strafen, so müsste es d i e s e H a n d l u n g unter Strafe stellen, das Todtbeten und das Zielen verbieten.

Auch an einem a b s o l u t u n t a u g l i c h e n O b j e c t ist kein Delict denkbar, denn hier kann nicht „verursacht" werden. Eine strafbare W i l l e n s ä u s s e r u n g kann vorliegen, aber eine strafbare Handlung nur dann, wenn sie speciell unter Strafe steht.

Wenn der Mensch, den der Mörder tödten wollte, schon todt war, wird kein Mord verursacht. Das ist eine Folge der Erscheinungswelt, in der wir leben.*) Der W i l l e ist etwas

---

*) Anders steht es, wenn das Object existirte, aber nicht an Ort und Stelle war. Es kommt hier aber Alles auf die E r w ä g u n g d e s e i n z e l n e n F a l l s an. Wer mit dem Beile in ein Bett schlägt, worin gestern mit Wissen des Verbrechers ein Gast schlief, der heut wieder dort schlafen wollte, muss strafbar sein. Wenn ein Mann aus Amerika heim kommt, und nicht hörte, dass X gestorben, und in der Nacht in ein Bett schiesst, worin v o r l a n g e n J a h r e n X schlief, so ist er nicht strafbar. Man weiss ja auch gar nicht, was er vernünftigerweise g e w o l l t hat, denn

Bestimmteres, von der Aussenwelt abhängigeres, als der Wunsch.*)

Bei der Frage nach der Verursachung durch Handlungen handelt es sich aber zunächst um die äussere Welt.

Anhang I.
Die Causalität der Handlung nach Hertz.

Obwohl Schopenhauer das Ding an sich und die Erscheinung trennt, so dass die letzte Bewegung auch nach seiner Theorie als Ursache der Erscheinung gelten kann, verkennt Hertz, der sonst ihm folgt, diese Thatsache, und folgt dem „Naturforscher" (?). (S. 167 des „Unrecht.")

Seine Lehre ist zum Theil nichts anderes, als eine Wiederholung der Lehre des scharfen Denkers von Buri, dem er mit Unrecht einen Vorwurf daraus macht, dass er die Schuld auf Willensfreiheit basire (S. 167, Anm. 136). —

Die freie Handlung des Verbrechers wird ein „Wunder" genannt (S. 170). Dies darf uns bei dem mit Schlagworten kämpfenden Autor nicht „Wunder" nehmen! „Feste Grundsätze" fehlen in dem ersten Bande des Unrechts, wir werden vertröstet auf den „folgenden Band" (S. 186).

---

nicht auf seinen Wunsch kommt es an, sondern auf den Willen. Der Wille aber fordert ein Object. Der Mann, wenn er etwas fest wollte, hätte sich erkundigt, und dann sicher nicht in ein leeres Bett geschossen, wenn er nicht unvernünftig war.

*) Das genus Mensch kann Niemand angreifen wollen; das kann man höchstens aus Pessimismus, wie die neueren Philosophen, wünschen. Dagegen ist ein Tödtungswille gegen Personen möglich, welche „nur durch ein Merkmal, das sie schon gegenwärtig oder aber erst zukünftig auszeichnet, von der grossen Masse der übrigen Menschen abgeschieden werden" (Bindings Normen II S. 417). Hierher gehört der Fall der Brunnenvergiftung: die Menschen, die das Wasser trinken werden, sollen sterben.

---

§ 5.

Die Ursache und die Schuld in dem menschlichen Willen.

Der menschliche Wille setzt Ursachen, denn er setzt durch seine Handlungen Bewegungen, die nicht immer verursachende Bewegungen zu sein brauchen — Bedingungen — wohl aber solche sein können. Weil aber seine Bewegungen aus der inneren Welt der menschlichen Persönlichkeit stammen, sind sie selbst nicht bedingte, sondern ursächliche. Aus diesem Grunde ist der Wille, wenn er Ursachen setzt, verantwortlich. Der Wille ist frei, das Causalitätsgesetz herrscht nur in der äusseren Welt. Er kann seine Handlung nur entschuldigen, wenn er noch nicht im Besitz seiner Kraft (das Kind), nicht mehr im Besitz seiner Kraft (der kindische Greis), oder nicht fähig ist, seine Kraft zu entwickeln (der Kranke). —

Wenn aber diese Wahrheit auch dem einfachsten Manne einleuchtet, weil sie ihn die Selbstbeobachtung lehrt, wenn es keine Staaten und keine Gerichte ohne sie geben könnte, die es doch gibt, so ist es doch nöthig, sie zu begründen, weil sie von der Wissenschaft, und nicht von ihren unbedeutendsten Vertretern, geleugnet wird, welche annehmen, dass der Wille nicht frei sei, sondern nach einem Naturgesetz handle. Wäre dies wahr, so dürften wir keinen Mörder mehr bestrafen. Deshalb ruft dieser Irrthum gerade den Juristen zu den Waffen, denn er droht die Gerechtigkeit mit der Verschuldung aus der Welt zu verdrängen. — Sonderbarer Weise ist unsere Zeit des Materialismus, d. h. der Sinnengläubigkeit, zugleich die Zeit des schroffsten Egoismus! In der Theorie wird das „Ich" verneint, in der Praxis in den Vordergrund gestellt. Allerdings gibt es

12 *

Ausnahmen. So sagt der ernste Moleschott, gegen die Genussucht und den Egoismus eifernd (Kreislauf des Lebens Seite 451), der Wille sei „naturnothwendig gut." Doch entlehnt er das „gut" einem Kantischen Begriffe.

Kommen wir indessen zur Sache!

Bei der Darstellung der Vorgänge in der inneren Welt des Menschen sprechen wir nur in Begriffen, die der gesunde und erwachsene Nebenmensch begreift,[*] weil er selbst diese innere Welt besitzt, die sich aber nicht bildlich oder sinnlich darstellen lassen, weil sie nicht mehr der Erscheinungswelt angehören. Die nachstehende Darstellung ist nur ein Nothbehelf für Undarstellbares.

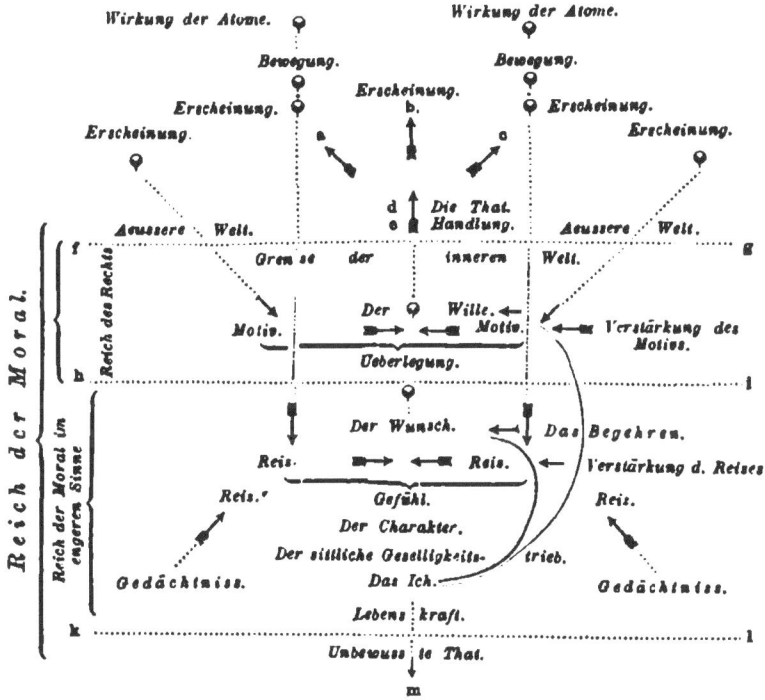

----

[*] Beim kranken Zustande des Gehirns wirkt bekanntlich der Reiz so stark auf das Ich, dass dieses die Gedanken wie Stimmen von

Die Grenze f g ist die Grenze der inneren Welt, wem dies nach seiner Anschauung besser klingt, möge sagen: die Hirn-schale, aber das Wort reicht nicht mehr aus, sobald nachge-wiesen ist, dass im Gehirn vom Ich ausgehende Bewegungen stattfinden. Die Bewegungen der äusseren Welt werden durch die Wahrnehmungen der inneren Welt aus bewegten Dingen „an sich" zu Erscheinungen (a, b, c). Diese wirken auf den Menschen durch das Vorstellungsvermögen, das Begehrungsver-mögen etc. ein, es entstehen Reize. Diese Reize nimmt das Ich wahr. Lässt es seinem Gefühl freien Lauf, so entsteht der Wunsch. Es kann aber auch das Gefühl nicht zum Wunsche werden lassen, wenn er z. B. unsittlich ist. Deshalb ist im Reiche der Moral das Ich auch für den leisesten Wunsch verantwortlich, und wer ein Weib begehrlich anschaut, ist ein Ehebrecher. Wirkt die äussere Welt — sei es in der Erinnerung oder durch die Sinne, aber auch die Erinnerung, welche in der Vorstellung jetzt liegt, ist früher durch die Sinne gegeben*) — noch stärker auf die innere ein, so entstehen Motive. Diese bekämpfen sich. Aber das Ich legt sich erwägend über die Motive, es überlegt,**) das Ich verleiht einem Motiv die Kraft über das andere zu siegen.

---

aussen hört, vor denen es sich nicht retten kann, obwohl es seiner selbst bewusst bleibt. Es hat die Herrschaft in seinem Reiche ver-loren, es nimmt seine Stelle nicht ein, es ist, wie die Sprache wieder richtig sagt, die in diesem Reiche daheim ist, „verrückt." Deshalb hat das Recht für diese Kranken keine Schuld, so wenig wie die Moral.

*) Einen phantastischen Willen gibt es nicht. Ich kann wünschen, den Mond gegen die Erde zu schleudern, aber ich kann das nicht wollen.

**) Die Sprache arbeitet mit richtigen Ausdrücken, denn sie ist in der innern Welt daheim. „Er überlegt", „er denkt nach", „er ist mit sich fertig", „er ist zu Stande", „er erwägt noch". „er kann nicht in's Reine kommen", Alles dies bezeichnet das Richteramt des Ich, welches über die es bedrängenden, aus der Aussenwelt stammenden Motive frei zu Gericht sitzt.

Dann entsteht der Wille, der allerdings nicht so frei ist,
dass er nicht motivirt wäre, der aber von dem „Ich"
abhängt, weil dieses dem Motiv die Kraft geben oder ihm dieselbe nehmen kann. Nicht der Wille ist frei, aber das „Wesen
des Menschen," welches über die Motive mit sich zu Rathe
geht."*)

Deshalb ist der Mensch für die That des Willens verantwortlich. Er ist an der That „schuld."

Es ist möglich, dass er in Folge seines Charakters — und
den soll er haben — gleichförmig sich zu Gut und Schlecht
verhalten wird, aber dieser Charakter ist nichts anderes als sein
Ich, im Verhältniss zu seinem Willen. Für die „Ausbildung seines Ichs" ist er verantwortlich, er muss für
seinen Charakter einstehen. Wenigstens in der Rechtswelt;
in der Welt der Moral mag seine Erzieher ein schwerer Vorwurf
treffen, obwohl das Ich, wie die Erfahrung lehrt, so frei sich
bildet, dass aus der miserabelsten Familie ein ausgezeichneter
Mensch erwachsen kann, wie von braven Eltern wahre Scheusale
der Gesellschaft abstammen können. Das Recht hat es mit
Erwachsenen zu thun, die sich selbst erziehen müssen.
Kinder und Kranke straft es nicht!

Mit Recht sagt Drobisch: **) „es ist durchaus nicht nothwendig,
dass der Mensch dem Ergebniss der Ueberlegung folge: Die
Wahl zwischen diesem und seinem bis jetzt zurückgedrängten
Begehren (ich nenne es Reiz und Motiv) scheint ihm noch frei
zu stehen. Gleichwohl ist es auch nicht rein zufällig, worauf
dieselbe fällt; sie ist nicht indeterminirt, sondern determinirt,

---

*) „Mit sich zu Rathe gehen" nennt die Sprache mit Recht den
Vorgang. Während die Motive wie streitende Parteien rechten, fällt das
Ich den Richterspruch, und übt dieselbe Arbeit, die ein Einzelrichter zwei
streitenden Anwälten gegenüber „mit sich" vornimmt.
**) Die moralische Statistik und die Menschliche Willensfreiheit, 1867,
Seite 104.

theils durch den persönlichen Charakter der Menschen (ich setze hinzu, weil der Charakter die That des Ich ist, durch sein Ich,[*]) also durch seine Freiheit) theils durch die sein Begehren erweckenden äusseren Umstände" (besser Reize und Motive). Nun höre ich erwidern, „wer sagt uns, dass der Charakter nicht ein Wahn, und die Freiheit des Ichs (nicht des Willens) nicht ein Traum ist?"

Die Naturforscher können uns diese Frage nicht beantworten, denn der Charakter und das Ich fallen nicht in die Erscheinungswelt; das Ich kann ein Mikroscop so wenig finden wie es das „Ding an sich" finden kann. (In der That entspricht, wie schon Kant ausführt, das Ich an Unerfassbarkeit dem „Ding an sich." Grobheiten, wie sie Büchner ausspricht, helfen hier dem Naturforscher nicht auf die rechte Bahn.)

Der Philosoph hingegen steht vor dem Dilemma, dass er, um das Ich zu erkennen, nichts hat als das Ich selbst, das vor der Auskunft über sich selbst scheinbar zurückschreckt, und sich in die Erscheinungswelt stürzt, um — zu schweigen über das reine Sein. — Das Ich als Individuum der Erscheinungswelt verweigert in der Erscheinungswelt die Antwort über die Frage nach dem Ich „an sich," weil es in der Erscheinungswelt Unfassbares nicht in dieser beantworten kann.

Immerhin können wir in der festen, bestimmten Bejahung unserer Frage durch die Mehrzahl der denkenden Wesen einen Trost finden. Die Wahrheit gibt mir die Selbstbeobeobachtung. Das „Ja," welches hier erklingt, lässt sich

---

[*] Nur auf diese letzte, hinter den Motiven, hinter der Ueberlegung, über der Erziehung und über den Einflüssen stehende Wesenseigenheit, von der der Mensch wie von einem zweiten Ich spricht, wenn „er" mit „sich" zu Rathe geht, gilt Schillers wahres Wort: „Der Mensch ist frei geschaffen, ist frei, und wär' er in Ketten geboren."

nicht durch falsche Gründe betäuben. Wer es hört, soll es, wie
Binding, Ortmann, v. Ihering u. A., muthig aussprechen! —

Es ist aber in der That seltsam, sich die Frage über die
Freiheit des Ich, die dieses allein beantworten kann, von
Anderen beantworten lassen zu wollen, denn diese Frage ist
die einzige Frage in der Welt, die sich der Mensch
naturgemäss nur selbst beantworten kann, und bei welchen ihn
die Antworten Anderer nicht überzeugen können.

Für mich bedarf es deshalb der Antwort Anderer nicht. —

Bei der Heftigkeit der Controverse will ich indessen noch
auf Kant's Ansicht eingehen.

Nach Kant ist das Moralgesetz eine Thatsache des Bewusstseins, das in der Form eines allgemeinen und allgemein
giltigen Gebots, welches lautet: „handle so, dass die
Maxime deines Willens jederzeit zugleich als
Princip einer allgemeinen Gesetzgebung gelten
können" (der kategorische Imperativ), uns vorschreibt, was
wir thun sollen, d. h. wie der unseren absichtlichen Handlungen zu Grunde liegende Wille beschaffen sein muss, um
für gut gelten zu können.*) Dieses Moralgesetz gibt sich die
reine praktische Vernunft, der vernünftige Wille, selber. Die
Fähigkeit des Willens, sich selbst ein Gesetz zu geben und
nach diesem sich selbst zu bestimmen, ist seine „Freiheit." —

Mit Recht macht Drobisch den Einwand: „der blosse nackte
Wille ist nicht zum Gesetzgeber geeignet. Der Wille verhält
sich gleichgiltig gegen den Gehalt des Gewollten".

Obwohl das ein gewaltiger Einwand gegen den gewaltigen
Denker ist, muss ich Drobisch beistimmen!

---

*) cf. Drobisch „Moralische Statistik", S. 65.

Der Wille ist nur eine gegen die Aussenwelt gerichtete Bewegung der Gedankenwelt *) (Drobisch nennt ihn „Energie des Strebens“, Seite 69, loc. cit.). Er ist nur der letzte Wogenschlag der Welle gegen die äussere Welt. Die Woge selbst setzt das Ich in Bewegung (indem es ein Motiv stärkt). Die Gesetze dieses Wellenschlags regelt nicht der Wille, sondern das Ich (Drobisch spricht hier von „eigner Einsicht“ und dem „Menschen als Person“, Seite 69, loc. cit.). Das Ich ist der Gesetzgeber des kategorischen Imperativs, und nicht der Wille.

Und doch müssen wir an dem kategorischen Imperativ festhalten, wenn wir das dunkle Reich ergründen wollen, wo das Ich überlegt und entscheidet. Freilich müssen die Vermuthungen über dass Inner-Afrika der Philosophie noch Vermuthungen bleiben! —

Der kategorische Imperativ sagt meines Erachtens nichts Anderes als: lebe sittlich gesellig! Schon Aristoteles sagt ja, der Mensch sei „ein staatenbildendes Lebewesen“ und konnte den Homo sapiens nicht besser definiren. Damit kommen wir aber auf einen sittlichen Geselligkeitstrieb, der im Ich selbst seine Wohnung haben muss, der hinter dem Willen steht, und den wir bei allen Völkern finden. Dieser Trieb muss dem Menschen angeboren sein. Die Naturphilosophen unserer Tage, die uns Juristen so oft auf das Rechtsleben der Thiere verweisen (freilich ohne einen Begriff vom Recht zu haben), hüten sich, auf den kategorischen Imperativ zu kommen! In der That ist aber der sittliche Geselligkeitstrieb nur dem

---

*) Wille und Wunsch sind Resultate der von aussen erregten Gedanken und der von innen erfolgenden Entscheidung des Ich. Sie sind von den Gedanken an sich wesentlich verschieden. Eine Unzahl Gedanken werden ja weder Wünsche noch Willen.

Menschen eigen. Ihm danken wir die menschliche Moral.*) Auf der Moral aber ruht, wie meine Darstellung auch ver- bildlicht, das Recht. Das Recht herrscht im äusseren Reiche der Moral, immer aber bleibt jene der Oberbefehlshaber. Ueber beiden aber steht in unentwegter Freiheit und Ver- antwortlichkeit für alle bewussten Thaten (die un- bewussten Thaten, die weder Wunsch noch Wille passiren, sind rechtlich indifferente Bewegungen) das Wesen des einzelnen Menschen, das Ich.

Hören wir noch die Widersprüche unserer Gegner, um sie sine ira et studio zu widerlegen.

A. Die Einwendungen der Moralischen Statistik.

Auf Grund der moralischen Statistik (Quetelet etc.) und ihrer Resultate wird die Willensfreiheit in Abrede gestellt. Am schneidigsten von Dankwardt (Psychologie und Criminal- recht, 1863, S. 30 ff.), nach welchem jeder Bestrafungsfall ein Verbrechen gegen die Vernunft und Humanität enthält. Schon Binding (Normen II, S. 29) hat diesen Autor genügend kritisirt, von dem ich nicht verstehe, wie er bei solchen An- schauungen Jurist werden konnte?**) Binding hat auch bereits

---

*) Mit dem kategorischen Imperative ruht auf dem sittlichen Ge- selligkeitstriebe: die Sprache, die Erziehung, die Tradition von Geschlecht zu Geschlecht, die Moral, das Recht, die Geschichte der Menschheit bis zu ihrem letzten, grossen Ziele, das Drobisch so schön an- deutet, (Seite 110, 111 loc. cit.), bis zur moralischen Weltordnung, welche der religiöse Glaube das „Reich Gottes" nennt. Wem könnte es in den Sinn kommen, hier Vergleiche mit der Thierwelt ziehen zu wollen, der alle diese Güter fehlen? In jedem denkenden Menschen müsste ihm ein Widersacher erstehen.

**) Auch in civilistischen Arbeiten ist dieser Autor höchst unglück- lich. Seine Arbeit über die negotiorum gestio ist total unbrauchbar (cf. meine Kritik in meinem „negotium utiliter gestum), und dabei geht seine Polemik und die Vertheidigung seiner grossen Irrthümer gegen Andere über die Grenze des Erlaubten weit hinaus (Windscheid, Pand. Bd. 2. S. 628 Anm. 17).

den Einwand der Moralstatistik abgewiesen. Da er jedoch in neuerer Zeit immer wieder sich geltend macht, kann es nicht schaden, nochmals seine Schwäche zu zeigen.

Es ist das grosse Verdienst Drobischs, dass er gezeigt hat „dass die moralische Statistik allerdings zwar auf einem Determinismus führt, aber nicht auf jenen äusseren, der den Menschen zu einem blossen Maschinentheil des Naturmechanismus macht, sondern auf einen innern psychologischen, der, ohne die Einwirkung der Aussenwelt auf unsern Geist gering anzuschlagen, doch diesem eine genügende und stetig zunehmende Unabhängigkeit von der Natur sichert, und der mit dem sittlichen Interesse nicht nur in keinem Widerstreit steht, vielmehr von diesem geradezu gefordert wird" (cf. Einleitung zur „Moralischen Statistik"). *)

In Italien macht sich bekanntlich jetzt eine sogenannte anthropologische Schule geltend, welche „die Nothwendigkeit in der Gesammtbewegung des Verbrechens anthropologisch darthun und evoluzionistisch begreifen will". An Stelle der Metaphysik soll anatomische Anthropologie treten. Hierbei wird nur die Kleinigkeit übersehen, dass die Lehre von den Gehirnfunctionen noch wenig ausgebaut ist, und zuletzt das methaphysische Wesen des eigenen Ichs nicht mit dem Messer zu zerlegen ist. An Stelle der Lehre vom freien Willen soll die Nothwendigkeit des Verbrechens treten, woraus sich für die menschliche Gesellschaft die Nothwendigkeit der Gegenwehr ableiten soll. Hierbei wird verkannt, was Rümelin in seinem Aufsatze „über einige psychologische Voraussetzungen

---

*) Ich nehme im Folgenden auf den statistischen Theil von Drobisch's Schrift Bezug, die allen Denen nicht genug empfohlen werden kann, die fremde Zeugnisse dafür brauchen, dass der Mensch nicht ein „Maschinentheil des Naturmechanismus" ist. Fehlte unserer, nach Gold hastenden Zeit nicht so sehr die Selbstbeobachtung in der Stille, so könnte Mancher sich bei seinem eigenen Zeugniss beruhigen.

des Strafrechts" (Reden und Aufsätze, N. F.) mit Recht hervorgehoben hat, dass alle Strafgesetze mit der Ansicht des Determinismus unvereinbar sind, denn für ein unvermeidliches Thun kann man nicht strafen. Aber auch abgesehen von der Consequenz lässt sich die Ansicht, wie ich gezeigt, aus sich selbst widerlegen.

Gegenüber dem übereilten Urtheil der sog. anthropologischen Schule ist zu verweisen auf den trefflichen Aufsatz von Oettingens, der uns zeigt, wie wir eine brauchbare, solide Criminalstatistik herzustellen haben und wie weit wir noch vom Ziel entfernt sind (Zeitschrift für die gesammte Strafrechtswissenschaft, 1. Band, Seite 417 ff.). Ich meine, gerade von Oettingen hat in dieser Frage eine schwerwiegende Stimme abzugeben.*) Es sei mir gestattet eine Stelle anzuführen, die nicht genug beherzigt werden kann: „Ein Gelegenheitsverbrecher kann dennoch moralisch weniger schuld sein als diejenigen, die seine Erziehung vernachlässigt oder die ihn in den schmutzigen Strom der Entsittlichung hineingezogen haben. In diesem Sinne wird und muss bei jeder Strafe und bei der Gesammtheit aller Strafen zugleich das Collectivgewissen der Gemeinschaft zu dem schmerzlichen, aber heilsamen Bewusstsein gebracht werden, dass in der vergeltenden Regressivmacht immer auch ein Stück Collectivschuld gesühnt wird."

In der That ist ja auch nach meiner Theorie die rechtliche Strafe nach ihrem Hauptzweck Aufrechterhaltung der Rechts-

---

*) Das Wesen der Gewohnheit beim Verbrechen ist insbesondere noch näher zu erforschen, wie v. Oettingen mit Recht betont. Nicht jeder Rückfällige ist ein Gewohnheitsverbrecher, wie nicht bei jeder zweiten Uebung ein Rechtssatz vorliegt. Das Wesen der Gewohnheit ist innere Nothwendigkeit! cf. das Beispiel von dem mitleidigen Spaziergänger in meiner Schrift. (Der Kampf des Gesetzes mit der Rechtsgewohnheit, 1877, Seite 13).

ordnung durch vergeltende Sühne. Für den Besserungszweck gebe ich mit v. Oettingen zu, dass hier noch ganz andere Factoren sozial-ethischer Art eintreten müssen als z. B. Einsperrung. Für diese Factoren das Collectivgewissen der Gemeinschaft zu erwecken ist mir Zweck und Aufgabe der Statistik, und nicht die geringste.

Die Gemeinschaft aber versündigt sich hier durch **Unterlassungen** der Erziehung, der Fürsorge, der Aufsicht, der Armenpflege, der Vagabundenüberwachung, etc. etc.

Hier müssen die Kräfte einsetzen, die b e s s e r n wollen, wenn ein Verbrechen h ä u f i g e r auftritt. Des häufigeren Auftretens wegen aber gleich im einzelnen Falle nach der Sicherungstheorie eine härtere Strafe zu verhängen, vermag ich nicht als eine Forderung der Gerechtigkeit anzusehen.

„Der Mensch ist frei; aber die Menschheit verfolgt ihren eigenen Weg."*)

Die moralische Statistik hat uns gezeigt, dass bei einer g r o s s e n Zahl (n u r b e i d i e s e r!) von Personen, die zu gewissen w i l l k ü r l i c h e n Handlungen befähigt sind, die Zahl derer, welche diese Handlungen innerhalb eines b e s t i m m t e n Z e i t r a u m s vollziehen, zu der Gesammtzahl der dazu Befähigten in einem c o n s t a n t e n V e r h ä l t n i s s steht, so dass sich diese Verhältnisszahl i n d e r F o l g e gleichbleibt, und dass auch die Zahl derer, welche solche Handlungen vollziehen, zu der Zahl derer, welche sie unterlassen, in einem constanten Verhältniss steht.**) Allein diese constante Regelmässigkeit beruht nicht auf einem G e s e t z, das den Handlungen v o r a u s g e h t, und gebieterisch Vollzug verlangt, sondern alle Gesetzlichkeit, welche die moralische Statistik nachweist, ist das P r o d u c t von

.

---

*) cf. die citirten Worte des Ministers L. Bodio bei v. Oettingen loc. cit. Seite 434.

**) Drobisch loc. cit. Seite 13.

relativ constanten Ursachen, neben welchen aber noch unzählig andere variable Ursachen bestehen (die sich jeder Subsumtion unter einer Regel entziehen).*)

Meines Erachtens liegt ein grosser Fehler der gegnerischen Anschauung in dem Satze post hoc ergo propter hoc. Der Statistiker findet — aber nur bei einer grossen Zahl — ein Gesetz — aber nur bei grösseren Zeiträumen —; geschieht nun nach der Auffindung des Gesetzes etwas, was zu dem Gesetze stimmt, so nimmt er an, es geschehe in Folge des Gesetzes, stimmt es nicht, so gehört es zu „den geringen Abweichungen." —

Allein schon die Thatsache der Nothwendigkeit der „grossen Zahl," der „Zeiträume," und vor Allem die Abweichungen, die sich nicht leugnen noch erklären lassen, machen dies angebliche „Gesetz" für den Criminalisten unbrauchbar! Dieser hat es mit dem einzelnen Falle zu thun; bei diesem entscheidet:

A. 1) Das Ich, das frei ist.

    2) Der Charakter, der frei vom Ich gebildet ist und für den das Ich verantwortlich ist.

Diese Ursachen sind freie Ursachen, sie sind nicht einmal, wie Drobisch sagt, relativ constant.

Ferner entscheiden bei jedem einzelnen Falle:

B. Unzählige andere Ursachen, die sich aber nicht, obwohl sie variabel sind, jeder „Subsumtion unter eine Regel" entziehen (Drobisch). In diesen Ursachen (besser Bedingungen) aus der äusseren Welt lässt sich vielmehr eine Regel erkennen.

Auf dieser Regel und der Thatsache, dass viele Ichs und Charaktere sich ähneln und ähnlich handeln, beruht das

---

*) Drobisch loc. cit. Seite 19.

Produkt der Statistik, welches selbstverständlich kein vor dem einzelnen Falle bestehendes Gesetz zu geben vermag. Dass viele Ichs, wenn die Regel der äusseren Welt an sie heran tritt, ähnlich handeln, gebe ich also zu. — Muss sich da nicht auch dem Juristen die Frage Drobischs aufdrängen, „ob nicht auch da, wo wir aus inneren Motiven zu wollen und zu handeln, uns selbst zu gewissen Richtungen des Wollens zu bestimmen meinen, wir in einer grossen Täuschung befangen sind? Ob nicht in höherer Instanz alle Antriebe zum Wollen und Handeln von aussen her stammen?" Müssten wir diese Frage bejahen, so wäre das Ich, denn dieses gibt die inneren Motive, d. h. es verstärkt nach meiner Ansicht den äusseren Reiz, nicht mehr frei und wir könnten nicht strafen.

Fassen wir die Ergebnisse der Statistik über die Verbrechen scharf in's Auge! (cf. Drobisch, loc. cit., S. 32 ff.)

Nach den Ergebnissen der Jahre 1826 bis 1844, mit denen Quetelet rechnet, war die Wahrscheinlichkeit, verurtheilt zu werden (die Wahrscheinlichkeit der Anklage interessirt hier nicht!) in Frankreich:

für einen Mann 0,0002293,
für ein Weib 0,0000449.

Die Wahrscheinlichkeit, dass ein Mann von 60 Jahren im nächsten Jahre sterben werde, betrug 0,0357. Gleichwohl war diese geringe Wahrscheinlichkeit fast 156 mal so gross, als die, dass ein Glied der Bevölkerung in einem mittleren Jahre eines Verbrechens wegen werde verurtheilt werden.[*] —

a) Nehmen wir also einmal an, dass alle Individuen für das Verbrechen gleich zugänglich seien,[**] was nicht der

---

[*] Drobisch loc. cit. Seite 34.
[**] Drobisch loc. cit. Seite 34. ff. „Hinsichtlich dieser Zugänglichkeit bestehen .... grosse Ungleichheiten." (Geschlechter, Lebensalter!).

Fall ist, so zeigt sich eine auffallend geringe Zahl derer, in denen das Böse siegt. Meines Erachtens hängt dies mit dem kategorischen Imperativ und dessen letzter Grundlage, dem sittlichen Gesellschaftstriebe, zusammen. Der Trieb: lebe sittlich gesellig! und dessen Gebot: „handle so, dass die Maxime deines Willens jederzeit zugleich als Princip einer allgemeinen Gesetzgebung gelten könne!" hindern den Menschen am Verbrechen, sie lassen durch das Ich die Motive nicht siegen, so dass der Wille zum Verbrechen entsteht. Tief in der inneren Welt, in dem Reiche der Moral entstehen wohl, wir können das annehmen, in jedem Menschen die „bösen Begierden" aus dem Begehrungsvermögen Kant's, sie brauchen aber nicht zum Wunsche zu werden, das Ich kann es hindern. Zwischen Wunsch und Willen aber steht als treuer Wächter der menschlichen Gesellschaft (es ist nicht von ungefähr, dass die Begriffe: „Menschheit" und „Menschliche Gesellschaft" sich decken, eine „Thierische Gesellschaft" neben der „Thierwelt" gibt es nicht!) der Trieb der sittlichen Geselligkeit und dessen Kategorischer Imperativ. Er weist den Wunsch an der Grenze der Aussenwelt — und hier liegt das Reich des Rechts — zurück, und lässt ihn nicht zum Willen werden.

Also: anstatt zu beweisen, dass der Mensch eine Maschine ist, beweisst die grosse Wissenschaft der Statistik die Wahrheit Kants und mit ihr die alte Wahrheit des Aristoteles: „Der Mensch ist ein sittlich geselliges Lebewesen", also von der Natur und ihrer Nothwendigkeit ewig getrennt. Man müsste denn schliesslich das Nothwendigkeit nennen, dass jeder Mensch im tiefsten Grunde Mensch ist, dass wir alle Glieder einer Kette sind, dass wir Verwandte einer grossen Familie sind. Und diese Nothwendigkeit wollen wir Juristen uns gefallen lassen, denn mit ihr allein können wir, wie ich zeigen werde, in der Anstiftung der Mitmenschen etwas Strafbares finden.

Stünden wir aber je einmal vor der grausen, statistischen Thatsache, dass die Verbrechen in einem Lande nicht so verschwindend klein wären, sondern überwögen wie 5 : 6 (5 : 5 wäre gleich schlimm!), so wäre es mit der Menschlichkeit und dem kategorischen Imperative der Gesammtheit zu Ende, es bliebe der Minderheit nur übrig, auszuwandern. Es ist indess auch in keinem Lande zu befürchten, dass das Verbrechen siege. Hiergegen schützt auch die Talion: Böses wird mit Bösem vergolten! Wie soll da das Böse das Uebergewicht gewinnen? Schon das Gleichgewicht ist unmöglich. —

Mehr freilich muss die Erziehung nützen! Denn der Charakter ist eine freie That des Ich, aber die Mitmenschen können und müssen ihm bei dieser That helfen.*)

b) Es ist nun aber gar nicht der Fall, dass alle Individuen für das Verbrechen gleich zugänglich sind! Denn der mittlere Mensch, wie ihn die Statistik annimmt, ist „eine abstracte, mathemathische Fiction.“ **) Eine jede Fiction ist aber eine Unwahrheit, mit der das Strafrecht nicht rechnen darf. Unter dieser Fiction darf der einzelne Mensch im

---

*) Schön sagt Drobisch: „das höchste Ziel der Erziehung soll sein, dem jugendlichen Menschen einen edlen und festen Charakter anzubilden, ihn dadurch zur sittlichen Selbstbeherrschung empor zu heben und sittlich frei zu machen.“ (loc. cit. Seite 96). Diese Erziehung ist aber keine Aufgabe des Strafrichters. Die Strafe ist eine Vergeltung, und keine Erziehung!

**) Einen solchen Durchschnittsmenschen finden wir im bonus pater familias im Civilrecht. Hier, wo es sich um Schadenseratz handelt, mag sie gelten! Der Einzelne muss sich der Erfahrung Vieler hier fügen. Freilich lässt uns diese diligentia schon bei der negotiorum gestio gänzlich im Stich, und so wohl bei allen positiven Instituten (cf. Windscheid Pand. II. §. 430 Anm. 5 Seite 623). Im Strafrecht aber hat die Fiction keinen Raum. Sollte ein Mörder, ein Beispiel das gegen

einzelnen Fall nicht leiden, noch weniger sich mit ihr entschuldigen.

Ich schliesse mit Drobisch's Worten: „Dagegen lässt sie (die Statistik) die Frage ganz offen, ob der menschliche Wille jederzeit durch vernünftige Gründe bestimmt werden kann, auch den stärksten Verlockungen zu unbesonnenen oder unerlaubten Handlungen zu widerstehen, ob die eigene vernünftige Einsicht (ich sage hierfür „Ich", dieses Ich blickt allerdings mit Einsicht in die Wogen der Reize und Motive hinein) des Menschen jederzeit die Macht besitzt, seinem Wollen und Handeln die Richtung vorzuzeichnen."

Indem ich diese Frage mit guten Gründen bejaht habe, habe ich mit ihr die Freiheit des Ichs (nach Drobisch der „Einsicht"), die Verursachung des Willens, die Verschuldung des Menschen, die Bestrafung aller Verbrechen und damit auch der Verbrechen durch Unterlassung wie der Unterlassungsverbrechen bejaht. Nur wer auf diesem Standpunkte steht, darf m. E. praktischer Jurist oder Strafrechtslehrer ohne Gewissensbisse sein und bleiben.

B) Die Einwendungen der Materialisten.

Sobald die materialistische Anschauung, welche nur die Kraft und den Stoff anerkennt, beide mit einem Dogma „ewig" nennt, die „Ursache" leugnet, und den Menschen als unfreie Maschine auffasst, auf das Gebiet des Strafrechts kommt, geräth sie in ein arges Dilemma. —

---

von Bar angezogen worden ist, sagen: „Ich handle nach einem Gesetz, in Bayern wird durchschnittlich ein Mensch bei der Kirchweih ermordet!" so wird ihm kein Richter diese Regel glauben und ihn etwa, als Märtyrer der Gesellschaft, mit Liebe heilen; er wird ihm vielmehr den Mord, die freie That, vergelten mit gleichem Uebel.

Mit Recht sagt Binding: „Sie (die Vertreter des Materialismus) finden Alle den Weg, e d l e r zu sein, als die p r a k tischen Consequenzen ihrer Weltauffassung berechtigt erscheinen lassen. Sie vermeiden eben die Consequenzen zu ziehen! Keine wissenschaftliche Auffassung ist sittlich oder unsittlich, nur Handlungen und die Maximen derselben können am Massstabe der Sittlichkeit gemessen werden" (Normen II, S. 22, Anm. 35).

Allein wir Juristen sind praktische Leute, und uns kommt es auf die „p r a k t i s c h e n C o n s e q u e n z e n" an, denn das Recht ist das P r a k t i s c h s t e auf der Welt, weil es die menschliche Gesellschaft ordnet.

Ich will von den Vertretern des Materialismus, soweit er für Ursache und Schuld in Frage kommt, drei kritisiren: B ü c h n e r , F i s c h e r und M o l e s c h o t t .

B ü c h n e r beschränkt den freien Willen in die „e n g s t e n G r e n z e n", die er freilich nicht nennt. Es soll der freie Wille „schliesslich" nichts Anderes sein, als das Resultat der stärksten Motive. Dass das Ich die Motive überlegt und entscheidet, fällt Büchner nicht ein, und so kommt er zu dem u n p r a k t i s c h e n Resultate: „Mangel an Verstand, Armuth und Mangel an Bildung sind d i e d r e i g r o s s e n v e r b r e c h e n e r z e u g e n d e n F a c t o r e n . Verbrecher sind meistens weit mehr Unglückliche als Verabscheuungswürdige. Darum „thäten wir am besten, Niemanden zu richten und zu verdammen!" Und damit wäre der B a n k e r o t t der menschlichen Gesellschaft und des kategorischen Imperativs erklärt.*)

---

*) cf. Büchner, Kraft und Stoff, 12. Auflage Seite 277, wo sich auch folgende Bemerkung findet: „ein Theil der Bevölkerung der Gefängnisse wäre besser in Irrenanstalten untergebracht!" Diese Behauptung ist stets die verzweifelte Zuflucht des Materialismus bei der Thatsache von Staat, Verbrechen und Strafe. Er ist eben eine Lehre für die Thierwelt, nicht aber für eine sittlich freie Gesellschaft der Menschheit, er sieht in den Verbrechern tolle Hunde.

Nicht besser steht es um die Lehren Fischers. Während Büchner mit Grobheit zu überzeugen glaubt, citirt Fischer fort und fort Stellen aus Dichtern. Er kommt zu dem Satze: „der freie Wille ist eine durchaus abstracte Kraft, ein Agens aus jenen Höhen der Metaphysik, wo bekanntlich die Natur aufhört, natürlich zu wirken." (Ueber die Freiheit des menschlichen Willens, S. 203.) Der Metaphysik gehört er gewiss an, aber einer Methaphysik wie sie auch Kant anerkennt! Wenn der freie Wille so lange unmöglich ist, als die Wissenschaft, die Empirie (also diese allein ist im Sinne Fischers Wissenschaft; wo das Vergrösserungsglas versagt, hört sein Erkennen auf) andere als „natürliche Kräfte" von der Erklärung der Erscheinungen ausschliesst, so erwidere ich: die Materialisten haben nicht über den freien Willen und seine Möglichkeit zu entscheiden, und „natürliche Kräfte" erklären weder die letzte Ursache, noch das Ding an sich, noch das freie Ich des Menschen.*)

Weit gewichtiger sind die Einwendungen des ernsten Forschers Moleschott („der Kreislauf des Lebens", 1855). Ich will demselben nicht die Stelle entgegen halten, die dem Bewusstsein der Menschheit ins Gesicht schlägt**) und deshalb schon genugsam Widerspruch erfahren hat, ich will nur seine strafrechtlichen Folgerungen angreifen.

---

*) Interessant war es für mich, zu finden, dass auch Fischer die Sprache über die innere Welt als Beweis anführt (Seite 177 loc. cit.). Sie soll die Unabhängigkeit der Gedanken vom Willen verkünden. Das ist gar nicht nöthig zu beweisen, denn der Wille ist nicht ein blosser Gedanke! Aber sie verkündet die Freiheit des Ichs und seiner Ueberlegung von den Motiven. „Ich kam zu der Ueberzeugung" (Seite 178) etc., nicht ein Motiv!

**) „Der Gedanke ist eine Bewegung des Stoffes" und „sehr richtig hat Karl Vogt gesagt . . . . dass die Gedanken in demselben Verhältnisse etwa zu dem Gehirn stehen, wie die Galle zu der Leber oder der Urin zu den Nieren" . . . . Der Gedanke ist aber so wenig eine

Obwohl die Ansichten Moleschotts von vornherein den
Eindruck machen, als höre man wirklich die Materie selbst
sich verherrlichen, sind sie am Schlusse den Ansichten des
Philosophen nicht unähnlich, bei dessen Worten man den
Menschengeist selbst sich über den Stoff erheben sieht, sie
sind inconsequent. Es kann auch gar nicht anders sein,
denn der Mensch ist nach der materialistischen Ansicht eine
Inconsequenz der Natur, und die gefährlichsten Gegner
der Stofftheorie sind ihre Vertreter selber. Der
Stoff und die Kraft schreiben nie einen „Kreislauf des
Lebens", sowenig wie das je ein „Hamster" (Seite 420, loc. cit.)
im Stande sein wird.

Das Verbrechen, der entsetzliche Mord, der die Rachegeister
der Reue hinter dem Verbrecher herjagt, dass er sich oft
selbst sein elendes Leben nimmt, ist nach dieser Ansicht eine
„Naturerscheinung" so gut wie das Kreisen des Erdballs
(Seite 439, loc. cit.). „Die Einsicht entsteht immer nur als
Folge der Wirkungen und wird dadurch zur nothwendigen
Ursache des Willens" (Seite 442). Das ist der Satz, der den
Juristen zumeist interessirt. Die Einsicht, das Ich, soll
von aussen entstehen; dies Dogma heisst uns Moleschott
glauben, ohne es irgend wie beweisen zu können.

Allein Moleschott sieht den Staat, das Recht, die Richter

Flüssigkeit wie die Wärme oder der Schall. Der Gedanke ist eine Bewegung, eine Umsetzung des Hirnstoffs!" Ob der Gedanke in der Bewegung sich äussert, kann den Juristen gleich sein. Nur dass er nur
Bewegung des Stoffes und nicht mehr ist, muss er mit Kant leugnen.
Ueber dem Stoffe steht der Herr der Gedanken und damit der Herr des
Willens, das unbedingte, unstoffliche und deshalb nicht secirbare
oder erkennbare „Ich" des Menschen. Dieses Ich liegt, wie das „Ding
an sich" und die „letzte Ursache", im Reiche des reinen Seins und deshalb ist es das „Wesen" des Menschen (auch hier trifft die Sprache
wieder das rechte Wort für die innere Welt).

vor Augen, er traut seinen Sinnen, und deshalb muss er sich mit dieser „Naturerscheinung" abfinden.

Er sagt: Gut ist, was auf einer gegebenen Stufe der Entwicklung den Forderungen der Gattung entspricht. Es wohnt der menschlichen Gattung als Naturnothwendigkeit (warum?) ein, dass sie als Böse verwirft, was den Forderungen der Gattung zuwiderläuft. Das Böse im Einzelnen bleibt darum, wie der ganze Mensch, Naturerscheinung.

Um die Menschheit als solche zu retten und den Frieden zu gewinnen, in ihr Bücher zu schreiben, entlehnt Moleschott von Kant den kategorischen Imperativ (Forderung der Gattung). Ohne zu bedenken, dass, was Alle haben, auch der Einzelne haben muss, leugnet er bei dem Einzelnen das freie Sittengesetz, und spricht hier von „Naturerscheinung." Solche Irrthümer bedürfen kaum einer Widerlegung.

Noch unphilosophischer und deshalb unklarer (denn hier helfen nun einmal die „Hebel, Schrauben, Vergrösserungsgläser, Messer und Wagen" (Seite 438, loc. cit.) nichts!) ist Moleschotts Kampf gegen Kants „Ding an sich." Er sagt: „die ganze Sache ist sonnenklar, (!) wenn man sie nicht mit Kunst verdunkelt. (?) Das Ding an sich ist nur mit, ist nur durch seine Eigenschaften, durch seine Verhältnisse zu anderen Dingen, durch seine Eindrücke auf meine Sinne. Der denkende Mensch ist die Summe seiner Sinne (das verstehe wer kann!), wie das Ding, das er beobachtet, die Summe seiner Eigenschaften ist."

Also das Ding „an sich", das wir nie erkennen können, ist eine „Summe!" Eine wunderbare Entdeckung, die Kant erfreuen würde! Man (natürlich die „Schule", die die Materialisten verachten) bestrebt sich, dem Schüler einzuimpfen, dass er seine Blicke „wegwenden muss vom grünen Baum" — mit Recht, denn es gibt „an sich" keinen Baum sowenig wie ein

„grün", dies sollte übrigens doch schon die Farbenblindheit diesen Forschern lehren; aber sie müssen die Sinne vor dem „Ding an sich retten", denn sie leugnen das Ich, das über den Sinnen steht (loc. cit., S. 422, 423).

Indem der Materialismus die Freiheit des Ich, den kategorischen Imperativ, seine innere Stimme verleugnend, bestreitet, das „Ding an sich" und das „Causalitätsgesetz" in Abrede stellt, und uns dafür befiehlt, folgendes Dogma zu glauben: „die Kraft ist eine Eigenschaft des Stoffs, die Kraft ist vom Stoff unzertrennlich, die Kraft ist so unsterblich wie der Stoff", stellt er sich auf den Standpunkt des Glaubens, der sich nicht überzeugen lassen will, und deshalb ist hier jedes Streiten vergeblich. Wer das freie Ich leugnet, lebt in ewiger Lüge mit sich selbst. Er ist ein Kranker, den wir nur bedauern können. —

Trotzdem machen Bücher mit der Wahrheit: (?) „das Ding an sich ist sonnenklar, es ist eine Summe" und „der Mensch ist ein elender Sklave der Naturnothwendigkeit" soviel Aufsehen, trotzdem finden diese Autoren so viel Gläubige, dass es nöthig ist, sich bei dem Angriff auf Stärkere zu stützen, denn für Andere bedarf jede Wahrheit der Zeugen. Ich will daher am Schlusse noch in Kürze Binding citiren: „Im Wesen des einzelnen Menschen springt seiner Thaten Quelle. *) — Die Motive der einzelnen Handlung schöpfen ihre motivirende Kraft erst aus dem Individuum selbst. **) — Der Mensch bestimmt sich, heisst, er verwandelt auf Grund einer Abwägung Reize in Motive. — Der für den einen oder den anderen Reiz ausschlaggebende Factor, wie man ihm auch Namen geben mag, spottet der Herrschaft. ***) --

---

*) Normen II Seite 6.
**) loc. cit. Seite 7.
***) loc. cit. Seite 8.

So findet die freie Handlung ihre Quelle in einer unbedingten Ursache, und da solche in der dem Causalitätsgesetz ausnahmslos verfallenden Welt der Erscheinung keine Stelle findet, bleibt nichts übrig als sie in das dem Causalitätsgesetz nicht unterworfene Sein zu verlegen. Der Lösung des Räthsels unserer Freiheit und Verantwortlichkeit noch näher zu kommen, dazu versagen die stumpfen Erkenntnissmittel des Menschen."*) —

Endlich führt diese Anschauung nie zur Wahrheit und deshalb zur Verzweiflung an der Wissenschaft. Wenn es nothwendig ist, dass Kant seine Werke schrieb, wie es nothwendig ist, dass Moleschott**) sein Buch schrieb, dann ist es so nothwendig dass der Wille frei ist, wie dass er nicht frei ist, und Niemand kann sagen, wer Recht hat. Wenn es aber keine Wahrheit gibt, dann ist die Erde kein „Paradies" (Moleschott, loc. cit., S. 451), dann ist unser Loos der „unendlichste Ekel an einer Existenz ohne Sinn und Bestimmung" (Binding, Normen II, S. 22), dann hat keine Wissenschaft einen Werth mehr. —

Ich stelle hier an den Schluss das entgegengesetzte Resultat meiner Forschung:

1) Das Ich ist das innerste Wesen des einzelnen Menschen.

2) Das Ich wandelt frei und nicht nothwendig den Reiz in den Wunsch um und stärkt die Motive zum Wollen.

3) Der Wille ist deshalb motivirt, aber frei.

4) Das Product des Willens, seine Aeusserung wie seine Handlung, ist die freie That des Ich.

---

*) loc. cit. Seite 10.

**) Moleschott darf gar nicht sagen „Ich sage", „Ich lehre", denn in ihm sagt und lehrt mit Nothwendigkeit von Ewigkeit her der Stoff. Der Materialist besitzt kein „Ich", schon seine Conjugation enthält einen Fehler, er darf nur in der dritten Person sprechen.

5) Aus diesem Grunde wird der Mensch verantwortlich.

6) Die Verantwortung wird zur rechtlichen Schuld,
weil der einzelne Mensch (nicht Moleschotts
Gattung) den sittlichen Geselligkeitstrieb
besitzt.

7) Für die Unbedingtheit des Ich liegt der Beweis
in uns selbst.

C. Die Einwendungen Schopenhauers.

In seiner gekrönten Preisschrift über die Freiheit des
menschlichen Willens (die beiden Grundprobleme der Ethik,
3. Aufl., S. 3—102) macht der Philosoph Schopenhauer ver-
nichtende Angriffe gegen die Ansicht derjenigen, welche eine
unbedingte Freiheit des Willens annehmen, welche allerdings mit dem Zufall zusammen fallen würde.

Wir haben diese Angriffe insofern nicht zu fürchten, als
wir nur einen motivirten Willen anerkennen. Da aber
Schopenhauer *) auch die Freiheit des Ich, welches diesen
Willen durch die Stärkung der Motive hervorbringt,
leugnet, indem er an die Stelle des Ich den Willen
selbst stellt, müssen wir die Angriffe abwehren, umsomehr
als wir es hier nicht, wie bei den Sinnengläubigen und Materialisten, mit leichtwiderlegbaren Irrthümern zu thun haben,
sondern mit einer Weltanschauung, welche in der tiefsten Tiefe
des Menschen einsetzt und hier versucht, seine Persönlichkeit
in Frage zu stellen.

Mit Recht sagt Schopenhauer, die natürliche Verkehrtheit
des Verstandes in speculativen Forderungen dürfe uns nicht

---

*) Es ist zu bedauern, dass dieser Forscher, aus Groll über die Ver-
kennung seiner Verdienste, oft eine Sprache gebraucht, welche des Gelehrten durchaus unwürdig ist. Beim Aussprechen vornehmer Gedanken sollte man sich vornehm ausdrücken.

wundern, da er ursprünglich allein zu praktischen und keineswegs zu speculativen Zwecken bestimmt sei.*)

Der Mensch ist ein Geschöpf mit dem sittlichen Geselligkeitstrieb. Er bedarf des Familienlebens. „Es ist nicht gut, dass er allein sei." Könnte es ein entsetzlicheres Schicksal geben, als das Geschick eines Menschen, der allein auf der Erde stünde? Er bedarf aber auch des Staates. Die Erziehung in der Familie genügt nicht, die ganze Geschichte muss eine Erziehungsgeschichte der Gattung „Mensch" sein.

Und hier kommen wir zu den Forderungen der praktischen Vernunft, zu der Freiheit des Willens und zur Lehre vom Recht, das Kant so schön und voll vertreten hat, dass ihm Schopenhauers Angriffe in Ewigkeit nicht schaden dürften („Nur aus Kants Altersschwäche ist mir seine ganze Rechtslehre . . . . erklärlich", Welt als Wille und Vorstellung, 5. Aufl., 1879, I. Band, Seite 396).**)

Was macht nun Schopenhauer aus der Freiheit des Ich?

Wir Juristen sind praktische Leute. Gehen wir von den praktischen Consequenzen zunächst aus. Wir können und dürfen nicht, wie der Philosoph es muss, vom Staate und vom Rechte abstrahiren, wenn wir nicht für unsere Wissenschaft unpraktisch werden wollen.

Diese Consequenzen Schopenhauers sind folgende („Schluss und höhere Ansicht" die beiden Grundprobleme, Seite 90 ff.).

Auf die Frage: Lässt die Freiheit des menschlichen Willens sich aus dem Selbstbewusstsein beweisen? Antwortet

---

*) Die beiden Grundprobleme der Ethik S. 93.

**) Nicht Altersschwäche liess Kant an der Freiheit festhalten, sondern das auch noch im Alter starke Festhalten an der Individualität seines reinen Seins. Nimmer würde er in der Indischen Lehre das Heil der Zukunft erblickt haben, der das freie Ich total verloren gegangen, oder die es besser noch gar nicht gewonnen. Die Indier sind Kinder, die ein Traumleben träumen. — Sollen wir wieder in die Kinderstube gehen? — — —

er mit Nein! Denn die Aussagen des Selbstbewustseins lauten
nur: Ich kann thun, was ich will! Nun meint Schopenhauer,
die Frage müsse so gestellt werden: Kannst du auch wollen,
was du willst? „welches herauskommt, als ob das Wollen noch
von einem anderen, hinter ihm liegenden Wollen abhinge. Und
gesetzt, diese Frage würde bejaht; so entstünde alsdann die
zweite: kannst du auch wollen, was du wollen willst?" und
so würde es ins Unendliche höher hinaufgeschoben werden."
(Seite 6, loc. cit.)

Hier liegt der Fehler! Hinter dem Wollen soll wieder ein
Wollen liegen! Hinter dem Wollen liegt aber das Ich, das die
Motive erst zum Wollen stärkt. Die Frage kann gar nicht
in das Unendliche erst durch Fragen hinaufgeschoben
werden, denn das freie Ich gehört wie das Ding an sich dem
reinen Sein an, ist der Erscheinungswelt und mithin auch
dem Raume („unendlich"? hinter dem Willen liegt kein
Raum!) entrückt, ist weder zufällig noch nothwendig
und steht über aller Causalität, die nur für die Erscheinungswelt gilt.*) Das individuelle Ich kann über das Ich
„an sich" gar keine Auskunft weiter geben, als dass es ist.
Es ist ein Widersinn von Schopenhauer, sein Ich und das der

---

*) Es ist ganz richtig, dass wir bloss einmal nach der Quelle des
Willens zu fragen brauchten (loc. cit. S. 7). denn diese Quelle liegt nicht
im Raume, sondern im reinen Sein. Die Worte „in's Unendliche
höher hinaufgehoben" verwirren den Leser, denn sie sind auf ein Wesen
des reinen Seins überhaupt philosophisch nicht anzuwenden! Das so viel
gescholtene Selbstbewusstsein hat gar nicht so Unrecht! Es sollte nur nicht
antworten: „Frei bin ich, wenn ich thun kann, was ich will" sondern:
„Ich kann wollen was ich bin, und weil „ich" frei bin, so ist mein Wille
zwar motivirt, aber frei!" Uebrigens bin ich auch nicht davon überzeugt,
dass die Ichs, die Schopenhauer befragt, ihm stets nur trotzig geantwortet
hätten: „Ich kann thun was ich will". Die Menschen sind nicht so thöricht, wie sie jener Philosoph darstellt. Aber es schmeichelt den Leser,
sich in die Reihe weniger „Auserwählter" zu zählen. Daher der grosse
Beifall.

Anderen in der Erscheinungswelt deshalb zu verhöhnen. Indem nun Schopenhauer die Natur dieses Ich als eines Wesens des reinen Seins übersieht, und einfach mit dem Begriffe n o t h - w e n d i g u n d d e s s e n N e g a t i v e w e i t e r operirt (Seite 7 ff., loc. cit.), muss er zu irrigen Resultaten kommen.

Fassen wir nun jetzt diese Resultate ins Auge.

Seite 93, loc. cit., heisst es: „Es gibt noch eine Thatsache des Bewusstseins . . . . . Diese ist das völlig deutliche und sichere Gefühl der V e r a n t w o r t l i c h k e i t für das was wir thun, der Z u r e c h n u n g s f ä h i g k e i t für unsere Handlungen, beruhend auf der unerschütterlichen Gewissheit, dass wir selbst d i e T h ä t e r u n s e r e r T h a t e n sind. Vermöge dieses Bewusst- seins kommt es Keinem, auch dem nicht, der von der im bis- herigen dargelegten Nothwendigkeit, mit welcher unsere Hand- lungen eintreten, völlig überzeugt ist, jemals in den Sinn, s i c h f ü r e i n V e r g e h e n d u r c h d i e s e N o t h w e n d i g k e i t z u e n t s c h u l d i g e n , u n d d i e S c h u l d v o n s i c h a u f d i e M o t i v e z u w ä l z e n , da ja bei deren Eintritt die That unaus- bleiblich war. Denn er sieht sehr wohl ein, dass diese Noth- wendigkeit eine s u b j e c t i v e Bedingung hat (ich setze hinzu: eine j u r i s t i s c h e !), und dass hier objective, d. h. unter den vorhandenen Umständen, also unter der Einwirkung der Motive, die ihn bestimmt haben, doch eine ganz andere Handlung, ja, die der seinigen gerade entgegengesetzte, sehr wohl möglich war und hätte geschehen können, w e n n n u r E r e i n A n d e r e r g e w e s e n w ä r e ; hieran allein hat es gelegen."

Wer ist denn „Er?" Ich sollte meinen das freie Ich. Aber Schopenhauer meint den C h a r a k t e r . „Die Verantwortlichkeit trifft zunächst die That, im Grunde den Charakter, für diesen fühlt er sich verantwortlich."

Wir Juristen dürfen also bei einem Morde nicht für die That strafen. Wir dürfen Keinen „Mörder" nennen, sondern wir müssen sagen „er ist ein schlechter Mensch." Und diesen schlechten Charakter nur müssen wir strafen, denn für den Mord ist der Einzelne nicht verantwortlich.

Die Verantwortlichkeit für die That wäre aber doch vorhanden, wenn das Ich frei ist. Und auf diese Freiheit stossen wir bei Schopenhauer, S. 96 ff., loc. cit. Dem intelligiblen Charakter kommt absolute Freiheit d. h. Unabhängigkeit vom Gesetze der Causalität zu. Diese Freiheit ist aber eine Transscendentale d. h. nicht in der Erscheinung hervortretende. Sie ist „ausser aller Zeit, als das innere Wesen des Menschen an sich selbst zu denken".

Mit dieser Freiheit haben wir Juristen zu rechnen, dieses innere Wesen des Menschen haben wir zu bestrafen, denn aus diesem „Ich" kommt frei der motivirte Wille in die grosse Welt des Rechts.

Es ist unlogisch, dass die „Freiheit, welche im Operari nicht anzutreffen sein kann, im Esse liegen" muss (Seite 97 loc. cit.). Aus dem Esse folgt das Operari, im Esse liegt die Freiheit, und aus ihr folgt bei jedem Verbrechen frei das Operari. Nicht nur für die Welt der Erfahrung steht das „Operari sequitur esse" ohne Ausnahme fest, das Wort gilt auch für die innere Welt. Im Gebiete jeder einzelnen Handlung ist die Freiheit zu treffen, — Schopenhauer rückt sie in das Transscendentale und deshalb Unpraktische und Unjuristische (Seite 98 loc. cit.) — aber bei jeder Handlung gilt auch das Wort: la liberté est un mystère. Das „Ich" ist ein Geheimniss. Das „freie Ich" ist transscendental und deshalb ist es auch der freie Wille. Wem von uns, der einer Verhandlung über einen Mord beigewohnt, wäre nicht schon ein Schauer vor diesem Geheimniss gekommen? Und wer hätte es nicht geahnt, wenn er in der Rechtsgeschichte liest, dass Opfer einer abscheulichen Justiz eher in der Qual der Folter erlagen, als dass sie Andere als Mitschuldige nannten, die es nicht waren?

Auch Schopenhauer gebraucht dieses Beispiel, doch er wendet es auf die Wahrung des eigenen Lebens trotz Folterqual an. Selbst angenommen, dass es nach der Tortur noch ein L e b e n zu nennen war, wo lag dann in meinem Beispiel der „Wille zu leben?" — Und sind nicht Philosophen, wie B r u n o, Märtyrer der Wahrheit ohne alles und jedes Nebeninteresse geworden?

Wenn nun für die einzelne Handlung keine Verantwortlichkeit existirt, weshalb ist der Mörder für den Charakter verantwortlich?

Dem dreifachen Unterschiede von unorganischen Körpern, Pflanzen und Thieren entsprechend zeigt sich nach Schopenhauer in drei Formen die Causalität: als U r s a c h e („Ursach" — warum ohne „e"?) im engsten Sinne des Worts, oder als R e i z, oder als M o t i v, ohne dass durch diese Modification ihre Gültigkeit a priori und folglich die durch sie gesetzte N o t h w e n d i g k e i t d e s E r f o l g e s im Mindesten beeinträchtigt würde.

Schon damit ist ausgesprochen, dass bei einem e i n z e l n e n M o r d e nie von Verantwortlichkeit oder Schuld die Rede sein kann, er war ja n o t h w e n d i g! Was bemühen wir Juristen uns um die Frage der S c h u l d im einzelnen Falle? — Genial wie Wenige stellt Schopenhauer die Grenze zwischen der Thierischen und der Nicht-Thierischen Natur fest. Die M o t i v a t i o n, die durch das E r k e n n e n hindurch gehende Causalität, hat nur die Thierwelt (loc. cit. S. 31).

Noch schöner betont er die grossen Vorzüge des Menschengeschlechts v o r a l l e n ü b r i g e n („Sprache, Besonnenheit, Rückblick auf das Vergangene, Sorge für das Künftige, A b s i c h t , V o r s a t z (!!!), planmässiges, gemeinsames Handeln Vieler, Staat, Wissenschaften, Künste u. s. f."). Es thut wohl, in einer Zeit, wo der Unterschied zwischen Mensch und Thier so vielfach geleugnet wird, solchen menschenwürdigen Worten zu begegnen. „Eben dieses, dass der Mensch durch eine eigene Klasse von Vorstellungen (a b s t r a c t e B e g r i f f e, G e d a n k e n), welche das

Thier nicht hat, aktuirt wird, ist selbst äusserlich sichtbar, indem es allem seinen Thun, sogar dem unbedeutendsten, ja allen seinen Bewegungen und Schritten, den Charakter des Vorsätzlichen und Absichtlichen aufdrückt; wodurch sein Treiben von dem der Thiere so augenfällig verschieden ist, dass man geradezu sieht, wie gleichsam feine, unsichtbare Fäden (die aus blossen Gedanken bestehenden Motive) seine Bewegungen lenken, während die der Thiere von den groben, sichtbaren Stricken des anschaulich Gegenwärtigen gezogen werden" (loc. cit. Seite 35).

Das Recht darf also Absicht und Vorsatz nur den Menschen zuschreiben, und darf deshalb nur von einer rechtlichen Schuld des Menschen reden. Der Narr, das Kind, das Thier, die Pflanze, der rollende Stein haben keine Schuld.

Aber gleich nach dieser prächtigen Stelle folgt der trotzige, Satz: „Weiter aber geht der Unterschied nicht. Motiv wird der Gedanke, wie die Anschauung Motiv wird, sobald sie auf den vorliegenden Willen zu wirken vermag. Alle Motive aber sind Ursachen, und alle Causalität führt Nothwendigkeit mit sich." Dies stelle ich durchaus in Abrede, als Mensch und als Jurist! Ich möchte übrigens wissen, wie Schopenhauer sieht, wie unsichtbare Fäden den Menschen lenken. Dieser „Zwiespalt der Natur" ist für mich unlösbar.

Die Motive sind nicht selbst zwingend. Schopenhauer kennt nicht, was wir Juristen Willen nennen (worauf allein der menschliche Vorsatz und auch die Fahrlässigkeit beruht). Der Wunsch gehört der Moral an, wünschen kann ich, was ich bin, aber ich kann es nicht immer verwirklichen. Der Wunsch bedarf der Aussenwelt nicht in seinem gegenwärtigen Entstehen, wenn er auch sein Object aus der Erfahrung und der mit dieser rechnenden Phantasie nimmt. Es kann keinen Wunsch ohne die Aussenwelt geben, so wenig wie es eine Dichtung ohne die Erscheinung geben kann. Aber der

Wunsch bedarf der gegenwärtigen Aussenwelt
nicht.

Ganz anders der Wille!

Kein Wille ohne Motive! Die Motive, von den Reizen
geboren und vom Ich zum Willen geschaffen, entnehmen ihren
Stoff der handgreiflichen Aussenwelt, den Objecten. Der folgende
Satz Schopenhauers ist daher durchaus falsch: „Der Mensch kann
nun, mittelst seines Denkvermögens, die Motive, deren Einfluss
auf seinen Willen er spürt, in beliebiger Ordnung, abwechselnd
und wiederholt sich vergegenwärtigen, um sie seinem Willen
vorzuhalten, welches überlegen heisst: er ist deliberationsfähig,
und hat, vermöge dieser Fähigkeit, eine weit grössere Wahl,
als dem Thiere möglich ist. Hierdurch ist er allerdings relativ frei, nämlich frei vom unmittelbaren Zwange der anschaulich gegenwärtigen, auf seinem Willen als Motive wirkenden
Objecte, welchem das Thier schlechthin unterworfen ist: er hingegen bestimmt sich unabhängig von den gegenwärtigen Objecten,
nach Gedanken, welche seine Motive sind. Diese
relative Freiheit ist es wohl auch im Grunde, was gebildete,
aber nicht tief denkende (wir danken!) Leute unter der
Willensfreiheit, die der Mensch offenbar vor dem Thiere voraus
habe, verstehen. Dieselbe ist jedoch eine bloss relative,
nämlich in Beziehung auf das anschaulich Gegenwärtige, und
eine bloss komparative, nämlich im Vergleich mit dem Thiere.
Durch sie ist ganz allein die Art der Motivation geändert, hingegen die Nothwendigkeit der Wirkung der Motive im
Mindesten nicht aufgehoben, oder auch nur verringert."

Wie oberflächlich die Behauptung ist, dass die Motive
des Thieres anschaulich gegenwärtige seien, die des
Menschen aber abstracte, blosse Gedanken seien, zeigt dem
Juristen ein Beispiel. — Ein Löwe will einen Mann zerreissen,
weil er ihn „anschaulich gegenwärtig" sieht. Er kann aber auch
einem Manne auflauern, den er früher in einer Hütte gesehen;

sein Wille tritt aber erst hervor und wird Wille, wenn er den Mann sieht. — Ein Mörder will einen Mann tödten, den er „gegenwärtig" sieht. Er kann aber auch einen Mann zu tödten wünschen, den er einmal gesehen. Sein Wunsch wird Wille, wenn er den Mann sieht. — Er kann keinen Mann seiner Vorstellung tödten wollen, der ihm nie gegenwärtig gewesen, und der Löwe kann einen Mann zu tödten wünschen, der ihm jetzt nicht gegenwärtig ist, es aber einst war. —

Der Wille des Thieres wie der Wille des Menschen richtet sich gegen ein gegenwärtiges Object der äusseren Welt. Beide bedürfen des „Anschaulichen," aber es genügt, dass dasselbe einmal gegenwärtig früher war und, bei der Verwirklichung des Willens, wieder gegenwärtig wird, obwohl der Wille auch bei Beiden sofort entstehen kann. Denn der Mensch wie das Thier haben Gedächtniss.

Nicht der Zwang des anschaulich Gegenwärtigen unterscheidet den Menschenwillen vom Thierwillen, sondern allein die Verantwortlichkeit und die Schuld. Schopenhauer vertauscht einfach Gedanken mit Motiven. Die Motive sind eine Art der Gedanken, sie entstehen durch die jetzt oder früher gegenwärtigen, anschaulichen Erscheinungen und deren Reize, welche das Ich zu Motiven des Willens stärkt. Deshalb sind sie Gedanken des Ich und tragen dessen Schuld. Daneben aber lebt im Ich die Legion der Gedanken, welche niemals Motive oder Willen werden, und die Einheit des Menschen bilden, wenn er nicht etwa verrückt ist und die Herrschaft über sie verloren hat.

Ich frage ferner: Wer ist der „Mensch," der die Motive seinem Willen vorhält? Wer ist der Ueberleger? (Seite 35 loc. cit.). Die Reaction auf äussere Ursachen findet Schopenhauer bekanntlich nur im Willen. Von der Erscheinung abgehend findet er diesen Willen so gut im Menschen wie in jedem „Ding an sich", in der Welt (S. 33, loc. cit.). Die „Welt

als Wille" wollen wir jetzt auf sich beruhen lassen! Die
„innere Welt" aber ist kein Wille, sondern ist das „Ich", der
Herrscher der Gedanken, der Motive und des Willens. Es
ist geradezu willkürlich und zufällig, dass Schopenhauer das
Wesen des Menschen „Wille" nennt. Der Mensch ist immer
„Ich", aber nicht immer „Wille". Der einsame Eremit wird
sehr viel denken, vielleicht Manches wünschen, aber in
Folge seiner Abgeschlossenheit von den Objecten sehr wenig
wollen. Der Wille steht vor der Pforte der Aussenwelt!
In der Tiefe der inneren Welt ist er nicht daheim. Hier ver-
schwindet zuletzt auch der Wunsch.

Nach Schopenhauer wäre meine Darstellung dahin zu
corrigiren:

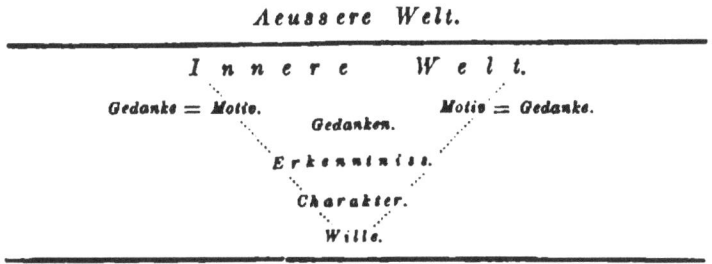

Nicht genug, dass diese Auffassung den ganzen Charakter
des Willens verkennt, der nur der äusseren Welt der
Objecte durch den Reiz seine Veranlassung dankt, und
Wunsch und Wille verwechselt, kommt sie nicht einmal
mit dem „Medium der Erkenntniss", durch welches die Causalität hindurchgeht, aus. Denn wäre der Wille kein Ich, so
müssten bei gleicher Erkenntniss Alle Dasselbe wollen! Es
müsste aber auch bei wachsender Erkenntniss der Mensch das
Bessere wollen — und doch gibt es unverbesserliche
Menschen! —

Noch viel gewaltiger ist der Einwand, dass ja dann
die „Durchgangsstation für die Causalität" das Be-

stimmende des Menschen wäre, und nicht sein Wesen, der Wille.

Den Ausweg aus dieser Noth findet Schopenhauer durch eine Modification des Willens, die unerlaubt und unrichtig ist.

Schopenhauer zählt den Willen zu den unergründlichen Naturkräften. Was sonst Undurchdringlichkeit, Härte, Trägheit etc. heisst, heisst beim Menschen Wille (loc. cit., Seite 47). Die Ursache ruft die Aeusserung dieser nicht weiter auf Ursachen zurückzuführenden Kraft hervor.

Diese speciell und individuell bestimmte Beschaffenheit des Willens, vermöge deren seine Reaction auf dieselben Motive in jedem Menschen eine andere ist, macht das aus, was man dessen Charakter nennt, und zwar, weil er nicht a priori, sondern nur durch Erfahrung bekannt wird, empirischen Charakter. „Wie die Naturkräfte, ist auch er ursprünglich, unveränderlich, unerklärlich. Bei den Thieren ist er in jeder Species*), beim Menschen in jedem Individuo ein anderer." —

Damit hätten wir das Eingeständniss eines bei jedem Menschen verschiedenen Ichs. Das „Ich" wird nicht „Du" noch „Er", noch weniger ein „Es". Es ist seltsam, dass man diese in der Sprache liegenden Dinge wiederholen muss. Die Sprache ist in der inneren Welt daheim, und irrt selten.

Das freie Ich glaubt Schopenhauer aus der Welt geschafft zu haben. Dafür staffirt er den Charakter mit Eigenschaften aus, die dieser nicht hat. „Der Charakter ist individuell. Daher ist die Wirkung desselben Motivs auf verschiedene Menschen eine ganz verschiedene. Deshalb kann man aus der Kenntniss des Motivs allein nicht die That

---

*) Die Römer, welche keine Naturforscher waren, wussten dies. cf. die actio de pauperie (contra naturam sui generis).

14*

vorhersagen, sondern muss hierzu auch den Charakter genau kennen." Der Charakter ist mit dem Ich vertauscht! Das Ich ist individuell. Es ist ja eben das Individuum (eines der besten Kunstworte!). Aber das Ich eines Andern kann Niemand genau kennen. Und deshalb lässt sich eine That nie vorhersagen.

Der Charakter ist zweitens „empirisch". „Durch Erfahrung allein lernt man ihn kennen, nicht bloss an Andern, sondern auch an sich selbst." Gewiss ist das Ich empirisch, denn was „Ich" bin, zeigen mir meine Thaten. Das Ich gibt über sich keine Auskunft. Es denkt nach, will, weiss dass es ein Ich, ein Individuum ist, fühlt diese Einheit durch das ganze Leben — wenn es nicht etwa „verrückt" wird — aber auf die Frage „wer bin Ich?" antwortet es trotzig: „Ich!"

Der Charakter aber ist nicht empirisch. Der Charakter ist die That des Ich. Die Mitmenschen und Vormenschen sind die Gehülfen zu dieser That. Der Charakter ist eine That! Der Jurist hat es nur mit dem Hauptthäter, dem „Ich" zu thun. Die Gehülfen, die Mitmenschen (Erzieher etc.) sind moralisch mitschuldig, und die Vormenschen sind mitschuld an dem Charakter des Einzelnen. Es gibt eine Weltschuld. Jede böse That und jede Unterlassung des Einzelnen wirkt auf den Charakter der Mit- und Nachgeborenen, weil der Mensch eben nur in Geselligkeit lebt und sich nicht isolirt. Es gibt ferner eine Familienschuld der Nation. Und diese rächt sich in der Geschichte. Die Ahnen unterlassen das Sittliche, die Enkel bilden ihren Charakter nicht an Tugenden, weil keine vorliegen, die Nation geht unter! „Aber weder für die Weltschuld noch für die Nationalschuld sind wir Juristen competent. Wir haben es mit der Schuld des Einzelnen im einzelnen Fall zu thun."

Und diese leugnet Schopenhauer. Er sagt: „der Charakter ist constant, er bleibt derselbe das ganze Leben hindurch."

Diese Unwahrheit erklärt sich nur aus der Noth Schopenhauers, das Individuum zu retten, nachdem für das Ich ein unlogischer Wille gesetzt ist. Wie könnte er sonst so falsche Sprüchwörter citiren, wie: „Wer Ein Mal stiehlt, ist sein Lebtag ein Dieb!" Nein! Er braucht mit festem Willen seines Ich nie wieder zu stehlen und kann seinen Charakter völlig verändern*), zumal wenn ihm die Mitmenschen als Gehülfen bei dieser That helfen. Eine solche Hülfe liegt auch in dem Uebel der Strafe im weiteren Sinne. „Der Mensch ändert sich nie!" Welche Unwahrheit! Ich will auf Erdmanns psychologische Briefe verweisen, oder ich will Spinozas Wort citiren: diversi homines ab uno eodemque objecto diversimode affici possunt, et unus idemque homo ab uno eodemque objecto potest diversis temporibus diversimode affici.

Das Selbstbewusstsein des Ich bleibt constant. Hierauf ruht das Gedächtniss und das Gewissen. Aber das Ich ändert seinen Charakter. Nicht die Erkenntniss (Seite 52) macht die Menschen besser. Die Weisesten sind oft die grössten Schurken gewesen und grosse Verbrecher waren oft sehr klug. „Das Herz", das Ich, muss man bessern, den „Kopf" zurechtsetzen, wie Schopenhauer will (S. 52, loc. cit.), hilft zu nichts. Der Mensch erkennt das Böse und thut es doch. „Reden und Moralisiren" wirkt auf das Ich und dessen Charakter, und hilft trotz Schopenhauer mehr als die „Erkenntniss". Ein Schuft kann das Strafgesetzbuch im Kopfe haben, kann wissen, dass er durch Arbeit mehr erreiche als durch gefährliche Verbrechen, und bleibt doch ein Raub-

---

*) Unverständlich ist es, wie Schopenhauer die Dramatischen Dichter hier nennen kann (S. 51 loc. cit.). Sie schaffen nicht nur constante Charaktere, grauenhafte Bösewichter und überirdische Helden, sondern auch reine Menschen, die nicht constant im Bösen oder Guten sind. Ein freies Ich aber können sie nicht schaffen. Sie müssten denn ihre eigene Lebensgeschichte schreiben.

mörder. Aber ein Wort der Moral trifft plötzlich sein Ich, das Gewissen redet, er stellt sich dem Gericht. Wir haben ja Beispiele hierfür! —

Ein noch weit grösserer Irrthum Schopenhauers ist, dass der Charakter angeboren sei. Er soll sich im Kinde zeigen, wie er im Grossen sein werde. Dabei wird ohne jeden Beweis (auch dies Hauptwerk Kap. 43 gibt ihn nicht, cf. Seite 53 der Grundprobleme) behauptet, dass das Kind vom Vater den Charakter erbe, von der Mutter die Intelligenz, ein ebensolcher Aberglaube, wie die Annahme des „Vorhersehens", des „Hellsehens" und der „Seelenwanderung", der vor der Wissenschaft und der Erfahrung nicht besteht. —

Nach Schopenhauer sind Tugenden und Laster angeboren. Wer diese Weisheit nicht glaubt, der hüte sich! Denn wo Schopenhauer Gewagtes behauptet, wird er sofort grob, „diese Wahrheit mag manchem Vorurtheil und mancher Rockenphilosophie mit ihren sogenannten praktischen Interessen ungelegen kommen".

Sie kommt nicht ungelegen, denn sie ist keine Wahrheit! Tugenden und Laster sind die That jedes Einzelnen. Sie sind nie angeboren. Aber sie können anerzogen werden. Nun ist es ja richtig, dass unter Mördern ein guter Mensch aufwachsen kann, und dass ein Seneka einen Nero erziehen kann — das werden aber immer nur Ausnahmen von Regeln sein.

Ob im Ich angeborene Triebe zu Tugenden und Lastern leben, die nur geweckt zu werden brauchen, um Tugend oder Laster zu werden, lasse ich dahin gestellt. — Jedenfalls, wenn dergleichen im Kinde existirt, hat der gewordene Mann als „bewusstes Ich" die Macht, diese Triebe zu unterdrücken, und ist dafür verantwortlich! Das Strafrecht nimmt mit Recht ein Alter der Strafreife an, wie überhaupt der Philosoph manches aus der Praxis desselben lernen kann.

Es ist „Mode" geworden, philosophische Werke mit Dichterworten zu schmücken, die gar nichts beweisen, denn der Dichter ist ein Kind seiner Zeit und ein Schüler einer Philosophie, wie jeder Andere! Die Citate aus Shakespeare (Seite 87 loc. cit.) beweisen nichts. In dem ersten heisst es: „was ich nicht will, das kann ich nicht," gewiss, denn der Wille bezieht sich nur auf äussere Objecte. „Was ich nicht will, das wünsch' ich nicht" würde Angelo nie sagen dürfen, denn dergleichen Wünsche leben in uns. In dem zweiten Citat spielt das alte, beseitigte „Schicksal" seine dichterische Rolle. Diese alte Grossmama sollte man endlich schlafen lassen! Das Leben ist keine Schicksalstragödie, sondern unsere freie That. —

Auch die Aussprüche der Mörder, dass sie doch wieder morden würden (S. 89 loc. cit.), verschwinden gegen die Fälle unsagbarer Reue. Warum erhängen sich Mörder im Gefängniss? Nur die Verantwortlichkeit für die That, die sie fühlen, gibt uns die Antwort. Aber von Reue will ja Schopenhauer bekanntlich nichts wissen. Nun, wohl ihm, wenn er ihrer nie bedurfte!

Noch weniger sagt die Stelle aus Wallenstein, der übrigens durch seinen Schicksalsglauben mit Schopenhauer Aehnlichkeit hat: „Hab' ich des Menschen Kern erst untersucht, so weiss ich auch sein Wollen und sein Handeln." Der „Kern" ist nicht der Charakter, sondern das Ich, und das ist für ein zweites Ich ewig unerkennbar. — Wenn aber ein Dichterwort citirt werden soll, so nenne ich Folgendes:

> Könnt' „ich" denken, was ich wollte,
> Und vergessen, was ich möchte,
> Heller wären meine Tage,
> Stiller wären meine Nächte.
>
> F. W. Weber
> (Dreizehnlinden, S. 274).

„Ich" kann wollen was ich denke und kann wünschen was ich weiss, ich kann aber nicht denken was ich will und vergessen was ich wünsche. Denn das Ich lebt und webt hinter dem Wunsche und dem Willen und das Gewissen schweigt so wenig wie das Begehrungsvermögen.

Das Resultat ist: Der Mörder handelt nicht nothwendig, sondern bei der einzelnen That frei! Nicht den Charakter des Mörders strafen wir, denn dazu haben wir kein Recht (wir müssten Mitmenschen und Vormenschen als Mitschuldige betrachten), sondern den Thäter des Mordes. Hat er diesen verursacht, so verdient er den Tod. —

In seinem Worte lebt Schopenhauer weiter, und hat damit das Jahrhundert mehr beeinflusst, als gut war. Uns Juristen aber hat er geradezu zum Kampfe herausgefordert. Sein „Wille" des Menschen ist das Ich des Menschen selbst, nur legt er von diesem Ich Theile in den Charakter, und fügt diesem wieder Theile bei, die gar nicht existiren! —

Und wo bleibt denn die Fahrlässigkeit? Es gibt doch eine culpa neben dem dolus? Wahrscheinlich müssen wir sie auch in dem Märchenreiche der Durchgangsstation, in dem Medium der Erkenntniss, suchen. Sonderbar, dass die Causalität nicht die Grundlage des Menschen, den „Willen," sondern ein Medium trifft, hier total verwandelt wird, und dann nothwendig die That erzeugt! Wie dies möglich, mag nur die Fabel von dem „angeborenen Charakter" erklären.

Weitere Ausführungen seiner Strafrechtstheorie gibt Schopenhauer im zweiten Band Seite 676 ff. der „Welt als Wille und Vorstellung." *) Er will nicht den Menschen, sondern die That strafen. „Der Verbrecher ist bloss der Stoff, (sic!) an dem die That gestraft wird." Aber der getadelte

---

*) Ich mache auf die gute Befürwortung der Monarchie aufmerksam. Seite 684.

Kant hat Recht, wenn er nach dem jus talionis nicht die That, sondern den Menschen straft (S. 685 loc. cit.). Die That ist der „Erfolg," ein Erfolg kann aber verursacht sein (Vorsatz-Fahrlässigkeit) wenn er gewollt ist, er kann auch zufällig sein, dann ist er straflos. Indem Schopenhauer überall nur „Willen" sieht, kommt er zu einem geradezu unmenschlichen Resultat. Ebenso unhaltbar ist, dass er sagt, die einsame Einsperrung drohe nur mit dem „entgegengesetzten Pol des menschlichen Elends, mit der Langenweile"; dies ist nicht zu wundern, da Schopenhauer die Reue und das Gewissen ausser Acht lässt. Für die Existenz dieser spricht aber unsere juristische Erfahrung. Indem er ferner Pfand für Pfand fordert und die Todesstrafe aus diesem Grunde für den Mörder verlangt,*) rechnet er mit dem Begriffe des Pfandes, der gar nicht an dieser Stelle zu brauchen ist. Noch weniger ist seine Bemerkung in so weiter Fassung richtig, dass der entschiedene (?) Mordversuch eben so wie der Mord zu strafen sei.

Es ist nicht auffällig, dass gerade im Recht die Mängel jeder Philosophie so hervortreten! Denn der Mensch ist in seinem Innern ein mit dem sittlichen Gesellschaftstrieb ausgebildetes Lebewesen. Und wer diesen leugnet, kommt im Recht, das da sein muss, zu falschen Consequenzen. —

D. Die Einwendungen Hertz's.

In seinem „Unrecht" sagt Hertz, er wolle es vermeiden, sich auf metaphysische Abwege zu begeben (Vorrede). Ganz abgesehen davon, dass diese Abwege keine sind, sondern allein zum Ziele führen, erklärt er in einem Athem, das Dogma von der Willensfreiheit finde sich in andern Wissenschaften längst nicht

---

*) „Schafft erst den Mord aus der Welt: dann soll die Todesstrafe nachfolgen". (S. 686 f.). In der That sollte man dies Allen zurufen, die sich nie an Stelle des Gemordeten und seiner Familie stellen, und aus Mitleid irren.

mehr, und spricht später von einem falschen Dogma', welches dem Willen im Rechte ein Primat zuschreibe (S. 9 loc. cit.).

Nachdem er ferner mit Recht eingestanden, dass es sein „Vermögen übersteigen würde," das „Freiheitsproblem selbst seiner Lösung näher zu rücken" will er „gegen unsere heutigen Juristen den Satz vertheidigen: es gibt ein Recht ohne Willens-freiheit." Er macht hiermit einen schwachen Anfang, indem er behauptet, die Strafe habe keine Schuld zu sühnen, sondern sei nur Form des Rechtsschutzes (S. 120). Nichtsdestoweniger begibt er sich sofort auf das Gebiet der Schopenhauerschen Metaphysik, ohne dieselbe in ihrer letzten Tiefe zu erfassen (cf. die Citate S. 122 Anm. 106, S. 123, S. 124, S. 125 Anm. 110, S. 126 Anm. 112). Er begnügt sich bei einem billigen Lobe des Philosophen, ohne auf die Sache einzugehen.

Haltlos ist folgender Satz: „Wenn die Wissenschaft, welche Wirklichkeit von Schein zu sondern hat, das Freiheitsbewusstsein nicht zu einer objectiven Thatsache der Freiheit steigern kann, so schädigt sie auch durch solche Enthaltsamkeit in keiner Weise. Denn nicht der Freiheit danken wir, dass es eine sitt-liche Welt gibt und wir Idealem nachringen, sondern nur der Vorstellung von der Freiheit. Dieser Schein geht aber nicht ver-loren, wenn man ihn als Schein erkennt." Was der Philosoph muthig durchführte, dazu fehlt dem Juristen hier der Muth. Er will die Welt mit einem Schein der Freiheit beglücken. Mit einem Schein kann kein Mann, kein Staat, kann die Mensch-heit nicht das Ziel erreichen. Schein ist einfach Lüge! Die Freiheit, das höchste Gut des Mannes und der Menschheit, welches nicht im Willen, sondern im Ich liegt, ist kein Schein, sie ist Wahrheit, ja sie ist aus dem Reiche des reinen Seins das einzige Gut, von dem wir Kenntniss haben und das wir be-weisen können.

Trotz alledem bin ich Hertz für sein Buch zu Danke verpflichtet. Scharf erkennend, welches Gut uns Schopenhauer nehmen will, habe ich dessen Lehre bis in die letzte Tiefe verfolgt und zu widerlegen versucht. Ich konnte mich des Vorwurfs nicht erwehren, dass ich zu „breit" schreibe.

Jetzt, nachdem ich eingesehen, welches Unheil diese Lehren bei Juristen anrichten, schweigt dieser leise Vorwurf in mir gänzlich.

E. Die Einwendungen Eduard von Hartmanns.

Von Hartmanns Philosophie des Unbewussten hat in der Laienwelt eine auffällig begeisterte Aufnahme gefunden. Obwohl ich ihre Resultate durchaus nicht theile, kann ich doch in dieser Aufnahme nicht, wie Manche, ein Unglück sehen, denn dieselbe zeugt wieder einmal für das metaphysische Bedürfniss des gegenwärtigen Menschen. Das Wesen des Menschen lebt in der Erscheinungswelt, an der Hand der Naturforschung erforscht er die Erscheinungen, und es ist eine Freude, in einem Jahrhundert zu leben, wo die Forschung auf diesem Gebiete so eifrig vorwärts schreitet; aber der Mensch ist zugleich „Ding an sich" und das einzige Ding an sich, was über sein innerstes Wesen zeugen und reden kann. Aus diesem Grunde wird er der Metaphysik niemals entbehren können. Die Einwendungen J. C. Fischers, welcher schon so überaus oberflächlich über die Freiheit des menschlichen Willens geschrieben, sind kaum eine Erwiderung werth (Hartmanns Philosophie des Unbewussten. Ein Schmerzensschrei des gesunden Menschenverstandes, 1872). „Solche Leute, denen es an gesunden Organen gebricht" (S. 118, loc. cit.) philosophisch zu denken, „haben kein Recht" über philosophische Werke zu schreiben. Dazu ist das Buch Fischers in einer Sprache geschrieben, die es von jeder Bibliothek ausschliessen sollte; nicht anständige Witze und selbstgefällige, derbe Spässe sollen das logische Denken ersetzen. Mit Büchners längst abgethanen materialistischen, leeren Redensarten und Grobheiten wird über die letzten Probleme der Menschheit geurtheilt! Dazu enthält das Buch, wo es widerlegen soll, geradezu absichtliche Unwahrheiten. Hartmann: sagt „das Unbewusste gibt im Instincte jedem Wesen das, was es zu seiner Erhaltung nöthig braucht und wozu sein bewusstes Denken nicht ausreicht, z. B. dem Menschen die Instincte zur Staatenbildung;" Fischer ruft spöttisch: „Zu seiner Erhaltung bedarf der Mensch des Instinctes der — Staatenbildung! vide Robinson Crusoe" (Seite 118, loc. cit.). Was für weise Beispiele doch so ein sogenannter rein exacter Forscher anführt! Als ob Robinson nicht schon die ganzé von der Menschheit mühsam errungene staatliche Vorbildung in sich aufgenommen gehabt hätte, als er die Einsamkeit betrat! Freilich, wer nur an seine Sinne glaubt, wem Essen und Trinken „Mensch sein" heisst — wo sollen dem Begriffe von Staat und Recht herkommen? Wer nur chemische Prozesse kennt, wie soll der Rechtsgeschichte verstehen? Und doch urtheilen diese Leute über alle anderen Wissenschaften ab, als ob sie das Privilegium hierzu hätten!

Von einem nicht weniger irrigen Standpunkte geht Knauer aus (das Facit aus E. v. Hartmanns Philosophie des Unbewussten. Gezogen von Gustav Knauer, 1873). Die Philosophie ist nicht dazu da, um die Lehren der Kirche zu verherrlichen! Die Philosophie ist keine **Scholastik!** Knauer beruft sich öfter auf Kant; indessen glaube ich, dass einzig und allein dessen aus dem Glauben herüber genommene Postulate den Beifall Knauers gefunden haben. —

An einer Beurtheilung Hartmanns vom juristischen Standpunkte aus fehlt es. Freilich hat auch bis jetzt noch kein Jurist auf seine Lehre eine juristische Theorie gestützt, wie dies von Seiten Hertzs und Haupts bei Schopenhauer geschehen ist. Indessen wird Hartmann in juristischen Werken

oft citirt (v. Ihering: Der Zweck im Recht, S. 445, Anm.;
Meyer, Lehrbuch, Seite 133, Anm. 13 etc.). Mir erscheint
daher eine Besprechung seiner Lehren vom Standpunkte meiner
Wissenschaft aus geboten.

Von Hartmann leugnet den freien Willen in seiner
„Phänomenologie" total (Seite 399). Um dieses Leugnen zu
begreifen, müssen wir auf seine „Philosophie des Unbewussten"
zurück gehen. Wir finden in derselben, im Gegensatz zu
Schopenhauer, sehr wenig juristische Ausbeute. Das uns hier
Interessirende befindet sich im IV. Cap. „Das Unbewusste in
Charakter und Sittlichkeit."

Zunächst wird hier Trieb und Willensrichtung verwechselt. „Habgier" ist kein Trieb und auch kein Wille. Nur
wenn die Gier etwas Bestimmtes haben will, liegt Wille
vor. Habgier kann aber ein Wunsch sein, den Hartmann,
weil er nicht Jurist ist, oft mit dem Willen verwechselt.
Wiederholt sich der habgierige Wunsch, weil das Ich das Begehren stets zum Wunsche werden lässt, — vielleicht auch
weil es erzogen wird zu diesen Wünschen — so liegt ein
habgieriger Charakter vor. Unsere Zeit, welche an diesen
Charakteren einen unsäglichen Ueberfluss hat, zeigt uns, was
die Erziehung, die sich nur auf das „Geschäft" und den
„Erwerb" richtet, auf das Ich des Kindes vermag. Freilich
können in Folge der Freiheit Einzelne der Erziehung trotzen
(auch Meyer erkennt zu meiner Freude das Moment der Freiheit im Charakter an, S. 133 des Lehrbuchs.).

Hartmann nennt das Wesen des Menschen, wie es in
der Culturzeit sich herausgebildet hat — woher es immer
stammen mag — das Unbewusste. „Der wahre Wille tritt aus
der Nacht des Unbewussten hervor." Zugleich aber wird dieses
Unbewusste als die die Welt mit Nothwendigkeit lenkende
Gottheit aufgefasst, und damit das freie Wesen des Menschen
in Abrede gestellt.

Diese Metaphysik des Unbewussten ist für mich nicht überzeugend! Uebrigens ist es durchaus misslich, die Zweckgesetze des Unbewussten nachweisen zu wollen. Der Naturforscher wird den Philosophen stets auf die Lehre von der **Anpassung** etc. verweisen! Freilich wird er wohl zugeben müssen, dass, wenn auch die Zweckgesetze der gegenwärtigen Welt auf Anpassung etc. ruhen, doch in den sich entwickelnden Dingen **selbst** ein **Princip** liegen muss! —

Die sicher erkennbaren Zwecke beginnen erst in der Weltgeschichte und vor Allem in der Rechtsgeschichte. Am schönsten leuchten sie aus Letzterer hervor. Diese Zwecke setzen freie Ichs vor uns oder mit uns, und deshalb können wir sie erkennen, und dürfen uns die äusserst gewagten Behauptungen von einem „chemischen Prozesse" nicht schrecken.

Bestreiten muss ich den Satz: „Das Wollen ist selbst die That" (4. Aufl., Seite 769, loc. cit.). Wenn ich Jemandem befehle, etwas zu thun, und er will es nicht thun, so ist weiter nichts gewollt als eine Willensäusserung. von Hartmanns Wille vermöchte den Willen in der Unterlassung nicht zu erklären.

Es sei mir an dieser Stelle gestattet, von Hartmanns juristisches Weltziel in das Auge zu fassen. Diese Lehre ist wichtig für das Wesen der **Unterlassung.** Obwohl der Philosoph die Bejahung des Willens zum Leben als das vorläufig allein Richtige proklamirt (Seite 748, loc. cit.), sieht er doch in der Zukunft in einem gleichzeitigen gemeinsamen Selbstmordentschluss das Ziel unserer Geschichte (Seite 753, loc. cit.). Den Nichtwollenden gegenüber wäre die Ausführung dieses Entschlusses gemeiner Mord, für den freilich der Rächer fehlen würde.

Begreift denn von Hartmann nicht, welches entsetzliche Unrecht — ganz abgesehen von der moralischen Undankbarkeit — das Geschlecht, dem wir durch Bejahung des Willens zum Leben zu einer höheren Culturstufe verholfen, gegen die Vergangenheit begehen würde? Ruhig hätte es das Ererbte in Empfang genommen, aber, statt weiteren Geschlechtern mehr zu hinterlassen, in einer thörichten Laune das Gut mit dem Leben fortgeworfen.

Man braucht bloss unsere in tiefen Verfall gerathene Belletristik zu lesen, um zu begreifen, wie gefährlich v. Hartmanns Lehre vom Massenselbstmord ist. Dieselbe gefällt unserer Zeit, weil ihre Nerven überreizt sind. Ueberreizten Nerven erscheint der Selbstmord eine erwünschte Erlösung; überreizte Naturen vergessen die Pflichten des Rechts und der Moral. von Hartmanns Lehre vom Massenmord durch Complott wird um so mehr gefährlich, als Schopenhauer schon den Einzelselbstmord warm empfohlen hat, und den durchaus irrigen und vom rechtlichen Standpunkte aus verwerflichen Gedanken ausspricht, dass „offenbar Jeder auf Nichts in der Welt ein so unbestreitbares Recht hat, wie auf seine eigene Person und sein Leben" (Parerga II. B., S. 328). Ja, wenn das ewige Erbrecht der Menschheit nicht wäre! Wenn reflectirender Pessimismus den sittlichen Geselligkeitstrieb ersticken könnte!

Ich muss an dieser Stelle mich dagegen verwahren, dass der sittliche Geselligkeitstrieb etwa das „Unbewusste" sei. Ich lebe der Ueberzeugung, dass das Wesen dieses Triebes unerkennbar ist, dass wir hier an der Grenze stehen! Ueberdies, was ist denn bei der natura generis eines Thieres irgendwie erklärt, wenn man mit Fischer vom „Instinct" spricht? Nichts! Ich begebe mich also für meine Wissenschaft über den Trieb hinaus nicht auf Gebiete, wo die letzten Hypothesen beginnen. Es sei nur noch bemerkt, dass nach meinem Ermessen der sittliche Geselligkeitstrieb dem Ich als Ich in der Erscheinungswelt innewohnt, dass aber trotzdem das Ich so frei ist, dass es selbst diesem innersten Triebe, der viel heftiger wirkt als im Motiv, zum Hohne der ganzen Menschheit im Nihilismus, d. h. im ungeselligen Bestienleben, trotzen kann, und dass einige Kurzsichtige, wie J. C. Fischer, wähnen, der Mensch könne auch „als Robinson" leben.

F. Die Einwendungen der monistischen Weltanschauung.
(Darwin? Häckel.)

Die grossen Fortschritte der Naturwissenschaft berühren das Recht nicht unmittelbar. Die Naturobjecte sind für das Recht nur Objecte des Willens. Aber jede Behauptung, welche die Freiheit und Verantwortlichkeit des Einzelwillens angreift, stellt das ganze Recht und den Staat mit in Frage. —

Die von Darwin und Häckel eröffnete Urgeschichte geht den Juristen nichts an. In der Rechtsgeschichte können wir unsere Urgeschichte als Rechtswesen bei den wilden Völkern ahnen — die Keimesgeschichte als Auszug der Stammesgeschichte, die Ontogenie als kurze Recapitulation der Phylogenie hat für das Recht keinen Werth. Wir haben auch gar nicht die Mittel, die Wahrheit dieser Resultate zu prüfen. —

Ganz anders steht es, wenn Häckel uns sagt, dass es überhaupt nur Naturwissenschaft gebe, dass das ganze Geschichtsleben des Menschen ein grosser, physikalisch-chemischer Prozess sei. Dann wäre auch die Rechtsgeschichte nur ein solcher mechanischer Prozess.

Wir müssen als Juristen Dualisten insofern bleiben, als wir der äusseren Welt, mag sie mechanisch sein oder nicht,

das freie und verantwortliche Ich entgegensetzen, das die
Rechtsgeschichte schafft und mit ihr das Recht. Ich
betone aber hier, um mich gegen alle Missverständnisse zu
sichern, dass wir Juristen es mit der gegenwärtigen
Menschheit, welche ein freies Ich besitzt, zu thun haben.
Die Runen unserer Vorgeschichte vor dem Recht zu lesen
und zu erklären, ist nicht unsere Aufgabe. Wir lassen der Naturwissenschaft das Ihre, mögen uns aber auch die Naturforscher
für unseren gegenwärtigen Staat, wie er auch immer entstanden sei, das Unsere lassen! Behauptungen, welche sagen,
dass wir gegenwärtigen Menschen unfrei unser Ziel verfolgen, und welche in der Rechtsgeschichte einen chemischen Prozess sehen, **müssen wir m. E. abweisen.** —

Die Vorgänge in der inneren Welt sind in der Gegenwart nicht mechanisch. Hier stehen wir an der Grenze
des Reiches der Bewegungen, auch eine „natürliche Schöpfungs-
geschichte" kann nur ein einheitliches, freies, nicht
mechanisches Ich schreiben.

Weiter habe ich auf diese schwierigen, noch im Streite be-
findlichen Fragen an dieser Stelle nicht einzugehen.*)

Nur eine kurze Bemerkung soll noch darüber folgen, dass
Häckel behauptet, auch das „Ich" erklären zu können, weil er
Alles mit dem „Monismus" erklären könne.

Was ist denn mit „Entwickelung" gesagt? Nichts, als
ein ewiger Wechsel der Erscheinung. In jedem Milliontel-
theil der Secunde ist das Ding an sich für den Menschen eine

---

*) Ich verweise auf „Häckel und die Monistische Weltanschauung"
von Dr. Otto Vogel 1877. Leider erwähnt der Verfasser mit keinem
Worte die Stellung Häckels zum Recht und zum freien Willen,
während er auf die Stellung zum transscendenten Gottesbegriff eingeht.
Gerade was Allen vor Augen liegt, die Welt des Rechts, in der auch
die Naturforscher leben, wird bei solchen Streitfragen übersehen und sofort
an die interessanteste aber auch transscendenteste Frage herangegangen.

Erscheinung. Stellt er diese wechselnden Erscheinungen zusammen, so nennt er das Entwickelung.*) Ueber das Ding an
sich hat er dadurch absolut nichts erfahren.

Und was ist mit mechanischer Entwickelung gesagt?
Nichts, wenn man nicht Büchners Hülfsbegriff der „Kraft" als
metaphysisch d. h. ewig setzen will. Dann ist aber ein Glaube
so gut wie der andere! Und von **Wissen** ist absolut keine
Rede mehr!

Das Princip vermag Häckel nicht klar zu legen, weil
eben das „Ding an sich" im Vergrösserungsglas etc. nicht
erkannt wird! —

Nicht besser steht es mit dem Nachweis der Ursache der
Materie. Dieser ist unsern Naturforschern bis jetzt noch stets
misslungen. Sie sollten daher nicht die Kühnheit haben, zu
sagen: „Nicht wissen" sei gleich „Wissen, dass nicht!"
Denn diese Behauptung ist total unlogisch.

6. Die Ansicht von Iherings.

Die Ansicht von Iherings schliesse ich an die Ansicht
Darwins an, weil ich meine, dass sie die in der nächsten Zukunft für die Rechtsphilosophie massgebende werden sollte.

Von Ihering bekennt sich zur monistischen Auffassung. Er
sagt: hiermit stehe die Annahme eines doppelten Gesetzes für
die Welt der Erscheinung: des Causalitätsgesetzes für die unbe-
lebte und des Zweckgesetzes für die belebte Schöpfung nicht in
Widerspruch (S. XII der Vorrede zum „Zweck im Recht").
Mag die Materie dem einen gehorchen, der Wille dem andern,
Beide vollführen jedes in seiner Weise und Sphäre nur die
Werke, die ihnen von Anfang an aufgetragen sind; mit derselben

---

*) Für diese fehlen stets Mittelglieder, weil unendliche Erscheinungen
in unendlich kleinen Zeittheilen liegen!

Nothwendigkeit, mit der sich nach der Darwinschen Theorie die eine Thierart aus der andern entwickelt, erzeugt sich aus dem einen Rechtszweck der andere."

Das ist die Ansicht, die auch durch die neuere Richtung des Darwinismus hindurchklingt und mich stets an Giordano Brunos Buch erinnert: „Von der Ursache, dem Princip und dem Einen." — Allein dieser Monismus ist kein Monismus! Denn v. Ihering glaubt, wie er bekennt, an Gott. Somit wie er diesen setzt ist nicht mehr von einer mechanischen Entwickelung **Häckels** die Rede. Er setzt sofort eine Ursache und ein Princip.

Ich finde auch in von Iherings freiem Willen einen Widerspruch zu seinem Monismus.

Er sagt, Freiheit des Willens ohne zureichenden Grund sei undenkbar wie die Bewegung der Materie. Damit bin ich ganz einverstanden, denn der Wille ist stets motivirt.

Er sagt: Kein Wollen ohne Zweck! Auch das gebe ich zu, denn der Zweck ist das Motiv.

Er sagt ferner: Der innere Prozess der Bildung des Willens steht nicht unter dem Causalitätsgesetz, der bewegende Grund für ihn ist nicht die Ursache, sondern der Zweck.

Das gebe ich zu, aber nicht in dem Sinne, dass ich irgend ein höheres Zweckgesetz als von der Wissenschaft erweisbar annehme. Ueberdies spricht v. Ihering selbst von seinem „Glauben" (S. X loc. cit.). Den Glauben theile ich. Aber für **erkennbar** halte ich das Gesetz nicht!

Könnten wir dies Zweckgesetz erkennen*) wie wir das Causalitätsgesetz erfassen, so würden wir nicht mehr von Willensfreiheit reden können. Diese nimmt aber von Ihering an, zu

---

*) Als ein unserm Ich inne wohnendes und dasselbe treibendes Gesetz hinter dem sittlichen Geselligkeitstriebe.

15 *

meiner Freude, denn die Gegner, welche an Schopenhauer glauben, werden immer lauter und geberden sich immer sicherer. Unter diesen Verhältnissen ist die Zustimmung eines unparteiischen Wahrheitsforschers eine erfreuliche Stütze!

„Der Wille ist die wahrhaft schöpferische, d. h. aus sich selber gestaltende Kraft in der Welt" (S. 25).

Damit ist aber ein Dualismus ausgesprochen. Wenn v. Ihering sagt: „Der Hebel dieser Kraft ist der Zweck," „das quia ist die Natur, das ut der Mensch," der Wille „ist der Natur gegenüber frei, er gehorcht nicht ihrem, sondern seinem eigenen Gesetz," so behauptet er die Freiheit des Wesens des Menschen, welches hinter dem Willen steht. Denn wäre dieses nicht frei, so wäre auch der Wille nicht frei; operari sequitur esse. Der Wille soll aber ein aus sich selber gestaltender sein.

Es gibt indessen einen Weg selbst mit der Darwinistischen Richtung — nicht aber mit dem Monismus Häckels — sich auseinander zu setzen.

Wir haben es als Juristen nur mit dem menschlichen Willen zu thun. Somit wie er in der Natur erscheint, woher er auch immer gekommen sein mag, ist eine freie schöpferische Kraft darin vorhanden. Es wird angebracht sein, in dem Kampfe der Ansichten die vorgeschichtliche Zeit auf sich beruhen, und anderen Forschungen zu lassen. Gerade in der Gegenwart mangelt es an aller Klarheit, nachdem im Lager der sonst so sicheren Darwinianer der Kampf entbrannt ist. Mag an der Darwinschen Theorie mehr oder weniger wahr sein, der Entwickelungsgedanke steht der Annahme nicht entgegen, dass aus der Unfreiheit sich die Freiheit entwickeln kann. Ensteht doch auch im heutigen Menschen nicht mit der Geburt das Ich in seiner Freiheit; erst der Erwachsene kann es sein eigen nennen.

6

Der menschliche Wille in seinem Verhältniss zu den Willen der Mitmenschen.

Der menschliche Wille wird erzeugt durch das f r e i e Ich, aber er ist m o t i v i r t. Wie nun die Reize von den O b j e c t e n der äusseren Welt gegeben werden, so können sie auch durch die Objectivirung des Willens in der Willensäusserung (Schweigen, gegebene Zeichen, Wort etc.) und der Handlung der Mitmenschen gegeben werden. Auch der objectivirte Wille mag den Nebenwillen nicht zu z w i n g e n, von allen Willensäusserungen gilt das Wort: inclinent sans necessiter. Ein Z w a n g besteht nur da, wo ein Mitmensch unsern Körper als Werkzeug benützt, oder unsern w i l l e n l o s e n oder w i l l e n s k r a n k e n Körper l e i t e t.

Aus dem Satze, dass unser Wille, obgleich frei, doch motivirt ist, folgt aber, dass wir einen Nebenwillen dann e r r e g e n können, wenn wir in dem Nebenmenschen einen I r r t h u m erregen. Wir v e r u r s a c h e n den Willen nicht, aber wir verursachen f a l s c h e R e i z e, und hierdurch v e r l e i t e n wir das Ich zu einem Willen, den es sonst nicht gewollt hätte. Der Reiz wirkt in dem Ich eine falsche Vorstellung und d e s h a l b verstärkt das Ich den Reiz zum Motiv. Aber die Willensbewegung geht immer noch von ihm s e l b s t aus. Das Ich kann den Irrthum meiden, indem es sich „ü b e r z e u g t“, dann „ü b e r l e g t“ und dann erst „w i l l“*). Immerhin ist,

---

*) Auch die Natur kann uns t ä u s c h e n und lässt uns i r r e n. Hier kommen wir zu einem Punkte, wo der „Durchschnittsmensch“ auch im

da wir den Reizen der Aussenwelt uns nicht verschliessen
können, und nicht stets und überall anzunehmen brauchen,
dass sie das nicht sind, was sie scheinen, in dem
Falle der Täuschung des Irrthums der Ausdruck „intellectuelle Urheberschaft" dann berechtigt, wenn man „Urheberschaft" im weiteren Sinne fasst.   Allein dann muss man immer
bedenken, dass das eben eine Urheberschaft im weiteren Sinne*)

Strafrecht seine Berechtigung hat. Es gibt einen für den „Durchschnittsmenschen" vermeidlichen und einen unvermeidlichen Irrthum.
Wir können nicht verlangen, dass jeder Mensch den Reizen mit
allen Mitteln der naturwissenschaftlichen Forschung und philosophischen
Erkenntniss entgegen tritt. Wir dürfen aber deshalb nicht leugnen, dass
dies jeder Mensch könne. Der Staat muss ein mittleres Mass annehmen, mit welchem er seine Staatsbürger misst, die nicht alle Naturforscher
und Philosophen sind. — Der Irrthum, den Mitmenschen in uns erregen,
unterscheidet sich aber von dem Irrthum, den Naturreize auf uns ausüben.
Die Dinge, die wir zum Leben brauchen, untersuchen wir. Der Wilde weiss
längst, was Gift ist, ehe er weiss, dass die Sonne nicht auf- und unter-
geht; das eine liegt ihm nah, das andere berührt sein Leben nicht unmittelbar. Der Mitmensch kann uns aber über diese Dinge täuschen;
er stellt uns z. B. Gift in den Speiseschrank. Er nimmt dann dieselbe
Rolle ein, welche der „Zufall" in der Natur spielt, wenn er ein Speisemittel
zu Gift macht. Es liegt aber in der Natur der Sache, dass der Zufall der
Natur immer noch eher erkennbar ist, als die Niederträchtigkeit der
Mitmenschen; denn auf die Mitmenschen müssen wir kraft des sittlichen
Geselligkeitstriebes bauen können, der Natur sollen wir misstrauen.

*) Wer gewohnt ist, als Logiker den Begriffen scharf in das Gesicht
zu blicken, wird erkennen, dass es mit dem Begriff im „weiteren Sinne"
die Bewandtniss hat, wie mit dem Begriffe „uneigentlich", beide deuten
an, dass es daneben einen „engeren Sinn", ein „eigentlich" gibt,
das durch die Ausdehnung des Begriffes nicht in seinem Kern verletzt
wird. Die Ausdehnung des Begriffes verlangt nicht das Ding an sich,
sondern der Staat, der die Dinge nur von dem sittlichen Gesellschaftstriebe aus betrachten kann. (Anders verhält es sich mit „wesentlich
und „unwesentlich"; hier ist keine Ausdehnung möglich, weil der Kern
des Begriffes verletzt werden würde. Noch weniger lässt das Wort „an
sich" irgend eine Modification durch das Recht oder den Staat zu, denn
es abstrahirt sogar vom Menschen und von der Sinnenwelt, an die
er glaubt).

ist und dass das Ich des Getäuschten der Urheber*)
bleibt.

Nun und nimmer aber ist der Begriff „Urheber im
weiteren Sinne" dann gestattet, wenn Geschenke, Versprechen,
Drohung' Missbrauch des Ansehens oder der Gewalt oder andere
Mittel mit Ausnahme des Irrthums den Nebenmenschen
„anstiften". **) Hier behält das Ich seine volle Freiheit.
Die Reize stehen in voller Erkennbarkeit vor seinem Richter-
stuhl, und wenn sich der Richter durch andere Ein-
flüsterungen bestechen lässt, so ist er ein knechtischer
Richter, der seines hohen Amtes unwürdig ist. Entschuldigt
sich der Mörder damit, dass ihm eine Million für den Mord
gegeben worden sei, so wird ihm der Richter so wenig glauben
dass er gezwungen gehandelt habe, wie ihn etwa eine an-
gebotene Million zwingen könnte, den Schurken freizu-
sprechen. Der Richterspruch des Ichs nach der Ueberlegung
ist so frei wie der Richterspruch des Juristen nach der Erwägung. ***) Während wir aber von dem Juristen fordern
können, dass er den Mitteln ausser dem Irrthume wider-
stehe, können wir das nicht von allen Staatsbürgern verlangen. Wäre die Welt so weit, das wir es voraussetzen
könnten, dann wären die Strafrichter fast unnöthig, denn wer
auf den Anstifter nicht hört, den verlockt auch der Reiz
nicht zum Verbrechen, der kann höchstens aus Irrthum gegen
das Gesetz fehlen. —

---

*) Urheber leitet sich ab von dem alten Worte „Orbab" und heisst
nichts anderes als Anfang! cf. Osenbrüggen, Studien Seite 253 f. und
Meyer Lehrbuch 3. Aufl. S. 250 Anm. 2.

**) cf. St.-G.-B. §. 48.

***) Das Beispiel hinkt nicht! Auch der Richter kann getäuscht
werden und kann irren. Dann ist der Täuschende (falsche Zeuge etc.)
der intellectuelle „Urheber im weiteren Sinne". Dasselbe kann im gewöhnlichen Leben bei jedem Ich vorkommen.

Weil wir diese Widerstandskraft nicht bei dem Durchschnittsmenschen*) voraussetzen können, deshalb muss das Gesetz den Anstifter bestrafen. Es ist durchaus irrig, dass der Anstifter selbst ohne Weiteres strafbar sei. Es liegt bei ihm keine strafbare Willensäusserung gegen das Gesetz vor, sondern eine Willensäusserung gegen einen anderen Willen, der sich gegen das Gesetz auflehnen soll. Da aber nur das Ich frei die Motive zum Willen stärkt, so können wir es nicht strafbar nennen, wenn ein anderes Ich versucht, diese freie That zu beeinflussen.

Der Wille des Anstifters bleibt reiner Wille. Wir strafen aber den Willen nur wenn er Ursache wird. Ursache ist aber der Wille des Angestifteten. Also ist der Wille des Anstifters an sich nicht strafbar.

Es kann ihn demnach auch keine Strafe im engeren Sinne treffen.**) Es gibt hier keine Talion.

Wohl aber unterfällt er der Strafe im weiteren Sinne. Der Staat straft den Anstifter, weil er aus der Erfahrung weiss, dass Anstiftungen unter Umständen Erfolg haben. Er fingirt nicht den Erfolg, wie Ortmann irrig meint, sondern er vermuthet ihn, und mit Recht. Die Anstiftung gefährdet das Staatswohl, weil nicht alle Staatsbürger die Freiheit ihres Ichs heldenmüthig bewahren.

Somit, wie aber der Staat das Gebiet der Strafe im engeren Sinne verlässt, fehlt ihm das in der Talion gegebene feste Mass.

---

*) Auch hier muss das Gesetz einen Durchschnittsmassstab annehmen. Wie wir nicht verlangen können, dass keiner irre, so können wir viel weniger voraussetzen, dass keiner sich durch äussere Reize bewegen lasse. Denn dieser Voraussetzung widerspricht die tägliche Erfahrung.

**) Selbst für die Erregung des Irrthums gilt dies; obwohl diese knapp an die Verursachung grenzt, ist sie doch keine!

Handelt nun der Staat recht, wenn er den Anstifter mit gleicher Strafe straft? Meyer bejaht dies, „weil was dem Anstifter an eigener Verübung des Delictes abgeht, durch die in der Anstiftung liegende Verführung des Andern ersetzt wird." Das ist nicht richtig; verursachen ist nie gleich bedingen! Nur die Gefährlichkeit der Anstiftung gibt dem Staat ein Recht so streng zu strafen, und sich in Ermangelung eines anderen Massstabes an die Strafe für den Angestifteten zu halten. Principiell liegt kein Grund vor, mit Mittermaier (Archiv 1819) den Anstifter nicht für weniger strafbar zu erklären.*)

Man könnte mir die Einwendung machen, dass der Anstifter gemeiner, feiger und deshalb strafwürdiger sei als der Angestiftete (Feuerbach, Revision II, S. 254). Allein das Recht hat es nicht mit dem bösen Willen und der Gemeinheit zu thun, sondern nur mit dem Willen, der in der äusseren Welt verursacht. Der grösste moralische Schuft ist, ehe er verursacht, noch kein Verbrecher. Nur die Moral kann ihn richten, nicht wir Juristen.

Bei der näheren Ausführung des Gesetzes zeigt sich das Wesen der Strafe im weiteren Sinne, der die feste Grenze fehlt. Ist es bei dem Versuche geblieben, so wird der Anstifter nur nach Massgabe des begangenen Versuches bestraft. Und er hat doch das ganze Verbrechen gewollt.**) Hier kann man vielleicht noch sagen, dass es einer grösseren Anstiftung bedarf, um zur Vollendung als zum Versuche zu

---

*) Ich halte indessen den vom Staate eingeschlagenen Weg für den richtigen zur Erreichung des Staatszwecks.

**) Meyer erwähnt hier, dass Lammasch (objective Gefährlichkeit S. 73) gegen diese Strafbarkeit „pari passu" sei. Allein sie ist nur eine Folge des Wesens der Strafe im weiteren Sinne. Bei ihr lässt sich stets über die Grenzen der Strafbarkeit mehr streiten, als bei der vom Staat geübten Talionsstrafe.

bewegen. Indessen hängt das nicht vom Anstifter, sondern von dem Angestifteten ab. Und wie, wenn die Anstiftung nicht einmal einen Anfang der Ausführung veranlasst? Ist hier etwa der Anstifter daran schuld, dass der Angestiftete soviel Seelengrösse besitzt, der Lockung zu widerstehen? Und doch ist er nach unserer positiven Gesetzgebung straffrei. („Die Strafbarkeit der Anstiftung ist wesentlich durch die Begehung derjenigen Missthat bedingt, zu welcher angestiftet oder Hülfe geleistet wurde; es muss sonach der Thatbestand erfüllt sein; ein strafbarer Versuch der Hauptthat genügt. Dagegen ist der erfolglose Versuch einer Anstiftung als solcher nicht strafbar." Oppenhoff, St.-G.-B., 6. Ausg., Seite 103, Anm. 7).

Nun ist aber die Erregung einer Leidenschaft, die Belebung eines Wunsches etc., auch wenn sie das Ich nicht zum Willen bestimmt, für den Staat ebenso gefährlich als die erfolgreiche Anstiftung. Nur das Ich des Staatsbürgers gibt ja Garantie gegen die moralisch-niederträchtigen Verführer. Ich halte deshalb die Bestrafung auch der erfolglosen Anstiftung für richtiger, und für empfehlenswerth. Natürlich müsste sie, da der Staat nun einmal mit dem Erfolge rechnen muss, milder gestraft werden als die Erfolglose. *) Der sogenannte Duchesne-Paragraph (§ 49 a des St.-G.-B.) verdient Lob und Ausdehnung. **) Derselbe gibt in seinem Absatz 3 keine gute Einschränkung der Mittel zur Anstiftung.

---

*) Der erfolglose Anstifter (§. 49a) will auch den Mord. Aber der Angestiftete wird nicht Ursache eines Mordes. Vom Anstifter hängt das freilich nicht ab, allein der Staat muss Anstiftungen, denen die Ursache folgt, härter strafen, weil er mit dem Erfolge rechnet, und weil er vermuthen muss, dass sie energischer angestiftet haben.

**) Meyer nennt mit Recht daneben die Verleitung zum Meineid und zur falschen eidesstattlichen Versicherung und andere Ausnahmen. Was diese Ausnahmen enthalten, sollte aber Princip werden!

Lediglich mündlich ausgedrücktes Auffordern und Erbieten, wenn es nicht mit Gewährung von Vortheilen irgend welcher Art verknüpft ist, soll nach § 49a nicht bestraft werden. Bei der erfolgreichen Anstiftung (§ 48) finden sich „alle Mittel" genannt (abweichend von Code pénal art. 60). Meyer sagt: „es kommt nur auf die Umstände an, ob nicht auch die blosse Ueberredung sowie der Auftrag und die Aufforderung als solche als geeignetes Mittel der Anstiftung erscheinen (loc. cit. S. 253)." Ich sehe nicht ein, warum das Wort, dem ein Entschluss des Anderen folgen kann, weniger strafbar sein soll — wenn die Gefährlichkeit, wie hier, die Strafe dictirt — als das Wort, dem kein Entschluss gefolgt ist. Scherz etc. sind ja an sich ausgenommen; aber ein ernstes Wort (Auftrag etc.), das ermahnt, ein Verbrechen zu begehen, muss unter Umständen, weil es staatsgefährlich, strafbar sein.

Am Schlusse dieses Abschnittes darf es nicht unerwähnt bleiben, dass in der Praxis die Fälle der Anstiftung und Verleitung grosse Schwierigkeit machen. Wir sehen den Erfolg, aber in die innere Welt der Motive können wir nicht blicken, und wenn uns das Ich von seiner inneren Welt erzählt, so wissen wir nicht, ob wir ihm glauben sollen (den Glauben über die Aussagen der inneren Welt können wir nur dem unbetheiligten und unverdächtigen Zeugen unbedingt schenken, aber auch nur dann, wenn er schwört).— Wenn ich einen schlechten Schwimmer auffordere, ins Wasser zu gehen, weil ich ihm helfen würde, — wer sagt mir, ob der schlechte Schwimmer nicht ganz unabhängig von meiner Aufforderung das Wagniss unternimmt? Wer sagt dem Richter, wenn jener ertrinkt, wenn ihn der Verleiter ertrinken lässt, dass der moralisch abscheuliche Verleiter die im Recht allein wichtige Ursache zu dem Tode des schlechten Schwimmers setzt? Kann jener sie nicht auch selbst gesetzt haben? Wo der Wille auf den Willen einwirken will, handelt es sich um innere Vorgänge die viel schwerer erkennbar sind als Handlungen. Wenn der gute Schwimmer eiuen schlechten Schwimmer (ich wähle ein bekanntes Beispiel) in das Wasser wirft und ihn ertrinken lässt, so sehe ich vor Augen, dass er die Ursache zum Tode setzt und deshalb ein Mörder ist. Das Recht muss es an der Hand der Wissenschaft lernen, auch die Vorgänge der inneren Welt zu erkennen, die Vorgänge der äusseren Welt erkennt der „gesunde Menschenverstand," erkennen die Sinne. Hier ist das Bereich, wo sie sich nicht einmal um das „Ding an sich" zu kümmern brauchen, um das menschlich Rechte zu finden. Hier bedarf es der Abstraction nicht in dem Masse, wie dort.

Anhang I.

Bei der Betrachtung der Reizwirkungen auf das Ich dürfen wir den Nothstand und die Nothwehr nicht aus dem Auge lassen. Auch diese Rechtsinstitute verneinen die Freihet des Ich, welches die Motive stärken kann zum motivirten Willen, in keiner Weise! Der Nothstand macht weder physisch unfrei, noch übt er einen sittlichen Zwang, noch schliesst er die Freiheit der Willensbestimmung aus (Meyer loc. cit. S. 305). Er ist kein Recht, ja er ist im engeren Sinne Unrecht, geübt gegen ein Recht. Aber das Recht im weiteren Sinne muss ihn straflos lassen, weil im Staatsleben das höhere Interesse, um sich dem Staate zu erhalten, das niedere Interesse und dessen Recht verletzen darf. Sobald man aber diesen Grundsatz anerkennt, muss man den Nothstand weiter ausdehnen, als es der Fall ist. (Energisch treten hierfür ein Binding und Meyer.)

Noch weniger kann bei der Nothwehr von einem Zwange die Rede sein. Die Nothwehr ist eine unmittelbare Reaction des Ichs gegen das Unrecht. Sie ist weder Talion noch Strafe, sie ist kein vergelten, sondern ein in der Noth sich wehren. Diese Reaction erfolgt frei und straflos;

die Strafe kann sie nicht ersetzen, denn diese w e h r t nicht, sondern v e r g i l t, nachdem das Wehren z u s p ä t ist. — „Der Mensch wehrt sich nicht bloss, sondern er erkennt, dass er es d a r f und muss" (v. Ihering, Zweck im Recht, S. 256). Das ewige Erbrecht der Menschheit fordert, dass sich jeder Einzelne für die Gattung erhalte und für sie wirke. Die Nothwehr ist dem eigenen Ich gegenüber ein R e c h t, der **Gattung** gegen-über eine **Pflicht.** Daher lebt das Recht in allen Gesetzen, und es ist zu bedauern, dass es unsere Zeit oft verkennt. Vim vi defendere omnes leges omniaque jura permittunt (l. 45, § 4, ad l. Aq. 9, 2).

Die N o t h w e h r fordert die Gesellschaft, die nicht auf die Strafe w a r t e n kann, und die der S t a a t nicht in jedem Momente s c h ü t z e n kann. Den N o t h s t a n d aber schafft in seinem Interesse der S t a a t, während das einzelne Gesell-schaftsmitglied, das betroffen wird, ihn als U n r e c h t empfindet. Nach unserem Staatsbegriffe aber darf der Einzelne nicht soviel darunter leiden, dass er keinen E r s a t z erhält. (In Rom erhielt er keinen Ersatz. cf. Ihering, Schuldmom., S. 44; Windscheid, Pand. II, § 455 u. 11; Binding, Grundriss, S. 157).

Anhang II.

Die Anstiftung nach Hertz.

Hertz meint, wer einen freien Willen annehme, dürfe nicht von Anstiftung reden (Unrecht, Seite 176). Wer W i l l k ü r an-nimmt, darf dies nicht, wohl aber, wer einen m o t i v i r t e n Willen und ein freies Ich annimmt. Dass Hertz „sich dies nicht zu erklären vermag" liegt an seiner Methode (S. 176). Die An-griffe gegen Schwarze sind trotz des zweimaligen sic! schwach und haltlos. Der „freie" Wille k a n n durch Anstiftung „be-stimmt" werden! Mit Unrecht lobt Hertz den I r r t h u m Ort-manns, welcher von Fiction spricht (S. 177), und tadelt ganz

mit Unrecht dessen r i c h t i g e Annahme einer Schuld des
Anstifters. Hertz verfolgt nach seiner Ansicht keine „scho-
lastische Methode" des Denkens (S. 179), er folgt keiner
eigenen Methode, sondern g l a u b t einfach an Schopenhauer.

Anhang III.

Die Ansicht von Buris.

Von Buri hat sich neuerdings in der Zeitschrift für die
gesammte Strafrechtswissenschaft über die Anstiftung in
treffender Weise geäussert (B. 3, S. 271 ff.). Er erkennt klar
die Schwierigkeit, welche in der Beantwortung der Frage, wie
das Causalitätsgesetz mit der Freiheit des Willens zu ver-
einbaren sei, liegt. Er führt die Frage zu einer glücklichen
Lösung: „Ohne die in ihm hervorgerufenen Anreizungen würde
der Anzustiftende in die Zwangslage nicht gerathen, und
sonach sein, wenn schon mit freiem Willen gefasster Entschluss, die That zu begehen, nicht zur Existenz gekommen
sein." Dieser Satz ist u. A. der Fictionstheorie Ort-
m a n n s entgegen zu halten, d i e w o h l etwas zu vor-
s c h n e l l von dem betreffenden Verfasser aufgestellt worden ist. —

7

Das Verhältniss des verursachenden Willens zum Causalzusammenhang.

Nur der verursachende Wille ist strafbar. Ohne diesen keine Strafe! Das Kind, der hilflose Greis, der Kranke, die keine Macht über den Willen haben, können weder durch Vorsatz noch durch Fahrlässigkeit strafbar werden.

Der Wille setzt entweder eine Handlung, er wirkt bewegend auf die Welt der Bewegungen, oder er setzt eine Aeusserung, die auf einen anderen Willen einwirkt, so dass dieser verleitet wird und frei verursacht, oder er setzt eine Willensäusserung (Wort, Handlung, Unterlassung, Schweigen etc.), die ohne weiteres strafbar ist. Er verursacht eine Handlung, er verleitet zu einem Willen, oder er verursacht eine Willensäusserung. Das sind die drei Fälle, in denen er in der Welt rechtlich zur Erscheinung kommt. —

Der die Bewegungen in der Aussenwelt durch die Setzung der letzten Bewegung zur bestimmten Erscheinung schaffende Wille ist allein strafbar. Warum unterscheiden wir aber dann Vorsatz und Fahrlässigkeit?

Auch bei der Fahrlässigkeit setzt ein Wille die letzte Bewegung, der Dachdecker will den Ziegel anheften, dieser entgleitet seiner Hand und setzt die letzte Bewegung zu dem Tode eines Kindes. Worin liegt der Unterschied von jener Bewegung, mit welcher der Mörder seinem Opfer den Morddolch in das Herz stösst? —

Das Gebiet der Fahrlässigkeit*) ist ein noch wenig gepflügtes Feld! Bei den Uebertretungen ist Vorsatz und Fahrlässigkeit noch gar nicht getrennt. Die Unterlassungsdelicte fallen vielfach unter die Uebertretungen. Grund genug, diese Frage gründlich zu behandeln!

I. Der Vorsatz.

Es könnte scheinen, als ob sich Vorsatz und Wille deckten, da aber nun der Wille verursacht und die Fahrlässigkeit doch auch verursacht, so ist das beiden Gemeinsame der Wille, d. h. das Ich, indem es eine Ursache setzt.

Der Unterschied zwischen Vorsatz und Fahrlässigkeit ist deshalb in etwas Anderem zu suchen.

Kann man sagen, der Vorsatz will den Erfolg? Die Fahrlässigkeit will den Erfolg nicht? Ich glaube nicht! Der Fahrlässige will die verursachende Bewegung. Der Dachdecker will den Ziegel aufsetzen, er will die Bewegung, die das Kind tödtet. Will er aber den Tod des Kindes?**) Nein! Und hier kommen wir zu dem Punkte, wo sich der Vorsatz von der Fahrlässigkeit plötzlich in unermessene Weiten entfernt. —

a) Der böse Vorsatz ist im Strafrecht der Wille zu verursachen, mit dem Bewusstsein von der Rechtswidrigkeit des Verursachens.

---

*) Bindings dritter Band der Normen ist leider noch nicht erschienen. Doch finden sich in den ersten Bänden vielfache treffliche Ausführungen über die Fahrlässigkeit. Gutes Material enthält auch Schützes Lehrbuch.

**) Einen Erfolg will man, wenn man eine verursachende Bewegung setzt. Es ist gar nicht nöthig. dass der Wille ein bestimmtes Gedankenbild sich dabei vorstellt, wie z. B. den Tod des Kindes in unserem Beispiel. Man kann „darauf los handeln", eine Bewegung setzen und mit ihr jeden Erfolg wollen, den sie verursacht. Einen Erfolg wollen heisst nicht: eine bestimmte Vorstellung wollen. Beides ist meines Erachtens streng zu trennen!

b) Der böse Vorsatz ist im Civilrecht der Wille zu verursachen mit dem Bewusstsein von der Rechtswidrigkeit des Verursachens.

Daraus folgt, dass a = b ist, dass also der böse Vorsatz im Strafrecht und im Civilrecht sich deckt. Und in der That hängt es nur vom Staat ab, ob er die vom Willen ausgehende verursachende Bewegung strafen will, oder ob er nur dem Ich den Ersatz des Schadens auflegen will, den die Bewegung angerichtet hat. Binding sagt mit Recht, dass Alles Unrecht strafbar sei.

Dem Strafrecht wie dem Civilrecht liegen Normen zu Grunde, gegen welche der Wille mit dem Bewusstsein der Rechtswidrigkeit verstösst. So sehr ich die Normentheorie Bindings, welche m. E. erst dem Gesetzgeber die rechte Beleuchtung der von den Normen verschiedenen Strafgesetze gewährt d. h. ihm die Ausführung der Normen — und etwas Anderes ist m. E. die ganze Gesetzgebung nicht — ermöglicht, hochschätze — so sehr weiche ich von ihm doch in der Behauptung ab, dass die Strafe wie der Schadensersatz eine Doppelnatur haben, und dass diese Doppelnatur logisch aus der Doppelnatur der Normen folgt.

Es gibt ein Strafrecht im engeren Sinne, und dieses regeln die Normen im engeren Sinne. Das Nebeneinandersein der Menschen — das Recht des Nächsten — regeln die Normen im engeren Sinne; wird es verletzt, so tritt in der Gesellschaft erst Rache, dann Talion ein, und wenn der Staat diese Talion in die Hand nimmt, so darf er zwar seine anderen Strafzwecke damit verbinden, aber den Charakter der Talion nie gänzlich verleugnen.*)

---

*) Diesem Strafrecht im engeren Sinne entspricht im Civilrecht im engeren Sinne: Das Recht der Verträge, der Familie, der Erben.

Von diesen Normen lässt sich sagen, dass sie die Menschen kennen, und dass daher ihre Kenntniss nicht fingirt sondern vermuthet wird.

Der Vorsatz, der sich bewusst gegen diese Normen richtet, ist strafbar nach dem Grundsatze der Talion.

Daneben gibt es aber ein Strafrecht im weiteren Sinne. Die Normen im weiteren Sinne regeln das Füreinandersein — die Staatspflichten gegen den Staat und den Nächsten. — Werden diese verletzt, so macht der Staat sein Recht auf Befolgung dieser Normen geltend, weil er nach seinem Begriffe und im Interesse seiner Bürger Gehorsam verlangen muss.

Der Vorsatz, der sich bewusst gegen diese Normen richtet, ist strafbar, weil der Staat den Ungehorsam gegen seine Gesetze strafen muss. Die meisten dieser Normen sind so bekannt, dass ihre Kenntniss bei jedem Staatsbürger vermuthet werden darf.

Indessen muss hier die Kenntniss öfter fingirt werden. Wer soll z. B. wissen, dass er auf Polizeibefehl dem Nächsten helfen muss? Wird ihn nicht eine innere Stimme fragen: Gehört das nicht in die Moral und nicht in das Recht? (§ 360, Nr. 10, St.-G.-B.) Nur der Jurist und der Verwaltungsbeamte wird in allen Fällen alle diese Vorschriften kennen,

---

Der Mensch steht neben dem Menschen nicht als Einzelner (Vertrag) sondern als Familienglied (Ehe, Erbe). Wird dies verletzt, so hilft die Selbsthilfe oder die Familienhilfe des Oberhauptes. Sobald das Recht der Staat in die Hand nimmt, muss die Selbsthilfe und die Familienhilfe sich in eine Gerichtshilfe verwandeln. Denn im Staate kann nur der Staat Macht ausüben. Die Gerichtshilfe verhilft zum Schadensersatz, die Staatsstrafe ersetzt die Talion; wer nur das Seine will, will nicht rächen oder vergelten. Schadensersatz und Strafe sind hier in ihrem Grunde verschieden!

von Anderen dürfen wir doch wohl solche Kenntniss kaum vermuthen.*)

Daneben stehen endlich noch Normen, welche den Gehorsam gegen die Staatseinrichtungen als solche fordern.

Auch diese Normen gehören dem Rechte im weiteren Sinne an, denn sie regeln das Füreinandersein. Aber wir dürfen ihre Kenntniss vermuthen, denn jeder weiss, dass er dem Staate, der Kirche, den Gerichten etc. Achtung und Gehorsam schuldet.

Die Strafe für ihre Verletzung darf sehr hart sein, wenn die Verletzung der Existenz des Staates selbst in Frage steht.**) Denn unser menschliches Leben ist jetzt ein Staatsleben.

In geringeren Fällen (Zoll- und Steuer-Delicte) wird, wenn es sich nur um pecuniäres Interesse handelt, eine milde Strafe genügen.***)

---

*) Im Civilrecht entspricht dem Strafrecht im weiteren Sinne das Recht der positiven Institute (negotiorum gestio, Testamentsvollstreckung, Bereicherungsklage, Vormundschaft, etc. etc.). Hier ersetzt die Gerichtshilfe nicht eine frühere Selbsthilfe, sondern diese Normen schafft erst das entwickelte Recht. Der Schadensersatz ist hier anderer Natur. Den Vertragsbruch kann man strafen und hat ihn bestraft, bei einem ungerufenen Geschäftsführer war hiervon nie die Rede. Ihre Entstehungsgeschichte liegt der Natur der Sache nach in der vorstaatlichen Zeit in tiefem Dunkel; Testamentsvollstreckung und Vormundschaft aber werden in jener Zeit von total anderen Gesichtspunkten aufgefasst (Vogtei, Familiengewalt!).

**) Hierher gehört das Verbrechen des Meineids. Wir können nicht in das Herz blicken; dem Richter muss daher der Staat ein Mittel geben, die innere Welt zu erforschen, und dieses ist der Eid. Er ist eine Aussage über Vorgänge der inneren Welt, und nur, wer in diesen bloss Bewegungen der Materie sieht, kann die religiöse Bedeutung desselben leugnen; die „Materie" (?) zur Auskunft über ihre „Bewegungen" (?) zu bewegen, gibt es kein Mittel! — — —

***) Diese bleibt aber immer Strafe! Im Civilrecht entspricht diesen Normen die Summe der Normen über Ansprüche des Staats. Das Civilrecht

16 *

Der Vorsatz, der sich gegen diese Normen richtet, ist strafbar als Ungehorsam gegen den Staat in seiner Unmittelbarkeit.

Nun gibt es aber

c) einen Vorsatz, der weder strafbar ist noch zum Schadensersatz verpflichtet.

Dies ist im Recht der Wille zu verursachen, mit dem Bewusstsein von der Rechtmässigkeit des Verursachens.

Aus diesem Grunde muss man bei dem strafbaren Vorsatz stets vom „bösen Vorsatz" sprechen. Besser ist der einfache, römische Ausdruck: Dolus, der stets als dolus malus*) zu verstehen ist.

II. Die Fahrlässigkeit.

Die Fahrlässigkeit ist ein Willensact wie der Dolus. Sie ist verursachender Wille wie jener. Sie will den Erfolg, ohne sich der Rechtswidrigkeit bewusst zu sein.

---

wird hier staatsrechtlicher Natur, aus der Gesellschaft stammen diese Normen nicht. Nicht der Nebenmensch wird hier beschädigt, sondern der Staat; ihm muss der Schade ersetzt werden. Dies Gebot verwandelt sich aber oft in die Norm: dem Staate muss gegeben werden, was des Staates ist! Hierher gehören z. B. Steuern, Gefälle, Zölle. Der Schadensersatz und das auf dem Staatsrecht ruhende Geben (ein do ut des! der Staat gibt dafür den Staatsschutz! Indessen thut man besser, den Vertragsbegriff zu verbannen und nicht einmal als Bild anzuwenden, denn den Staat bildet kein Vertrag und keine Fiction!) genügen nicht mehr, wenn das Geben nicht vernachlässigt, sondern aus Ungehorsam nicht gewollt ist. Dann ist die Strafrechtsnorm verletzt und es tritt Strafe ein (Zoll- und Steuer-Strafen).

*) Malus heisst: „von der Rechtsnorm nicht gebilligt". Die moralischen Begriffe von „gut" und „böse" genügen hier nicht.

Greifen wir zur früheren Darstellung zurück.

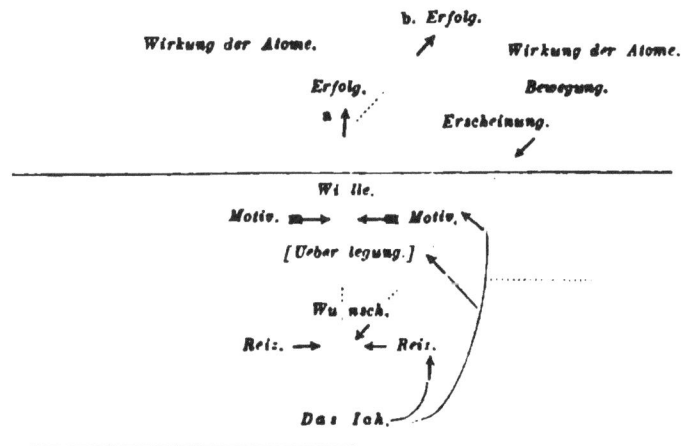

Das Ich will den Erfolg a. Weil es aber nicht richtig
überlegt, setzt sein Wille nicht nur die Bewegung a sondern
auch die Bewegung b. Der Dachdecker hebt nicht nur den
Ziegel um ihn anzuheften, sondern er lässt ihn fallen und
erschlägt damit das Kind.

Ist nun die Fahrlässigkeit nichts weiter, als das Gebot, vor
jedem Wollen zu überlegen? Ist jedes fahrlässige Verbrechen nichts weiter als ein Unterlassungsverbrechen
dieses einen, grossen Gebots?

Dieses Gebot, erst zu überlegen und dann zu wollen, dem
jedes „Daraufloshandeln" zuwiderläuft, fusst auf dem
Recht im engeren Sinne. Das Nebeneinandersein fordert es!
Das ganze gesellige Leben ist nur möglich, wenn Jeder vernünftig lebt, erst überlegt, ehe er will. Ueberlegen muss
ich, ehe ich vorsätzlich das Rechtmässige will, gerade so,
wie ich nur dann vorsätzlich das Unrechte will, wenn ich
bewusst rechtswidrig nach der Ueberlegung handle. Bei dem
rechtmässigen Vorsatz so gut, wie bei dem Dolus molus
steht hinter dem Willen die Ueberlegung. Wer sie bei Seite
setzt, handelt fahrlässig (er „lässt" die Erwägung des

Erfolgs und damit seine gesetzte Bewegung „fahren"). Es lässt sich nicht sagen, dass jedes Gesetz auch durch culpa begangen werden könne, aber man muss sagen, dass bei der Setzung eines jeden ursächlichen Willens, des rechtmässigen wie des unrechtmässigen, eine Fahrlässigkeit vorkommen kann.

Die Fahrlässigkeit ist eine Verursachung seitens eines Willens, ehe derselbe das Bewusstsein von der Rechtmässigkeit und Unschädlichkeit des Verursachten sich verschafft hat.[*]

Dieses Bewusstsein dem Willen zu schaffen ist Sache des Ich. Das Ich darf im Staate nicht daraufloswollen, es muss vorher ernst erwägen, ob es eine rechtmässige Ursache setzt, es muss sich dieser Rechtmässigkeit bewusst werden. Will es dann erst, so handelt es vorsätzlich, will es vorher, so verursacht es fahrlässig.

Von dem Staate allein hängt es ab, ob er das Unrecht der Fahrlässigkeit strafen will, oder ob er nur Schadensersatz anordnen will.

Allein es gibt hier keine Normen im engeren und weiteren Sinne, und kein Strafrecht im engeren und weiteren Sinne. Stets erst zu wollen, nachdem man sich das Bewusstsein der Rechtmässigkeit des Wollens verschafft hat, liegt allerdings im bloss gesellschaftlich lebenden Menschen, aber die rechtliche Forderung ist eine Erkenntniss erst des Staatlebens. In

---

[*] Der nichtüberlegte Vorsatz beim Todtschlag. wie ihn das positive Recht kennt, ist selbstverständlich keine Fahrlässigkeit, sondern ein festgewollter rechtswidriger Entschluss bezw. dessen Ausführung, der aber heftiger Gemüthsbewegung seinen Ursprung verdankt, während der Mord mit kaltem Blut erwogen ist (Schütze Lehrbuch Seite 120). Nur bei dem Verbrechen der Tödtung hat es das positive Recht für nöthig erachtet. diese tiefsten Tiefen des Seelenlebens — für den Richter oft schwer erkennbar — rechtlich in Betracht zu ziehen.

früheren Zeiten strafte man wohl auch den fahrlässig verursachten Erfolg, aber nur, weil man ihn nicht von dem vorsätzlich verursachten unterscheiden konnte.

Deshalb kann hier nicht von einer Grenze, welche die Talion fordert, die Rede sein. Wie könnte man auch vergelten? Man müsste den Fahrlässigen der Gefahr der Fahrlässigkeit aussetzen. Dies ist nicht möglich, und wie dürfte der Staat fahrlässig handeln?

Fahrlässige Delicte straft der Staat mit der Strafe im weiteren Sinne.

Wenn aber bei jeder Fahrlässigkeit die Unterlassung der Erwägung über die Rechtmässigkeit der Verursachung vorliegt, — weshalb setzt der Staat nicht eine grosse, allgemeine Gebotsnorm mit einer Unterlassungsstrafe? (Binding spricht von einem grossen Delicte der „Denkfaulheit"; der Ausdruck ist passend!) —

Erstens wäre die Abgrenzung dieses Strafgebiets nicht möglich, denn Anstrengung des Denkens, ehe man will und handelt, fordert das ganze Leben im Staate. (Nur wer in Inner-Afrika lebt, darf „dar<!-- -->aufloswollen" wie er will; der gelehrte Forscher darf im Leben nicht „zerstreut" handeln, wenn er nicht unrecht handeln will; er lebt nicht nur für sich und seine Wissenschaft, sondern neben Anderen und für Andere.)

Zweitens spiegelt sich auch der fahrlässige Wille in der äusseren Welt, in dem Erfolge. Binding sagt: „auch das nicht Vorgestellte kann gewollt sein und Prüfstein für den Willens-Gehalt ist nicht die Meinung des Wollenden sondern seine That" (Normen II, Seite 114).*)

---

*) cf. Normen II Seite 113 Anm. 137. „Der Ausdehnung der Verantwortlichkeit von den dolosen Delicten auf die Fahrlässigen liegt eine grosse philosophische Entdeckung zum Grunde . . . . Die viel zu engen Schranken des Willensbegriffs werden dadurch zuerst durchbrochen."

Wenn ich in ein Zimmer Schwefelsäure stelle, weil ich
damit experimentiren will, es aber nicht beachte, dass in
dem Zimmer ein Kind weilt, wenn ich nun das Zimmer verlasse ohne an das Kind zu denken, so kann ich mich der
fahrlässigen Tödtung schuldig machen, wenn das Kind die
Säure neugierig kostet. Wenn in demselben Zimmer nur ein
unruhiger Hund herumspringt, der, nachdem ich es verlassen
ohne an den Hund und die Sachen eines Freundes, die
im Zimmer liegen, zu denken, die Säure umwirft und die
fremden Sachen beschädigt, so habe ich nur fahrlässig
Sachen beschädigt. Ich darf mich nicht beschweren, dass
ich dort schwerer leide, wie hier. Ich muss aufmerk-
samer erwägen ob mein Wille nur eine Tödtung oder eine
Sachbeschädigung verursachen kann; die Ursache setzt
eine Bewegung und ich kann erkennen, ob diese Bewegung
sich rechtsgefährlich fortsetzt (es ist nicht nöthig, dass
ich die bestimmte Gefahr dieser Bewegung erkenne). Wenn
ich Sachen aus dem Fenster werfe, handle ich stets auf alle
Gefahr hin; ich verursache den Tod eines Hundes so gut wie
etwa den Tod eines Menschen.

Ich kann daher nicht mit Binding sagen: „wir wollen mit
den Ursachen unbesehen alle ihre Folgen, weil wir überhaupt
nicht anders wollen können" (Normen II, Seite 112). Zum
Willen zurechenbar (ich gebrauche den Ausdruck, den
Binding nicht ganz billigt. cf. Normen II, Seite 114) sind
nur die Folgen, deren Erwägung in dem Bereiche der Möglichkeit liegen. Ob sie erwogen werden konnten, muss in
jedem einzelnen Falle entschieden werden.

Wenn z. B. ein Dieb sich in einen verschlossenen Hof bei
hellem Mondschein einschleicht, Geräusch hört und sich in eine
Ecke kauert, wenn der Hausherr ein Fenster über jener Ecke
öffnet, sich hinausbeugt aber Niemanden im Hofe sieht, nun
einen ihm unbequemen schweren Gegenstand, etwa ein Bret,

das in den Hof gehört, hinabwirft, den Dieb in der dunklen Ecke trifft und ihn tödtet — ist diese Folge zum Willen zurechenbar? Ich glaube nicht. Und doch ist sie nach Binding gewollt, der Wille geht nur „seine eigenen Wege" (Normen II, S. 115). Wenn man, wie Binding, im Willen nur die verursachende Bewegung sieht, ohne die Zurechenbarkeit zum Willen auf die „Wege des Willens" zu beschränken, die unser Ich im Voraus zu erwägen im Stande ist, musste man auch die Tödtung jenes Diebes für eine fahrlässige halten.

Ich will zugeben, dass jene Folgen des Willens Folgen „an sich" sind, allein Rechtsfolgen sind sie nicht. Für das Recht sind sie Zufall. Ich brauche deshalb nicht zu glauben, „dass das Verhältniss des Willens zum vorgestellten Erfolge ein anderes sei als zum unvorgestellten" (Normen II, S. 114), denn auf die Vorstellung im Innern*) kommt es in dem einzelnen Fall nicht an, es kommt nur darauf an, welche Folgen in das Bereich der Erwägung nach dem Urtheil des Gerichts hätten fallen müssen, wenn der Staatsbürger seine Erwägungspflicht im einzelnen Falle erfüllt hätte.

Jede Strafe für Fahrlässigkeit ist Strafe im weiteren Sinne. Der Staat straft, weil er seine Gesetze aufrecht erhalten und ihre Autorität wahren muss. Daneben kann es auch hier eine Fahrlässigkeit gegen den Staat in seiner Unmittelbarkeit geben.

Dagegen gibt es keine Fahrlässigkeit die weder strafbar noch schadensersatzpflichtig wäre. Jede Fahrlässigkeit ist rechtswidrig. Nur die Fahrlässigkeit

---

*) Vorstellung im Innern ist ein Phantasiegebild, abhängig von äusseren Reizen, aber nicht durch sie beschränkt; die Erwägung aber ist durch die äusseren Dinge beschränkt. Was ein Mensch sich vorstellt, kann ich nie wissen, wohl aber, was er als Staatsbürger beim Wollen erwägen muss.

bei dem Verbrechen scheint eine Ausnahme zu machen. Ein Mörder will morden, vergisst aber aus Fahrlässigkeit das Gewehr zu laden. In Folge dieser Fahrlässigkeit bei der Ausführung des Mordes tritt mildere Strafe ein. Die Fahrlässigkeit wird in der Regel erst relevant, wenn sie bedeutende Folgen hat (Folgen muss sie stets haben). Das römische Recht nennt sie culpa. Wir können das mit Schuld schlechthin übersetzen. Auch der seiner Rechtswidrigkeit nicht bewusste Wille ist Schuld an Etwas, denn er verursacht, er ist aber auch schuldig für Etwas, denn er musste sich erst Kunde über die Folgen seines Thuns verschaffen.

Der Grund, warum der Dolus so viel schwerer zu strafen ist, als die Culpa, liegt darin, dass dort das Bewusstsein der Rechtswidrigkeit vorliegt, während es hier fehlt. Dort athmet die Strafe das Feuer der Talion aus, hier führt sie die Ruthe des Staats gegen den Nichterwägenden. Wie aber, wenn der Staatsbürger frevelhaft darauf loshandelt?

Wir berühren damit das schwierige Gebiet der Arten der Schuld. Im Civilrecht die Frage zu entscheiden kann hier nicht meine Aufgabe sein.*) Im Strafrecht kann es nach obiger Darstellung nur zwei Schuldarten geben: den Dolus und die Culpa. Dass man das Daraufloshandeln (Frevelhaftigkeit) schwerer rügt als die Unvorsichtigkeit, liegt in der Natur der Sache; dort verschliesst der Staatsbürger die Augen, hier vergisst er, sie gehörig zu öffnen. Eine andere Schuldart ist es nicht. —

Anhang I.

Ich habe gesagt, dass alles Unrecht strafbar sei. Der Satz ist noch zu anfechtbar, als dass ihm Beispiele nicht nützen könnten. Ein Bauernbursche nimmt einen Pfennig: er

---

*) Binding verneint bekanntlich die culpa dolo proxima.

ist ein Dieb. Er nimmt eine Wurst und isst sie sofort, weil ihn hungert: er ist ein Uebertreter. Er bricht Zweige ab: er übertritt eine Feldpolizeiordnung. Er bricht am Wege eine Blume, um sie seinem Mädchen zu geben — was ist er nun? Oder: ein Mensch spielt Hazard: er ist strafbar; ein Mensch spielt in Differenzgeschäften an der Börse, **die weit schlimmer als Hazardspiele sind:***) warum ist er nicht strafbar? Oder: ein Mensch quält seinen Hund, ein Anderer ärgert sich darüber, er wird bestraft. Ein andermal ist er vorsichtiger, er prügelt seinen Hund auf das jämmerlichste im einsamen Zimmer — warum ist er nicht strafbar? Alles Unrecht ist strafbar und der Staat allein bestimmt, welches Unrecht er strafen will! Die Grenzen aber stehen, wie diese drei Beispiele zeigen, noch längst nicht fest. Noch greller tritt dies bei dem **Betruge** hervor.

---

*) Nebenbei bemerkt liegt hier ein Unrecht vor, das nicht nur strafbar ist, sondern gestraft werden sollte. Diese Spieler schädigen Andere, die civilrechtlich keinen Ersatz finden. Der Geschädigte ist hier nicht nur, wie bei dem Privat-Hazardspiel, die einwilligende Gegenpartei, sondern unbetheiligte Dritte werden schwer mitbeschädigt. Trotz aller Verschleierungen und Wehrufe der Spieler sollte der Staat m. E. hier energisch strafen.

§ 8.

Der Zufall.

Das Gebiet des Rechts ist das Gebiet des reinen Menschenthums. Hier heisst die Parole: Thue das Rechte um
der Andern willen, damit deine Handlungen als Gesetz für
Alle die gelten, mit denen du im Staate lebst! Dies Gesetz,
von dem die Thierwelt nichts weiss, ruht auf dem Moralgesetz:
Thue das Rechte um seiner selbst willen! Stünde der
Mensch allein auf der Welt, so würde dies Gesetz noch für
ihn gelten. Aeusserlich kann aber diese letzte und höchste
Forderung nicht an ihn gestellt werden, denn Niemand kann
prüfen ob er sie erfüllt. Sobald er aber in Gesellschaft .
lebt, werden die Pflichten der Moral gegen Andere in soweit zu
Rechtspflichten, als die Freiheit des Einzelnen sich nur mit der
Freiheit Aller vertragen kann. Der sittliche Geselligkeitstrieb beschränkt sogar noch das Reich der Moral: So
lange ein Mensch — ich will das einmal annehmen — allein
auf der Erde weilen sollte, ist die Erde durch **Occupation** sein.
Sobald mehrere auftreten, muss er theilen. Neben die ursprüngliche Freiheit tritt schon die rechtliche Nothwendigkeit,
wenn nicht ein ewiger Krieg stattfinden soll. Nach Jahrtausenden sind die Güter occupirt und aus Genossenschaften etc. ist
allmählig das entstanden, was wir Staat nennen. Hier verschwindet der „Einzige und sein Eigenthum"*) gänzlich. Er
geht im Staate auf, der ihm sein Recht gewährt (denn Macht
muss mit dem Rechte gehen!). Er kann nicht mehr bloss durch
Occupation erwerben, **die Arbeit** erwirbt ihm die Güter, und

---

*) Es ist geradezu unverständlich, wie ein Mann des neunzehnten
Jahrhunderts Sätze aufstellen kann, die nur in einer Thierwelt, nicht aber
in einer menschlichen Gesellschaft Geltung haben können (M. Stirner,
der Einzige etc. 1845).

nicht bloss die körperliche, sondern vor Allem die geistige, die mehr gilt als jene. Industrieller Geist, Speculation, kaufmännisches Genie sind ebensogut zum Erwerbe berechtigt, wie die Wissenschaft des Gelehrten, auch wenn er nicht „praktisch *) für das Leben forscht“ (im Sinne des reinen Gelderwerbs), und die Kunst der Künstler. So berechtigt aber dieses Ueberwiegen der Geistesthätigkeit (und auch die Arbeit eines grossen Kaufmannes ist eine solche) in unserem Jahrhundert ist, und so recht es ist, dass sie immer mehr überwiege (denn Geistesthätigkeit ist mehr als Muskelarbeit), um so lauter ergeht an den Staat die Forderung, für die zu sorgen, die nur mit ihren Muskeln und wenig mit dem Geiste arbeiten. Ein Recht haben Jene nicht auf Theilung, denn das Gebot: handle so, dass dein Handeln eine Norm für Alle bilden kann! verbietet mir nicht, mit dem Geiste mehr zu erwerben als mit dem Körper. Aber der Staat muss sich mit Staatsweisheit sagen, dass nicht Alle geistig thätig sein können, wenn sein Bau bestehen soll, und die Moral und die Nächstenliebe muss dafür sorgen, dass neben dem Egoismus des Einzelnen nicht die Noth des Anderen allzu grell stehe.

Und so komme ich zu dem so vielfach angefeindeten Begriffe des Egoismus, den ich entwickeln muss, wenn ich zeigen will, was im Rechte der Zufall ist. Das Recht ist **egoistisch,** denn es gibt dem einzelnen Ich so viel Freiheit, als neben der Freiheit Aller bestehen kann. Innerhalb dieser Grenzen kann das Ich seinen Egoismus, denn dieser ist sein **Wesen,** frei entwickeln.

Das Recht ist so egoistisch, d. h. so stolz auf die Freiheit des Ich, die es geschaffen, dass Alles, was nicht in dem

---

*) Das Wort „praktisch“ gebraucht die Gegenwart oft für Arbeit, welche nur den schnellen Erfolgen eines crassen Egoismus dient, der der Gesammtheit wenig nützt.

freien Ich und dem motivirten Willen seine Quelle
hat, in der Rechtswelt „Zufall" heisst.

In der That ein stolzes Recht! Die ewigen Gesetze der
Causalität, welche in der äusseren Welt schalten und sich
mit zwingender Nothwendigkeit nach unserem Erkennen vollziehen, ignorirt es für die innere Welt, und nennt sie „Zufall."

Das Recht darf den Ausdruck gebrauchen. Zwischen den
Bewegungen in der äusseren Welt und den Vorgängen in der
inneren Welt besteht der grosse Unterschied, dass jene eine
Reihe von Ursachen setzt, die in die Unendlichkeit oder
auf eine unerkennbare Ursache verlaufen, während das Ich
keine Ursache hinter sich hat, die Vorgänge seiner Welt beherrscht, die Motive stärkt, den Willen schafft und eine Bewegung aussen hervorbringt, die nur in ihm selbst ihre
Ursache hat.

Die Bewegungen in der äusseren Welt, die nicht vom Ich
ausgehen, sind von den Bewegungen, welche das Ich setzt, in
ihrem Grunde verschieden. Die Ursache jener liegt in der Unendlichkeit, die Ursache dieser liegt im Ich.

So stelle ich den Satz auf: Der Unterschied zwischen
Zufall und Nichtzufall ist kein anderer als der Unterschied zwischen Causalität und Verursachung, zwischen
reinen Naturvorgängen und menschlichem Wollen!

Und hierauf fusst das Fundament des Strafrechts: Alles
was Zufall ist dürfen wir nicht zurechnen, was aber
Nichtzufall d. h. Alles was gewollt ist, müssen wir
Juristen zurechnen. Die Rechtfertigung der Zurechnung
ist die Freiheit des Ich, welches den motivirten Willen verursacht.

Wie der Materialismus und Monismus die Zurechnung
und mit ihr das Strafrecht nicht beseitigen können, habe ich
gezeigt. Die Statistik beweist nur, dass gewisse Reize auf das
Ich in gewissen Zeiträumen constant einwirken, sie zeigt eine

Regel in der Aussenwelt und lehrt uns, indem sie uns die noch
verschwindenden Verbrechen zeigt, dass der kategorische Imperativ noch lebt. Für den Willen des Einzelnen beweist sie
nichts. Ich habe nun noch zu zeigen, dass das Wollen selbst
kein Zufall ist, dass es keinen unmotivirten Willen gibt.
Schon Binding hat gezeigt, dass der Indeterminist, der
einen unmotivirten Willen für möglich hält, in diesem Willen
nichts anderes sehen kann, als den reinen Zufall, dass
daher der Unterschied von gut und böse und damit jede sittliche Ordnung fällt (Normen II, Seite 4 und 5). Das Ich ist
frei, die Gedanken sind frei, für sie können letzte Gründe
nur im Ich liegen oder das Ich kann sie aus der Aussenwelt
entnehmen, aber der Wille, der Bewegungen in die
Aussenwelt setzt und an deren Pforte steht, bedarf eines
Motivs; dieses Motiv wird durch dass Ich gestärkt zum
Willen. Der Wille ist kein Zufall, der Wille ist nicht
nothwendig, der Wille ist frei und kein Zufall weil er
vom Ich abhängt, das frei und nicht zufällig ist, der Wille ist
nicht nothwendig aber motivirt, weil das Ich die Motive stärkt,
das nicht nothwendig ist. Wer für diese Wahrheit nicht in
Hegels Schule Hilfe suchen will, weil er an Hegel nicht
glaubt*), dem nenne ich Bindings Wort: „Das Seiende, das
Ding an sich, ist weder nothwendig noch zufällig; es
entrückt sich jenem Gesetze und damit nothwendig auch unserer
Vorstellung; denn diese selbst ist ja wieder nur Erscheinung
und somit an jenes Gesetz gebunden! Eine unbedingte somit
freie Ursache anzunehmen ist also weit entfernt unwissenschaftlich zu sein, eine Nothwendigkeit für jeden Forscher.“
(Normen II, Seite 23. Diese Wahrheit ist eine Kantische!).
Der Mensch bedarf aber aller dieser Zeugnisse nicht, es

*) Ich meinerseits zähle mich zu den Ungläubigsten in dieser
Hinsicht! —

handelt sich hier nicht um eine Wahrheit, die nur der Philosoph finden kann, oder die erst das Vergrösserungsglas und das Fernrohr zeigt, es handelt sich um die Innere Welt, und hier gibt jedes Ich über sich selbst Kunde. Und „gegen dieses Zeugniss innerer Freiheit kommt keine aller Vernunftstimmen auf. Soll diese Erfahrung plötzlich nichts wiegen, weil sie den Gegnern der Freiheit unbequem ist?"*)

Also: Der Wille ist kein Zufall, er hat seine Ursache im Ich und das Ich ist unbedingt. Zufall ist aber Alles, was nicht im Ich seine Quelle hat, wenigstens im Recht.

Indessen dieser Satz ist zu beschränken.

Somit wie man den Willen philosophisch, wie Binding, als die eine verursachende Bewegung setzende Kraft auffasst, muss man im Rechte Willenswirkungen als Zufall bezeichnen, die es in der Geschichte nicht sind.

Der Wille darf nicht einfach als eine die Bewegung verursachende Kraft aufgefasst werden; er darf seine Heimat der inneren Welt nicht verleugnen. Wenn ein Schneeball durch seine Schwere in's Rollen kommt und in der Folge zur Lawine wird, die Menschen und Häuser begräbt, so ist das ganze Unheil Folge der Bewegung des Schneeballes. Wenn aber ein Bergbesteiger auf den Schnee tritt, was er beim Klettern nicht vermeiden kann, wenn der Schnee sich los löst und zur Lawine wird, so wollte der Wanderer gewiss nicht eine Ortschaft begraben, und doch ist all dies Elend Folge seiner gewollten Bewegung. Für die Fahrlässigkeit gilt der Satz: Die Folgen einer Handlung, welche selbst bei der gehörigen Besonnenheit nicht vorhergesehen**) werden konnten, stehen

---

*) Binding, Normen II Seite 24.

**) Das Vorhersehen ist aber kein Vorstellen. Das Vorhersehen ist objectiv erkennbar, das Vorstellen liegt in den undurchdringlichen Tiefen der inneren Welt. Was sich ein Mensch vorstellt, kann ich nicht wissen, was er vorhersehen kann, kann ich beurtheilen.

mit dem Willen nicht mehr in Zusammenhang. Es hört bei ihnen die Zurechnung auf. Sie sind blosser Casus.

Für den Dolus aber gilt der Satz nicht! Hier setzt der Wille bewusst eine Ursache zum Verbrechen, dort setzt der Wille bewusst eine Ursache, die erst in weiterer Folge, die er nicht weiss, ein Verbrechen verursacht.

Wer mit dem Bewusstsein der Rechtswidrigkeit sich gegen die Normen aufbäumt und ein Verbrechen in die Welt setzt, der mag die Folgen dieser Verursachung tragen. Hier muss auch das nicht vorhersehbare als gewollt gelten.

Ein Brandstifter zündet ein Haus an, von dem er weiss, dass keine Menschen darin sind, — er wird nach § 306 des R.-St.-G.-B. mit Zuchthaus bestraft. Ein Brandstifter zündet ein Haus an, von dem er weiss, dass keine Menschen darin sind, ein Dieb liegt aber auf dem Boden versteckt und der Brand verursacht den Tod des Diebes. Sofort tritt die schwerere Strafe des § 307, No. 1 ein! Es war kein anderer Dolus und kein anderes Bewusstsein vorhanden als im ersten Falle! — —

Weshalb muss der Verbrecher um so viel schwerer leiden? — — —

Weil er sich sagen muss, dass ein Verbrechen, das er verursacht, weitere verbrecherische Folgen haben kann.*) „Das eben ist der Fluch der bösen That: dass sie fortzeugend Böses muss gebären!" — — —

Dass die Folgen des bewusst rechtswidrigen Willens nicht Zufall, sondern zurechenbare Folgen der gesetzten Ursache sind, zeigt sich deutlich bei den sog. gemeingefährlichen Delicten.

Hier wirkt die verursachende Bewegung mit Mitteln, die entweder durch die ihnen innewohnende Bewegung weitere Ur-

---

*) cf. Binding, Normen II Seite 115.

Dr. Sturm, Commissivdelicte durch Unterlassung u. Omissivdelicte   17

sachen ohne Weiteres setzen*) oder in Folge des sich be-
wegenden menschlichen Verkehrs sie setzen können**),
oder endlich in Folge des Thierwillens sie setzen können.***)

Hier ist beim Dolus der schwerere Erfolg mitgewollt,
denn der Wollende weiss, dass er für eine Reihe von Bewegungen eine Bewegung setzt. Das positive Recht behandelt
daher mit Recht den Eintritt eines bestimmten Erfolges†) als
erschwerenden Umstand.††)

Dagegen sollte bei der Fahrlässigkeit es überall nur
darauf ankommen, ob die Folgen vorhersehbar waren.
Man mag Fahrlässigkeit mit Feuer streng, ja strenger strafen
als es geschieht†††), aber man darf nicht Folgen einer fahrlässigen Handlung strafen, die absolut nicht vorhersehbar waren,

---

*) Sogenannte Elemente: Feuer (Brandstiftung), Wasser (Ueberschwem-
mung); explodirende Stoffe; ferner menschliche Krankheiten, Pilze (§ 327
St.-G.-B.); Viehseuchen (§ 327, 328 St.-G.-B. und die Reichsgesetze). In
den sog Elementen und den Krankheiten liegt schon ihrer Natur nach
eine fernere Ursachen setzende Weiterbewegung, die zerstörend wirkt gegen
menschliche Güter.

**) Delicte gegen Eisenbahnen, gegen Telegraphen, Gefährdungen der
Schiffahrt, Beschädigung von Brücken, Wegen etc., Schädigung von Brunnen, Fälschung der Nahrungsmittel etc., Nichterfüllung gewisser Verträge
(§ 329 St.-G.-B.), Gefährdung durch Bauwerke, St.-G.-B. § 366 Nr. 2, 3, 4,
8, 9, 10, § 367 Nr. 12 und A. m.

***) Reichsgesetz vom 6. März 1875, Preussisches Gesetz vom 27. Febr.
1878 (Reblaus), § 366 Nr. 5 (Ausreissen, Schlagen etc. der Thiere), § 366
Nr. 6 (gehetzte Hunde), § 367 Nr. 11 (wilde oder bösartige Thiere), § 367
Nr. 7 (Trichinen) des St.-G.-B. u. A. m.

†) Mit Unrecht sagt Meyer (Lehrbuch Seite 594), dass es nur auf
Causalzusammenhang, nicht auf subjective Verschuldung ankomme.
Die Verschuldung liegt in dem Setzen der weiterwirkenden Ursache.

††) cf. § 307 Nr. 1, § 312, 314, 315, 316 u. A. m. Sehr treffende
Auseinandersetzungen über den Vorsatz bei Brandstiftung und Ueberschwemmung finden sich bei Binding Normen II Seite 578 bis 586.

†††) Wer in einer grossen Forstverwaltung gearbeitet hat, kennt z. B.
die Gefahr der Waldbrände und den Leichtsinn des den Wald passiren-
den Publikums.

denn hier liegt kein bewusst rechtswidriger Wille vor, der für die Geburten seiner bösen That einstehen muss.

Wer nach § 309 fahrlässig ein Haus in Brand setzt, soll viel strenger bestraft werden, wenn durch den Brand der Tod eines Menschen verursacht ist. Eine Fahrlässigkeit in Betreff des verursachten Todes ist also gar nicht nöthig! Sonst müsste § 222 mitanwendbar sein! Die Voraussetzungen des § 222 müssten aber nach meiner Auffassung auch im Falle des § 309 vorliegen, d. h. die Folgen müssen in jedem einzelnen Falle voraussehbar sein, wenn härtere Strafe eintreten soll.

Endlich zeigt sich die Wahrheit, dass das Gewollte nicht Zufall ist, sondern vom Ich abhängt, bei den Beamten- delicten und den Militärdelicten.

Die Literatur über beide Gattungen ist bekanntlich nicht allzu reich; es ist, als ob es dem deutschen Juristen wider- strebte, über seine eignen Delicte zu schreiben.

Wenn der Staatsbürger in ein Amt eintritt, geschieht mit dem Amtseide ein Appell an sein innerstes Ich. Er soll bis in die innerste Faser seines Wesens Beamter sein. Hierzu ver- pflichtet ihn sein Eid, die Ermahnung an die innere Welt. Aus dieser inneren Welt, aus diesem Ich, entspringt aber der freie Wille. Deshalb ist der Beamte nicht nur in vielen Fällen strafbarer als Andere, in vielen Fällen strafbar wo Andere nicht strafbar sind, sondern er haftet auch für eine unendliche Reihe von Unterlassungen, für die Nichtbeamte nicht haften. Denn in allen Fällen, wo ihn die Amtspflicht ruft und er nicht hört — die Stimme dieser Pflicht veranlasst sein Amtseid in der inneren Welt — will er nicht seine Pflicht thun.

Obwohl hier in der äusseren Welt keine Bewegung

sich zeigt (der Richter schreitet z. B. nicht ein*), geht in der inneren Welt ein Vorgang vor, der strafbar und erkennbar ist.

Genau so steht es bei den militärischen Delicten. Nur geht hier der Appell an das Ich noch weiter! Der Beamte kann Beamtenvergehen nur in seiner Beamtenthätigkeit begehen, ausserhalb derselben unterliegt er nur der disciplinarischen Rüge. Der deutsche Soldat aber unterliegt der Strafe in jeder Secunde, wo er die Uniform trägt. Ihn bindet der Fahneneid, der weiter geht als der Amtseid, weil der Kriegerstand ein unbedingtes Gehorchen des Kriegers erfordert. Dies liegt in der „Natur der Sache." **)

Der Fahneneid ist kein freiwilliger Eid, wie der Beamteneid, sondern ein nothwendiger. Mit der Geburt tritt an den deutschen Mann die Pflicht heran, dem Vaterlande einst mit der

---

*) Dasselbe gilt selbstverständlich für den Anwalt und Jeden, den ein Amtseid bindet. Während aber das Recht nur der Beeidigte schützen soll, vertraut die Gesetzgebung den Schutz der Gesundheit jedem Medicinalpfuscher an, und straft erst, wenn es zu spät ist. Nur der geprüfte Mediciner sollte kuriren dürfen, nachdem er vor dem Staate einen Amtseid, nach bestem Wissen seiner Wissenschaft zu heilen und die Hilfe nicht ohne Grund zu versagen, geleistet hat. Meines Erachtens ist der Staat den Staatsbürgern schuldig, sie vor der Gesundheitsgefährdung durch Pfuscher zu schützen. Er kann das aber nur, wenn er die Ausübung der medicinischen Praxis nicht als Gewerbe, sondern als Uebung einer Wissenschaft auffasst, die nur dem geprüften und vereidigten Arzte gestattet ist. Bei dem Hebammendienst hat man die Gefährdung der Staatsbürger durch Pfuscher eingesehen. Warum verschliesst man der Medicin gegenüber die Augen? Hier lässt man die Kurpfuscherei überhand nehmen, und entschuldigt offenbar betrügerische Annoncen mit lügnerischen Attesten durch „die Regel des Lebens", obwohl in allen diesen Fällen ein sehr gefährlicher Betrug vorliegt, und daneben das Wohl der Staatsbürger auf das höchste gefährdet ist. — — —

**) Ein m. E. mit Unrecht verrufenes, sehr brauchbares Wort!

Waffe zu dienen. Er darf sich, sobald er die Normenkenntniss und Strafreife hat, nicht selbst verstümmeln oder sich untauglich machen lassen, um die Wehrpflicht nicht zu erfüllen (§ 142 St.-G.-B.). Es kann m. E. hier, allerdings nach dem positiven Rechte nur hier *), fraglich werden, ob nicht der Versuch des Selbstmordes strafbar ist? Wenn ein Wehrpflichtiger nicht mehr isst, um zu sterben, daran aber durch die Anzeige und Zwangsmittel gehindert wird und nun erkrankt — liegt in dieser zum Tode oder zur Wehrunfähigkeit führenden Unterlassung nicht ein „Untauglichmachen" im Sinne des § 142?

In der Natur des Fahneneides und des militärischen Rechtes **) liegt es, dass der Soldat sich zahlreicher strafbarer Unterlassungen schuldig machen kann, die bei dem Civilisten nicht gestraft werden. — —

Am Schlusse dieses Abschnitts habe ich noch die schwierige Frage zu erörtern, ob der Thierwille zum Zufall gehört und ob Schaden durch gezähmte Thiere, deren Aufsicht unterlassen wurde, den Herrn der Thiere strafbar macht?

Das Gebiet des Rechts ist das Gebiet des reinen Menschenthums. Den sittlichen Gesellschaftstrieb hat nur der Mensch. Nur er besitzt den kategorischen Imperativ.

---

*) Mit Recht hebt Meyer (Lehrbuch Seite 286) hervor, dass Delicte an sich selbst sehr wohl möglich sind (Selbstmord aus Lebensüberdruss oder aus der philosophischen Ueberzeugung der neueren von Hartmannschen Philosophie). Sollten gewisse philosophische Theorien in der Praxis Anklang finden — wogegen der Selbsterhaltungstrieb indessen hilft — so wäre allerdings das Interesse des Staates an der Verhinderung eines Massenselbstmords „gross genug, um auch die Selbsttödtung unter Strafe zu stellen" (Meyer loc. cit. Seite 287). Moralisch kann sie nur Krankheit entschuldigen.

**) Abgeschmackt, unverständig und thöricht ist es, hier von „Ausnahmegesetzen" zu reden, wie dies im Reichstage geschehen ist.

Die Thiere haben kein Recht. Aber der Mensch hat die aus der Moral entspringende Rechtspflicht die Thiere zu schützen und nicht zu quälen.*) Woher stammt dieses Recht? Nicht aus einem Gefühle der Zugehörigkeit zur Thierwelt — dieses fehlt auf unserer Culturstufe — sondern nur aus der Moral. Wir wissen nicht, wie dem Thiere das „Ding an sich" erscheint, wir haben nur Vermuthungen über das Seelenleben der Thiere (um Gewissheit zu haben, müssten wir uns in eine Thierseele versenken können, dann aber würde uns wieder die menschliche Erkenntniss fehlen!), aber wir haben Gewissheit darüber, dass es Schmerz empfindet.

Wenn nun auch eine Thiergattung gegen die andere meistens ohne Mitleiden ist, so darf sich doch der Mensch als Gattung im Recht**) nicht unter die „Säugethiere" rechnen. Er muss hier einem Satz aus der Moral zum Recht machen, das Gute um seiner selbst willen thun, und die Thiere um ihrer selbst willen nicht quälen (die Sorge für die Thiere ist aber ein reines Moralgebot!***). Bekanntlich verlangt

---

*) Das Gebot der strengen Vegetarianer: „die Thiere nicht zu tödten", ist weder eine Norm des Rechts noch der Moral. In der Thierwelt selbst gilt das „Recht des Stärkeren", das aber, weil es keine Norm kennt, nur Macht und nicht Recht ist.

**) Nur mit dem Rechte habe ich hier zu rechnen. Die Abstammungsfragen berühren das Recht zunächst nicht. Nur muss der Jurist für die gegenwärtige Kulturstufe vor allem seines Volkes, dann aber auch für die mit demselben verkehrenden Kulturvölker (Völkerrecht!) behaupten — und er kann es beweisen — dass hier der sittliche Gesellschaftstrieb, das freie Ich und dessen Wille eine ewige Schranke zwischen Thierwelt und Menschheit setzt. Einen Gesellschaftstrieb mögen schon Thiere haben, (Bienen, vor Allem Ameisen!), aber dieser ist kein sittlicher und kein von Geschlecht zu Geschlecht durch Sprache und Tradition sich vervollkommnender.

***) „Der Gerechte erbarmt sich seines Viehes". Zu weit gehen die Indier, wo sich der Staat der Sorge für die Thiere annimmt (Krankenhäuser etc.).

das Strafgesetzbuch*) Oeffentlichkeit der Verübung oder Erregung eines Aergernisses.**)

Aus den Pflichten gegen die Thiere folgt durchaus nicht
ein Recht der Thiere. Es kann hier unerörtert bleiben, ob
einzelne Gattungen etwas Aehnliches unter einander besitzen.
Es genügt, dass der Mensch hier weder den sittlichen Geselligkeitstrieb noch den freien Willen findet. Der Letztere
fehlt, weil das „Wesen" des Thieres nicht frei ist. Das Thier
hat kein freies Ich.

Es besitzt einen Willen, einen motivirten Willen, aber
keinen freien Willen.

Wir wollen den Thierwillen zunächst im Civilrecht
erörtern.

„Für den Schaden, welchen ein Thier gegen die Art und
Weise seiner Gattung anrichtet, haftet dem dadurch in seinem
Interesse Gekränkten der Eigenthümer des Thieres mit der Mass-
gabe, dass er sich durch Preissgeben des Thieres befreien
kann. Wird das Thier veräussert, so geht der Anspruch auf
den neuen Eigenthümer über" (Windscheid).***) Dies ist die
Anschauung des Römischen Rechts (actio de pauperie.
Tit. Dig. si quadrupes pauperiem fecisse dicatur 9, 1).

---

*) Eine zweite Bestimmung neben § 360 Nr. 13 (die Bestimmung
darf nicht so nebensächlich behandelt werden!) enthält § 366 Nr. 7.
Aber auch hier ist allein das leidige Nützlichkeitsprincip der Gegenwart entscheidend. Nur „Pferde oder andere Zug- oder Lastthiere" sind
gegen Steinwürfe geschützt, um des Menschen willen. Mir kam in der
Praxis der Fall vor, dass Fremde vielfach die Thiere in Wildgärten
„mit Steinen" warfen! Der § 366 Nr. 7 traf nicht zu und der § 360
No. 13 in seiner engen Fassung („boshaft quälen", „roh misshandeln",
„öffentlich", „Aergerniss") genügte nicht.

**) Bei der Vivisection handelt es sich m. E. um einen
wissenschaftlichen Nothstand, wo die Schmerzzufügung
unumgänglich ist. „Die Grenze kann nicht anders als durch
das richterliche Ermessen bestimmt werden". (Meyer Lehrbuch
Seite 654 Anm. 4).

***) Die Literatur über diese Fragen ist nicht reich.

Die actio de pauperie beruht auf einem positiven Institute:
der Haftung wegen Verschuldung ausserhalb des Contrakts.*)
Hier kann das Verschulden nur der Staat positiv regeln
Ist der Eigenthümer an der Beschädigung Schuld, so haftet er
nach den Grundsätzen des Aquilischen Gesetzes (Windscheid), hier reicht dieses positive Institut aus;**) das Thier
kann nicht schuld sein, das Thier setzt weder vorsätzlich
noch fahrlässig eine unrechte, verursachende Bewegung,
denn es hat zwar einen Willen, aber keinen freien. Der
durch Dressur und Zähmung erzwungene Wille ist motivirt
und geschaffen durch die Strafe und die Zucht; handelt das
Thier gegen die Dressur, so folgt es in dem gegebenen Falle
nothwendig seinem Gattungsgelüste!

Mit vollem Rechte legt daher das Römische Recht allen
Werth auf das Gattungsgelüst. Wie der Mensch in jedem
Menschen den kategorischen Imperativ und den sittlichen

---

*) Von einem Quasi-Delict ist hier wie überall keine Rede! Be-
achtenswerth sind die Bemerkungen Dernburgs über dieses positive Institut (Lehrbuch 2. Band, Dritte Auflage Seite 848 f.). Meine Schrift „das
Grundprincip der negotiorum gestio und das Recht der positiven Insitute.
1882" erschien leider nicht vor Dernburgs neuer Bearbeitung. Meines Erachtens verdient der Begriff „positives Institut" das Bürgerrecht in der
Wissenschaft. Dernburg spricht übrigens auch nicht von Quasicontrac-
ten, sondern von aussercontractlichen Forderungen! Indessen ist
der Contrakt nicht einmal als Grenzbegriff hier fruchtbar, wo ganz
andere Grundlagen der Institute massgebend sind. Was könnte
auch dem Gesetzgeber des Civilgesetzbuchs eine Negation helfen?
So wenig wie ein „Quasi"! (Mit Recht verweist Dernburg auch in
der neuen Auflage auf l. 10 D. 3, 5 (Seite 824 Anm. 3 loc. cit.). Sie gehört zu den Stellen, welche das Grundprincip der negotiorum gestio
klarlegen).

**) Auch aus dem ädilischen Gesetz entspringt die Haftung §. ult.
Inst. 4, 9: Ceterum sciendum est, aedilicio edicto prohiberi nos canem (!),
verrem, aprum, ursum, leonem ibi habere, qua vulgo iter fit. Der Hund
wird dem Löwen gleichgestellt; von dem ungefährlichen konnte das Gesetz nicht sprechen wollen.

Geselligkeitstrieb findet, so besitzt jede Thiergattung ihre eigene, sie mit Nothwendigkeit zwingende Natur. Der freie Mensch kann sich selbst gegen den sittlichen Geselligkeitstrieb auflehnen (Nihilismus). Das Thier aber muss seinem Gattungsgelüste (Instinct, natura generis etc.) folgen.

Beim wilden Zustande der Thiere kann nach römischem Rechte Niemand Schaden fordern. Das Aedilische Edict verbot nur, solche Thiere ibi habere, qua vulgo iter fit. Entflohen sie der Haft, so war Niemand haftbar: Denique si ursus fugit a domino, et sic nocuit, non potest quondam dominus conveniri, quia desiit dominus esse, ubi fera evasit (Inst. Lib. IV, Tit. IX pr.). Die Bärennatur lässt sich nicht bändigen! Nur an begangenen Orten durfte man keine wilden Thiere halten, wenn man nicht für jeden fahrlässigen Schaden haften wollte (§ ult. J. 4, 9; l. 1 § 4, 5, D. 9, 1). —

Beim gezähmten Zustande kommt es darauf an, ob das Thier secundum naturam sui generis geschadet hat, oder contra naturam sui generis. Meines Erachtens ist diese weise Vorschrift wie folgt zu erklären. Schon in Rom wie jetzt zähmte der Mensch das Thier zu seinem Nutzen und zu seinem Vergnügen, wissend, dass es unter Umständen dem Menschen schadet und als Thier nicht verantwortlich ist. Die Gattungs- natur der Pferde, Ochsen, Hunde muss jeder kennen und in der Gesellschaft der Menschen tragen. Wer einen Hund unvorsichtiger Weise auf die Pfote tritt und gebissen wird, kann keinen Schaden fordern, wer ein Pferd unvorsichtig scheu macht und vom Huf geschlagen wird, hat keinen Anspruch an den Herrn. Dagegen muss das Recht vom Herrn fordern, dass er den Schaden trägt, den das Thier gegen seine Gattungsnatur anrichtet. Der Herr muss diese kennen und dagegen schützen; der Fremde kann nicht wissen, dass das Thier eine Ausnahme von seiner Art ist. Wenn ein wüthender Zuchtstier beim Treiben auf die Weide Kinder tödtet, haftet der Herr; ein solches Thier gehört an die Kette.

Schwierig wird aber die Frage, wo durch die Zähmung, die Dressur und die Zucht einer Thiergattung so verschiedene Unterarten entstanden sind, wie z. B. bei den Hunden. Gerade hier aber ist unser heutiges Recht praktisch sehr interessirt.

Natura generis heisst · hier nicht „Hundenatur" sondern „Natur der Hunderace." Ein Wolfshund gehört an die Kette, wie eine starke Dogge, oder in den umschlossenen Hof und an die Handleine; diese Thierarten richten Schaden an secundum naturam sui generis. Selbst bei bester Zähmung kann hier die Racenatur durchbrechen.

Wenn aber ein Hund einer harmlosen Hundeart contra naturam sui generis plötzlich beisst, kann von einer Haftung nicht die Rede sein. Wünscht die Polizei das Hundehalten überhaupt in dem Masse nicht, so kann sie es verbieten oder Beisskörbe verordnen; allein wenn ihr Verbot oder Gebot übertreten wird, liegt nur eine Verletzung des betreffenden Gesetzes vor, eine Uebertretung, und nicht mehr! Ich kann auch den von v. Holzschuher (Theorie und Casuistik, B. III, Seite 1028) angeführten Fall bezw. die Entscheidung desselben durch das Würtemberger Obertribunal nicht billigen: „Von zwei Hunden begleitet fuhr A in zweispännigem Wagen, und hinter ihm B längs der Landstrasse. Die Hunde des A, welche einen Hasen aufgejagt und verfolgt hatten, waren plötzlich von hinten her an die Pferde des B und an deren Mäulen aufgesprungen, wodurch diese scheu wurden, und den mit drei Personen besetzten Wagen des B umwarfen. Ein Arm- und Beinbruch war die Folge. Der deshalb gegen den A erhobene Schadensersatzanspruch wurde vom Obertribunal für unstatthaft erkannt, sofern A beschwören würde, es sei ihm zuvor nicht bekannt gewesen, dass einer seiner Hunde schon einmal an fremden Pferden hinaufgesprungen sei." Die Entscheidung ist meines Erachtens salzlos, denn nicht auf eine einzelne Ungezogenheit, sondern auf die Natur des Hundes kommt es an; diese können nur wiederholte Beobachtungen zeigen.*)

Dies Beispiel führt uns auf das in der Praxis wichtige Scheuwerden der Pferde. Die Auskunft, ob dies in der Natur des Pferdes liegt, kann zunächst die Wissenschaft geben. Meines Wissens nimmt diese an, dass das Pferd die Dinge grösser sieht als wir, und deshalb leicht scheu wird. Von den Maulthieren nimmt das römische Recht — dem aber die Naturforschung fehlte — an, dass das Scheuwerden bei ihnen contra naturam sei: sed si mulae, quia aliquid reformidassent, et muliones timore permoti, ne opprimerentur, plaustrum reliquissent, cum hominibus actionem nullam esse, cum domino mularum esse (l. 52, § 2, D. 9, 2). Die Römer schöpften diese Vermuthung aus der Erfahrung. Es ist hier nicht der Ort, zu entscheiden, ob sie bei Pferden zutrifft. Trotz der Construction des Auges kann die Erfahrung gegen die Naturwissenschaft sprechen (das Pferd gewöhnt sich daran, vor gewöhnlichen Dingen, obwohl sie ihm gross erscheinen, nicht zu scheuen. Gewohnheit herrscht ja auch in der Thierwelt und wird altera natura).

Hochinteressant ist die Frage, wie der Wille eines Thieres gegen ein anderes Thier im Civilrecht angesehen wird.

Wenn ein Thier von einem anderen Thiere gereizt wurde und nun einen Menschen beschädigt, so haftet nicht der Herr des Thieres, welches gebissen etc. hat, sondern der Herr des Thieres, welches jenes reizte.**) (l. ult. D. 9, 1: Ein Pferd reizt ein anderes Pferd, das A geliehen, und wirft A ab, so dass er

---

*) Für Tollwuth kann der Herr nur haften, wenn er Anzeigen derselben beobachtete und trotzdem den Hund frei umherlaufen liess.

**) Eine Ausnahme galt dann, wenn ein Hengst eine Stute beroch (olfacere). Zerschlug in Folge dessen die unruhig gewordene Stute dem Treiber ein Bein, so haftete nicht der Herr des Hengstes, sondern der Herr

sich beschädigt. Der Pferdeleiher haftet nicht (Labeo). Vor allem cf. l. 1, § 8, D. 9, 1: Et si alia quadrupes aliam concitavit, ut damnum daret, ejus, qui concitavit, nomine agendum erit.

Wenn ferner ein Thier ein anderes Thier nicht nur reizte, sondern angriff und tödtete, so hatte der Herr des getödteten Thieres gegen den Herrn des angreifenden Thieres eine Klage. Hatte das getödtete Thier angegriffen, so musste er den Schaden tragen: Quum arietes · vel boves commisissent, et alter alterum occidit, Quintus Mucius distinxit, ut, siquidem is periisset, qui aggressus erat, cessaret actio; si is, qui non provocaret, competeret actio (l. 8, § 11, D. 9, 1). Wie nun, wenn nicht ausgemittelt werden konnte, welches Thier angefangen hat? Die Quellen enthalten keine Entscheidung! Die lex 45, § 3, D. 9, 2 analog anzuwenden (Glück, P. C., Bd. X., S. 281) erscheint mir zu gewagt. Zwei Sklaven springen über brennendes Stroh, stossen zusammen, stürzen, und der Eine verbrennt und stirbt; es soll keine Klage statt haben, wenn nicht bewiesen wird, dass der Eine den Anderen in das Feuer gestossen. Wenn auch die Sklaven den Thieren fast gleich standen, so ist doch hier nicht von einem Willen zusammenzustossen die Rede, wie etwa bei einem Kampfe zwischen zwei wüthenden Stieren.

Wenn nun auch der letzte Fall, wo ein Thier ein anderes derselben Art tödtet, auf das Princip zurückgeführt werden kann, dass das Thier contra naturam gehandelt habe (denn „eine Krähe hackt der anderen kein Auge aus"), der Herr daher, der die Natur des Thieres kennen musste

---

der Stute. (l. 5 D. 9. 1). Obwohl die Römer ein Anreizen der Thiere unter einander dem Herrn des anreizenden Thieres zurechneten, wagten sie doch nicht, die thierischen Geschlechtstriebe als zurechenbare Anreizung aufzufassen. Diese Ausnahme hätte sie m. E. leicht zur Erkenntniss des Fehlers in der Regel führen können!

und es nicht mit anderen Thieren verkehren lassen durfte, für den Schaden einstehen muss, so ist doch hierdurch nicht zu erklären, weshalb dann, wenn ein Thier das andere reizt, *also durchaus nicht contra naturam handelt, der Herr des Thieres haften soll, welches das andere zur Schadensstiftung gereizt hat.

Die Römer müssen in diesem Falle angenommen haben, dass das Thier, welches anreizt, unrecht handle, und dass der Herr desselben dafür hafte, dass die Anreiznng ein anderes Thier zum Schadenstiften verleitete.

Diese Annahme der Römer widerspricht dem von denselben Römern richtig aufgestellten Grundsatz, dass ein Thier nicht unrecht handeln könne: Pauperies est damnum sine iniuria facientis datum; nec enim potest animal iniuriam fecisse, quod sensu caret (L 1, § 3, D. 9, 1). Es ist hier gesagt, dass das Thier die Einsicht nicht habe. Die Einsicht aber ist nichts anderes, als das Erwägen der Motive durch das Ich. An einer anderen Stelle heisst es: Animalium nomine, quae ratione carent, si quidem lascivia aut fervore aut feritate pauperiem fecerint, noxalis actio lege duodecim tabularum prodita est (Inst. Lib. IV, Tit. IX pr.). Schon das alte Recht der zwölf Tafeln wusste, dass die Thiere keine Ueberlegung*) haben. Sie folgen dem angeborenen Muthwillen, der Wuth, der Wildheit ihrer Natur.

---

*) Ratio heisst hier Ueberlegung der Motive. Es fehlt das Berücksichtigen, das Folgern, das Verallgemeinern, das Schliessen, Alles Dinge, die der kategorische Imperativ und das Menschenthum voraussetzt. Ratio in erster Bedeutung heisst Rechnung. Welches Thier könnte rechnen? Es ist möglich, dass einzelne Thiere in gewissem Masse zählen können, obwohl ich es bezweifele, rechnen aber, d. h. die Grundsätze der Zahl verallgemeinern, daraus folgern und schliessen kann kein Thier! Ich bin sicher, dass mir kein Forscher mit Beweisen hier Einwendungen machen kann. Hierzu fehlt es auch bei den Ameisen, welche man uns Juristen so oft entgegen hält, an Beispielen.

Das Römische Recht durfte daher, wenn es consequent bleiben wollte, den Herrn n u r d a n n haften lassen, wenn ein gefährliches Thier nicht gehörig bewacht wurde und Schaden anrichtete,*) oder wenn ein Thier gegen die Art und Weise seiner G a t t u n g Unheil stiftete.**)

Für den Willen eines Thieres, welches ein anderes a n - r e i z t zum Schaden, den Herrn haften zu lassen, entspricht seinen Grundsätzen nicht, und ist eine **Verirrung** des Rechts.

Weit besser regelt das Preussische Landrecht die Haftung für den Thierwillen, indem es von folgendem G r u n d p r i n c i p e für dieses p o s i t i v e I n s t i t u t ausgeht: N u r e i n e **Ver-** **schuldung** d e r m e n s c h l i c h e n A u f s i c h t ü b e r d a s T h i e r m a c h t f ü r d e n d u r c h d a s s e l b e a n g e r i c h t e t e n S c h a d e n haftbar. Auch hier ist die Construction nicht durch ein „a u s s e r c o n t r a c t l i c h" oder „q u a s i c o n t r a c t l i c h" möglich, sondern einzig und allein durch das **Grundprincip** des positiven Instituts.

M e n s c h l i c h e S c h u l d l i e g t a b e r v o r:

1) Wenn Jemand ohne obrigkeitliche Erlaubniss wilde oder andere Thiere hält, die vermöge ihrer Natur den Menschen oder den in der Wirthschaft nützlichen Thieren schaden und in den Häusern oder auf dem Lande gewöhnlich nicht gehalten werden

---

*) cf. Pernice „zur Lehre von den Sachbeschädigungen" Seite 225. War das Thier ein w i l d e s, so cessirte die Klage (ceterum, si genitalis sit feritas, cessat — und in bestiis autem propter naturalem feritatem haec actio locum non habet). Hier haftete, wer die A u f s i c h t vernachlässigte, nach der lex Aquilia (l. 1. § 5 D. 9, 1; l. 8 § 1 D. 9, 2).

**) Die Controversen über die actio de pastu, wenn das Thier Früchte Anderer, entweder auf fremdem Boden, o d e r, wenn diese herübergefallen sind, auf eigenem Boden des Herrn frisst (actio in factum!), sind an dieser Stelle nicht zu erörtern. cf. Pernice „zur Lehre von den Sachbeschädigungen" und die in Windscheids Pand. angegebene Literatur.

(L. R. Tit. 6 § 70). Dann tritt Haftung für allen durch die Thiere „verursachten" Schaden ein.

Ebenso haftet, wer nach erhaltener Erlaubniss die gehörigen Massregeln zur Abwendung des von solchen Thieren zu befürchtenden Schadens verabsäumt (L. R. loc. cit. § 71).

Offenbar geht diese Bestimmung mit Recht weiter als die lex Aquilia.*)

2) Bei an sich unschädlichen Thieren haftet man für die Versäumung der Aufsicht. Wer weiss, dass ein Thier contra naturam sui generis schädlich ist, und dennoch die gehörigen Massnahmen zur Verhütung nachtheiliger Folgen verabsäumt, ist volle Genugthuung schuldig (§ 73, § 74, loc. cit.). Es muss also eine Schuld des Eigenthümers vorliegen. Hat er einen tüchtigen Thierwächter bestellt, so haftet nicht er, sondern der Aufseher. Sind die Massregeln aber nicht verabsäumt, so haftet Niemand für den Thierwillen. Und meines Erachtens mit Recht. Es lässt sich also mit Dernburg sagen: Nur durch nachgewiesene Verschuldung wird man für Schaden durch Thiere verantwortlich (Lehrbuch II, 3. Aufl., Seite 879).

Wer ein von Natur unschädliches Thier oder ein mit obrigkeitlicher Erlaubniss gehaltenes schädliches Thier reizt, oder sonst durch eigne Unvorsichtigkeit zu Schadenszufügungen durch dasselbe Anlass gibt, kann für sich selbst keinen Ersatz fordern (L. R. I. 6. § 75). Wird dadurch ein Anderer beschädigt, so haftet der, der reizte (§ 76, loc. cit.). Hier ist eine Haftung mit Recht angenommen, während sie das Römische Recht für den Eigenthümer annahm, wenn dessen Thier

---

*) „Unternehmer zoologischer Gärten haben alle nach dem Stande der Wissenschaft und Erfahrung erforderten Vorsichtsmassregeln gegen Beschädigungen durch ihre Thiere zu treffen. Treten gleichwohl nicht voraussehbare Unfälle ein, so haften sie nicht". (Dernburg loc. cit. Seite 878 Anm. 4). Sie haften z. B. nicht, wenn bei Ueberschwemmungen verwahrte Thiere sich befreien.

ohne die Schuld des Herrn reizte. Wenn die Thiere zweier Eigenthümer einander beschädigen*), so haftet nicht, wie in Rom, der unschuldige Eigenthümer des Thieres, das den Streit begonnen, sondern der, welcher bei der Aufsicht über das schädlich gewordene Thier seine Pflicht vernachlässigte, also ev. der Wärter oder der Pferdeknecht, der Herr aber, wenn er bei der Wahl des Wärters schuldhaft war (§ 78, loc. cit.). Wird Nichts ermittelt über die Vernachlässigung, so haftet Niemand, denn der Thierwille ist für sich allein nicht schuldhaft!

Das neue Civilgesetzbuch, welches die positiven Institute einheitlich**) zu regeln hat, muss m. E. das Preussische Grundprincip***) für die pauperies durch Thiere verfolgen.†)

---

*) Die Worte „ohne weitere Anreizung" in § 78 loc. cit. beziehen sich nicht auf Reizung durch Thiere, sondern durch Menschen, wie die vorhergehenden Paragraphen ergeben.

**) Für die actio de pastu gelten heut die Feldpolizeiordnungen. Ob diese einheitlich geordnet werden können, ist eine staatsrechtliche Frage, die auch von der nationalöconomischen Seite (das Localinteresse verlangt oft locale Regelung) wohl erwogen sein will.

***) Der § 72 loc. cit. ist eine sehr zu bedauernde Inconsequenz, und de lege ferenda zu verwerfen. Thiere, die zwar ihrer Natur nach nicht schädlich sind, aber auch in der ländlichen oder städtischen Haushaltung nicht gebraucht werden, haben in Preussen für den Herrn den Nachtheil, dass er für allen durch selbige, auch ohne seine besondere Schuld verursachten unmittelbaren Schaden haften muss. Suarez meinte: es sei billig, dass Niemand seinem Vergnügen (?) mit Gefahr und Nachtheil für seine Mitbürger nachhänge. Allein einmal handelt es sich hier um „nicht schädliche" Thiere, (Vögel etc.), und dann hat der nicht Ochsen oder Pferde haltende Staatsbürger, der Ochsen und Pferde nicht braucht, aber doch im Leben den nichtverschuldeten Schaden derselben tragen muss, dasselbe Recht wie die Oeconomen und Equipagenbesitzer! Mit der Römischen a. de pauperie hat die völlig ungerechte Bestimmung nichts zu thun, und wird wohl im neuen Gesetzbuche auch keine Aufnahme finden. (Dernburg loc. cit. S. 879 Anm. 7).

†) Die Grundsätze über den Schadensersatz brauchen natürlich im Gesetzbuch deshalb nicht die veralteten Preussischen zu sein.

Für das Civilrecht gilt also der Satz: Wenn ein Thier verursacht trägt es keine Schuld. Schuld ist nur vorhanden, wenn der Herr an der Verursachung des Thieres Schuld ist.

Wie steht es nun im Strafrecht mit der Verursachung durch Thiere, dem Willen der Thiere, und der Schuld des Menschen?

Daraus, dass der Wille des Thieres ein bedingter ist, von dem man Verursachung nur im übertragenen Sinne brauchen kann, folgt, dass der Mensch durch ein Thier verursachen kann. Hier kann von Anstiftung nicht die Rede sein. Wer einen grossen, bösen Hund besitzt, von dem er weiss, dass er auf den Mann geht, und den Hund auf seinen Feind hetzt, um denselben zu tödten, der ist Mörder, wenn der Hund den Feind zerfleischt und tödtet, so gut wie der Mörder ist, der einem Kinde dem schlafenden Feinde das Messer in die Kehle stossen heisst oder einen vom Verfolgungswahn Umnachteten künstlich gegen einen Dritten aufreizt und anhetzt. Ein freier Thierwille ist nie vorhanden, wie die Willensfreiheit bei den Menschen noch fehlen oder wieder verloren gehen kann.

Auch durch vorsätzliches Unterlassen kann der Mensch hier verursachen. Wer bemerkt, dass sein Hund toll*) ist, den Nachbar, der in den Hof tritt, nicht warnt, damit sein Feind von dem Hunde gebissen werde und an der unheil-

---

*) Der Fall würde gerade so liegen, wenn der Hund nicht toll, aber lebensgefährlich wäre, denn der Hundewille ist unfrei, mag der Hund toll oder nichttoll sein. Die Tollheit des Hundes ist von menschlicher Verrücktheit, die das Thier nicht kennt, grundverschieden! Ein Hund kann nicht verrückt sein, er hat kein freies Ich, das unfrei werden könnte. Erwachsene und gesunde Menschen kann ich nicht „hetzen", ich kann nicht durch den verruchtesten Banditen einen Mord verursachen, ich kann ihn nur anstiften.

baren Krankheit sterbe, ist ein Mörder. Ebenso steht es, wenn Jemand absichtlich ein lebensgefährliches Thier gegen einen Menschen losgehen lässt. Ein Miether lebt mit dem Vermiether in Todtfeindschaft. Er hält sich Kreuzottern im Zimmer, und als der Hauswirth ihm kündigen will und ihn im Zimmer aufsucht, warnt er ihn nicht und lässt ihn am Gifte sterben. Nicht der Wille der Giftschlange setzt die Ursache des Todes, sondern der Mensch. Wie überall wird aber auch hier bei Unterlassungen schwer der Vorsatz nachgewiesen werden können!

Dass das Thier selbst nicht schuldhaft verursachen kann, bedarf keines Wortes.*) Wir strafen die Thiere nicht**), und wenn wir sie züchtigen, so ist dies keine Erziehung sondern eine Dressur! Die Ansicht derer, die die Strafe mit den Massregeln gegen tolle Hunde auf eine Linie stellen, habe ich widerlegt (cf. Scholten, der freie Wille, S. 204—214 und Bindings Abwehr, Normen II, S. 31). Dass solche Ansichten in wissenschaftlichen Werken jetzt noch oder jetzt erst auftauchen, möge die scheinbare Breite meiner Abhandlung mit rechtfertigen. Solche Behauptungen setzen für den Juristen Alles auf das Spiel, und er muss sie abwehren.

Von grosser Wichtigkeit für das grosse Gebiet der Fahrlässigkeit im Allgemeinen wie für das Gebiet der Unter-

---

*) In grauer Vorzeit bestrafte man Thiere! Schweine, die Kinder gefressen, Ochsen, die Kinder getödtet etc. wurden verurtheilt und gehenkt. Gegen Ratten schritt man ein und bestellte ihnen feierlichst Vertheidiger. Ein Hahn, der ein Kind getödtet, musste sterben und die Jury „wohnte der Execution bei". Cf. die Beispiele bei Geib B. II Seite 197 und 198. Uns erscheint dergleichen unglaublich, aber stellt man nicht jetzt die Strafe dem Hundeprügeln gleich?

**) Bei der Bestialität wurde früher das Thier mitbestraft und getödtet. (cf. noch das Preussische L. R. II Tit. 20 § 1070; hier ist der Grund aber Beseitigung des öffentlichen Anstosses!).

lassungsverbrechen insbesondere ist die Anschauung über die Verschuldung durch Thiere. Hier, wo es sich nicht mehr bloss um Schadensersatz, sondern um Strafe für das von einem Thier Begangene handelt, kann es auf den Willen des Thieres noch weniger ankommen, als im Civilrecht, denn dieser ist kein schuldhafter Wille.

Es muss also überall eine Verschuldung des Menschen vorliegen, und diese muss so gross sein, dass Strafe nöthig erscheint. Diese Strafe ist wieder eine Strafe im weiteren Sinne; Talion ist nicht möglich, und das Mass hängt vom Ermessen des Staats ab.

Nach dem Aedil. Edict durfte Niemand einen Hund, (scil. einen bösartigen), einen Eber oder ein kleineres wildes Schwein, einen Wolf, einen Bären, einen Panther, einen Löwen oder ein anderes schädliches Thier, mögen sie frei oder ungenügend gefesselt sein, da, wo Leute gewöhnlich verkehren, so halten, dass sie schaden konnten. Gegen den Schuldigen ging eine actio popularis*) auf das Doppelte des Schadens, bei Tödtung auf 200 solidi, bei Körperverletzung auf eine arbiträre Geldstrafe (nicht aber beim Sclaven!). Weil aber die römischen Privatstrafen jetzt durch das R.-St.-G.-B. ausgeschlossen sind, soweit sie Materien betreffen, welche Gegenstand des Reichsstrafgesetzbuchs sind (allgemein diese Geltung zu verneinen ist, wie auch Windscheid nachgewiesen, durchaus unbegründet. cf. v. Ihering, das Schuldmoment im R.-Privatrecht, Seite 60 ff.), so müssen jetzt die gegebenen Bestimmungen des Strafgesetzbuchs zunächst gelten.

Für die vorsätzliche einem verbrecherischen Erfolg dienende Vernachlässigung der Aufsicht der Thiere oder deren

---

*) Bruns Zeitschr. f. Rechtsgeschichte, III, S. 343.

18 *

Anreizung etc., für das Gebiet der Verbrechen durch Unterlassung gilt der Thierwille als verursachte letzte Bedingung zum Verbrechen, nie als Ursache.

Für die vorsätzlichen blossen Vernachlässigungen der Aufsicht und für die Fahrlässigkeit gelten die positiven Bestimmungen des St.-G.-Bs. So weit diese nicht vorliegen, kann straflos gelassenes Unrecht vorhanden sein, welches zum Schadensersatz verpflichtet.*)

Wir können die Fahrlässigkeit auf diesem Gebiete nicht allzu hoch bestrafen. Schon im Civilrecht kann man sich nach Römischem Rechte durch Preisgeben des Thieres befreien (Noxae datio). Der Anspruch geht auf den neuen Eigenthümer über (Noxa caput sequitur).**) Mit dem Tode des Thieres fiel der Anspruch weg. Darin liegt die Erkenntniss der Wahrheit, dass das Thier, wenn auch eine bedingte, so doch eine weniger bedingte Ursache setzt, als die leblosen Gegenstände, die wir in unserem Besitz haben, und die ihre Bewegung, wenn sie nicht elementarisch oder durch zu berechnende Naturkraft sich bewegen, uns verdanken. Das Thier haben wir selten ganz in unserer Gewalt. Und doch brauchen wir die Kraft des Thieres. Will man Schaden durch Luxusthiere ganz verhüten, so können nur Polizeigesetze helfen. Dann aber werden zunächst

---

*) Alles Unrecht ist strafbar! Aber nicht alles Unrecht wird bestraft! — Die Grenze ändert sich mit der Auffassung vom Staate.

**) Obwohl der Satz im Preussischen Rechte nicht steht, muss man doch wohl mit Dernburg annehmen, dass auch hier der frühere Eigenthümer dem Beschädigten haftbar ist, wenn er ein wider seine Natur schädliches Thier verkauft, ohne zu warnen. In dieser Unterlassung liegt m. E. eine Verschuldung, die Schadensersatz fordert. (Dernburg l. c. S. 879 Anm. 5). Strafe verlangt ein positives Gesetz! Soll ein Verbrechen durch diese Unterlassung begangen werden, so ist sie strafbar! —

nur diese übertreten, nicht aber wird ein strafbarer Schaden durch den Eigenthümer des Thieres verursacht.

Wer gefährliche wilde Thiere hält, ohne polizeiliche Erlaubniss zu haben, oder wilde Thiere frei umherlaufen lässt, oder sie nicht geeignet bewacht, wird mit Geldstrafe bis zu 150 M. oder mit Haft bestraft (§ 367, No. 11, R.-St.-G.-B.).

Die Strafe ist zu klein! Wilde Thiere zu halten, kann — es sind gefährliche genannt — nur aus wissenschaftlichen Gründen in unserer Culturwelt erlaubt werden. Und dann ist diese Erlaubniss nur bei den grössten Vorsichtsmassregeln zu geben. Das „Frei umherlaufen lassen" ist eine Unterlassung mit dem Willen, dem Thiere die Freiheit zu lassen. In dieser Freiheit kann es aber Menschen tödten. Will dies der Herr, so ist er ein Verbrecher. Will er es nicht, so widerspricht die Handlung geradezu seinem Willen, denn das Thier hat seiner Natur nach den Trieb zu tödten. Zähmung giebt keine Garantie, sie ist aber nicht einmal in dem Gesetz erwähnt.

Wer bösartige Thiere frei umherlaufen lässt, oder in Ansehung ihrer die erforderlichen Vorsichtsmassregeln unterlässt, den trifft dieselbe Strafe nach den St.-G.-B. Bösartig sind Thiere, die zwar von Natur zahm sind (also niemals gezähmte wilde, gefährliche Thiere) aber sich als gefährlich gezeigt haben, Thiere, die ihrer Gattung nach zu den zahmen gehören, aber geneigt sind zu beissen, zu stossen etc., z. B. Stiere, Hunde (Oppenhoff, Seite 771, Anm. 66).

Beobachtung genügt und ist zu fordern, um die Bösartigkeit zu erkennen; lässt der Herr dann das Thier frei oder nimmt es nicht etwa an die Leine, so ist er strafbar. Wenn aber ein sonst nicht bösartiges Thier, ein ungefährlicher Hund, ein „frommes" Pferd, ein ruhiger Stier im einzelnen, ersten Falle Schaden anrichtet, ist der Herr nicht strafbar

Bestand ein Polizeigesetz (Hundespcrre), so hat er dieses übertreten, aber nicht den § 367, No. 11.

Auch hier ist das Gesetz viel zu mild. Wer bösartige Hunde loslässt, damit sie einen bestimmten Menschen tödten, ist ein Mörder, wenn sie gehorchen. Wer sie frei umherlaufen lässt, ohne den Schaden zu wollen, handelt in dieser Unterlassung im Widerspruch mit seinem Willen, denn die Hunde werden beissen.

Das Anreizen der Thiere durch Menschen ist im § 366 No. 3 und 7 unter Strafe gestellt. Wer das Vorbeifahren Anderer hindert oder Pferde wirft, der reizt diese Thiere, dass sie Schaden anrichten können. Verletzt er die Thiere, oder reizt er sie, damit sie verletzen, so liegt Sachbeschädigung vor, denn der Wille der Pferde ist nicht schuldhaft.

Wer fahrlässig ein wildes und gefährliches Thier neben ein anderes in den Stall stellt, ist civilrechtlich haftbar, aber haftet nicht im Strafrecht für Sachbeschädigung (§ 303 St.-G.-B.). Noch weniger ist er strafbar, wenn sein Thier mit dem anderen in Streit geräth und dieses tödtet.

Stellt er vorsätzlich das Thier neben ein anderes, oder liess er vorsätzlich ein bösartiges Thier frei, damit es andere beschädige, so liegt nach dem Erfolg Sachbeschädigung vor (§ 303, loc. cit.).

Unter Strafe gestellt ist mit Recht das Hetzen von Hunden auf Menschen. Nur ist die Strafe wieder viel zu mild! Liegt der Wille vor, dass der Hund tödte, mit dem Bewusstsein der Möglichkeit, dass die Bestie gehorchen werde und stark genug ist*), so kann je nach dem Erfolg Mord vorliegen. Wer

---

*) Auch beim Thier genügt nicht der Wille: Ein kleiner Affenpinscher kann nicht tödten wollen, und der Mensch kann nicht durch ihn einen Mord verursachen wollen.

aber Hunde auf Menschen hetzt, ohne eine Verletzung zu wollen, handelt widersinnig, wenn nicht ein Scherz vorliegt. Der ist aber dann nicht so leicht zu strafen, wenn es sich um einen Hund handelt, der beissen wird. Ist in Folge des Hetzens durch den Hund eine Körperverletzung zugefügt, und ist diese gewollt, so liegt eine Körperverletzung mittels eines gefährlichen Werkzeugs vor, denn der Thierwille ist nicht frei, sondern ist juristisch „Werkzeug" (sollte besser „Mittel" heissen, um Irrthümer zu vermeiden, § 223 a).

War die Verletzung eine nicht gewollte, so tritt § 230 ein, und es liegt eine fahrlässige Körperverletzung vor.

Auf den ersten Blick tritt hier der Widerspruch zwischen Wollen und Handeln zu Tage. Das Hetzen geschieht vorsätzlich und die Verletzung soll eine fahrlässige sein.

Wer gefährliche Hunde hetzt, muss die vorsätzliche Verletzung vertreten, denn er verursacht sie vorsätzlich, weil der Hundewille nicht verursacht. Einen Scherz kann nur die völlige Ungefährlichkeit und Kleinheit etc. des Hundes entschuldigen. Diese ist, weil unter Umständen doch Gefahr möglich, leicht zu bestrafen.

Bei der **Wichtigkeit** dieser Fälle in unserem Zeitalter für die **Praxis** glaubte ich dieselben näher erörtern zu dürfen!

Ihre Wichtigkeit für die Natur der **Unterlassungsverbrechen** werde ich später zeigen.

Werfen wir noch einen Blick auf die Pflanzenwelt. Von einem Willen der Pflanzen dürfen wir nicht reden. Aber verletzende, selbständige Bewegungen können von der Pflanze ausgehen. Wer einen Fallsüchtigen oder ein Kind absichtlich in Brennnesseln fallen lässt, der verursacht eine Körperverletzung.

Haben die Pflanzen ein Recht, geschützt zu werden? Nein, aber aus der Moral folgt ein Recht im weiteren Sinne

aus der Pflicht gegen mitlebende Organismen.
Wenn ich einen Stein zerschmettere, verletze ich keinen Organismus, wenn ich einen Baum abschäle etc., verletze ich ein
Leben. Zu allen Zeiten ist früher der Baumfrevel strenger
bestraft worden als die Sachbeschädigung.*) Nur unsere Alles
nur nützende Zeit hat den Begriff eines Vergehens durch
Baumfrevel für das Strafgesetzbuch verloren! Verletzung und
Beschädigung von Bäumen, wenn sie frevelhaft, d. h. dolos
geschieht, darf nicht nur in dem Falle ein Vergehen sein,
wenn die Bäume der „öffentlichen Verschönerung" oder dem
„öffentlichen Nutzen" angehörten, sondern muss es stets und
in allen Fällen sein. Beschädigung liegt im strafrechtlichen
Sinne nur vor, wenn das Leben des Baumes geschädigt wird,
also nicht, wenn ein dürrer Ast abgebrochen wird.

Selbständige, weiter wirkende und für das Strafrecht in
Betracht kommende Bewegungen finden wir in der Welt der
anorganischen Dinge.

Vor allem sind hier Feuer und Wasser wichtig; die Bewegung dieser sogenannten Elemente können wir zu den unseren
machen und sie verursachen. Dann sind die Erfolge keine
zufälligen. Auch wenn wir fahrlässig Feuer oder Wasser
in Bewegung setsen etc., sind die Erfolge keine zufälligen,
sondern verschuldete.

---

*) Im Römischen Recht war Beschädigung von Bäumen ein crimen
extraordinarium. cf. auch Dig. 47. 7 arborum furtim caesarum. Diese
Strafzusätze gelten nicht mehr, indessen hat das Gesetzbuch dem deutschen
Rechtsgefühl keinen Ausdruck gegeben. In Deutschem Recht wurde Baum-
frevel stets sehr hart bestraft (Abhauen der Hand, Prügel, cf. Meyer
Lehrbuch S. 496 Anm. 3 und Seite 499 Anm. 21). Grimm nennt eine
Bestimmung, nach welcher dem Frevler der Leib aufgeschnitten, und die
Gedärme über die verletzte Baumrinde genagelt wurden. Hier wurde wohl
nicht das Leben, sondern die Gottheit im Baume, besonders in der
Eiche, geschützt! Es war dies eine Reminiscenz aus der „Indischen
Kinderstube". — —

Auf dieselbe Weise können wir alle Naturgesetze benutzen und durch sie verursachen. Benutzen wir sie vorsätzlich, so ist der Erfolg bewusst rechtswidrig verursacht, benutzen wir sie fahrlässig, so sind wir unbewusst rechtswidrig am Erfolge schuld.

Was die Naturgesetze betrifft, so kennt jeder Strafreife das Gesetz der Schwere, der Trägheit (Steinwurf, Kugellauf etc.) aus der Erfahrung. Wer mit Explosionsstoffen zu thun hat, wer selbstentzündbare Stoffe hat, muss auch die Gesetze dieser kennen, sonst wird die Unterlassung strafbar. —

Es ist eben eine „Kunst", das „Recht handeln". Wir sollen nur nach reiflichster Ueberlegung Ursachen setzen. Wir sollen nicht „denkfaul" sein im Staate! Aber die Kunst ist nicht so schwer! Im Recht im engeren Sinne kennt Jeder durch den kategorischen Imperativ die Norm. Und im Recht im weiteren Sinne hat der am schärfsten zu überlegen, der gerade mit der Beschäftigung mit gefährlichen anorganischen Dingen sein Brot erwirbt. Er gerade besitzt aber Schule und Erfahrung. Der Thierbändiger muss die Natur seiner Thiere kennen! Wer eine Dynamitfabrik besitzt, muss die Gesetze dieses gefährlichen Stoffes kennen.

Selbstverständlich kann Niemand für Bewegungen in der anorganischen Welt einstehen, die er weder durch Vorsatz noch durch Fahrlässigkeit verursacht hat. Weil aber auch die Fahrlässigkeit Schuld ist, so entschuldigt nicht, dass man ein Gesetz nicht kannte, das man hätte kennen müssen. „Was deines Amts nicht ist, lass deinen Fürwitz", sagt das Sprichwort, und das Recht im weiteren Sinne fordert, dass sich jeder für das Amt oder den Beruf den Verstand, die Ueberlegung, die Erfahrung und die Gesetzeskenntniss des Menschenlebens wie der Natur erwerbe. Und hier sind die Gesetze erkennbarer wie im Gewohnheitsrecht. Und sie sind durch die Wissenschaft codificirt.

Dazu kommt die Polizei der Ueberlegung fürsorgend mit Recht zu Hülfe. Wie die Benutzung des Thierwillens polizeilich geregelt ist (Pferde: § 366, No. 2, No. 3, No. 4, No. 5 etc.), so ist auch die Benutzung anorganischer Stoffe, welche gefährlich werden können, polizeilich geordnet. Das Gesetz der Schwere und der Trägheit und seine Folgen steht unter polizeilicher Aufsicht § 366 No. 7 (Werfen von Steinen) und § 366 No. 8, welcher bestimmt, erstens, dass Niemand nach einer öffentlichen Strasse oder nach Orten hinaus, wo Menschen zu verkehren pflegen, Sachen, durch deren Umstürzen oder Herabfallen Jemand beschädigt werden kann, ohne gehörige Befestigung aufstellen, oder aufhängen soll, zweitens, dass Niemand Sachen auf eine Weise ausgiessen oder auswerfen solle, so dass dadurch Jemand beschädigt oder verunreinigt werden könne.*)

Hierher gehört auch § 366 No. 9 (Verkehrshinderung) und der Schutz gegen Wasserkraft (Dämme etc., § 366 a. Hier

---

*) Nur Menschen sind geschützt. Sachen vor Sachen zu schützen hat im Strafrecht keinen Sinn. Hier genügt Schadensersatz. Tritt der Erfolg einer fahrlässigen Körperverletzung hinzu, so liegt Strafbarkeit nach § 230 vor, wenn der Erfolg voraussehbar war. Der Paragraph geht nicht ohne Weiteres durch den blossen Erfolg in den § 230 über, wie Oppenhoff annimmt (cf. S. 760 Anm. 23). — Das Römische Recht gab einen jetzt unanwendbaren Strafzusatz (Windscheid). Wurde Jemand verletzt, so gab es eine actio popularis mit einer Strafe von 50 aurei. Eine ebensolche Klage mit einer Strafe von 10 solidi gab es, wenn Jemand auf einem Vorsprunge eines von ihm benutzten Gebäudes Etwas in gemein gefährlicher Weise aufstellte. (Windscheid und Bruns, Zeitschr. f. Rechtsgesch. III. S. 375—377, 383—384). Auch diese Strafen sind durch das R.-Str.-G.-B. antiquirt. Allein die Haftung für fremde culpa (der Bewohner oder Benutzer des Raumes haftet und hat nur einen Rückgriff gegen den wirklichen Thäter) gilt noch. (Vergl. auch Pernice, zur Lehre von den Sachbeschädigungen S. 227). Sie ist ein positives Institut des Rechts im weiteren Sinne.

spielen **Unterlassungen** wieder eine grosse Rolle!). Die
Wirkungen des Gifts überwacht § 367 No. 3, die des
Schiesspulvers etc. § 367 No. 4 und 5, Selbstentzünd-
barkeit etc. der Dinge überwacht § 367 No. 6, Schaden
durch verdorbene Getränke oder Esswaaren verhütet § 367
No. 7, Selbstgeschosse, Fussangeln, Feuerwerkskörper, alles Dinge
die ihren eigenen Weg gehen können, stellt unter
polizeiliche Erlaubniss an von Menschen (auch hier spielt die
Sachbeschädigung mit Recht keine Rolle) besuchten Orten § 367
No. 8, das Unverdecktlassen von Brunnen, das Nichtausbessern der
den Einsturz drohenden Gebäude, Nichtsicherung bei Bauten bestrafen No. 12, 13, 14, 15 desselben Paragraphen.

Vor Gefahr durch Feuer schützen § 368 No. 3, 4, 5, 6,
7, 8, § 369 No. 3 (Leichtsinn mit Feuer).

Sobald diese Gebote oder Verbote übertreten werden,
tritt nur eine Uebertretungsstrafe ein. Ich kann hier die Bemerkung nicht unterlassen, dass es sehr zu beklagen ist, dass bei
den Uebertretungen das Gesetz nicht genug Fahrlässigkeit und
Vorsatz unterscheidet.*) Diese beiden Schuldarten dürfen
nirgend in eine verschmolzen werden. Sonst bestraft
das Recht nur den Erfolg! Auch bei den Uebertretungen
ist es ein grosser Unterschied, ob ich bewusst rechtswidrig oder
nichtbewusst rechtswidrig handle.

Im Interesse der polizeilichen Ordnung bestraft das
St.-G.-B. bei den meisten Uebertretungen die Fahrlässigkeit
(Berner, Lehrbuch, 12. Aufl., Seite 170). Aber viele sind
Unrecht, das zwar strafbar ist, aber, wenn fahrlässig
begangen, nur zum **Schadensersatz** verpflichten sollte.
Gerade die Uebertretungen sind das Gebiet, wo der rechtliebende

---

*) Noch mehr zu bedauern ist m. E., dass das Pr. Gesetz über Forst-
diebstahl den Versuch der Vollendung, die Theilnahme der Thäterschaft
gleichstellt. Diese Unterschiede sind überall dieselben! Practische
Rücksichten dürfen hier nicht vorwalten.

Mann leicht mit dem Gesetze collidiren kann. Geschieht die Collision fahrlässig, so sollte man bloss bei der Gefährdung sehr wichtiger Rechtsgüter strafen. Jede Strafe, auch die kleinste, thut weh, und dem am wehsten, der bewusst das Recht liebt und nach ihm leben will. Er sollte nicht Strafe erfahren, sondern beim Erfolg ersetzen müssen. Während das Gesetzbuch die Fahrlässigkeit bei Uebertretungen gewöhnlich straft, straft es dieselbe ausnahmlos bei denjenigen Uebertretungen, die in blosser Unterlassung bestehen, als wenn es keine fahrlässige Unterlassung gäbe.*)

Die Fahrlässigkeit ist stets strafbar, aber der Staat sollte dies Unrecht nur aus den wichtigeren Gründen strafen.

Der Vorsatz ist stets strafbar, und muss als bewusste Rechtswidrigkeit vom Staat stets gestraft werden, denn bei dem kleinsten vorsätzlichen Polizeidelikt wird der Gehorsam gegen den Staat bewusst verletzt. Jede vorsätzliche Uebertretung verdient Strafe. Wird sie vorsätzlich übertreten, und dabei bewusst rechtswidrig ein Verbrechenserfolg verursacht, so tritt durch die Verursachung die höhere Strafe ein.

Die Fahrlässigkeit, so weit sie durch die Vorhersehbarkeit des Erfolgs zurechenbar ist, verpflichtet stets zum Schadensersatz. Zur Strafe nur aus wichtigen Gründen.

So sehr das Gesetz diese Grundsätze bei den Uebertretungen vernachlässigt, so sehr wahrt es dieselben mit Recht bei den Vergehen der Beschädigung.

Körperverletzung ist nicht bloss ein „Schaden." Der Mensch gilt mehr als eine Sache. Wer mit Menschen verkehrt, muss reiflich überlegen, ehe er etwas verursacht. Aus diesem Grunde wird nach § 230 St.-G.-B. die fahrlässige

---

*) Cf. Berner Lehrbuch S. 170 und die dort Anm. 1 citirte Abhandlung von Albert Weingart.

Körperverletzung stets gestraft, und diese Strafe steigert sich mit der Pflicht (Amt, Beruf, Gewerbe).

Sachbeschädigung ist blosser Schaden.

Hier genügt Schadensersatz, wenn sie fahrlässig begangen wurde (cf. Meyer, Lehrbuch S. 498 und das Citat aus Lüder (Vermögensbeschädigung S. 72) dem ich nicht zustimmen kann). Die Strafe ist in erster Linie Vergeltung. Wer vorsätzlich eine fremde Sache beschädigt, der muss als Strafe wieder ein Uebel leiden, für welches hier die Talion den Massstab gibt, wer stark beschädigt wird stark bestraft. Wer aber fahrlässig eine Sache beschädigt, soll entschädigen, denn er ist schuld an der Beschädigung. Strafe aber soll er von dem Recht im weiteren Sinne nicht erleiden. Dazu sind die Sachen nicht wichtig genug, und sie dürfen auch in unserer materiell-gesinnten Zeit nicht überschätzt werden. Eine „Sache" ist kein „Körper," schon das Thier und der Baum stehen unendlich hoch über ihr! Das Anorganische ist nie gleich an Werth dem Organischen, denn es ist „todt" und „lebt" nicht. —

Diesem richtigen Grundsatze unseres Strafrechts entspricht die Behandlung der Uebertretungen durchaus nicht. Wer fahrlässig einen Brunnen nicht verdeckt, ist nicht so strafbar als wenn er vorsätzlich das Polizeigebot übertritt. Fällt ein Thier hinein, so ist er wegen fahrlässiger Sachbeschädigung nicht zu bestrafen. Fällt ein Mensch hinein, so ist er sofort*) wegen fahrlässiger Körperverletzung zu bestrafen. Uebertritt er vorsätzlich das Polizeigebot und will den weiteren Erfolg verursachen, so kann es zu einem Morde kommen.

Die vorsätzlichen Uebertretungen des § 367 No. 12 sind viel schärfer zu bestrafen, als die fahrlässigen. Die fahrlässigen sind milder zu bestrafen, aber sie dürfen in

---

*) M. E. nur, wenn der Erfolg voraussehbar war!

diesen und in einigen ähnlichen Fällen wegen der Gefahr nicht straflos bleiben, wie sie in anderen bleiben könnten.*)

Es darf auch der Praxis nicht überlassen werden, einmal den Vorsatz zu fordern, einmal nicht. Diese Regelung ist Sache des Gesetzes.

Der menschliche Körper, wenn er abgestorben, wird zu etwas Anorganischem, Todtem, dem das Recht aus Gründen der Moral Pietät sichert.**) Polizeiliche Vorschriften regeln rechtzeitige Beerdigung. Auch hier kann Unterlassung strafbar werden und verursachen.

Wir haben noch das grosse Gebiet des unbewussten organischen Lebens zu berühren. Willensäusserungen ohne Bewusstsein derselben gehören dem Zufall an, können aber durch bewusste Vornahme causal werden. Wenn ich z. B. in einem engverschlossenen Raume die Luft aufathme, damit ein später

---

*) Hierher gehört vor allen Dingen § 369 No. 2. Wer fahrlässig unrichtige Maasse noch im Besitz hat, muss weniger strafbar sein, als wer sie vorsätzlich hat, denn nur bei letzteren kann der Wille vorliegen, sie zu benutzen. Wer Revisionsresultate kennt, wird mir zustimmen! Im Besitz soll der vermuthete Gebrauch bestraft werden. Aber bei der Fahrlässigkeit fällt diese Vermuthung sofort weg, und wird zur unhaltbaren Fiction! Oppenhoff (Seite 785 Anm. 16) fordert gar einen Beweis des Nichtgebrauchs. Indessen der ist schwer zu erbringen; Fahrlässigkeit ist leicht zu beweisen. (Mir ist aus der Praxis bekannt, dass ein Kaufmann ein Geschäft übernahm, und unrichtige Maasse auf dem Boden liegen geblieben waren. Er hatte fahrlässiger Weise nicht nachgesehen. Die Revision fand die Maasse. Den Nichtgebrauch konnte er nicht beweisen; der Boden wurde oft benutzt, die Gewichte lagen im Winkel.)

**) Es ist widerwärtig und der Menschheit unwürdig, bei Moleschott zu lesen: „Man brauche nur jede Begräbnissstätte, nachdem sie ein Jahr lang benutzt wäre, mit einer neuen zu vertauschen, um nach sechs bis zehn Jahren einen der fruchtbarsten Aecker zu besitzen." Haben diese Materialisten keine Lieben verloren? So arm ist die Erde nicht, dass wir die Todten benutzen müssten. Aus rein menschlichen Gründen widerspreche ich diesen abscheulichen Anschauungen der Utilitarier!

darin Arbeitender ersticke; wenn eine Mutter ihr Kind im Schlafe vorsätzlich erdrücken will oder durch Fahrlässigkeit erdrückte etc. Das unbewusste organische Leben äussert sich in gesetzmässiger Regelmässigkeit, auf die ich r e c h n e n kann.*) R e c h n e ich damit, so ist kein Z u f a l l mehr vorhanden.

Der k r a n k e W i l l e eines kranken Ich kann nicht schuldhaft verursachen. Aber der Gesunde kann durch einen W a h n - s i n n i g e n verursachen.

Wie überall, wo Bewegung und Verursachung ohne Ueberlegung waltet, ist auch hier die A u f s i c h t und deren U n t e r - l a s s u n g von grösster Bedeutung.

Der Wille, dem die volle Ueberlegung des Ich noch fehlt, ist im Stande zu verursachen, nicht aber immer schuldhaft. Hier ist es Sache der Eltern, Aufseher, Erzieher, den Willen zu lenken oder zu brechen. Gegen die Vernachlässigung der Aufsicht im Allgemeinen richtet sich der m. E. **viel weiter auszudehnende** § 361 No. 9. Er zeigt den Weg, den man im Forstschutz auch betreten, die E r z i e h u n g zu einer

---

*) Aus diesem Grunde wird Unfleiss der A e r z t e als fahrlässige Körperverletzung bestraft werden müssen (Berner Lehrbuch S. 513). Der Arzt kennt die Gesetze des unbewussten Lebens, und kann d u r c h U n t e r - l a s s e n schädigen. (Freilich steht hiermit in grellem Widerspruch, dass der Staat K u r p f u s c h e r zulässt). Auch durch U n k u n s t kann der Arzt schaden und verfällt dem §. 230 mit der erhöhten Strafe (Abs. 2). Während aber der Staat dafür von Reichswegen sorgt, dass Brunnen verdeckt werden, nicht verdorbene Milch verkauft wird, nicht ohne polizeiliche Erlaubniss Gift verkauft wird, lässt er es offen geschehen, dass trotz aller Proteste Menschen, die von der Medicin g a r n i c h t s v e r s t e h e n, ihre Mitmenschen kuriren! Man nehme an, dass ein Kranker bei Typhus zu einem Pfuscher läuft, der natürlich das Rechte u n t e r l ä s s t und Pillen verordnet. Nicht die Pillen verursachen den Tod, aber die Unterlassung der wissenschaftlichen Kur und die A b h a l t u n g (durch Annoncen!) von der Befragung des Arztes. In allen diesen Fällen ist w e g e n f a h r l ä s s i g e r T ö d t u n g einzuschreiten, freilich kann hier die zu spät kommende Strafe nicht h e l - f e n, nur v e r g e l t e n.

Rechtspflicht zu machen, **was ist sie.** Wer es unterlässt die Kinder vom Betteln abzuhalten, ist ferner nach
§ 361 No. 4 strafbar. Aber durch den Kinderwillen kann auch
ein strafreifer Wille direct verursachen. Ein Kind findet Arsenik
im Schrank und legt es vor den Augen eines Erwachsenen in
die Schüssel eines Dritten, der später davon ahnungslos isst.
Das Kind verursacht, ist aber nicht s c h u l d. Fahrlässig oder vorsätzlich schuldhaft ist aber die U n t e r l a s s u n g des Erwachsenen.

So kommen wir am Schlusse des Capitels, dessen Umrisse
ich leider hier nur a n d e u t e n konnte, zu folgendem Resultate:

1) Zufall ist im Recht nicht etwa der Gegensatz von Gesetzmässigkeit, sondern von allen Bewegungen und Vorgängen,
die das freie Ich verursacht und v e r s c h u l d e t.

2) Die Erfahrung lehrt, dass die Bewegungen der äusseren
Welt gesetzmässige sind. Trotzdem heissen sie im Rechte Zufall, weil sie unverschuldete sind. **Zufall und Schuld** sind Gegensätze. Am Zufall ist k e i n M e n s c h schuld.

3) Wenn die Bewegungen der äusseren Welt und die Verursachungen durch einen u n f r e i e n, n o c h n i c h t f r e i e n
oder k r a n k e n Willen durch ein f r e i e s I c h benutzt werden,
kann der Zufall aufhören und das Verschulden anfangen.

4) Die Verursachungen durch ein freies Ich sind weder
zufällig noch nothwendig, aber m o t i v i r t u n d f r e i, und zwar
die fahrlässigen, wie die vorsätzlichen. Sie sind s t r a f b a r e s
U n r e c h t, sind S c h u l d.

5) Der Zufall als g e s e t z l o s G e s c h e h e n d e s beschränkt
sich auf das engste Gebiet. — Vorsatz und Fahrlässigkeit sind
kein Zufall, so wenig wie irgend ein bewusstes menschliches
Handeln. Sie sind u n b e r e c h e n b a r und tragen allein S c h u l d.

Die Gesetze i n d e r **anorganischen** N a t u r sind be-
r e c h e n b a r,*) wenn auch nicht immer e r k e n n b a r, hier herrscht

---

*) Für den allein die „ratio" besitzenden homo sapiens.

Gesetzmässigkeit aber keine Schuld, für das Recht daher Zufall, der kein unberechenbarer ist.

Der unbewusste menschliche Wille, der Kindeswille und der Wille des Geisteskranken mag Gesetzen oft folgen, immer aber vermag das Ich, wenn es auch für das Recht nicht als freies gilt, die Gesetze in Folge seiner Naturfreiheit umzustossen. Diese Ursachen sind unter Umständen, wenn keine Schuld eines Anderen vorliegt, gesetzlos und unberechenbar, hier kann tolle Willkür herrschen, und hier ist **das Gebiet des Zufalls im ausserrecht-lichen Sinne.** Hierzu muss unter Umständen auch die Ver-ursachung durch den Thierwillen*) gerechnet werden, wenn keine Schuld eines Menschen vorliegt.

In diesen Fällen des eigentlichen Zufalls ist die fahr-lässige Unterlassung Anderer stets strafbar. Straflos ist nur die reine Unterlassung.

Zufall im engsten Sinne liegt vor, wenn diese ihrer selbst nicht mächtigen Willenskräfte walten, und nicht einmal fahrlässig eine Aufsicht unter-lassen ist."

4) Zum Zufall im engsten Sinne sind aber auch alle Folgen einer Handlung zu rechnen, welche selbst bei der ge-hörigen Besonnenheit nicht vorausgesehen werden konnten, sofern nämlich die Handlung eine fahrlässige war. (Das positive Recht weicht ab.) Beim Vorsatz fallen diese Folgen unter Umständen trotz ihrer Unvorhersehbarkeit dem Verursacher zur Last und sind nicht Zufall, sondern Schuld. — —

Das Gebiet des Rechts ist das Gebiet des reinen Menschen-thums!

---

*) Das Wesen des Thieres hinter dem Thierwillen und sein Weben (Dressur, Gehorsam, Trotz, Eigensinn), dem der sittliche Geselligkeitstrieb fehlt, ist hier nicht zu erörtern.

Anhang I.

Die Lehre vom Irrthum will ich übergehen, sie könnte zu weit abführen. Wenn ein Mensch unvermeidlich irrt, handelt, wenn die Strafbarkeit nicht andere Gründe hat, sein Ich nicht schuldhaft, und liegt im Recht Zufall vor. Schuld liegt vor, wenn der Irrthum vermeidbar war, denn dann handelt es sich um Fahrlässigkeit. Irren wollen ist vorsätzlich nicht möglich. Wohl aber ist es möglich, einen unvermeidlichen Irrthum in einem Andern zu veranlassen. Dann ist die Verursachung kein Zufall, sondern Schuld des Veranlassers. (Ich will übrigens nicht mit Berner (Lehrbuch S. 169 Anm.) annehmen, dass Bindings Bd. III über Irrthum und Fahrlässigkeit noch „in unbestimmter Ferne schwebt.") Ausgezeichnetes hat meines Erachtens Zitelmann neuerdings über „Irrthum und Rechtsgeschäft" gesagt, auf dessen Werk hiermit verwiesen sei.

Anhang II.

Es ist nicht das geringste von v. Iherings vielen Verdiensten, dass er in seinem „Zweck im Recht" den Thierwillen untersucht hat. — Ich gebe zu, „die Vorstellung eines Zukünftigen" kann das Thier zum Handeln treiben (S. 10 des „Zweck im Recht"), der Wille des Thieres ist Wille, aber das **Wesen des Thieres**, aus dem der Wille folgt, ist ein Anderes wie das des Menschen. Wissen können wir das Wesen im Grunde nicht*), aber wir erkennen im Thierwillen seine Natur. Dem Thier fehlt der sittliche Geselligkeitstrieb! Es mag für sein Zukünftiges sorgen, aber nie bewusst für das Zukünftige seiner Gattung. Auch die Thierstaaten der Ameisen und Bienen leben nur der Gegenwart, und schreiten als Staaten seit Menschengedenken nicht vorwärts. —

---

*) Weil wir nicht Thierwesen sind. Ein Wesen kann nur auf ein gleiches Wesen von sich aus schliessen.

---

§ 9.

Causalzusammenhang, Verursachung, Schuld und Strafe.

Nur wo Verursachung ist, da ist Schuld, und wo Schuld ist, kann Strafe eintreten. Mit dem Causalzusammenhange der Natur hat es die Strafe nicht zu thun.

Wo Schuld ist, kann Strafe eintreten, aber sie muss nicht eintreten. Alles Unrecht ist strafbar, aber nicht Alles Unrecht wird bestraft. Es hängt allein vom Staate ab, wie weit er strafen will. —

Noch weniger folgt die Strafe nothwendig oder logisch aus der Schuld. Früher folgte aus der Schuld zufällig die Rache, später die Talion. Jetzt folgt Vergeltung oder blosse Staatsstrafe, wenn der Staat straft. Dies ist nicht mehr zufällig wie früher. Der Verletzte hat jetzt Wege, den Staat dazu zu veranlassen. —

Nothwendig kann aus der Schuld körperliche Krankheit, geistige Gewissensqual, und zufällig kann Vergeltung durch die Mitmenschen daraus folgen.*) Die höhere Vergeltung ist unerkennbar.

---

*) Z. B. bei Beleidigungen, wenn sofortige Talion eintritt. Irrig spricht man hier von Compensation!

§ 10.

Die Doppelnatur der Strafe.

Um das Recht des Staates, zu strafen, wissenschaftlich zu begründen, bedarf es eines Zurückgehens auf die Theorie von der Strafe.

Es kann hier nicht meine Aufgabe sein, die fast zahllosen Theorieen nach ihren Vorzügen oder ihren Irrthümern zu prüfen, ich habe, dem Umfange meiner Schrift entsprechend, nur die eigene Theorie in ihren Grundzügen darzulegen. Bemerken will ich, dass ich früher zur Richtung Hegels und in Folge dessen zur Theorie Berners neigte, dass ich aber jetzt aus philosophischen, hier nicht zu erörternden, Gründen mit der Methode Hegels gebrochen habe, und daher auch Berners Ansicht nicht mehr billigen kann. Diese Schule des Denkens macht vielleicht mancher moderne Mensch durch, der sich mit diesen Fragen beschäftigt. Wer ein philosophisches System nicht mehr anerkennt, muss mit demselben auch in seinen versteckten Consequenzen brechen!

Kant sagt: „das Strafrecht ist das Recht des Befehlshabers gegen den Unterwürfigen, ihn wegen seines Verbrechens mit einem Schmerz zu belegen." Und weiter: „Richterliche Strafe, die von der natürlichen, dadurch das Laster sich selbst bestraft und auf welche der Gesetzgeber gar nicht Rücksicht nimmt, verschieden, kann niemals bloss als Mittel, ein anderes Gut zu befördern, für den Verbrecher selbst, oder für die bürgerliche Gesellschaft, sondern muss jederzeit nur darum wider ihn verhängt werden, weil er verbrochen hat; denn der Mensch kann nie bloss als Mittel zu den Absichten eines

Anderen gehandhabt und unter die Gegenstände des Sachen-
rechts gemengt werden . . . . . Er muss vorher staatbar
befunden sein, ehe noch daran gedacht wird, aus dieser Strafe
einigen Nutzen für ihn selbst oder seine Mitbürger zu ziehen.
Das Strafgesetz ist ein kategorischer Imperativ!"
Mit Worten, die für die Ewigkeit geschrieben sind, tritt dann
Kant dem Nützlichkeitsdusel unserer nur dem plattesten
Nutzen und dem Egoismus lebenden Zeit entgegen. Er tadelt
den pharisäischen Wahlspruch: „es ist besser, dass ein Mensch
sterbe, als dass das ganze Volk verderbe", und in der That
ist dies einer der abscheulichsten Wahlsprüche der Zeit.
Einer gilt so viel wie Alle! Die Menge hat kein Recht, den
Einen aus Nützlichkeitsgründen zu verderben!

Indem Kant von der absoluten Natur der Strafe (kategorischer Imperativ) ausgeht, nimmt er als Gradmesser für
dieselbe das Wiedervergeltungsrecht, das jus talionis an.

Ich halte indessen das Wiedervergeltungsrecht nicht für
den Gradmesser der Strafe, sondern geradezu für die
einzige Grundlage der Strafe. Ich stütze sie auf das
jus talionis!

Und zwar aus folgenden Gründen. Wir können den Staat
in seinen Anfängen nur historisch erfassen. Ebenso auch die
Strafe. Aber die Strafe ist älter als die Staaten
unserer Culturvölker. Sie existirt zu einer Zeit, wo
der Staatsbegriff fehlt und an die Stelle der historischen
Tradition eine unsichere, sagenhafte Ueberlieferung tritt.

Das Volksleben gleicht aber dem Menschenleben, und
deshalb können wir von jenem auf dieses schliessen. Ueber
seine Kindheit weiss der Mensch von selbst nichts, nur
Erwachsene können ihm davon erzählen. Die Germanen wissen
von ihrer Kindheit nichts; die Erzählungen der Römer reichen
nicht in die Zeit der Anfänge zurück (Tacitus). Wie aber der
Mensch durch die Beobachtung anderer Kinder darauf schliessen

kann, wie er selbst einst gedacht und gehandelt, so zeigt uns die Kindheit der Naturvölker, die wir heutzutage beobachten, was wir einst waren! Nur muss man daran festhalten, dass jeder Mensch sein Wesen, sein Ich hat, und dass es nur grosse Grundzüge sind, welche allen normalen Kindercharakteren gemein sind. So hat auch jedes Volk sein Wesen,*) ich möchte es das auf den Stammvater zurückzuführende Familien-Ich nennen, und es ist nicht nothwendig, dass aus einem Negerstamme ein Griechenvolk wird.

„Es ist dem Menschen natürlich, dass, wenn er von einem Mitmenschen geschlagen oder verwundet wird, er dem Angreifer thunlichst Gleiches mit Gleichem vergilt. Die Rache entspringt unmittelbar der menschlichen Natur; jedem Menschen ist das Rachebedürfniss angeboren, und so lange nicht eine ethnische Organisation dasselbe auf gewisse Grenzen zurückdrängt, wird dasselbe stets masslos befriedigt" (Post, Bausteine, I. Band, Seite 140). Diese Rache des Einzelnen ist noch kein Recht. Sie wird Recht, wenn die Friedensgenossenschaft oder der Staat sie erlaubt. Ich füge der Construction Posts hinzu, dass ihr auf der Seite des Civilrechts die Selbsthilfe entspricht. Auch diese ist noch kein Recht, ehe sie von einer Organisation erlaubt ist, denn nur in dieser kann man von Recht sprechen. Aus der unbegrenzten und ungemässigten Rache, die auch das Thier fühlt, erwächst bei der Menschheit später der Gedanke der Talion:*) Auge um Auge, Zahn um Zahn.

Die Talion ist etwas Anderes, als unmässige Rache. Gleiches soll mit Gleichem vergolten werden. Rache ist

---

*) Die bekannten Einflüsse geographischer Natur bleiben hier bei Seite.

**) Z. B. Bei den Indischen, Mosaischen, Slawischen, Germanischen. Griechischen, Römischen Völkern. Cf. Post loc. cit. Seite 158. Auch bei den heutigen Naturvölkern findet er sich.

thierisch, Talion ist menschlich! Indem sie der Staat schützt, wird sie ein Recht, ein Wiedervergeltungsrecht.

Sie allein gibt dem Privaten wie dem Staate einen sicheren Massstab für das Uebel, dass er dem Verbrecher anthun darf: Auge um Auge!

Das Uebel anzuthun, erlaubt dem Betroffenen ursprünglich im vorstaatlichen Zustande das angeborene Gefühl. Im Staatsleben erhält der Staat als Vertreter des Verletzten das Recht, das Uebel anzuthun, auf der anderen Seite wird ihm aber die Strafe zur Pflicht, weil der Betroffene als Staatsbürger im Interesse der öffentlichen Ordnung auf die Uebung der Talion verzichtet.

Es ist nun richtig, dass sich die staatliche Organisation aus einzelnen Einrichtungen ganz allmählich zusammenbaut, und dass es genetisch nicht möglich ist, an einem bestimmten Punkte zu sagen, jetzt sei ein Staat vorhanden (Post loc. cit. Seite 171). Allein diese ganzen Uebergangsformen sind für uns nur von historischem Werth. Ja selbst die im Staatsleben einst anerkannten aber überwundenen Straftheorieen haben keine andere Bedeutung. Denn das philosophische Element im geschichts - philosophischen Recht verlangt, dass wir von unserem Staatsbegriffe ausgehend die Strafe regeln.*)

---

*) Posts Gleichgewichtstheorie, welche er geistvoll vertheidigt und die „mechanische Kehrseite der Vergeltung" nennt, kann ich nicht billigen. Immerhin hat sie, wenn man den mechanischen Standpunkt vertritt, den ich nicht theile, einige Berechtigung. Dagegen muss ich mit Binding (Grundriss zur Vorlesung, 2. Aufl., Seite 102) dieselbe der Theorie Hegels absprechen. Das Unrecht ist nicht nichtig, es ist sehr positiv. Aus der Nichtigkeit würde aber noch nicht die Blosslegung der Nichtigkeit folgen. Ferner erhellt nicht, warum diese Blosslegung in der Strafe bestehen soll. Mich vermag diese Dialectik nicht zu überzeugen! Aus dem Unrecht folgt nur eine Strafe mit Nothwendigkeit, die Pein des Gewissens, wie der Uebertretung der Gesetze der Gesundheit nothwendig die Krankheit folgt!

Das historische Element der Strafe bleibt für alle Zeiten die aus der prähistorischen Rache entspringende historische Talion. Das philosophische und kritische Element gibt uns der jeweilige, sich hoffentlich immermehr vervollkommnende Staatsbegriff. In dem Momente, wo der Private die Talion einzig dem Staate überlässt, entsteht das Recht und die Pflicht des Staats zu strafen, zugleich aber auch das Recht, nach seinem Sinne zu strafen.

Immerhin aber gibt ihm die Talion das rechte Mass in erster Linie, wenn anderes die Strafe Vergeltung bleiben soll. Mit Recht sagt Kant, dass diese Wiedervergeltung nicht dem Buchstaben, sondern der Wirkung nach zu verstehen sei. Indessen wird sich auch die reine Talion vielfach wahren lassen. Der Mörder verdient den Tod, der Meineidige totale Glaublosigkeit, der Staatsverbrecher Verbannung aus dem Staate; wer bettelt und vagabondirt, um durch Nichtsthun und Erregung des Mitleids das Privateigenthum und den Volksreichthum zu schädigen, gehört in das Arbeitshaus, wobei der Ertrag seiner Arbeit ihm nur soweit zu Gute kommen darf, dass er sich nothdürftig erhält; der Ueberschuss gehört dem Staat. Wer in der Praxis gestanden, der kennt den wohlthätigen Einfluss der Talion des Arbeitshauses auf Arbeitsscheue!

Auf der anderen Seite gibt die Talion eine Grenze für zu harte Strafen. Die entsetzlichen Todesstrafen, wie sie noch jetzt das Chinesische Recht kennt*), wären nicht möglich, wenn man dem Mörder einfach „den Garaus machte", wie er ihn

---

*) Das sogenannte Zerschneiden in zehntausend Stücke nach Huc und Herbert Giles, eine Procedur, die so grausam ist, dass man kaum begreift, dass sie bei einem Halb-Culturvolke noch besteht. Ueber Lebensstrafen bei anderen lebenden Völkern, die noch nicht bis zur Talion gelangt sind, cf. Post loc. cit. Seite 188 ff.

seinem Mitmenschen gemacht hat. Es ist ja noch nicht so
lange her, dass die Verschärfungen bei uns Rechtens waren.
Die Talion, wäre sie gewahrt worden, hätte sie unmöglich
gemacht.

Ich vermag deshalb Bindings Einwendungen gegen die
Talionsnatur der Strafe nicht zu billigen. Was der Verbrecher dem Staate gethan, vermag der Staat dem Verbrecher
insofern nicht wieder zu thun (Grundriss, Seite 110), als der
Schaden für die Rechtsordnung des Staates irre-
parabel ist. Allein die Verletzung der Rechtsgüter innerhalb
der Rechtsordnung des Staates gibt einen Massstab für die
Grösse des Uebels, welches der Verbrecher für die Verletzung
der Rechtsordnung leiden muss. Der Staat ist kein
„Allopath", der irgend ein Uebel verordnet!

Der Staat hat also das Recht und die Pflicht
die Strafe als Talion zu vollstrecken.

Wie ich aber in der Grundlage der Strafe, die vor-
staatlich ist, von Kant abweiche, so vermag ich auch den
Kantischen Rechtsbegriff für unsere Zeit nicht anzuerkennen.

Berner sagt mit vollstem Recht: „Kant lässt das Recht
von der Willkür des Einzelnen ausgehen, von dem vereinigten
Volkswillen, dessen Beschluss unter allen Umständen das Recht
sei; wie kommt aber dann eine höhere Nothwendigkeit
in das Strafrecht? Kant's Staat ist dem Vertragsstaate
Rousseaus eng verwandt. Dieser Staat bezweckt im Grunde
nur die Sicherheit des Einzelnen. Wie kommt nun die Straf-
thätigkeit des Staates dazu, blosser Selbstzweck zu sein?
Fichte hat die wahren Folgesätze des Kantischen Standpunktes
ausgesprochen." (Lehrbuch, 12. Aufl., Seite 16.) Auch Binding
wirft Kant mit Recht vor, dass er inconsequenter aber
richtiger Weise über seine Lehre von der Entstehung des

Staates und der Staatsgewalt durch Vertrag weit hinaus gebe. *)

Wir müssen uns dabei bescheiden, dass der Staat aus den Organismen der Friedensgenossenschaften etc. so allmählig herausgewachsen ist, wie wir dies noch bei den wilden Völkerschaften beobachten können.

Nirgends in der Welt wird noch ein Bürgervertrag geschlossen zur gegenseitigen Sicherheit der Bürger, wie ihn Fichte annimmt. Und deshalb dürfen wir schliessen, dass auch unser Staat nie durch Vertrag seinen An-

---

*) Nicht Recht kann ich Binding darin geben, dass die Consequenzen der Talion, wenn man sie der Wirkung nach versteht, nicht zu wahren seien. Es ist z. B. meines Erachtens total vergeblich, gegen das Duell anzukämpfen, so lange die Strafen des § 185 auf die Beleidigung Anwendung finden. Erst wenn Denjenigen, der die Ehre der Staatsbürger schwer verletzt, von Staatswegen Strafe an der Ehre, also Talion, trifft, kann sich der Verletzte bei der Strafe beruhigen. Erst dann wird auch die Talion auf der Stelle, die jetzt, wo die Talion im Gesetz fehlt, nicht strafbar ist, wie die geregelte Selbsthilfe des Duells, § 199, strafbar werden können. Es herrscht überhaupt auf diesem Gebiete noch grosse Unklarheit. Bei der Talion auf der Stelle spricht man von der nur für Sachenwerthe geltenden Compensation! Als ob die Ehre des Mannes einen Geldwerth hätte, bei dem man compensiren kann. Soll etwa der, der eine Ohrfeige nur mit einem missbilligenden Worte erwidert, eine Geldsumme herausbekommen? Vielleicht entspräche das gewissen Begriffen von Ehre, die aber Krämerbegriffe sind und uns nicht als „Regel des Lebens" bestimmen können. Leider hat diese Begriffsverwirrung in dem Gesetzbuche Aufnahme gefunden, denn wie wäre es sonst auch möglich, eine Beleidigung des Kredits anzunehmen (§ 187)? Mit Recht sagt Berner: „Diese Ausdehnung des Begriffs der Beleidigung ist eine Verwirrung unseres bewusst oder unbewusst der Plutocratie huldigenden Zeitgeistes" (Lehrbuch Seite 443). Es gibt keine Beleidigung des Credits, sondern nur eine Schädigung des Credits, nur die menschliche und bürgerliche Ehre kann ich beleidigen! Für die Creditschädigung ist Talion Geldstrafe, für die schwere Beleidigung Ehrenstrafe. Cf. Binding Grundriss Seite 101 und Seite 110, wo derselbe, nach dem heutigen Strafrecht mit Fug und Recht, fragt: „Was kostet ein Schlag?"

fang genommen habe. Aus dem Staatsrecht wie aus dem Strafrecht ist der Gedanke des Vertrags gänzlich zu verbannen, und er ist zum grossen Theil in der Wissenschaft daraus verbannt. Ich lehne mich im Folgenden an die Ausführungen Hermann Schulzes an (Das Preussische Staatsrecht, B. I, Seite 131 ff.).

Der deutsche Staat im Mittelalter ging in Einzelberechtigungen auf; es wurde von dem Standpunkte des Privatrechts aus construirt. „Erst dem modernen Staate ist das Bewusstsein aufgegangen, dass er ein selbstberechtigtes, mit eignem Willen ausgerüstetes Gemeinwesen ist."

Für das Strafrecht ist es nöthig hinzuzufügen, dass dies Bewusstsein sich nicht auf einen Bürgervertrag gründet.

Auch von Ihering hat in seinem verdienstvollen Werke „der Zweck im Recht" die Theorieen, welche den Staat durch Vertrag entstehen lassen, energisch angegriffen. Er sagt von dem Abbüssungsvertrag Fichtes: „Ich kenne in der ganzen Literatur keine Schrift, in der die Tollheit der Consequenz in der Verfolgung eines irrigen Grundgedankens sich zu der schwindelnden Höhe verstiegen hätte, wie in dieser" (gemeint ist die „Grundlage des Naturrechts nach Principien der Wissenschaftslehre"). Ich bin mit ihm darin einverstanden, dass die Urgeschichte des Staats eine Urgeschichte der Gewalt ist, und dass die Geschichte der Gewalt auf Erden die Geschichte des menschlichen Egoismus ist. Ich möchte aber davor warnen, allzuweit in die dunkle Vorzeit zurückzugehen, **ehe sie für den Juristen durch die Leuchte anderer Wissenschaften noch weit mehr aufgehellt ist.** Die Entwickelungsgeschichte des Embryo hat sich als eines der ergiebigsten Probleme erwiesen (Zweck im Recht, S. 241), allein was lehrt sie bisher für die Urgeschichte des menschlichen Rechts? **Nichts!** Ebenso bedenklich ist die Vergleichung des Menschenrechts mit den Thierstaaten. Von Ihering glaubt nachweisen zu müssen, dass die Thierwelt nicht unter das Causalitäts-, sondern unter das **Zweckgesetz** fällt. Der Zweck ist: Erhaltung und Behauptung des eignen Lebens. Es ist nach ihm sogar eine unbestreitbare Thatsache, dass sich die Thierwelt zu einem Gedanken erhebt, den wir geneigt sind für einen ausschliesslich menschlichen zu halten, nämlich zu dem der Gesellschaft (loc. cit., S. 245). Die Ameisen haben Sclaven, die Bienen sociale Kämpfe gegen die unnützen Nichtarbeiter. Aber ich mag deshalb nicht mit v. Ihering sagen: „das gesicherte Bestehen der b ü r g e r l i c h e n Gesellschaft setzt bereits an in der Thierwelt" (loc. cit., S. 246), denn zwischen dieser Gesellschaft und der menschlichen besteht folgender grosser Unterschied: Die thierische Gesellschaft lebt der Gegenwart, sie dankt nichts der Vergangenheit, sorgt nicht für die Zukunft. Die menschliche Gesellschaft dankt A l l e s der Vergangenheit und schuldet Alles der Zukunft. S i e e n t w i c k e l t s i c h **geistig** w e i t e r von Geschlecht zu Geschlecht durch die allgemeinen Begriffe des Denkens und durch die Sprache. Uebrigens hat dies von Ihering auch an einer anderen Stelle voll anerkannt (S. 83 ff., loc. cit.). „Nicht w a s s i e s i n d, sondern was sie sich e i n a n d e r sind, scheidet Mensch und Thier." Und „für die Zeit der urkundlichen Geschichte ist der Fortschritt einer einzelnen Thiergattung in keiner Weise zu constatiren" (S. 84, Anm., loc. cit.). Die Gemeinschaft der Thiere ist also bei einzelnen, wenigen Gattungen nicht bedeutungslos für die mit in dem Thierstaat Lebenden, aber dieser Thierstaat lebt n u r dem vergänglichen Zweck seiner Gegenwart, er vermag für die Zukunft seiner Gattung nur durch Fortpflanzung, nicht aber g e i s t i g zu sorgen, weil ihm Begriffe und Tradition völlig fehlen.

Der Mensch ist für sich allein nichts, er schuldet jeden Begriff, den ihn die Eltern lehren, einer tausendjährigen Vorarbeit der Vorfahren. Aber er kommt auf die Welt mit dem sittlichen Gesellschaftstrieb, und dieser treibt ihn an, für die Gegenwart, und für die Zukunft ebenso zu sorgen, wie die Vorfahren, denen er Alles dankt. So mehrt sich die Schuld an die Vergangenheit von Geschlecht zu Geschlecht, und immer mehr wächst die Verantwortlichkeit gegen die Enkel. Ein „Unterlassen" der Arbeit, oder ein Weltverneinen durch Selbstmord ist ein so feiger und undankbarer Gedanke, **dass sich unser Jahrhundert desselben schämen sollte.**

Ich führe auch für diese meine Anschauung von Ihering an, welcher sagt: „Erbgang ist die Bedingung jedes menschlichen Fortschritts" und „die Geschichte ist das Erbrecht im Leben der Menschheit" (S. 88, loc. cit.). Wie wir an den Kindern sehen, was wir waren, können wir mit Post das Recht der wilden Völker studiren. Aber auch dieser Weg führt leicht in einen Sumpf, wenn man nicht, wie Dahn in seinen philosophischen Studien stets betont, an dem Unterschiede der Nationen und Völker festhält. Nicht aus jedem Kinde wird ein Göthe, nicht jeder Negerstamm wird ein Germanenvolk! Ich glaube nicht mit von Ihering, dass nach Jahrtausenden der Neger im inneren Afrika uns so nöthig haben wird wie wir ihn. Es gibt Stämme, die eine höhere Kultur nie vertragen können, ja bei ihrem Nahen untergehen! (loc. cit., S. 98).

Blicken wir in die sichere Gegenwart! Dank dem nationalen Geiste der Deutschen wuchs der Staat aus der Enge des Privatrechts hinauf zu dem freien Himmel des öffentlichen Rechts. Erst hier kann er seine Zweige entfalten. Der moderne Mensch aber, dem jetzt beim Anblick der Eiche des deutschen Staats kein Gedanke an das Patrimonium einer fürstlichen Familie, an ein politisches Immobiliarrecht, oder an einen Bürgervertrag kommt, sondern der in ihr eben die Eiche sieht, unter deren Schutze die Pflanzungen des Privatrechts geborgen

stehen, deren Enge sie selbst entwachsen ist, schafft nicht
etwa einen neuen Staatsbegriff, construirt nicht etwa in dem
Zimmer des Gelehrten einen Staat, sondern erfasst mit seinem
bewussten, wissenschaftlichen Geiste das Gewordene gerade
so, wie er das Gewohnheitsrecht bewusst codificirt. —

Dieser moderne, von uns erfasste Staat soll nun alle
Gemeinzwecke des Volkslebens verwirklichen, vor allem aber
die Rechtsordnung herstellen. (Schulze loc. cit. S. 132.)
Er soll nicht allein die Rechtsordnung herstellen
(Schulze loc. cit. Seite 145 Anm.). Dadurch unterscheidet er
sich von dem Staate, wie ihn Kant construirt hat.*)

Daraus folgt:

1) Dass das Recht erst durch die Erfassung von Seiten
des Staates, der alle Zwecke verwirklichen soll, für uns
Modernen zum Rechte wird.

2) Dass es aber auch Rechtssätze gibt, die ihren Ursprung
nicht in der äusseren Rechtsordnung, sondern in der Sorge des
Staates für andere Gemeinzwecke des Volkslebens haben.

Da das Gesetz im Staate als höchste Autorität anerkannt
ist, so müssen auch die sub 2 genannten Normen gesetzlich
geregelt werden. Sie erscheinen also äusserlich in demselben
Gewande, wie die sub 1 genannten Normen.

Es ist desshalb

3) nöthig, beide Normengruppen wesentlich von einander zu
scheiden. Die Gesetze schaffen aus den Normen in beiden
Fällen Recht, weil der Gesetzeswille Rechtswille ist, den die
Macht des Staates erzwingbar macht. Da nun die Normen
sub 2 historisch und kritisch hinter den Normen sub 1 stehen

---

*) „Ein Staat (civitas) ist die Vereinigung einer Menge von Menschen
unter Rechtsgesetzen". Rechtslehre II. Theil I. Abschn. § 45. Auf dem
zu engen Staatsbegriffe Kants beruht auch dessen so oft angegriffener,
und für unsere Zeit nicht passender Ausspruch über die Gnade!

und sich nur aus der Erweiterung der rechtschaffenden Staaten ergeben, so dürfte es praktisch sein, die beiden Gruppen zu trennen in

A. Recht im engeren Sinne,
B. Recht im weiteren Sinne.

Wenden wir diese Eintheilung auf das Strafrecht an.

Es erhellt sofort, dass auf das Recht im engeren Sinne die prähistorische Rache, die daraus entstandene Talion und die hierauf fussende Strafe Anwendung finden kann.

Im engeren Sinne ist jede Handlung recht, die oder nach deren Maximen die Freiheit der Willkür eines Jeden mit Jedermanns Freiheit nach einem allgemeinem Gesetze zusammen bestehen kann.[*) Das allgemeine Rechtsgesetz lautet: handle äusserlich so, dass der freie Gebrauch deiner Willkür mit der Freiheit von Jedermann nach einem allgemeinen Gesetze zusammen bestehen könne. Dieses allgemeine Rechtsgesetz zerlegt sich in einzelne Gesetze. Und mit jedem Einzelgesetz, wie mit dem Rechte, muss nach dem Satze des Widerspruchs zugleich die Befugniss verknüpft sein, den, der ihm Abbruch thut, zu zwingen,[**) mit anderen Worten: Macht darf nicht vor Recht gehen, aber Macht muss mit Recht gehen.

Wir können dieses allgemeine Rechtsgesetz auch die allgemeine Norm nennen. Ich wende diesen Ausdruck an, weil ich in Bindings Trennung der Norm vom Strafgesetz einen grossen Fortschritt der Wissenschaft erblicke. Der Staat zerlegt nun die allgemeine Norm in besondere Normen. Um sie zu erzwingen hat er zwei Wege. Er gestattet im Civilprozess die Geltendmachung des Schadensersatzes resp. des geforderten Thuns selbst, oder er straft. Schadensersatz wie Strafe sind Folgen des einen Unrechts, und

---

*) Kant, Rechtslehre, Einleitung § C.
**) Kant, Rechtslehre, Einleitung § D.

ich bin mit Binding darin einverstanden, dass alles Unrecht strafbar ist.*) Vom Staate hängt es ab, ob er den Betrug strafen will, oder ob er mit der Rechtshülfe nur Schadensersatz leistet. Sache der Wissenschaft ist es, für den Staat diese schwierige Grenze zu finden.

Hierfür gibt die Talion einen Anhaltepunkt. Selbst bei dem feinen strafrechtlichen Gewebe des Betrugs fordert das Vergeltungsgefühl in uns von selbst, wenn der Trug zu grob wird, nicht bloss Schadensersatz, sondern Vergeltung. Noch viel klarer tritt dies beim Morde hervor. Hier ruft die innere Stimme nicht: Geld für den Schaden! — im Urzustande tritt hier nicht die Selbsthilfe ein, sondern hier erwacht beim Naturmenschen die von der Selbsthilfe verschiedene Rache, und beim Kulturmenschen regt sich laut das Verlangen nach Wiedervergeltung, er fordert: Leben für Leben, Blut für Blut!

Weil die Normen des Rechts im engeren Sinne für das Strafrecht vorstaatlicher Natur sind, sind sie für jeden erkennbar. Sie regeln nur das „Leben neben einander," und deshalb sagt sie dem Menschen der einfache Grundsatz: „Was du nicht willst, das dir die Leute thun sollen, das thue ihnen auch nicht! Andernfalls musst du Talion erleiden und dir den harten aber gerechten Satz gefallen lassen: Auge um Auge, Zahn um Zahn!"

Ganz anders steht es mit den Normen des Rechts im weiteren Sinne.

---

*) Ich halte die Erkennung gerade dieser Wahrheit für eines der grössten Verdienste Bindings. Auf die ausgezeichneten Ausführungen von Iherings, welche Binding vielfach treffend gewürdigt hat und welche das pönale Element im Schadensersatz nachweisen (Schuldmoment S. 21 ff., S. 61 ff.) kann ich des Charakters meiner Schrift wegen an dieser Stelle leider nicht eingehen.

Diese regeln nicht mehr das „Leben neben einander,“ sondern das Leben für einander, denn sie gehören nicht mehr der reinen Rechtsordnung an, sondern fussen auf anderen staatlichen Rücksichten für das Wohl des Gemeinwesens.

Es erhellt sofort, dass hier nicht von prähistorischer Rache, nicht von historischer Talionsstrafe, sondern nur von einer Strafe die Rede sein kann, die nichts ist, als „das geltend gemachte Recht auf Befolgung der staatlichen Normen behufs Bewährung der Autorität der verletzten Gesetze“ (Binding, Grundriss Seite 114).

Daraus folgt:

1) Die Strafe für die Verletzung des Rechts im weiteren Sinne kann nur eine Ungehorsamsstrafe sein. Sie hat nichts von der Talion an sich.

2) Der Anhaltspunkt für ihre Grösse liegt nur in dem Werthe, den der Staat auf den Gehorsam gegen die betreffende Norm legt.

3) Die Grenze für die Rechtsnormen im weiteren Sinne verläuft in das Ungewisse. Sie richtet sich nach der jeweiligen Staatsidee.

4) Der Staat muss genau erwägen, wo seine Aufgabe aufhört. Denn hier, wo er den Boden des Rechts im engeren Sinne verlässt, streift er nahe an die Moral, deren Gebiet er nicht berühren darf, und an die Beschränkung von Freiheiten, die nach dem Rechte im engeren Sinne unzweifelhaft garantirt sind, und die das Recht im weiteren Sinne nur aus sehr zwingenden Gründen des Gemeinwohls antasten darf.

5) Die Strafe wird hier nach der gemeinen Ansicht zuweilen weniger ins Gewicht fallen. Denn beruht das Vergehen auch auf total unstaatlicher Gesinnung, so sündigt es doch oft gegen eine Norm, die der Naturmensch und oft auch der Staatsbürger nicht kennt.

Nur Punkt 5 bedarf einer Ausführung, weil Binding eine allgemeine Normenkenntniss annimmt, die ich für das Strafrecht im weiteren Sinne nicht anerkennen kann. Binding sagt, es „athmet jeder die Kenntniss der wichtigsten (also nicht aller!) Rechtspflichten mit der Luft ein, deren er bedarf,“ und „die Berufung auf Unkenntniss ist also in den allermeisten (?) Fällen eine plumpe, durchsichtige Lüge.“ Beide Sätze gelten in dieser Schärfe nur für das Recht im engeren Sinne. Ich will das an einem Beispiel zeigen. Die Norm „du sollst nicht tödten“ kennt Jeder. Es sagt sie ihm schon der Wunsch „mich soll Niemand tödten.“ Ganz anders steht es z. B., wenn Jemand bei Unglücksfällen von der Polizeibehörde zur Hilfe aufgefordert wird, und nicht Folge leistet, obgleich er das ohne erhebliche Gefahr könnte (§ 360 No. 10). Diese Rechtspflichten des Füreinander setzt der Staat erst. Woher soll sie der Private kennen? Nur die unaufhörliche Publikation des Strafgesetzbuchs, oder eine Art Schulunterricht könnte ihm diese Normen lehren.

Das Resultat meiner Strafrechtstheorie ist:

Strafe ist ein Uebel, vom Staate gesetzt zum Zwecke der Wiedervergeltung (Strafe im engeren Sinne) und zum Zwecke der Aufrechterhaltung der Staatsgesetze (Strafe im weiteren Sinne).

Wir haben später zu prüfen, ob die Unterlassungsnormen zum Recht im weiteren Sinne gehören. Ist das der Fall, dann gelten für ihre Strafe die Sätze 1 bis 5.

Anhang I.

Es gibt auch im Civilrecht ein Recht im engeren und im weiteren Sinne. Auch hier ist das Erstere vorstaatlicher Natur. Verträge schliessen die primitivsten Völker. Ehe und Erbe äussert sich rechtlich in der Friedensgenossenschaft (cf. die Werke von Post). Allein das Recht der positiven Institute (neg. gestio, Bereicherungsklage, Vormundschaft, Amt, Testamentsvollstreckung etc.) tritt in dem reinen Principe des **Füreinanderseins** nicht in jenen Zeiten auf, wo man froh war, ruhig **neben einander** zu leben, sondern erhält seine vollkommene Gestalt erst durch den **Staat**; es ist Recht im weiteren Sinne, und darf mit dem Recht im engeren Sinne nicht durch ein Quasi vermengt werden.

Anhang II.

Man muss betonen, dass die Talion nicht stets buchstäblich zu nehmen ist, sondern oft Talion der Wirkung nach sein muss, wenn auch dem Mord der Tod, der Freiheitsentziehung die Haft, der Beleidigung die Ehrenstrafe, dem Staatsverbrechen die Verbannung, der Arbeitsscheu das Arbeitshaus als **naturgemässe** Strafen folgen sollen (dass es ebenfalls Talion ist, wenn wir den Dieb je **mehr** strafen je **mehr** er gestohlen, will ich hier nur andeuten). Sobald aber der Staat die Talion in die Hand nimmt, kann er in der Verwandlung derselben noch **weiter gehen**, und alle die Zwecke verfolgen, die z. B. Berner nennt, sobald sie ihm für das Gemeinwohl nöthig erscheinen. Der Verbrecher hat **kein Recht** auf die Strafe, der **Staat** hat das **Recht** ihn zu strafen, aber er darf die **Talion nicht überschreiten**, er darf nicht, wie die Carolina, den Verbrecher rädern und brennen etc.; weil der Verbrecher kein Recht hat, darf er **milder** strafen und **andere Zwecke** mit der Strafe verbinden. Der **Verletzte** hat als Staatsbürger ein **Recht**, dass der Staat die Talion übe, und deshalb hat der Staat die **Strafpflicht** (bei dem Recht im weiteren Sinne folgt sie nur aus der Pflicht, den Gehorsam gegen die Gesetze zu wahren). Diese Strafpflicht geht nicht so weit, dass der Staat stets Talion üben müsste, denn der Staatsbürger muss die **Höhe** der Strafe dem Staate überlassen. Auf der anderen Seite darf aber der Staat nicht den Charakter der Talion ganz verleugnen, er darf nicht Verletzung der Ehre mit Geld strafen, wenn er vermeiden will, dass sich das Rechtsgefühl eine Selbsthilfe sucht. Eine geradezu abscheuliche Verleugnung aller Talion ist die Bestrafung des Diebstahls mit dem Tode. Es entspricht so recht dem Krämergeiste, um des Verlustes einer Sache willen einen Menschen an den Galgen zu hängen. Leben um Leben! Aber nie Leben um Sache! So gewaltig viel ist die Sache nicht werth, dass ein Mensch ihretwillen sterben müsste! —

Ich will die Consequenz noch für die Todesstrafe andeuten. Es ist nicht Talion in allen Fällen nöthig! Auch in einem Mordfalle kann der Staat Gründe haben, nur mit lebenslänglichem Zuchthaus zu strafen. Weil aber Talion das Rechtsgefühl fordert, muss der Tod neben der lebenslänglichen Freiheitsstrafe stehen! Ich würde kein Bedenken finden, wenn das Gesetz diesen Grundsatz ausspräche, denn Fälle der Praxis, wie Thomas etc., zeigen uns, dass Scheusale von Mördern Talion verdienen, während in anderen Fällen Richter und Staatsanwalt selbst sich an die Gnade wenden.

Anhang III.

Die Ansicht, für die schwere Beleidigung Ehrenstrafe zu fordern, dürfte auf Widerspruch stossen. Ich will sie näher begründen. Bei der leichten Beleidigung ist die Ehrenstrafe nicht am Platze. Ein Mann von Bildung wird hier überhaupt die Sache nicht vor Gericht bringen. Der gemeine Mann beruhigt sich bei einer Geldstrafe und bei einer womöglich öffentlichen Revocation, ohne zu bedenken, dass diese das Uebel erst recht veröffentlicht und deshalb vergrössert.

Für die schwere Injurie aber ist Ehrenstrafe zu fordern.

Glaubt der Staat, dies nicht festsetzen zu dürfen, so kann er niemals mit Erfolg das Duell verbieten. Dem schwer Beleidigten wird immer an der ihm vom Gesetz nicht gewährten Genugthuung so viel liegen, dass er die Staatsstrafe trägt.

Fassen wir einmal an dieser Stelle das Duell selbst in das Auge. Es ist nach dem positiven Recht eine Gefährdung des Lebens. Strafe im engeren Sinne kann nicht eintreten, weil beide Theile auf Vergeltung verzichten, ja gerade Uebel einander zufügen wollen. Aber Strafe im weiteren Sinne ist am Platze, denn dem Staat liegt am Leben des Einzelnen.

Das amerikanische Duell ist kein Zweikampf, sondern Beihülfe und Theilnahme am Selbstmord (Meyer, Lehrbuch S. 449). Da ich hier Versuch und die Anstiftung zu diesem für strafbar halte, glaube ich, dass diese Art des Austrags von Beleidigungen sehr harte Staatsstrafe verdient, und als delictum sui generis unter harte Strafe zu stellen ist.

Die Wiedervergeltung einer Beleidigung auf der Stelle ist keine Talion. Sie ist oft gemeine, masslose Rache.*) Nichtsdestoweniger erkennt sie unser Gesetzbuch an.

Die rechte Talion schwerer Beleidigung ist Ehrenstrafe! So lange diese fehlt, ist der Kampf gegen das Duell vergeblich.

---

*) Talion kann vorliegen im Falle des § 199 des St.-G.-B., nie aber im Falle des § 233 (leichte Körperverletzung und Beleidigung).

Das Strafrecht im weiteren Sinne.

Die Strafe im engeren Sinne ist Talion, Vergeltung, welche hoch über der Thierischen, **masslosen** Rache steht. Die Talion wird unendlich geadelt, wenn sie später im Staate nicht mehr von dem Verletzten, sondern von dem Gerichte zugefügt wird. Hier kann der Staat alle seine Strafzwecke in der Talion verwirklichen und sie erweitern, nur darf er den Charakter nicht verleugnen, er darf den Beleidiger nicht mit Geld, den Dieb nicht mit dem Galgen, den Mörder nicht mit Gefängniss strafen. Sonst regt sich das vor dem Staate bestehende Vergeltungsgefühl der Staatsbürger, und sucht vergebens in der Staatsstrafe seine Befriedigung (cf. die That-sache des Duells). Die Talion lässt auch eine solche Er-weiterung zu. Bekanntlich hat sie schon Kant in der Talion selbst gefunden.

Es ist richtig, dass, wie Binding sagt, die Strafe stets eine Genugthuung für einen irreparabelen Rechtsbruch ist, um die Autorität des verletzten Gesetzes aufrecht zu erhalten. Denn heut ist jede Strafe Staatsstrafe, und in jedem Ver-brechen liegt eine Verletzung der Autorität des Staates, die nicht wieder gut gemacht werden kann.

Allein bei der Strafe im engeren Sinne kann der Staat das Recht der Gesellschaft, welche ja vor ihm die Strafe hatte, nicht ausser Auge lassen, er muss dem Verletzten Ver-geltung gewähren, er kann und darf nicht nur für seine Genugthuung sorgen. Dies hat Bindig m. E. nicht berück-sichtigt. Die neuere Gesetzgebung aber hat den Unter-schied mit Recht berücksichtigt! Ich erinnere nur an die Betheiligung des **Verletzten** bei dem Verfahren! Bei dem

Strafrecht im weiteren Sinne ist der Verletzte nur der Staat.

Die Strafe im weiteren Sinne ist keine Vergeltung, wie sie die Gesellschaft kennt, sondern ist die Binding'sche Genugthuung für einen irreparabelen Rechtsbruch, um die Autorität des Staates aufrecht zu erhalten. Sie ist aber dadurch, dass der Staat ein beliebiges Uebel zufügt für irgend ein Uebel, eine Vergeltung im weiteren Sinne.

In unserem Strafrecht sind die Sätze des Strafrechts im engeren und im weiteren Sinne vereint und untrennbar, aus dem einfachen Grunde, weil die Gesellschaft im Staate aufgegangen ist. Das Strafrecht im engeren Sinne ist ausgedehnt worden und je nach der herrschenden Zeitrichtung können sich die Nebenzwecke der relativen Theorien darin geltend machen. Niemals aber darf der Staat verkennen, dass er ein Strafrecht besitzt, dass zum Theil, so weit es Strafrecht im engeren Sinne ist, auf der Gesellschaft ruht. Denn in so weit hat der Verletzte auf die gerechte Vergeltung ein **Recht.** Eine Familie, der der Vater von einem Buben erschlagen wird, deren Söhne am liebsten den Mörder und Vernichter ihres Glücks todtschlügen — die aber auf die Rache, ja auf die Talion verzichtet, weil sie im Staate lebt, der allein strafen will — hat diese etwa keinen Anspruch darauf, dass dem Mörder vergolten werde? Sichert sich der Staat in der Strafe wirklich nur selbst, oder übt er nicht eine Vergeltung, die er dem Privaten genommen?

Da wir zugeben, dass in der heutigen Strafe eine Verschmelzung zweier Strafarten vorliegt, so kann die Frage an uns herantreten, ob nicht auch der Staat **belohnen** soll?*).

Nähmen wir nur eine Strafe im engeren Sinne an, so wäre diese Frage zu verneinen, denn in der Gesellschaft gibt

---

*) Auch v. Ihering berührt diese Frage.

es keine Belohnung neben der vergeltenden Strafe. Hier trägt die Arbeit den Lohn in sich.

Da wir ein Strafrecht im weiteren Sinne annehmen, so könnte die Belohnung Raum haben, wenn sie dem Zwecke des Staates nützte. Allein dies ist factisch nur in wenig Fällen der Fall. So muss auch im Staat die gute That ihre Belohnung in sich tragen.

Man könnte einwenden, wer Uebles mit Ueblem vergilt muss auch Gutes mit Gutem vergelten. Allein die Staatsstrafe geht über die Vergeltung hinaus. Das Uebel, das der Verbrecher dem Staatsleben bringt, ist gar nicht mehr abzumessen, wenn auch der Vergeltungsgedanke mit in der Strafe fortlebt.

Ebenso kann die Gesellschaft belohnen, wenn Jemand ihr ein Mitglied rettet. Im Staate aber lässt sich der Staatslohn schon nicht mehr abmessen, weil der Werth der guten That, die in ihr fortwirkt, unschätzbar geworden ist. Das Uebel wiegt jetzt schwerer, aber auch die gute That. —

Hierzu kommt, dass, wie die Strafe nicht dem innersten Menschen so vergelten kann, wie ihm bei rechter Erziehung das Gewissen vergilt, auch der Staatslohn stets hinter der inneren Befriedigung zurückbleibt. Ja er kann diese mindern, denn für manche Dinge will man nicht bezahlt sein.

Die Normen der Strafe im w. S. liegen nicht in der Gesellschaft vor, sie sind dieser zuweilen gar nicht bekannt! Diese Normen schafft erst der Staat. Eine Analogie im Civilrecht bieten die Verträge, welche die Gesellschaft kennt wie sie das Familienrecht und das Erbrecht kennt, und die von mir so benannten, freilich noch nicht anerkannten, positiven Institute, die erst der Staat schafft.

Wie weit der Staat mit der Festsetzung solcher Normen zu gehen hat, wie weit er das Reich der Moral betreten darf, werde ich am geeigneten Orte zeigen. Von den Philosophen können wir bei diesen Erwägungen wenig Hilfe erwarten. Selbst ein Kant verkannte den Begriff des modernen Staats, aber er erkannte wenigstens den Begriff des historischen Rechts. *)

Dagegen finden wir ein Ignoriren gewisser juristischer Dinge leider bei v. Kirchmann. **)

Die Grenze des Strafrechts im engeren und im weiteren Sinne ist keine äusserliche. Der Staat ruht auf der Gesellschaft, aber sein Recht geht weiter als das Recht dieses seines Substrats. Der Unterschied ist qualitativ!

Nicht darin beruht er, dass es sich beim Recht im weiteren Sinne um eine Verletzung allgemeiner Interessen handle.

---

*) Cf. Einleitung in die Rechtslehre §. B.: „Was ist Recht? — Diese Frage möchte wohl den Rechtsgelehrten, wenn er nicht in Tautologie verfallen, oder statt einer allgemeinen Auflösung auf das, was in irgend einem Lande die Gesetze zu irgend einer Zeit wollen, verweisen will, ebenso in Verlegenheit setzen, als die berufene Aufforderung: was ist Wahrheit? den Logiker .... Eine bloss empirische Rechtslehre ist (wie der hölzerne Kopf in Phädrus Fabel) ein Kopf, der schön sein mag, nur Schade! dass er kein Gehirn hat.“

*) „Die Wissenschaft des Rechts bietet zwar eine grössere Bestimmtheit, aber dafür ist in anderer Beziehung ihre Aufgabe um so trauriger .... Dabei sind diese Berge von Arbeit und Gelehrsamkeit so vergänglich wie ein Kartenhaus. Eine Deklaration von drei Zeilen, zu der der Gesetzgeber sich entschliesst, verwandelt die Arbeit von Jahrhunderten in werthlose Makulatur“. (Grundbegriffe des Rechts und der Moral Seite 179). Von der historischen Natur des Rechts lässt von Kirchmann nichts gelten! Er fasst das Recht so äusserlich wie möglich, ausgehend von den „Autoritäten“, die verordnen können, was sie wollen. Dass hinter dem Recht Normen liegen, sieht er nicht. Was übrigens das Vergängliche unserer Arbeit betrifft — ist denn von Kirchmann nie der Gedanke gekommen, dass auch die Philosophie nur eine Geschichte des Geistes ist, und die Systeme vergänglich „wie ein Kartenhaus?“ Jedes System aber führt in der Geschichte der Wahrheit näher, im Recht wie in der Philosophie, und wir trösten uns damit, dass sie siegen muss, ob wir selbst auch und unsere Werke vergehen. An diesem Trost hielt selbst ein Schopenhauer fest!

Bei gemeingefährlichen Verbrechen ist auch die G e s e l l s c h a f t gefährdet und fordert Talion. Ebendeswegen kann auch der Unterschied nicht der sein, welcher zwischen V e r l e t z u n g und G e f ä h r d u n g besteht. Dagegen kommt es allerdings m i t auf die s a c h l i c h e Bedeutung an, denn bei dem Strafrecht im weiteren Sinne bleibt oft, n i c h t i m m e r, nur ein Ungehorsam gegen das Gesetz übrig („f o r m e l l e s U n r e c h t." Meyer, Lehrb., S. 122, Binding, Normen I, S. 179 ff., Merkel, Abhandl. I, S. 35 ff.).

Ich sage, es handelt sich nicht immer um reinen Ungehorsam. So gehören z. B. alle Staatsverbrechen zum Strafrecht im weiteren Sinne. Sie werden erst durch den Staat g e s c h a f f e n. Wer sie verletzt, kann eine S a c h e verletzen, ohne gegen das Recht im engeren Sinne zu fehlen. Hinter diesen Normen muss eine h a r t e S t r a f e stehen. Wäre der Staat eine physische Person, so müsste er als Talion die Staatsverbannung fordern. Aber auch als unpersönlicher Staat muss er den Ungehorsam sowie auch das Verbrechen g e g e n i h n s e l b s t schwerer ahnden, als den Ungehorsam bloss gegen seine Gesetze! Denn wir kennen kein anderes Leben, als ein staatliches, und wer dieses in Frage stellt, der stellt die Existenz Aller in Frage. Ausserhalb des Staats gibt es jetzt nur ein bellum omnium contra omnes, wovor uns der Staat bewahren wolle! Dieses Recht im weiteren Sinne muss nothwendiger Weise unter **sehr harte** Strafe gestellt werden.*)

Man würde irren, wenn man alle Unterlassungen zu dem Rechte im weiteren Sinne zählen wollte. Beim Betrug, beim Bankerott, bei der Beleidigung etc. handelt es sich um

---

*) Meyers Unterscheidung von „nothwendig" und „zweckmässig" ist nicht haltbar. Lehrbuch S. 123. — Die Geschichte Frankreichs und Russlands zeigt die Nothwendigkeit strenger Strafen für diese Verbrechen.

das Recht im engeren Sinne und doch können diese Verbrechen durch Unterlassung begangen werden.

Aber viele der Unterlassungen gehören zum Recht im weiteren Sinne.

Bei den Verbrechen durch Unterlassung kommt es darauf an, ob das Verbrechen selbst dazu gehört, denn hier ist zwischen Begehen und Unterlassen kein Unterschied, wenn Verursachung vorliegt.

Uebrigens gilt auch von meiner Unterscheidung Meyers Wort: „Glücklicherweise sind wir aber auch nicht zu einer Unterscheidung im Einzelnen gezwungen, und insbesondere ist die Anwendung der allgemeinen strafrechtlichen Grundsätze nicht davon abhängig" (Meyer, Lehrbuch, S. 123).

Anhang I.

Die Strafe, ein für die Erscheinungswelt nöthiges Uebel.

Binding meint, die Norm allein genüge, die Strafe sei „an sich" nicht nöthig. Das ist richtig, aber nur für den Menschen als Wesen des reinen Seins. Dieses Ich können wir ja auch gar nicht strafen. Ja dieses Ich überwiegt im Menschen so, dass unter Umständen, wenn der Verbrecher geistesstark genug ist, er die Strafe gar nicht als Uebel empfindet, wie man ja auch mit der „Macht des Gemüthes" der Krankheit trotzen kann.*)

Gegen dieses Ich im reinen Sein donnern die Imperative des Beamteneids und des Fahneneids. Hier zeigt sich auch das ganze Elend der alten und doch ewig neuen Abschreckungstheorie, die auch Binding heftig angreift. Ein Beamter, ein Soldat, der nur aus Furcht vor Strafe das Unrecht nicht thäte, wäre kein Beamter und kein Soldat. Er hätte vor dem

---

*) Cf. die Schrift von Kant.

„dressirten Hunde" der Materialisten nichts voraus, wenn ihm das Ich als Wesen des reinen Seins abgeleugnet wird.

Für die Erscheinungswelt aber ist die Strafe nöthig. In dem Recht im engeren Sinne entspricht sie der Talion, die nun und nimmer abschrecken, sondern vergelten will.

Im Rechte im weiteren Sinne ist sie auch Vergeltung. Der Staat fügt ein Uebel zu, weil ihm und seiner Rechtsordnung ein Uebel zugefügt worden.

Anhang II.
Die Einwendungen Schopenhauers.
A) Die zeitliche Gerechtigkeit Schopenhauers.

Aus der Vernichtung des freien Ichs folgt, dass Schopenhauer nur um der Zukunft willen strafen darf.

Seine Rechtsphilosophie ist wenig erfreulich.*) Er spricht von einem Staatsvertrage (loc. cit. S. 405) der nie stattgefunden, wie die Philosophen so oft das Historische im Recht nicht würdigen.

Falsch ist, dass es ausser dem Staate kein Strafrecht gebe. Die Normen im engeren Sinne bestehen vor dem Staate (S. 410 loc. cit.).

Die Strafe ist Erfüllung des Gesetzes als eines Vertrages, da der Vertrag nie geschlossen, also Erfüllung eines Nichts (S. 411 loc. cit.). Der einzige Zweck ist Abschreckung! Der Mensch darf nicht vergelten, denn „Mein ist die Rache, spricht der Herr, und ich will vergelten" (S. 411). Nur schade, dass der Spruch von der ewigen Vergeltung spricht, und mit der Zeitlichen nichts zu thun hat.

„Der Criminalcodex ist ein möglichst vollständiges Register von Gegenmotiven zu sämmtlichen, als möglich präsumirten, verbrecherischen Handlungen" (S. 407).

---

*) Beachtenswerth sind aber die Worte über die Kraft und den Vorzug der erblichen Monarchie (S. 406.) „Der Mittelweg der constitutionellen Monarchie tendirt zur Herrschaft der Fraktionen".

Nein! Das Strafgesetzbuch ist keine alte Apotheke mit lauter unbrauchbaren Mitteln! Denn unbrauchbar ist die Abschreckung, weil der Verbrecher nicht an das Gegenmotiv denkt. Wohl aber denkt er an die Vergeltung und muss*) sich sagen: „was Du thust, kann Dir auch geschehen!" Der Verbrecher ist nie ein Mittel für den Hauptzweck des Staates (S. 412, loc. cit.).

Und diese gänzlich verfehlte Strafrechtstheorie wagt es, von Kants Ansicht als von einer „völlig grundlosen und verkehrten Ansicht" zu sprechen! (S. 411, loc. cit.)

Ueben wir nicht Mitleid mit ihr, sondern Talion!

B) Die „ewige Gerechtigkeit" Schopenhauers.

Das Individuum, das in der Zeit bei Schopenhauer kein Recht findet, findet es nicht einmal in der Ewigkeit.

„Die Erscheinung des einen Willens zum Leben ist die Welt, in aller Vielheit ihrer Theile und Gestalten." Der Wille des Einzelnen geht also darin unter.

Der Einzelne ist befangen von der Erscheinung, dem principio individuationis, dem Schleier der Maja (Welt als Wille etc., 1. Seite 416). Die Erkenntniss der ewigen Gerechtigkeit fordert gänzliche Erhebung über die Individualität (S. 419, loc. cit.). Das ist die Lehre der Indischen Weisheit (S. 421, loc. cit.). Die Quäler und die Gequälten sind Eins! Es ist in Allen ein Wille. — Schopenhauer mag dies glauben, aber er soll uns nicht überreden wollen, dass das Gefühl des Zuhörers bei Schwurgerichten, der einen Mörder verurtheilen hört, das Gefühl sei, dass der Mörder und der Gemordete Eines seien, was, in seiner eigenen Erscheinung sich selbst nicht wiedererkennend, sowohl die Qual als die Schuld trägt.

---

*) Weil er den sittlichen Geselligkeitstrieb besitzt!

Nein! Der Zuhörer verlangt, „am nämlichen Individuo, dessen die Schuld ist, auch die Qual wiederzusehen" (loc. cit., S. 422). Es gibt eben keine tiefere, im principio individuationis nicht mehr befangene Erkenntniss. Das **Ich** ist in der Gerechtigkeit Ein und Alles! Ueber dem Ich kann kein Verstand Stellung nehmen, selbst ein Schopenhauer kann nicht in die Welt hinein blicken, wie in einen Ameisenhaufen. Und wenn er es könnte, so wenig wie er das Wesen der Ameise fasst, wenn er nicht Ameise ist, fasst er das Wesen des Menschen, wenn er nicht Mensch ist. Somit wie er aber Mensch ist, kann er über das menschliche Ich nichts aussagen, weil er nicht über ihm steht. Begreifen könnte unser Ich nur ein Geist, der zwar uns verwandt, aber mit viel schärferem Blick nach **Innen** ausgerüstet wäre, und der sich selbst begriffe. Der Mensch sagt sich, wenn er von vergangenen Zeiten spricht „ich begreife nicht, wie „ich" das damals gethan." Er hat Recht, sein Charakter hat sich geändert. Zu jeder Zeit aber müsste der Mensch, auf sein Ich zurückgedrängt, sagen: „Ich begreife mich nicht!" Das fällt ihm aber nicht ein, ihm als praktischem Wesen genügt es und muss es genügen, dass Ich Ich ist. Somit wie „er" „sich" begriffe, wäre er mehr als Mensch. — Mit diesem Begreifen hat es aber gute Wege. Wir begreifen kaum das Ich des Individuums in der Erscheinungswelt, nie aber das Ich als Wesen des reinen Seins! —

Schopenhauers ewige Gerechtigkeit ist kein haltbarer Begriff. Der Einzelne, der leidet, leidet nur gerecht, wenn er für **sein** Unrecht leidet. Sein Wille ist mit keinem Andern, der ein Unrecht begangen, identisch. Sein Ich ist sich selbst allein gleich. Im **Rechte** kann von keiner Erbsünde und Erbschuld die Rede sein.

Anhang III.

Die Straftheorie von Hertz.

Ganz auf **Schopenhauers** Standpunkt stehend hat Hertz (Unrecht, S. 39 ff.) eine Straftheorie aufgestellt.

Er verkennt das Wesen der Strafe im engeren und im weiteren Sinne.

Was die Strafe im engeren Sinne betrifft, so verwechselt er die menschliche Talion mit der thierischen masslosen Rache (S. 42, loc. cit.).

Die Strafe im weiteren Sinne ist nach ihm eine Sicherstellung unserer Interessen vor Verletzungen. Eine solche Ansicht kann bei einem Autor, dem der Staat ein „rein schattenartiger Begriff ist" (Seite 66, loc. cit.), nicht Wunder nehmen.

Er wendet sich ferner gegen die Trennung der Strafe in zwei Arten und nennt dies „Dualismus." Mit diesem modernen Schlagwort des „Monismus" ist ein Verdammungsurtheil ohne Gründe gesprochen. Derartige Angriffe lassen uns kühl. Findet sich doch der Reformator Hertz mit der gesammten Philosophie dadurch ab, dass er behauptet, sie sei Scholastik. Was ist denn Scholastik? Eine Philosophie im Dienste der herrschenden Kirche! Von diesem Dienste hat sich die moderne Philosophie längst frei gemacht. Dieses Schlagwort ist also eine Unwahrheit! —

Nur Schopenhauer wird gelobt, und gesagt: „Die Rechtswissenschaft wird zu einer scholastischen Disciplin, sobald sie der unbeweisbaren Freiheit noch länger ein Asyl bereitet" (S. 110). Redensarten und Schlagworte ohne Gründe mögen in einem Parlamente Eindruck machen, in der Wissenschaft sind sie leerer Schall, und verhallen.*)

Die Strafe ist nach Hertz „eine Schutzwehr gegen Angriffe auf das Rechtsschutzobjekt" (S. 47). Der Einwand, es dürfe Niemand für die Zwecke anderer leiden, wird mit der Frage widerlegt: „ob es den Wehrpflichtigen zum Mittel für fremde Zwecke herabwürdige, dass ihm das Recht die Pflicht auferlege, sein Leben für die Interessen seiner Mitbürger zu lassen?" (S. 49). So lange „es unbeanstandet eine Forderung des Rechts bildet, dass die Betreffenden solche Verletzungen über sich ergehen lassen sollen, und so lange es als pflichtwidrig gilt, wenn sie sich diesen Verletzungen zu entziehen suchen, so lange sollten auch die Einwände gegen die Rechtmässigkeit des hier der Strafe zugeschriebenen Zweckes verstummen" (S. 49).

Die deutschen Soldaten mögen sich bei Hertz bedanken, dass sie mit Mördern gleichgestellt werden. **Der Heldentod fürs Vaterland soll gleich sein dem Tod auf dem Schaffot!** Der Held wie der Mörder sind Rechtssubjekte, welche den Zwecken eines Andern dienen! (S. 49, Anm. 48).

Wie ein Krämer soll der Gesetzgeber bei der Strafe den zu erhaschenden Gewinn gegen alle die Nachtheile, die er „strafend heraufbeschwört" abwägen (S. 49). Mit dem **Betruge** wird auch hier geliebäugelt. Die „heutigen Verkehrsverhältnisse"**) verlangen, dass der contractbrüchige Contrahent nicht bestraft werde (S. 50). — („Regel des Lebens?")

---

*) Hertz kennt nicht einmal den Unterschied von „Ding an sich" und „Erscheinung". Mehrfach begegnen wir der Phrase, es „stecke etwas lediglich im Kopfe desjenigen, der an dasselbe denke" (Seite 216 und Seite 77). Eine ebenso geschmacklose wie unphilosophische Redensart! Wie das Ding an sich ohne unsern „Kopf" ist, — vielleicht vermag der Reformator Hertz auch hierüber Auskunft zu geben. Er löst ja spielend die schwierigsten Fragen!

**) Woher stammen diese denn? Aus nicht bestraften Betrugsfällen!

Staat und Recht verdanken ja ihr Dasein nur dem „berechtigten Egoismus". Deshalb fordert auch nur der „Selbsterhaltungstrieb" die Bestrafung des Verbrechers. Erkennt denn
Hertz nicht, dass dieser Trieb die Einsperrung der Gefährlichen fordern würde? Was hilft es denn dem Selbsterhaltungstrieb des Gemordeten, wenn der Mörder bestraft wird?

Uebrigens ist dieser Trieb nichts für die Gesammtheit
werth, wie ihn Hertz fasst. Wir sollen uns erhalten für die
Familie, für den Staat, für die Zukunft der Menschheit. Dies
ist der berechtigte Selbsterhaltungstrieb. Wie ihn aber
Hertz darstellt, ist er nur Furcht vor Vermögensverlusten und
vor dem Tode. Nur das eigene Vermögen und das eigene
liebe Leben sind ihm „das Interesse als Rechtsschutzobject"
(S. 56 bis 72).

Der Held, der für das Vaterland blutet, und der Arme, der
neben dem Reichen lieber darbt als dass er stiehlt*), mag
sich mit dem Schein, der Lüge der Freiheit trösten (S. 129).
Die Wissenschaft, ich will Hertzs Bild gebrauchen, glaubt nicht
an die aufgehende Sonne der Freiheit, Schopenhauer
hat uns als Kopernikus gezeigt, dass es keine Freiheit,
keine Schuld, kein Gewissen und keine Strafe gibt. Wie
sollte die Wissenschaft die Ansicht des Ptolemäus — hier-
unter ist **Kant** gemeint! — zu Grunde legen? (S. 129,
loc. cit.).

Anhang IV.

Der Irrenarzt Emil Kräpelin hat jüngst die Abschaffung des Strafmasses beantragt (Kräpelin, Die Abschaffung
des Strafmasses, 1880). Dieser Reformvorschlag ist von seinem
Standpunkte aus consequent. Wer mit der „transscendentalen
Ethik" und der „Willensfreiheit" bricht, und die Ethik im

---

*) Oder nach der „Regel des Lebens" schlau betrügt.

„Kampfe um Dasein und Glückseligkeit", der in der Thierwelt berechtigt ist, aber für die Ziele der Menschheit ein
Irrweg ist, erwerben will, der muss die Schutzmassregel der
Strafe nur so lange anwenden, als die Gefahr dauert. Von
Vergeltung ist dann keine Rede mehr. — Aber der Verbrecher
soll gebessert werden, und zwar durch Freiheitsstrafe. Unverbesserliche Verbrecher sind lebenslänglich einzusperren.

Ich möchte den Mediciner fragen, woran er erkennt, dass
in der inneren Welt des Menschen eine Besserung stattgefunden hat?

Mit den sofort zu realisirenden Forderungen am Schlusse
der Abhandlung kann man einverstanden sein. Sie haben
mit der Vergeltung nichts zu thun und ruhen auf der Pflicht
des modernen Staats.

Ein anderer Determinist, Th. Hrehorowicz (Grundlagen und
Grundbegriffe des Strafrechts. Dorpat, 1880), nimmt ein Mass
der Strafe an und bestimmt sie nach dem Verhältniss des
Werths des Strafzwecks zum Werthe der demselben aufzu-
opfernden Güter. Dies Rechenexempel ist m. E. unausführbar
und ungerecht. Uebrigens, glaube ich, wird man der scharfen
Kritik von Oettingens beistimmen müssen, welcher ein früheres
Werk dieses Autors kritisirt hat. Auch Dankwardt findet bei
von Oettingen eine gerechte Abfertigung. Wie hier so ist
Dankwardt auch im Gebiete der negotiorum gestio schnell bei
der Hand mit dem „roh über Bord werfen" (Zeitschrift für
die gesammte Strafrechtswissenschaft, I. Band, S. 435). Von
Oettingen hat Recht: es fehlt unserer auch in der Wissenschaft
zu schnell nach dem Erfolge hastenden Zeit an der rechten
Selbstbeobachtung, wie sie der Altmeister **Kant** übte.
Dafür werden aber auch viele ihrer „Erfolge" abfallen wie das
Laub im Spätherbste.

Einen erfreulichen Gegensatz zu den neueren Deterministen
bilden Hugo Sommer (Ueber das Wesen und die Bedeutung

der menschlichen Freiheit und deren moderne Widersacher) und
Hermann Wolff, der in seinen überaus geistvollen Vor-
trägen (Gemüth und Charakter) gegen das Taschenspielerkunststück Schopenhauers mit dem „Willen" erfolgreich an-
kämpft.

Anhang V.

Mittelstädts Ansicht.

(Zeitschrift für die ges. Strafrechtswissenschaft 2. B. S. 419 ff.).

Der Verfasser spricht von einem „ganz seichten Opti-
mismus unserer Tage". Er hat wenig Vertrauen zur
Menschheit, er sieht in der Humanität „die letzten Reminiscenzen
der dahingeschwundenen Ideale". Ich für meinen Theil habe
es für nöthig befunden, an Stelle des Schopenhauerschen und
v. Hartmannschen „Pessimismus unserer Tage" auf
Kants Willensfreiheit fussend eine frischere und muthigere
Weltanschauung wachzurufen. Und sie fehlt in der That!
Es klingt aus dem Aufsatz heraus, dass Mittelstädt den
Trost nur im „Glauben" sucht, und an der „Welt" ver-
zweifelt! Man kann aber glauben, und doch in der Wissenschaft alle Glaubenssätze, die sofort durch die Dogmatik
an ihrem inneren und ewigen Werthe verlieren, bei Seite
lassen, und nur auf dem Gebiete der Erscheinungswelt
forschen. Ich meine, er dürfe mir den Vorwurf einer Ver-
quickung mit religiösen Bestrebungen nicht machen. Ich lasse
dem Glauben was des Glaubens ist, und habe vor Glaubens-
Fragen eine viel zu tiefe Scheu, um menschliche und
ewige Gerechtigkeit zu verquicken, wie es Schopenhauer, wenn
auch in anderem Sinne, so doch mit unzureichenden Erkenntniss-
mitteln gewagt hat! —

Soviel zum Standpunkt. Und nun zur Sache!

Der Verfasser trennt die Strafzwecke nach der Strafdrohung und dem Strafurtel. Die Strafdrohung soll abschrecken.

21 *

Nun, dann ist ihr Zweck verfehlt, denn sie schreckt meist nicht ab. Der Strafrichter dagegen soll vergelten, hier kommt das Motiv der Abschreckung zu einer neuen Form, das eine Mal soll die Strenge der Strafe den verbrecherischen Hang des Uebelthäters unterdrücken, das andere Mal soll ein Beispiel statuirt werden. Der Gefängnissbeamte endlich individualisirt.

Ich halte diese Trennung nicht für gerecht. Die Gerechtigkeit fordert Vergeltung. Diese ist kein „vieldeutiges Wort" (S. 428, loc. cit.). Uebrigens hat der Verfasser die Verdienste der absoluten Vergeltungstheorie selbst anerkannt. Seine Angriffe gegen die Philosophie treffen **Hegel,** dem ich nicht folge. Ohne jede „Metaphysik" mit dem metaphysischen Wesen des Menschen, wie es im Strafrecht getroffen wird, zu construiren, dürfte ihm nicht gelingen. —

Voll und ganz trete ich mit dem Verfasser dafür ein, dass Besserung unmittelbar zu wirken, nicht Aufgabe der Strafe ist. Die „weiche Menschlichkeit" (S. 448) unserer Tage verdanken wir dem Schopenhauerschen Mitleid mit sich selber. Die Rechtsphilosophie ist nicht Schuld daran. Wir müssen dieses „Mitleid mit sich selber" überwinden und dem Bösewicht vergelten. Das „geistige Walten des Gewissens" (442) reicht nicht aus, zumal bei vernachlässigter Erziehung; zu fordern ist, dass es durch die Erziehung wieder mehr geweckt werde. Das Strafrecht ist dazu berufen das Laster zu bestrafen. Die „Tugend zu belohnen" ist nicht Sache des Rechts (S. 443).

Voll und ganz trete ich ferner mit dem Verfasser dafür ein, dass die Strafrechtspflege die Freiheitsstrafen nicht allein nach ihrem Inhalt, sondern auch nach ihrer Dauer, einfacheren, bestimmteren, absoluteren Normen unterwerfe. Auch haben wir dafür zu sorgen, dass der Gefangene das Uebel fühlt, und sich nicht, wie Schopenhauer sagt, „langweilt". Der leider verstorbene Professor D o c h o w hat kurz vor seinem Tode in einem Hamburger Vortrage die Thesen aufgestellt:

1) die Strafe ist ein Uebel und zwar ein empfind-liches;

2) und wo sie es nicht ist, muss sie es werden.

Das Mass für dieses Uebel aber kann dem Gesetzgeber nur die V e r g e l t u n g geben.

Auf Vergeltung beruht auch die gute und praktische Idee der S t r a f k o l o n i e. Wer den Staat angreift, den mag der Staat verbannen! Mittelstädt hat Recht, dass viele Deutsche in praktischen Gedanken überall „reaktionäre Ziele" wittern. Misstraut doch die Menge so oft noch ihren Richtern! Spukt doch die Idee der Patrimonialgerichtsbarkeit noch so oft in den Köpfen! Und wie selten trennt der Laie den Richter vom Menschen! —

Im Anschluss an Mittelstädt sei es ausgesprochen: Auch die L a i e n g e r i c h t e für die s c h w e r s t e n Verbrechen dürften nicht nur, wie es geschehen, zu b e s c h r ä n k e n, sondern zu b e s e i t i g e n sein! Dem Laien fehlt der allgemeine Ueberblick, das juristische und deshalb g e r e c h t e Urtheil; er könnte es sich erwerben, aber dann müsste er eben Jurist sein. Wer krank ist geht zum Arzt. Wer Unrecht gesühnt haben will, geht zum Staatsanwalt. So mag auch der b e r u f e n e R i c h t e r das Recht sprechen.

Der „gesunde Menschenverstand" verurtheilt nicht so streng, er lässt das „Gemüth" walten — so meint der Laie. Ich meine, dem Angeklagten muss es daran liegen, dass der j u r i s t i s c h e V e r s t a n d ihn beurtheilt, wenn er u n s c h u l d i g ist. Wenn er „schuldig" ist, so kann ihm nur die G n a d e helfen. Diese hat aber der Richter nicht zu geben. Und hinter jedem schuldigen Verbrecher, den das Schwurgericht freispricht, steht anklagend die Schaar der früher wegen eines gleichen Verbrechens Verurtheilter, und schreit nach Gerechtigkeit. Und sie hat Recht, denn die Gerechtigkeit fordert Vergeltung und gleiches Mass für Alle!

Bekanntlich hat von Ihering in seinem „Zweck im Recht" über Berufsrichter und die Geschworenen ausführlich sich ausgesprochen. Selten sind schönere und wahrere Worte über den Richterstand gesagt worden. Selten ist aber auch das Geschwornengericht härter und gerechter in seiner ganzen Blösse verurtheilt worden. Ich verweise nur auf das Urtheil über „die guten Leute, aber schlechten Musikanten" Seite 408 und 409. In der That, nachdem uns das Geschwornengericht den Uebergang von dem Absolutismus in den Rechtsstaat mit herbeigeführt und die mittelalterliche Beweistheorie mitbeseitigt hat, kann der Mohr gehen. „Denn ein Mohr ist er und bleibt er, und alle Kunst seiner Anhänger wird nicht im Stande sein, ihn weiss zu waschen," ich will aber nicht mit von Ihering annehmen, dass „noch viel Seife darauf gehen werde, bevor man sich davon allgemein überzeugt hat" (S. 411 loc. cit.), denn die Mängel des Geschwornengerichts kann Jeder sehen, wenn er sie sehen will.

Gegen die Schöffengerichte ist mit von Ihering nichts einzuwenden (S. 412). Indessen, wenn man für sie fordert: „die Schule des Gesetzes und die Tradition und Zucht des Standes," so würde damit verlangt ein Laienrichterstand neben dem Berufsrichterstand. Ob sich die Zahl intelligenter Laien findet, welche ohne Entgelt dauernd dem Justizdienst sich widmen kann, erscheint mir sehr zweifelhaft.

Auch erscheint die „Unabhängigkeit von der Regierung" (S. 413) mir nicht das Ziel des Instituts zu sein, denn der deutsche Richterstand der Gegenwart (im Gegensatz zu Frankreich, das seine Richter „wählen" will) hat sich diese Unabhängigkeit längst erworben und wird sie sich bewahren,

Und von der heutigen Regierung dürfen wir erwarten, dass sie die Richter nicht beeinflusst. Das wesentliche Moment für die Schöpfung der Laiengerichte kann in der Gegenwart nur die Kenntniss des Rechts sein, welche sie unter den Laien verbreitet, und die Achtung vor dem Gesetz, welche aus der Handhabung des Gesetzes folgt. Mit dem Geschworenen-gericht sind diese Güter zu theuer erkauft. Das Schöffen-gericht darf sie uns erwerben. Ich für meinen Theil wünsche allerdings die Kenntniss von Recht und Staat und die Achtung vor Beiden durch die Schule im Volke verbreitet zu sehen. Die ziellosen anarchischen Bestrebungen aller Orten und Enden zeigen, dass über Staat und Recht abscheuliche Unklarheit in den Köpfen herrscht. Diese Schulstunden würden sich bezahlt machen! Warten wir nicht auf den Unter-richt einer Leidensschule. „Die Zeiten des Umsturzes, der Revolution, der Anarchie sind die Schulstunden der Geschichte, in denen sie den Völkern eine Lection über Staat und Recht ertheilt — ein Jahr, vielleicht ein Monat lehrt hier den Bürger über die Bedeutung von Recht und Staat mehr als sein ganzes bisheriges Leben" (v. Ihering „Zweck im Recht" S. 547). Aber das Schulgeld für diese Stunden ist theuer, es ist — Menschenblut! —

Anhang VI.

Von Iherings Strafrechtstheorie.

In seinem „Zweck im Recht" hat v. Ihering zum ersten Mal auch seine Ansicht über die Strafe entwickelt (S. 474 ff.). Auch er kommt zu dem Bindingschen Satze, dass Alles Unrecht strafbar sei, denn er sagt „die Straffrage ist eine reine Frage der socialen Politik" (S. 477). Das „Kriminalunrecht beginnt da, wo die Strafe durch die Interessen der Gesellschaft geboten ist." Aus den von mir ausgesprochenen Ansichten ergibt sich,

dass ich mit ihm darin einverstanden bin, dass unsere Gesetzgebung zu lange schon müssig mit zugesehen hat, „wie Unzu-
verlässigkeit, Unehrlichkeit, **Betrug** in Vertragsverhältnissen
immer frecher ihr Haupt erheben und einen Zustand für uns
herbeigeführt haben, der einem ehrlichen Menschen schier das
Leben verleiden kann" (S. 479). Der Vertrag ist kein „privi-
legirter Tummelplatz für das Civilunrecht, in das die Strafe
sich nicht hinein zu wagen hat" (S. 480).

Wenn einer, so hat sich v. Ihering des Verkehrs, des
Segens des Gelderwerbs, des berechtigten Egoismus angenommen.
Nie aber hat er das Recht des Staats verkannt, in die Gesellschaft
einzugreifen. **Der deutsche Handel ruht auf Treu und
Glauben!** Nicht auf der „Regel des Lebens." Diese „Regel"
des Verkehrs existirt weder für den Staat, noch für die Gesetzgeber, noch für den Richter. In Amerika mag sie walten, wir
wollen sie durch Gefängnisstrafen beseitigen!

Die genauere Begründung seiner Strafrechtstheorie will
v. Ihering erst im zweiten Bande geben, der noch nicht
erschienen ist (S. 477 Anm.). Indessen erhellt schon jetzt über
seine Ansichten folgendes: Der Zweck des Strafgesetzes ist kein
anderer als der eines jeden Gesetzes: Sicherung der Lebensbedingungen der Gesellschaft; nur die Art, wie es diesen Zweck
erreicht, ist eine eigenthümliche. Warum? Strafe muss da
eintreten, wo die Gesellschaft ohne sie nicht auskommen kann.
Dies ist bei den Verbrechen der Fall, welche nichts sind als die
von Seiten der Gesetzgebung constatirte Gefährdung der Lebensbedingungen der Gesellschaft. Die Strafe stuft sich also ab, nach
den Lebensbedingungen — die einen sind wesentlicher als
die andern, und nach der Gefährdung — nicht jede Verletzung gefährdet in gleicher Weise. „Der Tarif der Strafe ist
der Werthmesser der socialen Güter" (S. 482). „Bei uns steht
tief, was früher sehr hoch stand und umgekehrt, das Urtheil

der Gesellschaft über die höhere oder geringere Dringlichkeit gewisser Lebensbedingungen variirt" (S. 483).

Ich erlaube mir über diese Theorie vor dem Erscheinen des zweiten Bandes kein Urtheil. Nur kann ich schon jetzt nicht billigen, dass v. Ihering, der doch Willensfreiheit annimmt und zur Sicherungstheorie nicht gezwungen wird, wie die Deterministen unserer Tage, nicht straft quia peccatum est! Denn er muss ja Schuld des Verbrechers annehmen.

Die werthvolle Abstufung der Strafe nach den Lebensbedingungen und der Gefährdung ergibt sich ja auch m. E. bei der Vergeltungstheorie. Der Verbrecher lebt in der jeweiligen Gesellschaft, er verletzt zu verschiedenen Zeiten ein verschiedenes Gut, und muss zu verschiedenen Zeiten verschiedene Strafe erleiden. Je nachdem er wesentlichere Lebensbedingungen verletzt, wird er härter bestraft.

Uebrigens hat v. Ihering an andrer Stelle auch die Idee des Gleichgewichts im Recht, welche ich in der Talion finde, voll anerkannt (S. 362, 363 loc. cit.). Ich verwahre mich dagegen, dass ich die Nothwendigkeit der Vergeltung aus einem „der Gesellschaft durch Gott auferlegtem Strafrichteramt" ableite S. 364), das Postulat der Nothwendigkeit der Vergeltung in der Rache folgt aus der menschlichen Natur, sobald sie sich zum Staatsleben entwickelt hat und der sittliche Geselligkeitstrieb in ihr erstarkt ist. Die Talion folgt aus der Natur des Menschen, wie aus der Natur des Thieres die Rache folgt. Auch auf den niedrigsten Culturstufen gibt es oft, wie uns Post gezeigt hat, ein Strafrecht, also eine gemessene Rache, masslos ist die Rache nur bei dem Thier und einzelnen Menschen, die dem sittlichen Geselligkeitstrieb trotzen. Ich betone mit v. Ihering, dass die Staatsstrafe die grösste Wohlthat für den Verbrecher selbst ist weil er sonst der ungemessenen Volksrache anheim fallen würde (cf. S. 543 loc. cit.).

Das Moment der Gefährlichkeit wird von der Strafe erfasst, wenn sie sich im Staate zur Strafe im weiteren Sinne entwickelt hat. Ich will diese Gefährlichkeit nicht beim Rückfall, dem Gewohnheitsverbrechen, dem Complott, dem Vorsatz betonen (S. 484 loc. cit.). Hier wird vergolten je nachdem mit bösem Willen mehr verübt ist. Aber die Strafgesetze, welche gefährliche Handlungen ohne Weiteres bestrafen, gehören m. E. unter diese Kategorie.

Praktisch und einleuchtend ist von Iherings Eintheilung der Verbrechen als solche gegen das Individuum, den Staat und die Gesellschaft.

Ich will hier nur die Verbrechen gegen die Gesellschaft besprechen, da ich diese in diesem Sinne noch nicht erwähnt habe.

Die äussere Sicherheit der Gesellschaft wird bedroht durch Brandstiftung, Ueberschwemmung etc. Es leidet dabei eine unbestimmte Vielheit von Personen, die Masse. Dennoch gehören Strafen auf diese Verbrechen zum Strafrecht im engeren Sinne, sie vergelten nach dem Grundsatze der Talion. Früher warf man die böswilligen Brenner in das Feuer.

Anders steht es schon mit den Verbrechen gegen die ökonomischen Lebensbedingungen der Gesellschaft. „Der Verkehr kann nicht bestehen, wenn man jede Münze und jede Urkunde erst auf ihre Echtheit prüfen muss" (S. 490, loc. cit.). Indessen regelt sich erst im Staatsleben*) das Strafrecht gegen diese

---

*) Das Staatsleben muss das gesellschaftliche Leben regeln. Mit Recht weist von Ihering auf die Censoren und Aedilen als Beamte der Gesellschaft hin (S. 493 ff.). Wie weit der Staat in dieser Beziehung gehen soll, ist aber eine Frage, die „ewig flüssig" ist (S. 523). Jede Zeit muss sie für sich beantworten. Die Gesellschaft selbst ist darüber zu hören, nur muss nicht über einem Einzelinteresse das Gesammtinteresse vergessen werden. Für die Wissenschaft der jeweiligen Zeit aber ist es die grösste und schönste Aufgabe, die Frage von den Grenzen der Staatsgewalt für ihre Zeit zu beantworten. Ihre Anwort wird keinem Einzelinteresse dienen, denn sie „steht auf einer höhern Zinne, als auf der Zinne der Partei".

Verkehrsströmungen. Und deshalb rechne ich diese Strafen zum Strafrecht im weiteren Sinne.

Die „meisten Polizeivergehen" (S. 491) gehören ebenfalls zu dieser Kategorie.

Ich will an dieser Stelle, angeregt durch von Ihering, noch einmal auf die Verbrechen gegen den Staat eingehen. v. Ihering überträgt die bei dem Individuum aufgestellte Eintheilung, die sich bei der Gesellschaft bewähren muss, weil die Gesellschaft „die Masse" ist, auf den Staat. Er selbst ist gegen diese Uebertragung von grossem Misstrauen erfüllt (S. 489). Und dieses Misstrauen ist nur zu gerechtfertigt. Physisch betrachtet ist der Staat allerdings „nichts als die Summe der sämmtlichen Staatsangehörigen" (S. 487). Im eigentlichen Sinne hat er keine physische Existenz, wohl aber im juristischen Sinne. „An sich" besteht er aus anorganischen Stoffen, die uns als Land erscheinen, und aus organischen, die uns als Leute erscheinen. Mit dem modernen Menschen, der dem sittlichen Geselligkeitstrieb folgt, wird das Gebilde, das „an sich" ein Conglomerat ist, zu dem menschlichen Staat, zur schönsten Schöpfung des Menschengeistes, die die Gegenwart erhält und den Dank der Zukunft abstattet für die unendlichen Gaben der Vergangenheit. Der Staat ist sozusagen der Testamentsvollstrecker der vergangenen Geschlechter, er regelt das ewige Erbrecht der Menschheit, die Gesellschaft wäre für das heilige Amt viel zu interessirt und zu parteilich.

Eben weil der Staat diese aussergewöhnliche Stellung hat, glaube ich nicht, dass von Iherings Uebertragung haltbar ist.

Ich von meinem Standpunkte aus verzichte auf jede Eintheilung der Staatsverbrechen, und glaube dass eine Abstufung der Strafen je nach der Gefährdung des Staats genügt.

In dieser Erscheinungswelt ist der Staat das einzige Steuer, welches die Menschheit, nicht zum Endziele der

Moral — hier müssen andere Mächte wirken — wohl aber zum
Endziele des Rechts führen kann, und dies ist für mich das
Ziel v. Iherings: der für die beste Zeit am besten geordnete
Inbegriff der durch die Staatsgewalt gesicherten Lebensbedingungen der Gesellschaft. Aus diesem Grunde müssen Staatsverbrechen s c h w e r geahndet werden. Die h e u t i g e Gesellschaft tobt in verschiedenen Ländern ohne Sinu und Verstand
gegen ihren eigenen Wohlthäter. D e r N i h i l i s m u s etc.
g r e n z t a n d e n W a h n s i n n! Sichern wir uns vor diesen
unvernünftigen Mächten durch vernünftige, harte Strafen!

§ 12.

Das Strafrecht und die Philosophie.

Wenn auch Einzelne, wie unter Andern Binding, das Strafrecht auf den Grundlagen der Philosophie aufbauen, damit es
auf festem Grunde stehe, so wird doch dieser Felsengrund
vielfach unterschätzt. So vor allen war v. Bar! Derselbe
spricht von einem „Spiel mit vieldeutigen oder unzureichenden
philosophischen Formeln" (die Lehre vom Causalzusammenhange,
S. VI). Nun, ich meine **Kant** z. B. sei kein solcher „Spieler"
gewesen. Auf ethischem Gebiet gibt es kein naturwissen-
schaftliches, sondern nur ein philosophisches Erkennen!

Bei einer anderen Art der Bearbeitung zeigen sich auch
sofort die Früchte. Nach von Bars Ansicht ist das „einzig
stabile Element im Strafrechte die Idee der öffentlichen, von
dem Gemeinwesen vorzunehmende Missbilligung gewisser Handlungen." Also: das stabile Element ist die wechselnde
„Regel des Lebens."

Wehe dem Staat, der sich nach dieser Windfahne des
Egoismus in seiner schlechtesten Bedeutung richten wollte!
Die trügerischen Annoncen und Atteste unserer Zeitungen zeigen
leider, dass die „Regel des Lebens" nicht überall auf den
Widerstand des Rechts trifft. Umsomehr muss man vor einer
Theorie warnen, die eine träge Praxis gut heisst.

Während aber v. Bar öffentlich gegen die Philosophie
protestirt, folgt er heimlich der neuesten philosophischen
Schule einiger weniger Denker. Denn was ist die „Regel
des Lebens" anders, als das „Unbewusste?" Wenn der

Betrug im Verkehr üblich wird, muss sich der Jurist nach der Regel des Betrugs richten, denn das Unbewusste offenbart sich in derselben.

Dabei hat diese Theorie noch die Kühnheit, sich auf das Gewohnheitsrecht zu stützen, das wir ja anerkennen. Sie hat den Schein für sich, aber auch nur den Schein. Die Gewohnheit kann sich in der „Regel des Lebens" zeigen, das Gewohnheitsrecht nie, wenn nicht diese Regel ein Recht geworden. Schon im Mittelalter umschloss aber das Gewohnheitsrecht die Juristen mit, sie waren hier zumeist die Schöpfer; der „Verkehr" allein hat nie Recht gesprochen. Noch weniger ist dies in der Neuzeit der Fall, wo sich die Nation vom Gewohnheitsrecht emancipirt, gesetztes Recht verlangt, und, ob dieses auch wechselt und einer Fülle von Gesetzen bedarf, nicht davor zurückschrickt, sondern in jeder Periode bewusst ihr Recht setzt. Die „Normen" zeigen sich im Gewohnheitsrecht nach langem Kampfe, im Gesetz in bewusster That nach langer Ueberlegung, in der „Regel des Lebens" nie; denn diese kann höchstens werdendes Recht sein, das nicht gilt.*)

Ich habe gezeigt, wie die Causalität, die Verursachung, die Schuld und die Strafe nur vom philosophischen Standpunkte aus begriffen werden kann. Ich habe mich auf Kant gestützt, weil der sittliche Gesellschaftstrieb des Menschen die Grundlage alles Rechts ist. Ich hätte auch **selbständig** meine Lehre aufbauen können. Der sittliche Geselligkeitstrieb des Menschen ist eine bekannte Grösse, mit der der Jurist rechnen darf. — Auf ihm ruht das Menschenthum und Staatenthum der gegenwärtigen Zeit, wie auch immer es entstanden sein mag. —

---

*) In vielen Fällen aber ist sie Unrecht, das strafbar ist. (Betrug!)

Die Jurisprudenz ist nun die Lehre vom reinen Menschen-thum. Sie ist für die Erscheinungswelt die König-liche Wissenschaft! Fern von den Begriffen, die die höchsten sind, sich aber nur glauben lassen, rechnet sie mit dem Begriffe der Freiheit des Menschen der Gegenwart und lässt sich diesen nie von dem empirischen Wissenschaften rauben. —

Das Recht und der Staat sind der praktische Beweis für die Freiheit des Menschen. Sie sind nie und nimmer ein „chemischer Prozess," so wenig wie die Geschichte der Menschheit dies ist. (Haeckel!).

Nun könnte Jemand sagen: Kann nicht die Philosophie wechseln? Ich nehme selbst eine **Fortentwickelung** des mensch-lichen Ichs an, und halte für das bleibende nur die natura generis, den sittlichen Geselligkeitstrieb. Diesen zu erkennen und für jede Zeit auszubauen, ist die Aufgabe der Rechtsphilosophie. Wir brauchen nicht mit Schopenhauer in das Reich des reinen Seins deshalb zu verweisen, welcher sagt, dass zu aller Zeit das Selbe sei, alles Werden und Entstehen nur scheinbar, die Ideeen allein bleibend, die Zeit ideal, und damit nur die Gedanken Platons (Welt als Wille und Vorstellung, II. Band, Seite 506) wiederholt.

Wir haben auch in der Erscheinungswelt etwas Bleibendes, was die Philosophie zu erforschen hat und was bleibende Wahrheit für jede Zeit gibt. Das ist das **Wesen** des Menschen mit seiner Freiheit und dem sittlichen Geselligkeitstrieb.

Auf diesem ruht der Wille, frei kann die Menschheit ihre Welt gestalten. Schopenhauer irrt, wenn er sagt: „die Thoren meynen, es solle erst etwas werden und kommen" (S. 507, loc. cit.). Wir wollen das „hohle, täuschende, hinfällige und traurige Ding" durch unsern freien Willen durch „Gesetzgebungen" mit unserer ganzen Kraft zu „etwas wesentlich Besserem machen."

Die Vollkommenkeit „an sich" erreichen zu wollen, fällt uns nicht ein. Aber die **Erscheinungswelt** wollen und können und sollen wir vervollkommnen.

Sobald sich eine neue **Wahrheit** auf dem Gebiete des reinen Menschenthums zeigt, wird die Jurisprudenz sich ihr nicht verschliessen!

Ich schliesse mit Berner:

> „Amicus Plato
> sed magis amica veritas."

B. Besonderer Theil.

I. Die Commissivdelicte durch Unterlassung.

a. Die wissenschaftliche Construction.

§ 1.

Einleitung.

Dass man durch Unterlassen nicht handeln kann, sollte nicht bestritten werden; denn + ist nie = —*), und die während der Unterlassung vorgenommene Handlung hat als Handlung keine ursächliche Bedeutung.

Obwohl ich schon mit dieser Kennzeichnung meiner Forschung von Binding abweiche, folge ich, wie bei der Verursachung, doch trotz aller Verschiedenheit dessen Spur, indem ich seine Disposition als die allein richtige acceptire.

---

*) Der Ausgangspunkt für + und — ist hier die Grenze der inneren und der äusseren Welt.

§ 2.

Die Natur der der Unterlassung voraus-gehenden Handlung.

Eine Willensäusserung kann als Verursachung einer Willenserklärung strafbar sein. Sie kann aber auch mit und in einer Handlung fernere Erfolge verursachen. Hierbei hat sie im Strafrecht eine doppelte Bedeutung. Sie kann einer Handlung den Vorsatz geben, sie kann ihr aber auch den Vorsatz nehmen, so das nur Fahrlässigkeit übrig bleibt. Denn nicht auf die Bewegungen unserer Glieder kommt es an, sondern auf den Willen, mit dem wir sie bewegen! Es kann aber auch eine Willensäusserung so gut wie eine Handlung Jemanden verbindlich machen, einem bestimmten schädlichen Erfolge entgegen zu wirken.*)

Eine Verursachung liegt nur dann vor, wenn der freie Wille die letzte Bedingung einer Erscheinung setzt. Wenn wir eine Bewegung setzen, ohne dass der bewusste Wille sie verursacht, so liegt gewiss Causalität vor, aber diese Causalität ist für das Recht, das es nur mit der Menschenwelt zu thun hat, strafloser Zufall! Wenn wir ferner eine Bewegung setzen, mit dem bewussten Willen, ihren schädlichen Erfolg zu hindern, so ist der Anfang der Causalität gewiss gegeben, aber in der Rechtswelt macht der Wille die gefährliche Handlung straflos. Wenn wir eine Bewegung setzen, ohne dass sie Gefahr bringt, und nun, während wir die Bewegung noch sistiren können, sehen, dass

---

*) Binding, Normen II S. 226.

sie Unheil anrichten kann, aber nicht sistiren, weil wir das Unheil wollen, so sind wir strafbar. Hiermit habe ich m. E. klar bewiesen, dass es nicht die menschliche Bewegung sondern allein der menschliche Wille ist, welcher im Recht schuldhaft verursacht. — Will der angestellte Beamte bei seiner Anstellung, dass durch die Anstellung ein bestimmter Erfolg eintrete, so verursacht er schon jetzt. Will er dann während seines Amtes eine Amtspflicht verletzen, so genügt sein Wille, um das Amtsdelict zu begehen; will er dadurch noch einen verbrecherischen Erfolg, so muss das Causalitätsgesetz neben dem Willen wirken. Ein Thurmwärter, der einen Feuerschein erblickt, aber nicht Feuer meldet, weil er wünscht, dass ein Nachbarhaus niederbrenne, begeht zunächt ein Beamtenvergehen; die Schuld an dem Weiterbrennen des Feuers wird ihn nicht treffen können. Ein Wärter, der an einer bestimmten Stelle zu wachen hat, damit das Feuer nicht wieder erwache, den neuen Brand aber nicht meldet, damit das Haus niederbrenne, kann verursachen und schuld am Brande sein.

Die vorausgehende Handlung bez. Willensäusserung ist entweder:

A. Eine Handlung oder Willensäusserung, die einen schädlichen Erfolg verursachen kann, die aber eine Willensäusserung begleitet, welche diesen Erfolg als nicht gewollt und als einen, der verhindert werden wird, hinstellt.

B. Eine Handlung oder eine Willensäusserung, welche als Hinderung bestimmter, schädlicher Erfolge erscheint.

I. Betrachten wir zunächst die Fälle sub A. Binding meint: „die Hinderung soll nach Absicht des Handelnden ein Aequivalent für die Förderung bilden, und diese Absicht muss sich realisiren, falls es zu einer sog. Unterlassungshandlung kommen soll". Wir bedürfen des Wortes „Aequivalent" nicht, weil wir das Bild der Wage nicht anwenden. —

Es ist zu unterscheiden:

1) Es ist der schädliche Erfolg nicht gewollt, aber der Widerstandswille ist von vorn herein zu kraftlos, um zu hindern. Dann liegt von vorn herein eventuell Fahrlässigkeit vor.

2) Der Wille war von vorn herein stark genug und mit Kraft begleitet, um den Erfolg zu hindern. Dann liegt von vorn herein eine schuldlose Handlung vor.

Denn nicht die Bewegung verursacht, sondern der Wille. Das Recht erlaubt gefährliche Handlungen, wenn nur die genügende Garantie gegen die Gefahr dabei geboten wird! —

Ich wähle ein Schulbeispiel. Ein guter Schwimmer überredet einen schlechten, mit ihm zu schwimmen, und verspricht ihm, ihn ev. zu retten. Er will dies auch. Das viel gebrauchte Beispiel hat die grosse Bedenklichkeit, dass, wenn die Ueberredung nicht etwa von einem Schwimmlehrer oder militärischen Vorgesetzten etc. ausging, es nicht recht erhellt, dass der schlechte Schwimmer nur aus Vertrauen folgte. Ich modificire es daher dahin: Jemand, der gut schwimmen kann, stösst einen schlechten Schwimmer, der sich feige nicht in's Wasser getraut, in die Fluth, damit jener endlich schwimmen lerne, mit dem Willen, ihn herauszuziehen, falls jener auch dann nicht schwimmt. Beide sind Freunde, so dass böser Wille fern liegt.

Es liegt von vorn herein keine schuldhafte Handlung vor.

Es ist zu betonen, dass eine Handlung oder Willensäusserung vorliegen muss, die einen 'schädlichen Erfolg verursachen **kann**.

Die **Schadenfreude** ist teuflisch, aber juristisch nicht
strafbar. Wer an einem brennenden Hause steht, die Hülfe-
rufe eines Kindes vernimmt, der Mutter verspricht, das Kind
zu retten, es aber unterlässt und sich an dem Tode des Kindes
und dem Schmerz der Mutter weidet, ist ein **moralisches
Scheusal**, unterliegt aber nicht dem mit diesen Tiefen der
Moral nicht rechnenden Strafgesetz. Ebendahin gehören die
von Binding gewählten Beispiele (S. 235 f., Normen II). Wer
sich an einer schadhaften Brücke als Wächter aufstellt, und
einen Feind doch nicht warnt, ist an dessen Tode **vor dem
Rechte** nicht schuld. Ganz anders steht es, wenn er den
Wächter **spielt**. Hier kann die **Täuschung**, dass er der
Wächter sei, der warnen werde, wenn etwas schadhaft ist, den
schädlichen Erfolg verursachen. Im ersten Falle setzt der
Feind die Ursache, im zweiten der **scheinbare Wächter**. —

Es ist selbstverständlich, dass die die Hinderung ver-
sprechende Aeusserung immer auf eine **gewisse Zeit** Hinderung gewähren muss, und zwar auf eine so lange Zeit, als
nach der vorangehenden Handlung oder Willensäusserung dies
vernünftigerweise erwartet werden konnte.

Dagegen geht die Pflicht hier **längst nicht so weit** als
bei dem **Beamten** etc. Wer einen Schwimmer im Seebad
überredet, mit ihm hinaus zu schwimmen, braucht nicht einen
Kampf mit einem Haifisch aufzunehmen, der als unliebsamer
Gast etwa erscheint. Selbst der Zusatz „auf alle Gefahr hin"
kann nicht zur Rettung in **jeder** Gefahr juristisch verpflichten,
wenn nicht noch ein anderes Moment hinzu kommt. —

Dieses liegt aber vor bei dem **Beamten** und dem
Soldaten!

II. In den Fällen sub B liegt keine Handlung vor, die einen schädlichen Erfolg verursachen kann. Im Gegentheile liegt eine Handlung oder Willensäusserung vor, mit der sich der Mensch **mit seinem ganzen Sein** zur Abwehr schädlicher Erfolge verpflichtet. Um in diesen Fällen das Vertrauen auf Schutz v o r a l l e n Erfolgen zu wecken, bedarf es der B e a m t e n q u a l i t ä t. Nur ist hier der „Beamte" n i c h t i n d e m s t r e n g t e c h n i s c h e n S i n n e des Strafgesetzbuchs zu verstehen, sondern jede Person muss h i e r als solcher gelten, d i e k r a f t ö f f e n t l i c h e r S t e l l u n g ö f f e n t l i c h e s V e r - t r a u e n v e r d i e n t. Dass mit der Verantwortlichkeit d e m S t a a t e gegenüber die Strafe des B e a m t e n v e r g e h e n s wächst, ist selbstverständlich; d e m P u b l i k u m g e g e n - ü b e r aber h a n d e l t e s s i c h n u r u m V e r u r s a c h u n g e i n e s a n d e r e n V e r g e h e n s. —

Es wird übersehen, dass der Beamte in Folge seiner Stellung schädliche Erfolge l e i c h t e r und s i c h e r e r ver- ursachen kann, als Andere, denen wir nicht so leicht G l a u b e n und V e r t r a u e n schenken! Ein Eisenbahnwärter tritt mit gutem Willen sein Amt an. Trotz des geringen Gehaltes ver- waltet er es ehrlich, erhält aber von einem Vorgesetzten un- gerechte Vorwürfe. Eines Tages sieht er den Vorgesetzten auf einer Locomotive heranfahren, und bemerkt zu gleicher Zeit, dass ein Stein von böser Hand oder durch Zufall auf die Schienen geworfen ist, und zwar an einer Curve, so dass die Entgleisung leicht erfolgen kann. Der Bahnwärter folgt augen- blicklichem Rachedurst, gibt kein Zeichen, und lässt die Loco- motive entgleisen, so dass sein Feind verunglückt. — Es bedarf hier gar nicht der bei diesem Beispiel üblichen, künstlichen Construction. D u r c h s e i n e B e a m t e n q u a l i t ä t ver- u r s a c h t d e r W ä r t e r d u r c h d i e U n t e r l a s s u n g. Ein nicht angestellter Anderer hätte der Entgleisung mit teuf- lischer Freude zusehen und den Stein liegen lassen können, ohne dass er vor dem Rechte strafbar wäre. Nur wird freilich vor dem Richter bei diesen Beispielen meist schwer nachzuweisen sein, dass der Wille auf den Erfolg neben dem Beamtendelict*) vorliegt. Denn von einem so teuflischen Entschlusse würde Niemand leicht etwas verlauten lassen.

---

*) Gerade bei der Eisenbahn, dem Verkehrswege im Frieden und dem Waffenwege im Kriege, wiegen Delicte so schwer, weil hier der Erfolg viel sicherer eintritt, als z. B. in dem Falle, wenn ein Thurmwächter schläft. Deshalb muss auf diesen Delicten strenge Strafe stehen, und die Directionen müssen im Unterpersonal nur tüchtige Leute anstellen. Diese bedürfen aber zur Freudigkeit für den schweren und verantwortlichen Beruf auch andrerseits einer genügenden Besoldung! Es ist hier noch manche Aenderung wünschenswerth. —

§ 3.

Das Wesen der Unterlassung.

Auch hier sind wieder die beiden Fälle sub A und B zu trennen.

Zunächst ist zu betonen, dass nach meiner Construction die Unterlassung zunächst nichts bleibt als Unterlassung! Es birgt sich bei ihr nicht die Bewegung hinter der „Maske der Ruhe," sie ist keine „doppelte Handlung," wie Binding annimmt (S. 249 Normen II).

Die Unterlassung ist keine Handlung. Sie ist nur Willensäusserung! In den Fällen, wo sich in ihr kein Wille äussert, ist sie reine Unterlassung, und kommt im Rechte nicht in Betracht. Sie ist dann im Rechte einfach Zufall, wie alles Nichtgewollte!

I. In den Fällen sub A des vorigen Paragraphen liegt in der Unterlassung die Willensäusserung, den Erfolg nicht mehr nicht zu wollen, sondern zu wollen. Und diese Willensäusserung, verbunden mit der vorangebenden Handlung, verursacht. Man kann die Bedeutung der verursachenden Willensäusserung ja so leicht erkennen, dass es zu bewundern ist, dass hier noch so viel Zweifel walten. Man nehme an, dass der Mensch die erste gefährliche Handlung mit dem Hinderungswillen setzt, dann plötzlich den Verstand verliert und ihn, nach dem das Unglück geschehen, wieder gewinnt. Es ist klar, dass nach dem Gesetze der Causalität der Mensch an dem Unglück schuld ist. Nach dem Rechte aber ist er nicht schuld, weil er nicht verursacht hat. Im Rechte hat den Primat der Wille; die Bewegung, welche in

der Naturwissenschaft Alles gilt, spielt nur dann
eine Rolle, wenn sie eine mit ihren Folgen
gewollte ist. — Man sage mir nicht, dass der Wille sich
nicht erst jetzt als ein wollender für diese Handlung zeigen
könne. Der Mensch ist keine Maschine, bei der es nur auf die
verursachende Bewegung ankommt, sondern bei der menschlichen
Verursachung trägt die Schuld allein der Wille, und dieser
kann auch erst nach der schuldlos gesetzten Bewegung ein schuldhafter werden. Wenn ein Mensch in einsamer Gegend eine Höllenmaschine zu Kriegszwecken prüft, die
auf die Secunde ihre Schuldigkeit verrichten soll, wenn er sich
überzeugt hat, dass die Explosion keinen Schaden anrichtet, ihm
auch kein Polizeiverbot entgegensteht, so handelt er ganz
schuldlos, wenn er das Uhrwerk aufzieht, mit dem Willen,
jedes Unglück fern zu halten. Aus der Vornahme seiner
Handlung, aus ihrer Art und Weise, wird sein schuldloser
Wille erkannt. Unglücklicher „Zufall" führt nun plötzlich eine
Gesellschaft in die einsame Gegend. Sie nahen der Maschine,
der Aufsteller sieht es, warnt nicht, weil er den Tod Jener, die
seine Feinde sind, jetzt will, die Explosion erfolgt, und Alle
kommen um bis auf Einen, der den Schurken anzeigt. Der Mann
ist zweifellos ein Massenmörder. Er wurde dies da, als sein
Mordwille erkennbar wurde, als die Gesellschaft nahte, er es
sah, und absichtlich nicht warnte, sondern die Warnung
„unterliess". Mit dieser Unterlassung verursachte
er den Massenmord.

Selbstverständlich ist, wie auch mein Beispiel zeigt, dass
der Wille die Möglichkeit heben muss, seine Willensrichtung
in Bezug auf die früher gesetzte Handlung zu erkennen zu
geben. Wenn Jemand, A, eine Grube aufdeckt, um sie sofort
wieder zuzudecken, aber unterdessen ein Geschäft besorgt, weil
er meint, dass jetzt Niemand hinein fallen könne, handelt er
vielleicht fahrlässig aber nicht vorsätzlich schuldhaft. Während

der Geschäftsbesorgung kommt ihm der Wunsch, dass X, der meilenweit entfernt wohnt, hineinfalle. Ein Zufall, von dem A nichts weiss, führt den X in der Nacht an die Grube, und er stürzt hinein. Der A ist nicht dessen vorsätzlicher Mörder, denn er konnte dessen Mord nicht wollen, sondern nur wünschen. Ganz anders steht es, wenn A bestimmt weiss, dass X den Weg zur Grube geht. Ich verweise auf meine Lehre vom Wunsch und vom Willen.

Ich bedarf daher der schwierigen und scharfsinnigen Construction Bindings nicht. Dieser meint, dass durch den Entschluss der Verursacher aufhöre zu sein, was er war, und sich selbst als den Erfolg abhaltende Bedingung vernichte (Normen II S. 249). Das Nichtsthun ist „eine künstlich und absichtlich zurückgestaute Thätigkeit." Allein Binding irrt, wenn er meint, die Unthätigkeit spiele sich scheinbar innerhalb eines Menschen ab. Sie spielt sich wirklich in der inneren Welt ab*) und nur die Willensäusserung kommt als erkennbar in Frage.

II. In den Fällen sub B des vorigen Paragraphen liegt in der Unterlassung ein doppeltes Unrecht.**) Es giebt eine doppelte Ungerechtigkeit. Sie hat statt, wenn Jemand ausdrücklich die Verpflichtung übernommen hat, Andere in einer bestimmten Hinsicht zu schützen, er nun aber noch überdies Andere eben darin, wo er schützen sollte, selbst angreift und verletzt. Die Sprache nennt dies Verrath, „welcher der

---

*) Binding gesteht, dass er sich „zeitweilig mit diesen Skrupeln getragen" (Normen II S. 229). Die „Ueberwindung" ist mehr rhetorisch als logisch (S. 230, 231 loc. cit.), und für mich ist der Sieg über diese „Skrupel" nicht erkennbar.

**) Dieser Begriff ist scharf und schön klar gelegt von dem grossen Denker Schopenhauer. (Die beiden Grundprobleme der Ethik S. 219 f.).

Abscheu der Welt ist: Diesem gemäss setzt auch Dante die Verräther in den tiefuntersten Grund der Hölle, wo der Satan selbst sich aufhält (Inf. XI, 61—66)."*)

Im Rechte gehört der Verrath des Privaten zu den Gründen, schärfer zu strafen. Er ist nur Motiv zu irgend einem Verbrechen, nicht Verbrechen selbst, so lange er gegen Private geübt wird. Verbrechen wird er beim Verrath des Vaterlandes.

Anders steht es bei dem Soldaten und bei dem Beamten. Hier liegt in jedem Verrath ein doppeltes Unrecht. Es liegt auch eine doppelte Norm vor: Erstens die Norm, die der Mensch als Staatsbürger übertritt, zweitens die Norm für den Beamten. Die zweite Norm macht den Mann zu einem Vertrauensmann, übertritt er sie, so bricht er das Vertrauen. Verletzt er dabei noch die erste Norm, so verübt er einen Verrath, eine Unthat, bei welcher „die Götter gleichsam ihr Antlitz verhüllen."**)

Wenn der um Rath Gebetene dem Frager absichtlich einen verderblichen Rath ertheilt, so ist er ein moralischer Schuft.

Wenn aber der Gensdarm zum Mörder, der Hüter zum Dieb, der Vormund zum Unterschlager wird, wenn der Anwalt prävaricirt, der Richter sich bestechen lässt, dann wird das „himmelschreiende Unrecht" vom Staate erfassbar. Dann liegt ein Beamtenverbrechen vor, welches äusserst streng bestraft werden muss. ***)

Ebenso kann nun der Soldat, der Gensdarm, der Hüter, der Vormund, der Advocat, der Richter unterlassen und dadurch da verletzen, wo er schützen sollte. Verursacht er neben

--

*) cf. Schopenhauer loc. cit. S. 220.
**) Schopenhauer loc. cit. S. 220.
***) Die Natur der Beamtenverbrechen als doppeltes Unrecht ist in der Literatur, die hier überaus kärglich fliesst, noch nicht erkannt.

der Uebertretung der Beamtennorm ein Verbrechen durch diese Unterlassung, so ist diese Unterlassung **weit strafbarer** als bei einem Nichtbeamten, denn sie ist ein Vertrauensbruch und ein **Verrath.** Zu betonen ist, dass hier der Causalzusammenhang eine grosse Rolle spielt. Es kommt darauf an, dass es möglich ist, dass der Beamte den Erfolg will, blosse Wünsche müssen zu seiner **Entlassung** führen, aber sie können kein Verbrechen verursachen. Der Thurmwächter, der sich betrinkt und schläft, damit die Bürgermeisterei abbrenne, ist zu entlassen; er verursacht aber den Brand nicht, wenn durch einen Zufall sein hämischer Wunsch in Erfüllung geht. Ein Bahnwärter aber kann auf diese Weise verursachen.

Daraus, dass die Willensäusserung im Falle sub A den Erfolg als einen, der verhindert werden wird, hinstellt, folgt, dass dem Willen von vorn herein die Kraft entsprechen muss, zu hindern. Ist Jemand zu schwach, dem Erfolge zu trotzen, so kann es nicht zu einem Verursachen durch Unterlassen kommen (Normen II, S. 254). Deshalb braucht das erfolglose Wagniss gar nicht unternommen zu werden. Es ist aber möglich, dass in solchen Fällen von Anfang an eine Fahrlässigkeit und damit Schuld vorliegt.

In den Fällen sub B umfasst die Anstellung des Beamten sein ganzes Sein. Er muss jeder Gefahr trotzen. Die Behörde etc. hat dafür zu sorgen, dass seine Kraft seinem Willen entspricht. Am weitesten geht dieses „Muss" beim Soldaten.

Binding, von seiner Ursachentheorie ausgehend, kommt auf die schwierige Frage, ob denn, wenn der gute Bahnwärter den schlechten verdrängt, und nun absichtlich eine Massregel nicht ergreift, Verursachung vorliege? Ob er sich nicht damit ausreden könne, dass der kurzsichtige verdrängte Bahnwärter

z. B. das Hinderniss auf den Schienen gar nicht bemerkt haben würde? (Normen II, Seite 257). Das Bahnwärteramt als Amt umfasst das ganze „Sein" *) des Menschen. Derartige Ausreden sind unzulässig, sie sind Vertrauensbruch und ev. Verrath und doppeltes Unrecht.

---

*) Ich gebrauche philosophische Worte stets im **technischen** Sinne meines allgemeinen Theiles. Im „Sein" liegt die Freiheit; der Beamtenimperativ, der gegen dieses „Sein" donnert, alterirt von da ab alle Handlungen und Unterlassungen des Beamten. Operari sequitur Esse! — Aus meiner Darstellung des speciellen Theils wird, wie ich hoffe, die Nothwendigkeit meines allgemeinen Theiles erhellen. Ich weiche von den sich jetzt auf Grund der neueren Philosophie einiger Denker geltend machenden Ansichten über die Grundlagen zu sehr ab, um nicht meine Grundlehren bei der ersten strafrechtlichen Frage, die ich behandele, klar legen zu müssen.

§ 4.

Die Schuld.

Die Schuld muss in dem Momente vorhanden sein, wo die Unterlassung verursacht. Liegt in der Unterlassung keine Willensäusserung, so liegt reine Unterlassung vor. Diese ist Zufall und der Zufall trägt keine Schuld. Ich verweise auf meine Lehre vom „Zufall."

Von einer culpa subsequens ist also auch hier keine Rede (Binding, Normen II, S. 259).

Ist die Unterlassung Folge einer vorsätzlichen Willensäusserung, so liegt Vorsatz vor, ist sie Folge einer fahrlässigen Willensäusserung, so ist ein fahrlässiges Verbrechen vorhanden.

„Ganz irrelevant erscheint, ob bei der „der Unterlassung vorauf gehenden Handlung" Handlungsfähigkeit vorhanden war oder nicht" (Binding, loc. cit.).

Mit Unrecht übersieht man die Bedeutung der während der Unterlassung vorgenommenen Handlung.

Sie verursacht gewiss nicht, wie Luden irrig annahm, aber sie ist von höchster Bedeutung für die Interpretation der Unterlassung als Willensäusserung. Eine Mutter, die Strümpfe strickt und dabei zusieht, wie ihr Kind in der Wanne ertrinkt, „tödtet nicht durch Strümpfestricken", aber daraus, dass sie herzlos genug ist, während des Ertrinkens ihres Kindes Strümpfe zu stricken, kann der Richter die Absicht der Mörderin, die in der Unterlassung liegt, erkennen.

Und so hat der Luden'sche bekannte und vielgerügte Irrthum, einen guten Kern! —

————

§ 5.

Nähere Betrachtung der schuldhaften Unterlassung.

Die schuldhafte Unterlassung ist eine schuldhafte Willensäusserung in Bezug auf eine in ihren Folgen noch dauernde
gesetzte Bewegung, über die der Wille **noch Macht** hat.
Sie ist Verursachung und nicht bloss Billigung! Noch
weniger ist der in ihr liegende Wille Ratihabition!
Ebensowenig ist sie Nichterfüllung einer Verbindlichkeit zum
Handeln, denn dann wäre sie eine „echte Unterlassung".

Sie setzt die letzte Bedingung und damit die **Ursache** des
Verbrechens, **als eine gewollte!**

Der Unterlassungswille ist Verursachung und nicht Billigung, denn er äussert sich über eine von seinem Ich
gesetzte Bewegung, und nicht über die Handlung eines
Dritten. Der Unterlassungswille ist Verursachung und nicht
Ratihabition, denn er äussert sich über die von seinem Ich
gesetzte Bewegung und deren Folgen, nicht, nachdem diese
eingetreten, sondern während sie noch geschehen
und während er sie noch hindern kann. Wer sich bei
dieser Construction vor dem **dolus subsequens** fürchtet,
fürchtet sich m. E. vor einem Gespenst! Ich sehe den Grund
dafür, dass an dieses Gespenst immer wieder geglaubt wird,
darin, dass Causalität und menschliche Verursachung
nicht genügend **getrennt** werden. Nach der Causalität in
der Natur verursacht auf alle Fälle die Bewegung, auf
den Willen kommt es nicht an. Im Rechte ist das
Umgekehrte der Fall! —

In Bezug auf Vorsatz und Fahrlässigkeit in der Unterlassung verweise ich auf den allgemeinen Theil. Richtet sich der Wille auf das Unterlassen, so geschieht es vorsätzlich. Richtet sich der Wille auf einen anderen Erfolg, aber ohne genügende Ueberlegung, und verursacht dabei die Unterlassung, so geschieht sie fahrlässig. Wohnt der Unterlassung kein schuldhafter Wille bei, so ist sie im Rechte Zufall. Diese Begriffe liegen klar zu Tage. Zufall wird meist dann vorhanden sein, wenn kein Object der äusseren, gegenwärtigen Welt an die Wohnung des Willens klopfte, denn das stille Weben der Wünsche ist im Recht ohne Bedeutung. Hier waltet nur die Moral.

„Die Commissivdelicte, welche durch Unterlassung begangen werden, lassen den Begriff des Versuchs zu." (Schwarze, Commentar, S. 93). Der Anfang der Ausführung ist vorhanden, sobald mit schuldhaftem Willen die Unterlassung angefangen hat. Mit diesem Anfang beginnt die Verursachung. Ob der Anfang stets zu erweisen ist, ist eine praktische Frage, die den theoretischen Grundsatz nicht berührt.

Eine Mitthäterschaft ist bei der Unterlassung nicht denkbar.

Die Anstiftung kann sehr wohl vorliegen und ist dann zu strafen.

Eine Beihilfe ist nicht anzunehmen. Die Willensäusserung in der Unterlassung kann angestiftet sein, aber Niemand kann bei ihrer Verursachung helfen.

Handlungsunfähigkeit zur Zeit der Unterlassung verneint jede Schuld.

Nothwehr, Nothstand und bindender Befehl, welche die Unterlassung verursachen, machen den Unterlasser ev. straflos.

Die Verjährung beginnt, sobald die Unterlassung mit schuldhaftem Willen begonnen hat zu verursachen. Bei den echten Unterlassungen, die nicht auf der Verursachung, sondern auf positivem Gesetz beruhen, ist der Beginn der Verjährung, wie ich zeigen werde, ein ganz anderer.

Die Strafe ist je nach dem Strafgesetz und der demselben zu Grunde liegenden Norm eine Strafe im engeren oder im weiteren Sinne, für deren Höhe dieselben Grundsätze wie bei der Verursachung durch Willensäusserung mittels Zeichen, Worten und Handlungen gelten, denn die Unterlassung ist eben die vierte Art der Willensäusserung.

§ 6.

Das Geschehenlassen.

Mit Recht hat B e r n e r hervorgehoben, dass der Causalzusammenhang nicht unterbrochen wird, wenn der Handelnde,
nachdem er die Richtung auf den Erfolg gesetzt hat, das
Weitere nur **geschehen lässt** (Lehrbuch, S. 481). Die äussere
Welt ist eine Welt der Bewegungen. Wer die Eine setzt, der
setzt die Folgende mit.

In diesen Fällen liegt keine Unterlassung vor. Andernfalls
müsste man es ja auch eine Unterlassung nennen, wenn Jemand
es geschehen lässt, dass die abgeschossene Kugel den Feind
tödtet.

Eine andere Rolle spielt das Geschehenlassen in den von
B i n d i n g genannten Fällen der scheinbaren Concurrenz von
schuldloser Verursachung und culpa subsequens (Normen II,
Seite 259).

Ein Zimmergeselle, an einem Neubau beschäftigt, strauchelt
ohne seine Schuld mit einem Balken, den er trägt; der Balken
kommt zu Falle, und w ä h r e n d d e r G e s e l l e d i e P a s -
s a n t e n n o c h w a r n e n k ö n n t e, ruft er: „denen ist das
schon recht!" und sieht zu, wie der Balken Leute zerschmettert.

Der Fall ist von den sog. Commissivdelicten durch Unterlassung deshalb zu trennen, weil hier von vorn herein g a r
k e i n H i n d e r u n g s w i l l e etwaiger schädlicher Erfolge
vorliegt.

Auch hier gibt es keine „Maske der Unthäthigkeit"
(S. 265), auch hier ist die Unterlassung nicht Handlung. Die
Handlung liegt in dem s c h u l d l o s e n o d e r f a h r l ä s s i g e n

Fallenlassen des Balkens. Der Wille aber, der die Handlung begleitet, gibt dieser den Charakter! Aeussert sich also, ehe die Handlung den Erfolg erreicht hat, in Bezug auf sie der Wille durch eine Aeusserung oder durch ein schadenfrohes, und leicht zu interpretirendes Zusehen (Unterlassung), so gibt er sofort der Handlung, **wenn er über dieselbe noch die Macht hat,** den Charakter als einer schuldhaft vorsätzlichen. Ein Kutscher, der seine Pferde schuldlos in Bewegung setzt, und sie dann mit Mordvorsatz über einen Schlafenden gehen lässt, und unterlässt, den Wagen anzuhalten, ist ein Mörder, denn er verursacht einen Mord (Ueber den Thierwillen cf. meinen allgemeinen Theil).

Wenn aber ein Dachdecker schuldlos einen Ziegel fallen lässt, und nun, während der Ziegel fällt und nichts mehr gethan oder unterlassen werden kann, ruft: „So mag er fallen! Mag er treffen!" so liegt eine moralisch abscheuliche Aeusserung vor; eine juristische Verursachung und Schuld ist nicht vorhanden. Gerade so läge der Fall, wenn er nach dem Unglück seine Schadenfreude äussern sollte. Diese Fälle werden das **Gespenst des dolus subsequens** wohl vollends verbannen. —

Selbstverständlich ist, dass die Handlung von dem gesetzt sein muss, der dann unterlassend sie geschehen lässt. Ein Knecht der in einer Scheuer mit einer Laterne fällt und nun zusieht, wie das Feuer weiterbrennt, weil er es brennen lassen will, verursacht den Brand. Ein Knecht, der mit einer Laterne die Scheune betritt, nun von einem andern Knechte durchgeprügelt wird, so dass die Laterne zerbricht und von dem andern Knecht in das Stroh geschleudert wird, so dass ein Feuer entsteht, verursacht den Brand nicht, wenn er thatlos dem Feuer zusieht. Die Schuld trifft allein den Andern. (cf. auch das Beispiel Bindings, Normen II, S. 265).

Betrachten wir das Geschehenlassen nach einem anderen Beispiel.

Holzknechte in Baiern lassen Hölzer den Berg hinabrollen. Sie bemerken, dass ein Stamm o h n e i h r e S c h u l d eine falsche Richtung nimmt und auf ein Fuhrwerk, welches naht, loszurollen droht. In dem Fuhrwerksbesitzer erkennen sie ihren Feind, und der eine sagt: „So mag der Kerl erschlagen werden!" O b w o h l s i e m i t k l e i n e r M ü h e den Stamm, der noch die Anfangsgeschwindigkeit hat, a u f h a l t e n k ö n n t e n, lassen sie ihn rollen, und das Fuhrwerk zertrümmern. Hier liegt s t r a f b a r e s Geschehenlassen vor.

Wäre der Stamm schon so weit gerollt, als das Fuhrwerk kam, d a s s e r n i c h t m e h r z u h a l t e n w a r, und Einer hätte dieselbe Aeusserung gethan, so läge ein s t r a f l o s e r, wenn auch moralisch abscheulicher W u n s c h vor. Denn der Wunsch kann nicht v e r u r s a c h e n. Das kann allein der Wille, der einen bestimmten, **noch möglichen** Erfolg w i l l.

Hätten im obigen Fall die Holzknechte nichts gesagt, sondern thatlos zugesehen, so lag der Fall, w e n n W i l l e n a c h w e i s b a r, gerade so. Meist wird aber wenigstens ein I n t e r p r e t a t i o n s w i l l e vorliegen, denn der Mensch, welcher in seinem Herzen böse Pläne trägt, ä u s s e r t sich nur zu gern! Höhnisches Lachen, höhnische Bemerkungen verrathen in solchen Fällen leicht die V o r g ä n g e in der inneren Welt. —

Casuistik.

Es ist bei dem Streit über die grossen Controversen dieser Lehre üblich geworden, neuen Beispielen wieder neue Beispiele entgegen zu halten. Es gehört wenig Phantasie dazu, das Heer zu vermehren. Ich beurtheile im Folgenden nur die von Vorgängern und Gegnern benutzten Beispiele.

a) Ein Büchsenmacher verkauft eine Pistole, und merkt, dass sie zu einem Duell verwendet werden soll. Er unterlässt die Anzeige.

Die Unterlassung ist nicht strafbar. Mit dem Duell steht der Verkauf der Pistole in keinem Causalzusammenhange. Hätte X nicht verkauft, so hätte Y die Pistole verkauft.

Anders läge die Sache, wenn der Verkauf verboten oder die Anzeige des Duells geboten wäre. Dann läge ein Vergehen gegen diese Gesetze vor.

b) X verwundet Y und lässt ihn im Walde liegen, so dass er in der Nacht erfriert. X hat die Absicht, zu tödten. —

Es liegt keine Unterlassung sondern ein Geschehenlassen vor. Der „Zufall", die Kälte, auf die X rechnen kann, vollzieht, was er angefangen. Dieser Erfolg ist gewollt. X ist ein Mörder.

In allen diesen Fällen muss aber der Verletzte wirklich nicht im Stande sein, zu handeln. Andernfalls wird die Causalität durch andere freie Ursachen durchbrochen.

Schleppt sich Y zu einem Wasser, um zu trinken, stürzt hinein und stirbt, so setzt der Zufall die Ursache, dieser aber trägt keine Schuld. Es liegt ein strafbarer Versuch vor.

Wie steht es, wenn Wölfe den Verwundeten zerreissen? Der Zufall durch den Thierwillen ist in den Gegenden der Erde ein ganz verschiedener. Wo Schlangen, Tiger und andere Ungeheuer hausen, kann ich dadurch morden, dass ich Jemanden irre führe und ihn in der Nähe der Bestien verlasse. In unseren Gegenden kann ich einen Erwachsenen nicht leicht morden wollen, wenn ich ihn im Walde irre führe und verlasse. Dagegen kann ich mit dem Willen der Thierwelt, der Wölfe z. B., auch in Deutschland verursachen. Ich fahre mit einem Fremden zu einem Walde, wo Wölfe hausen, lasse ihn aussteigen, jage davon, so dass die Wölfe ihr Opfer zerreissen. Ebenso steht es im Falle der Verwundung.

Wie nun, wenn in Deutschland ein Löwe aus einer Menagerie ausbricht und den Verwundeten tödtet? Hier liegt im obigen Falle nur Versuch vor! Eventuell hat der Menageriebesitzer fahrlässig getödtet.

Und wie, wenn ein Gewitter heraufzieht und ein Blitz den Verwundeten tödtet? Der Verbrecher wollte den Tod, und alle durch die gewöhnlichen Naturereignisse gesetzten Ursachen muss er mit tragen, wenn sie seinen Willen an dem völlig Wehrlosen vollziehen. Der Nichtverwundete wäre bei einem Gewitter nach Haus geeilt. Nur muss der Verwundete auch völlig hilflos verlassen sein!

Es liegt Mord vor. —

Läge der Verwundete draussen im Weltmeer auf einer Insel, und diese versänke plötzlich, so trüge der Zufall, das ungewöhnliche Ereigniss, die Schuld. Es läge Versuch so gut vor, wie alle Mordversuche Versuche bleiben würden, wenn plötzlich das planetarische Leben durch einen Zusammenprall mit einem Weltkörper endete.

Wird der Verwundete aus dem Walde **geholt,** und stirbt nun in der Klinik in Folge einer Epidemie, so liegt der Fall anders, als wenn er im Walde erfroren wäre. Was der Verbrecher gethan, muss so beschaffen sein, dass unter Hinzutritt blosser Naturkräfte der Erfolg eintreten kann. Für diese Naturkräfte trägt er die Schuld mit. Sobald ein anderer Wille und der Zufall eingreift, wie bei dieser Modification des Beispiels, bleibt es für den Verbrecher beim Versuche.

c) Jemand hat Brennstoff angelegt, der fast erlischt. Ein Anderer öffnet, ohne etwas davon zu wissen, die Thür, und es entsteht durch den Zug Feuer.

Hier liegt ein Geschehenlassen vor. Wind oder Zug setzen die Ursache, aber für diese haftet der Brandstifter.

Hätte der zweite mit Dolus das Feuer erst wieder erweckt, so war er der Thäter und für den Ersten blieb es beim Versuche.

d) Ein Dachdecker lässt ohne Schuld einen Ziegel fallen, der trotz aller Vorsichtsmassregeln einen Anderen verwundet. Der Dachdecker unterlässt, dem Verwundeten zu Hilfe zu eilen, und dieser stirbt.

In einem belebten Orte, zumal wenn der Verwundete sich noch fortschleppen kann, setzt der Dachdecker durch die Unterlassung nicht die Ursache zum Tode.

Wenn aber Jemand einen Anderen in einsamer Gegend fahrlässig so verwundet, dass er sich nicht bewegen kann, und ihn dann liegen lässt, damit er sterbe, setzt er die Ursache zum Tode durch die Unterlassung.

Der Einwand, dass in der Praxis in solchen Fällen der Wille schwer erweisbar ist, vermag an der theoretischen Wahrheit nichts zu ändern.

e) Stuart Mill, welcher den Begriff der Ursache verkennt, und meint, dass uns der Sprachgebrauch und die Gewöhnung verleite, einer einzelnen Bedingung den Namen Ursache zu geben (System der deductiven und inductiven Logik, übersetzt von Schiel, 2. Aufl. I. S. 391), führt folgendes Beispiel an: „wir sagen, die Ursache, dass die Armee überfallen wurde. war, dass die Wache sich von ihrem Posten entfernt hatte. Aber wie konnte diese Abwesenheit die Ursache des Ueberfalls sein, da sie weder die Feinde schuf, noch die Soldaten in Schlaf versetzte?" Wir sehen, zu welchen Absurditäten es führt, wenn man nicht Bedingung und Ursache trennt.

Die Ursache der **Erscheinung** des Ueberfalls ist nach meiner Theorie die Bedingung, dass die Wache sich von ihrem Posten entfernt hatte. „**An sich**" ist das Anrücken der Feinde, das Ausrücken der Freunde, die Kriegserklärung, ja **die Unendlichkeit selbst** ebensogut eine Bedingung des Ueberfalls wie die letzte, **für uns** aber, die wir eine bestimmte Erscheinung, die „an sich" eine Bewegung ist wie jede andere, Ueberfall nennen, ist die letzte Bedingung die Ursache. Deshalb hat der von v. Bar citirte Baco von Verulam Recht, wenn er sagt: **in jure non remota causa sed proxima spectatur.**

Für unsern Zweck müssen wir das Beispiel modificiren: Der Posten will den Ueberfall seiner Truppe. Hier liegt ein abscheuliches doppeltes Unrecht, Verrath vor. Der Fahneneid und die Unterlassung mit ihrer unzweifelhaften Causalität bewirken Verantwortlichkeit und Schuld.

f) Zwei Zeugen bezeichnen den Angeklagten in entschuldbarem Irrthum als den Thäter. Später, ehe das Urtheil gesprochen, kommt ihnen der Irrthum zum Bewusstsein, allein sie berichtigen ihre Aussage nicht, sondern sagen zu einem Dritten: „Dem kann es nicht schaden, wenn er bestraft wird, wir mögen ihn nicht leiden!" Die Sache kommt zur Anzeige.

Es liegt ein Geschehenlassen vor, welches strafbar ist.

g) Jemand findet einen Verschmachtenden in der Wüste, verspricht ihm Hilfe, unterlässt es aber später sie zu bringen. Der Mann stirbt.

Es fehlt an der Causalität und an der Schuld im Rechte.

h) Ein Nachtwächter zeigt ein glimmendes Feuer nicht an. Es entsteht ein Brand.

Von Buri, dem ich dieses Beispiel entlehne, sagt mit Recht, es könne in keinem Fall mit absoluter Bestimmtheit vorausgesehen werden, ob die entgegenwirkende Bedingung ohne die erlittene Störung auch wirklich die Verhinderung des Erfolges zu Wege gebracht haben würde. Allein das Recht rechnet nicht mit aussergewöhnlichen Zufällen. Ein eigens zur Wache beim Brand bestellter Wächter, der absichtlich das Wiederentstehen des Brandes nicht meldet, setzt die Ursache. Die Andern wachen nicht, weil er wacht. Bei ihm wie bei dem Nachtwächter liegt doppeltes Unrecht vor, nur wird es bei dem Letzteren kaum nachweisbar sein.

i) „Auf einer Wanderung treffe ich an einsamer Brücke den Brückenwärter in grosser Verlegenheit: Die Brücke steht zwar noch, aber der Haupttragbalken ist gebrochen und zwar in einer für den gewöhnlichen Beobachter kaum bemerkbaren Weise. Der Wärter möchte nach dem nächsten Orte, um Hilfe zu requiriren, andrerseits darf er gerade jetzt seinen Posten nicht verlassen. Ich erbiete mich, ihn bis zu seiner Rückkunft zu vertreten; er entfernt sich, die Langeweile schläfert mich ein, und während meiner Ruhe fährt ein schwerbeladener Holzwagen auf die Brücke: sie bricht ein; Wagen und Pferde gehen zu

Grunde, der Führer wird zwischen den gebrochenen Balken zerquetscht." (Binding, Normen II S. 237).

Hier liegt Causalität vor. Der Fremde ersetzt die Stelle des hindern sollenden Wächters, und hindert dann nicht, sondern unterlässt. Demnach trägt er Schuld. Schliefe er nicht, sondern wollte er das Unglück, so läge ein schwereres Unrecht vor.

k) Ein Arzt findet auf seiner Wanderung einen Verunglückten. Er verbindet ihn. Lässt ihn aber dann ohne weitere Hilfe.

Es fehlt an der Causalität und der Schuld.

Anders liegt der Fall, wenn er dem Verunglückten einen Arm abnimmt und ihn nun liegen lässt, so dass er am Wundfieber stirbt.

Hier ist die Unterlassung causal und strafbar.

l) Eine Mutter lässt ihr neugeborenes Kind verschmachten.

Hier wirkt jede Unterlassung dieser Art causal, weil das Kind **hilflos** ist. Es liegt „Geschehenlassen" vor.

Hat die Grossmutter die Pflege übernommen, und lässt dieselbe das Kind verschmachten, so liegt ein Commissivdelict durch Unterlassung*) vor. Von einem „Geschehenlassen" ist hier nicht die Rede, weil die Eltern, aber nicht die Grossmutter, die letzte Bedingung zum Leben des Kindes, die Ursache des Lebens, setzen. Die Grossmutter **bedingt** das Leben des Kindes, **verursacht** es aber nicht!**)

Betrachten wir zum Schluss noch einige einschlagende Stellen des Römischen Rechtes:

m) „Si medicus, qui servum tuum secuit, dereliquerit curationem, atque ob id mortuus fuerit servus, culpae reus est" (§ 6, J. 4, 3).

---

*) cf. Binding, Normen II S. 265 Anm. 316.

**) Hiermit hoffe ich den bekannten Fall endgültig entschieden zu haben.

Der Arzt operirt und lässt den Kranken im Stich. Von Bar sagt mit Recht, dass er nicht seinen Willen, den Kranken nicht mehr behandeln zu wollen, geäussert haben darf; wenn Causalzusammenhang vorhanden sein soll, muss der Patient durch Schuld des Arztes ohne genügende ärztliche Hilfe bleiben (Die Lehre vom Causalzusammenhange S. 104). Dann verursacht die Unterlassung schuldhaft.

n) „Sed et si servum quis alienum spoliaverit, isque frigore mortuus sit, de vestimentis quidem furti agi poterit, de servo vero in factum agendum, criminali poena adversus eum servata" (l. 14 § 1 D. 19, 5).

Wer einem Sklaven Kleider stiehlt und ihn erfrieren lässt, der „lässt geschehen" und ist schuld.

o) „si servus vulneratus mortifere postea ruina vel naufragio vel alio ictu maturius perierit, de occiso agi non posse."

Zur Erscheinung des **gegenwärtigen** Todes (maturius) setzt die Wunde nicht die Ursache. Daher ist sie an **diesem** Tode nicht schuld. Es liegt hier weder ein Geschehenlassen noch ein strafbares Unterlassen vor.

Selbstverständlich haben übrigens die Römischen Stellen für das Civilrecht eine ganz andere Bedeutung wie für das auf anderen Quellen ruhende Strafrecht.

Anhang I.

Treffliche Erörterungen über die Behandlung meiner Frage im Römischen Recht im ersten Jahrhunderte der Kaiserzeit finden sich bei **Pernice** (Labeo, II. B. S. 53 ff.). Das Ergebniss seiner Forschung ist wesentlich Folgendes: Verbrechen durch Unterlassung scheint das ältere Recht überhaupt nicht gekannt zu haben. Römische Gebotsgesetze sind selten und wurden erst in späterer Zeit bestraft. Auch im spätklassischen

Rechte aber war grundsätzlich eine That erforderlich. Labeo versteht unter occidere das Todtschlagen; Paulus wagt daher, dieser Schuldefinition gegenüber, die Tödtung durch Versagung der Lebensmittel nur schüchtern als solche auszusprechen. Es scheint der Begriff der negativen Beihilfe hier eingewirkt zu haben. Wer die thatsächliche Möglichkeit hatte einen Erfolg zu verhindern und es nicht that, unterstützte das Verbrechen. Auf den Causalzusammenhang, den die neuere Strafrechtswissenschaft betont, wird kein Gewicht gelegt. —

b. Das positive Recht.

§ 1.
Einleitung.

1) Die Causalität der Unterlassung bei den Commissivdelicten ruht auf einer vorangehenden Handlung oder Willensäusserung, welche einen schädlichen Erfolg verursachen kann, die aber eine Willensäusserung begleitet, welche diesen Erfolg als nicht gewollt, oder als einen der verhindert werden wird, hinstellt.

Das Schulbeispiel hierfür ist der Schwimmer, der einen Unkundigen in das Wasser lockt und ihm eventuelle Hülfe verspricht.

2) Die Causalität der Unterlassung kann aber bei diesen Delicten auch auf einer Handlung oder Willensäusserung ruhen, welche als **Hinderung bestimmter schädlicher Erfolge** erscheint.

Das Schulbeispiel hierfür ist der Bahnwärter, der einen Stein auf den Schienen liegen sieht, aber dem Locomotivführer kein Zeichen gibt.

Man darf nun bei den Fällen sub 2 nicht bloss an den **technischen** Begriff der Beamtendelicte denken. Der Beruf des Soldaten, des Arztes, des Kaufmanns, des Gewerbetreibenden verlangt eben durch seine Uebernahme, die durch eine Handlung oder Willensäusserung (ev. durch Eid) geschieht, bestimmten schädlichen Erfolgen, welche gerade dieser Beruf mit sich führen kann, entgegenzutreten, und nichts zu **unterlassen, was diese hindern** kann.

Es kann nun der Fall sein, dass Jemand mit böser Absicht schon den Fahneneid leistet oder Beamter wird, um in einem ganz bestimmten Falle durch Unterlassung seiner Pflicht ein Verbrechen zu verursachen.

Wird dies nachgewiesen, so macht die Frage der Causalität keine Schwierigkeiten.

In den meisten Fällen wird aber das Amt und der Beruf ohne diese Absicht übernommen sein. Hier ist die Frage nach der Causalität schwieriger.

Ein **Soldat**, der auf dem Wachtposten seine Schuldigkeit nicht thut, kann durch diese Unterlassung den Tod Vieler verursachen. Das Recht thut wohl daran, hier die Causalitätsfrage gleichsam positiv für alle Fälle zu bejahen, und die Uebertretung einer bestimmten Vorschrift **sehr streng** zu bestrafen. Es liegt dann allerdings nur Uebertretung dieser Vorschrift vor, aber die Strafe ist dieselbe als wenn der Erfolg verursacht wäre.

Ein Grundbuchrichter. der Eintragungen unterlässt, kann die grössten Vermögensbeschädigungen verursachen. Beabsichtigt er dadurch einen bestimmten Erfolg, so ist er nach dieser Verursachung strafbar; dasselbe muss für den Soldaten gelten, wenn er den Wachtdienst vernachlässigt, um einen bestimmten Erfolg herbeizuführen. Die Stellung des Soldaten wie die des Beamten bringt es mit sich, dass er durch Unterlassung Erfolge herbeiführen kann, die ein Anderer auf diese Weise nicht verursachen kann. Das Recht thut wohl daran, ohne Beachtung des Erfolgs und der Absicht die Unterlassungen der **Beamten** disciplinarisch oder criminell **streng** zu bestrafen.

Indessen liegt die grösste Garantie beim Soldaten wie bei dem Beamten in der Erziehung für den Beruf, in der Auswahl der Persönlichkeiten, endlich in dem Appell an ein ehrliches Gewissen, **im Eid.***) Fehlen diese Voraussetzungen, so erlässt der Staat seine Strafvorschriften umsonst. Ich brauche bloss an das Unwesen im Beamtenthum Russlands**) zu erinnern.

Der Arzt hat eine schwierige Stellung. Er hat die Verantwortung des Beamten. Er kann durch Unterlassung Erfolge verursachen, für die ein Anderer nicht schuld werden kann. Und doch hat er nicht die Vortheile des „Beamtenstandes." Ich nehme das Wort nie im Sinne des Strafgesetzbuchs, sondern in einem weiteren Sinne.

Der Handels- und Gewerbestand kann auch Erfolge durch Unterlassung verursachen, die bei Unterlassung Anderer nicht eintreten können. Indessen liegt in der Uebernahme solcher Berufe keineswegs ein **so weit** gehendes Versprechen, wie es beim Beamteneid vorliegt. Droht Gefahr, so treten polizeiliche Vorschriften ein, deren Uebertretung strafbar ist (Dampfkesselrevision etc.). Es ist denkbar, dass auch hier beabsichtigte Erfolge durch gewollte Unterlassung eintreten (betrügerischer Bankerott). Indessen wird z. B. ein Kaufmann, um hierdurch etwa Anderen zu schaden, die Führung der Bücher (ohne Fälschung) nicht unterlassen, weil ihn hier der **Zweckgedanke** des Verkehrs hindert, denn während er Andern schaden will, schadet er sich selbst.

Es können auch Unterlassungen anderer Stände gefährliche Erfolge haben. Wer den Wald nicht pflanzt, verursacht Schaden dem ganzen Lande, wer sein Feld nicht bestellt, verursacht Theuerung; auch hier sind Strafvorschriften nie nöthig, weil der **Zweckgedanke** des Verkehrs diese Dinge regelt. Civilrechtsvorschriften aber können hindernd eintreten. Wer sein Haus

---

*) Und zwar selbstverständlich nur im religiösen Eid. —

**) Diesem Staate gegenüber können wir überhaupt unser Recht und unser Beamtenthum gar nicht hoch genug stellen! — —

verfallen lässt, verliert es zuletzt nach Preussischem Rechte. Wer sein Bauerngut verfallen lässt, bei dem kann nach Reussischem Recht die Gemeinde beantragen, dass das Vermögen der Frau auf seine Grundstücke eingetragen wird.

Allüberall verlangt der Verkehr ein Handeln und verbietet das Unterlassen, weil das Leben des Einzelnen ohne Mühe und Arbeit dem Staate seine Schuld nicht abtragen kann. Der reiche Müssiggänger freilich bleibt trotz seines Reichthums ein **säumiger Schuldner** der Vergangenheit seines Staates. Indessen eine Unterlassung rächt sich auch bei ihm, wenn er die säumigen Zahler an die Zinsen nicht mahnt, so verliert er durch diese Unterlassung sein Recht, welches er durch die Handlung des Darlehngebens erworben.

Am Schlusse des Abschnitts habe ich die einzelnen Paragraphen des Gesetzbuchs, gegen welche A l l e durch Unterlassung fehlen können, kurz erörtert. Der Raum verbot eine Ausführlichkeit, wie sie nöthig wäre, um das Thema zu erschöpfen. Ueberall liegt eine vorangehende Handlung vor, welche die Causalität ermöglicht; z. B. beim Hausfriedensbruch das Eintreten vor dem Verweilen, bei der Beleidigung durch Sitzenbleiben bei einem Toaste das sich in die Gesellschaft der Festgenossen Begeben. Werde ich zu einer Gesellschaft in einem öffentlichen Local geladen, und es wollte Jemand bei dem bestimmten Feste eine Persönlichkeit leben lassen, die z u d e m F e s t e und z u m i r s e l b s t in k e i n e r l e i B e - z i e h u n g steht, so könnte Niemand in dem Sitzenbleiben eine Beleidigung sehen. In der vorangehenden Handlung gab ich nur zu erkennen, die Bedeutung des Festes zu ehren.

Fraglich kann die Natur der vorangehenden Handlung bei dem B e t r u g erscheinen. Zunächst will ich erklären, dass ich ein **Recht auf Wahrheit** allerdings annehme. Man prüfe die Sache doch einmal an der **Kant'schen Regel!**

Wollte **Jeder** dem Andern im Verkehr nie die Wahrheit sagen, so würde bei dieser **allgemeinen Verheim-lichung** meines Erachtens der Verkehr zu Grunde gehen müssen. Das Delict gegen dieses Recht ist die Lüge. Jede Lüge ist ein **strafbares** Unrecht. Inwieweit sie **gestraft** werden **muss**, ist Erwägung der Staatsklugheit.

Es gibt keine nicht strafbaren, wohl aber **straflose** Täuschungen.

Jemand steigt in einen Eisenbahnzug, nachdem er unter-lassen ein Billet zu lösen. Weil das Bahnpolizeipersonal nach den Billets beim Abgange des Zuges frägt, so erreicht das Verschweigen der Thatsache, dass man unbefugt einge-stiegen, nicht den beabsichtigten Erfolg; es genügt Polizei-strafe. Betrug aber liegt vor, wenn z. B. der Beamte frägt: „Ihr Billet habe ich wohl schon erhalten?" und der Fahrgast schweigt.

Bei der Unterlassung, die beim Betrug vorkommt, muss ein **actives Benehmen** vorausgehen, welches in Verbindung mit dem Schweigen das Recht auf Wahrheit ver-letzt. Wenigstens ist dies nach unserem positiven Rechte nöthig (Schwarze, Comm., S. 664). **Der Eintritt in ge-wisse Geschäfte enthält positive Behauptungen.**

Wer Kaufmann wird, verspricht die Hinderung gewisser für den Verkehr schädlicher Erfolge. Wer bei einem Gold-arbeiter nach Waaren frägt, sieht **in dem Geschäft selbst** die Behauptung, dass hier ächte Goldwaaren verkauft werden. Wer ein Lotterieloos bei einem Händler kauft, darf annehmen, dass das Loos noch nicht gezogen worden. Kann man nun darin, dass Jemand überhaupt Handel treibt, die Behauptung sehen, dass er nur ächte und gute Waaren habe? Liegt in jeder Nichtbelehrung über den „Schund" ein Betrug. Straf-bares Unrecht liegt vor, aber nicht stets positiv zu strafendes.

Selbstprüfung, Selbstbelehrung müssen den Verkehr regeln. Nur hat das Nichtbelehren, wie ich bei dem Beispiele des Goldarbeiters gezeigt habe, seine Grenzen.*) —

Wollte ein Staat die Lüge selbst strafen, so läge ein echtes Unterlassungsdelict vor. Das Nichtsagen der Wahrheit wäre strafbar. Disciplinarisch kann man diese Forderung aufstellen, im Verkehr ist sie nicht durchführbar.

---

*) Ein interessanter Fall kam kürzlich bei dem Amtsgerichte in G. vor. Jemand erfuhr, dass ein Loos gewonnen habe, und bestellte telegraphisch durch einen Dritten bei dem Agenten das betreffende Loos, der es verkaufte. — Civilunrecht (Dolus!) liegt m. E. hier vor. Fraglich ist, ob Criminalunrecht (Betrug!) vorliegt. Das Recht auf Wahrheit stellt an den Verkäufer strengere Forderungen als an den Käufer; der Verkäufer verspricht verkehrsgemässe Waare (kein gezogenes Loos, kein unächtes Gold) zu geben, der Käufer verspricht eine Geldsumme; seine „Unterdrückung" ist nicht betrügerisch nach unserem jetzigen Rechte.

§ 2.

Die Unterlassungen des Militär-Straf- gesetzbuchs.

Der Fahneneid richtet sich gegen das **innerste Wesen** des Menschen. Sobald der Staatsbürger in den Militärstand eingetreten, haftet er für weit mehr Unterlassungen als vorher. — Operari sequitur Esse!

In der „Natur der Sache" liegt hier die Forderung des unbedingten Gehorsams gegen den Befehl. Wird durch die Ausführung eines Befehls in Dienstsachen (der Befehl eines dienstlich Vorgesetzten, welcher eine Dienstangelegenheit betrifft) ein Strafgesetz verletzt, so ist dafür der befehlende Vorgesetzte allein verantwortlich. Der Untergebene darf die Ausführung des Befehls nicht unterlassen, er muss gehorchen. Juristisch ist der Vorgesetzte Anstifter, der Untergebene Thäter. Allein jene Unmöglichkeit der Unterlassung rechtfertigt es, dass Letzterer straflos bleibt. Nur, wenn er den Befehl überschritten, oder wenn ihm bekannt war, dass der Befehl des Vorgesetzten eine Handlung betraf, welche ein bürgerliches oder militärisches Verbrechen oder Vergehen bezweckte, trifft den gehorchenden Untergebenen die Strafe des Theilnehmers, d. h. die Strafe des Mitthäters.*)

Die Strafbarkeit einer Unterlassung (§ 48 des M.-Str.-G.-B.) ist dadurch nicht ausgeschlossen, dass der Thäter nach seinem Gewissen oder den Vorschriften seiner Religion sein Verhalten für geboten erachtet hat.

---

*) Rubo, Mil.-St.-G.-B. S. 76 Anm. 5.

Der Imperativ des Fahneneides ergreift den Menschen in seinem **tiefsten Sein** im Interesse des **Vaterlandes**. Dies grosse Interesse, das grösste in der Erscheinungswelt, rechtfertigt die Forderung des **unbedingtesten** Gehorsams. Unterlässt der Betreffende aus Gewissensgründen, so wird er im Interesse des Vaterlands die Strafe tragen müssen, er wird, wie auch sonst oft, **im Interesse der Erscheinungswelt leiden für eine Forderung aus dem Reiche des reinen Seins**. Es gereicht übrigens dem Gesetzbuch zur **Ehre,** den **Kantischen Begriff des Gewissens** als felsenfeststehend aufgenommen zu haben. Der Soldat von Beruf weiss, dass mit dem Schopenhauerschen „Willen", den man höchstens „dressiren" kann, keine Vaterlandsvertheidiger erzogen werden können! Er muss sich an die **letzte Tiefe,** an das reine Sein seiner Untergebenen wenden. Hier ist das Reich der Freiheit, hier wohnt aber auch die Vaterlandsliebe und das aus ihr folgende Pflichtgefühl und die Liebe zum Beruf. Und aus Beiden folgt, wie im Recht, so auch hier die **Einheit von Freiheit und Nothwendigkeit.**

Wie könnte man auch die Verletzung einer Dienstpflicht aus Furcht vor persönlicher Gefahr ebenso strafen, wie eine vorsätzliche (§ 49, loc. cit.), wenn das Wesen des Soldaten nicht **frei** wäre, wenn er nicht in Folge dessen **trotz der Furcht** sie überwinden, **frei** wollen und **frei** handeln könnte?

Betrachten wir nun kurz die zahlreichen, einzelnen militärischen Unterlassungen.

1. Kriegsverrath.

Hier ist strafbar, wer vor dem Feinde „unterlässt" richtige Meldungen zu machen, wer einen Dienstbefehl unausgeführt „lässt", wer die pflichtmässige Fürsorge für die Verpflegung der Truppen „unterlässt", wer feindliche Kriegsgefangene „freilässt". ·

Ferner wird hier die unterlassene Anzeige bestraft (§ 58, No. 4, 7, 10, 11 und § 60).

2. Gefährdung der Kriegsmacht im Felde.

Zunächst kann der § 62 durch Unterlassung übertreten werden, denn eine Dienstpflicht ist hierdurch vorsätzlich verletzbar.

Ferner ist strafbar der Kommandant eines festen Platzes, welcher denselben dem Feinde übergibt, und Mittel zur Vertheidigung anzuwenden unterlassen hat (§ 63, 1); der Befehlshaber, welcher im Felde mit Vernachlässigung der ihm zu Gebote stehenden Vertheidigungsmittel den ihm anvertrauten Posten verlässt oder dem Feinde übergibt (§ 63, 2); der Befehlshaber, welcher auf freiem Felde kapitulirt und nicht zuvor Alles gethan hat, was die Pflicht von ihm erfordert (§ 63, 3); der Befehlshaber eines Schiffes der Marine, welcher dasselbe oder dessen Bemannung dem Feinde übergiebt, ohne zuvor zur Vermeidung dieser Uebergabe Alles gethan zu haben, was die Pflicht von ihm erfordert.

Diese Unterlassungen werden mit dem Tode bestraft. In den Worten: „was die Pflicht von ihm erfordert", liegt gut ausgedrückt die Forderung des **Imperativs des Fahneneides.** Weil dieser sich gegen das **ganze Sein** des Mannes*) richtet, darf er verlangen „Alles zu thun" und Nichts zu unterlassen! Denn die kleinste Unterlassung kostet hier event. Land und Leute, und stellt die Existenz des Staates und damit Alles in Frage.

3. Unerlaubte Entfernung und Fahnenflucht.

Wer von seiner Truppe oder von seiner Dienststellung vorsätzlich „fern bleibt", wer es im Felde „unterlässt" der

---

*) Die materialistischen Theorieen mit ihrer „Dressur" etc. machen bei der Casuistik des Rechts kläglich Bankerott!

Truppe von welcher er abgekommen ist oder der nächsten Truppe sich wieder anzuschliessen, oder nach beendigter Kriegsgefangenschaft sich unverzüglich bei einem Truppentheile zu melden, ist strafbar. Aehnliches gilt bei der Marine (§ 64, 65, loc. cit.).

Ferner wird bestraft, wer als Person des Beurlaubtenstandes der Aufforderung zur Stellung nicht binnen 3 Tagen „Folge leistet".

Die „unterlassene" Anzeige vom Vorhaben einer Fahnenflucht ist strafbar (§ 77).

4. Selbstbeschädigung und Vorschützung von Gebrechen.

Unzweifelhaft kann ein Soldat durch Unterlassen von Essen und Trinken sich zur Erfüllung seiner Verpflichtung zum Dienste untauglich machen und strafbar werden (§ 81 „oder auf andere Weise").

5. Feigheit.

Das „Zurückbleiben", sich „versteckt halten", „im Stich lassen" der Waffen, das Verletzen der Dienstpflicht durch Unterlassung aus Besorgniss vor persönlicher Gefahr ist strafbar*) (§ 85, 1, § 87).

6. Strafbare Handlungen gegen die Pflichten der militärischen Unterordnung.

Die Achtung kann durch Unterlassung verletzt werden (§ 89). Ebenso kann die Beleidigung durch Unterlassung verübt werden (§ 91). Strafbar ist auch der reine Ungehorsam (§ 92). Die Verweigerung des Gehorsams ist mehr als Ungehorsam! Im Falle des reinen Ungehorsams äussert sich der Wille durch Nichtbefolgung. Bei der Verweigerung des Gehorsams sind andere Willensäusserungen daneben nöthig. Wie soll man nun, wenn ein Soldat nur „unterlässt", fest-

---

*) Wäre das Ich nach Schopenhauer unfrei, so wäre Strafe der Feigheit ein grosses Verbrechen.

stellen, ob reiner Ungehorsam oder Verweigerung vorliegt, die weit strenger bestraft wird? Es wird hier noch einer besonderen Mahnung an den Willen bedürfen, um festzustellen, dass dieser sich „weigert". Das Gesetzbuch drückt das in den Worten aus: „wer auf wiederholt erhaltenen Befehl in Dienstsachen im Ungehorsam beharrt".

Wer es unternimmt, einem Vorgesetzten mittels Gewalt oder Drohung zur Unterlassung einer Diensthandlung zu nöthigen, ist strafbar. Strafbar ist ferner die Aufforderung zur „Verweigerung" des Gehorsams. Geht die Aufforderung an Zwei oder Mehrere, so folgt die schärfere Strafe der „Aufwiegelung". Verabreden Mehrere eine gemeinschaftliche Verweigerung des Gehorsams, so werden dieselben wegen „Meuterei" bestraft. Die unterlassene Anzeige der Meuterei ist strafbar. Auch der „militärische Aufruhr" kann durch Unterlassung begangen werden.

7. Missbrauch der Dienstgewalt.

Strafbar ist das „Annehmen" von Geschenken (§ 114), auch wenn es nur in der Unterlassung der Zurückweisung besteht.

Auch der Begriff des „Unterdrückens" erfordert unter Umständen nicht mehr, als blosse Unterlassung (§ 117).

8. Widerrechtliche Handlungen im Felde gegen Personen oder Eigenthümer.

Die muthwillige Verheerung fremder Sachen kann in Unterlassung bestehen, wenn eine Handlung desselben Mannes voranging. Dieser Fall gehört daher zu den Commissivdelicten durch Unterlassung.

9. Andere widerrechtliche Handlungen gegen das Eigenthum.

Das „Preisgeben" eines Dienstgegenstandes (§ 137) kann durch Unterlassung begangen werden.

10. Verletzung von Dienstpflichten bei Ausführung besonderer Dienstverrichtungen.

Wer für eine Handlung, die eine Verletzung einer Dienstpflicht enthält, Geschenke oder andere Vortheile „annimmt"
oder „sich versprechen lässt," wird wegen „Bestechung" mit
Zuchthaus bis zu 5 Jahren bestraft (§ 140). Wer als Befehlshaber etc. sich „ausser Stand setzt," den ihm obliegenden
Dienst zu versehen, ist strafbar. Das „sich ausser Stand
setzen" kann durch Unterlassung von Essen und Trinken
begangen werden. Strafbar ist auch der Befehlshaber, der
eine strafbare Handlung „wissentlich begehen lässt" und das
Hindern unterlässt. Endlich wird bestraft, wer Gefangene
vorsätzlich „entweichen lässt." Ueberall kann hier das „lassen"
im „Unterlassen" bestehen.

11. Sonstige Handlungen gegen die militärische Ordnung.

Wer die ihm obliegende Beaufsichtigung seiner Untergebenen in schuldhafter Weise „verabsäumt," oder wer die
ihm obliegende Meldung oder Verfolgung strafbarer Handlungen
seiner Untergebenen vorsätzlich „unterlässt", wird mit Freiheitsstrafe bis zu 6 Monaten bestraft (§ 147).

Die unvorsichtige Behandlung von Waffen oder Munition
(§ 148) kann in Unterlassung bestehen.

12. Kriegsgefangene.

Ein Kriegsgefangener, welcher, auf Ehrenwort entlassen,
die gegebene Zusage bricht, wird mit dem Tode bestraft.

Es liegt ein Commissivdelict durch Unterlassung vor.

§ 3.

Die Unterlassungen der Beamten.

Der Imperativ des Beamteneids richtet sich gegen das **tiefste Sein** des Menschen und macht denselben für jede amtswidrige Unterlassung verantwortlich.

Unterlässt der Beamte eine Amtspflicht, so kann er nur der Disciplinarstrafe unterliegen. Diese Strafe ruht auf dem Strafrecht im weitern Sinne und hat mit der Vergeltung nichts zu thun. — Man darf nicht mit Meyer sagen, dass man Verletzung des Dienstes und der Rechtsordnung unterscheiden müsse. Die Normen für die Beamten gehören auch der Rechtsordnung an.

Der einzige Unterschied der Strafarten besteht darin, dass die Disciplinarstrafe eine **interne** Strafe ist, die den Beamten noch nicht ö f f e n t l i c h bloss stellt. Die öffentliche Bestrafung des Beamten muss demselben sofort das ö f f e n t l i c h e V e r t r a u e n nehmen, dessen er bedarf.

Da der Beamteneid ein freiwilliger ist, so k ö n n t e n alle Disciplinarstrafen öffentliche sein, denn wer die strengen Normen zu befolgen ü b e r n i m m t , muss die Consequenzen tragen. Bei den Soldaten, dessen Eid ein nothwendiger ist, dürfen reine Disciplinarstrafen n i e m a l s öffentliche sein.

Indessen zieht der Staat bei dem Beamten aus rein praktischen Gründen eine Grenze, und straft in leichtern Fällen intern und nicht öffentlich. Wissenschaftliche Gründe für die Abgrenzung dieser Fälle gibt es nicht.

Es gibt nun auch Beamtenunterlassungen, welche zugleich den Thatbestand eines gemeinen Delicts enthalten.

In diesen Fällen liegt ein **doppeltes Unrecht** vor. Die Nichterfüllung der Amtspflicht ist schon Unrecht. Wenn der Beamte aber noch, da wo er schützen soll, verletzt, begeht er ein zweites Unrecht. Er ist ein **Verräther**.

Diese Delicte müssen **äusserst streng** bestraft werden. Es gehören hierher ausser den Fällen im Abschnitt 28 des St.-G.-B. die §§ 128, 129, 174, 222, 230, 300.

Aus diesen Paragraphen erhellt, dass der Begriff des Beamten im weitesten Sinne zu nehmen ist. Der § 300 nennt Aerzte etc. Die §§ 230 und 222 nennen Amt, **Beruf**, oder Gewerbe als Schärfungsgründe, § 300 nennt Amt, **Stand** oder Gewerbe als Voraussetzungen der Strafbarkeit. Wer ein gefährliches Gewerbe treibt, muss im staatlichen Leben seine ganze Aufmerksamkeit in Spannung erhalten, damit er Niemandem dabei schade. Er muss aufmerksam sein wie ein vereidigter Beamter. Die Strafe die ihn trifft ist aber weit milder, weil kein **doppeltes Unrecht** vorliegt, da der **Eid** fehlt.

Wo in den Fällen des Abschnitt 28 und sonst von „Beamten" die Rede ist, bedeutet dies Wort nur die im Dienste des Reichs oder in unmittelbarem oder mittelbarem Dienste eines Bundesstaats angestellten Personen. Aerzte, Lehrer etc. werden stets **daneben** genannt, aber oft **gleich** behandelt.

Falsch ist die Auffassung des Gesetzbuchs im § 359, welche die **Anstellung** und nicht den **Diensteid** betont. Nur der Imperativ des **Diensteides** sollte die grosse Verantwortlichkeit für das doppelte Unrecht geben!

Hervorzuheben ist das Versprechenlassen von Geschenken (§ 331, § 332, § 334), die Beugung des Rechts durch Unterlassung (§ 336), die Nöthigung zur Unterlassung (§ 339), das Vornehmenlassen durch Unterbeamte (§ 341, § 340, § 343, § 345). Letzteres kann in einem vorsätzlichen Nichthindern bestehen.

Ferner ist hervorzuheben die Unterlassung der Verfolgung (§ 346), das Entweichenlassen (§ 347), die Unterdrückung des § 351, das Zuwiderhandeln gegen Anweisungen im Falle des neuen § 353 a, die Unterdrückung der Postbeamten (§ 354), der Telegraphenbeamten (§ 355), das Geschehenlassen des § 357.

Obwohl nicht speziell Beamtendelicte im technischen Sinne, gehören hierher doch folgende Fälle: die Eisenbahndelicte des § 316, die Telegraphendelicte des § 318. Sie enthalten doppeltes Unrecht nicht, weil nur eine Verletzung der Dienstpflicht vorliegt. Auch die Unterlassung der Vorsteher gehört hierher (§ 320).

Das Nichtaufstellen von Feuerzeichen des § 322 und Verursachung der Strandung (§ 323) sind hierher zu rechnen.

Die Verletzung von Absperrungsmassregeln, bei bestimmten Ständen naturgemäss zumeist vorkommend, ist strafbar. Ebenso die Nichterfüllung von Lieferungsverträgen im Falle des § 329.

Eine besondere Beachtung verdienen Unterlassungen der Baubeamten.

Der § 330 bezieht sich auf die Techniker, den Bauherrn und die beauftragten Arbeiter (Schwarze, loc. cit. S. 772).

Wie es allgemein anerkannte Lehren der Medicin gibt, so gibt es auch allgemein anerkannte Regeln der Baukunst. Die Sicherung der Oberfläche bei unterirdischen Bauten, die Grundmauersicherung bei oberirdischen Bauten, die Prüfung der Stärke der Tragbalken, dürfen nicht unterlassen werden. Die entstehende „Gefahr" folgt aus dem Gesetze der Schwere.

Will ein Baubeamter durch den Bau schaden, so liegt ein einfaches und kein doppeltes Unrecht vor, wenn der Beamteneid fehlt. Es treten eventuell die Fälle der §§ 222 und 230 ein. Auch bei vorliegender Vereidigung hat das Gesetzbuch keine härtere Strafe. In der That dürften diese Fälle selten vorkommen. Möglich aber sind sie.

Von den Uebertretungen gehören hierher als Beamtendelicte § 360, 3, 8, § 367, 15 (Baudelict).

Den Beamtendelicten sind einige G e w e r b e d e l i c t e gleichgestellt (cf. § 369, 1, 2, 3).

Die Unterlassungen der Aerzte.

Berner, welcher mit den Aerzten streng ins Gericht geht, sagt in Bezug auf die Freigebung der **Kurpfuscherei** nur: „die früheren Strafbestimmungen über Quacksalberei sind aufgegeben worden,“ ohne einen Tadel auszusprechen. In dieser Aufgabe liegt aber, wie jetzt allgemein anerkannt wird, **einer der grössten Fehler der neuen Gesetzgebung!**

Wer auf pessimistischem Standpunkte steht und das Ziel der Menschheit in einem dereinstigen Massenselbstmord erblickt, muss in der Heilung von Krankheiten und der Abwehr des Todes eine verwerfliche Beihilfe zu der nach dieser Theorie total zu verwerfenden „Bejahung des Willens zu leben" erblicken. Von Hartmann, der die „Verneinung" aufschieben will, ist in seinem System inconsequent.

Wer mit mir das Ziel in einem treuen Weiterarbeiten von Geschlecht zu Geschlecht sieht, wer den sittlichen Gesellschaftstrieb im Culturmenschen erkennt, und weiss, dass wir Alles was wir sind auf Grund dieses Triebes, den das Thier nicht hat, der Vergangenheit danken, und **deshalb** Alles, was wir leisten können, der Zukunft schulden, der versteht den Werth jedes einzelnen Menschenlebens, und weiss die Wissenschaft der Medicin in ihrer ganzen Grösse zu würdigen.

Von diesem allein richtigen Standpunkte aus erscheint der **Staat** verpflichtet, jede Kurpfuscherei, Quacksalberei und jeden Geheimmittelschwindel, über deren Existenz ein Collegium von Medicinern zu entscheiden haben würde, zu verbieten, und jede Uebertretung dieses Verbotes **streng** zu bestrafen. Es ist ja auch nur eine Frage der Zeit, wann das Gesetz gegen diese höchst gefährlichen Betrügereien*) erlassen werden wird. Amerika, in dessen „Regel des Lebens" v. Bar das Ideal erblickt, kann für uns nicht massgebend sein. Der Staat darf sich Land nicht rauben lassen, noch weniger aber Leute! Ich will dabei gar nicht betonen, dass er in unserer Zeit, wo das Leben des Einzelnen ein staatliches sein muss, verpflichtet ist, seine Staatsbürger gegen lebenmordende Quacksalber zu schützen. —

Zweitens erscheint der Staat verpflichtet, den Mediciner wie den Anwalt zu vereidigen! Den Beamten wie den Soldaten wandelt der Imperativ des Eides in eine höchst verantwortliche Person um. Auch der Anwaltsstand bedarf des Amtseides neben dem Ehrenrath, und so bedarf desselben auch der Stand der Aerzte. Die Garantie des Amtseides müssen die Collegen, muss vor allem das Publikum verlangen. Der Arzt als Vertheidiger des höchsten Gutes, des Lebens, muss mindestens ebenso eine Vertrauensperson sein wie der Anwalt, der Vertheidiger des Rechts.

Erst nach Erlassung eines solchen Gesetzes könnte man von einer strafbaren Unterlassung der Aerzte reden. Jetzt liegt die Frage bei diesem Stande im Argen.

Die Gewerbeordnung sagt, es werden aufgehoben die für Medicinalpersonen bestehenden besonderen Bestimmungen, welche ihnen unter Androhung von Strafen einen Zwang zu ärztlicher Hilfe auferlegen (§ 144 Abs. 2). Diese Bestimmung ist nach der jetzigen Sachlage gerecht, denn so lange der Arzt nicht als Staatsbeamter gilt, kann er für derartige Unterlassungen nicht bestraft werden. Nach Erlass des von mir vorgeschlagenen Gesetzes würde sich die nothwendige Noth-

---

*) Ich erinnere nur an Dr. Airy und anderen Blödsinn, der Tausende täuscht.

hilfe und die unentbehrliche **Armenpraxis,** die wir jetzt nur der Uneigennützigkeit unserer deutschen Aerzte danken, **staatlich** leicht regeln lassen.

Schwierigkeiten bereitet hier wiederum der § 360 No. 10 des Strafgesetzbuchs. Berner meint, von erzwingbarer ärztlicher Nothhilfe könne hier nur die Rede sein bei einer plötzlichen Lebens- oder schweren Leibesgefahr, deren Anwendung durch ein sofortiges Zugreifen bedingt sei; jeder andere Zwang zu ärztlicher Hilfe sei nach der Gewerbeordnung unstatthaft (Lehrbuch S. 645). In der That ist der Widerspruch beider Gesetzbücher fast unlösbar! Wenn ein Polizist einen Arzt auffordert, zu einem verlassenen, armen Typhuskranken zu kommen, so muss derselbe trotz der Gewerbeordnung gehorchen; Berner scheint nur an chirurgische Fälle zu denken.*) Für die Praxis ist zu betonen, dass die Polizei in der Regel nur bei Gemeingefahr einschreitet und zur Hilfe auffordert, und die Linderung der Noth des Einzelnen der Menschenliebe überlässt. Soweit diese nicht ausreicht, muss die Beamtenpflicht eintreten. Wie der Arme einen Anwalt finden muss, müsste auch der Kranke einen Arzt **von Staatswegen** finden können. Ferner ist für die Praxis zu betonen, dass, wie sonst, so auch hier das Gebot der Polizei und die Furcht vor ihrer Macht nun und nimmer die Beamtenpflicht, welche auf dem Eide ruht, ersetzen kann. Durch einen Gensdarm erzwungene ärztliche Hilfe wird eine fragliche sein. Berner meint: „Die Ironie der Aerzte nennt diese Bestimmung den Liebesparagraphen." Ich meine, die Aerzte haben **volle Berechtigung** zu dieser „Ironie."

Nur wenn ein Verbot der Kurpfuscherei bestünde und der

---

*) Obwohl der inneren Heilkunde noch die Sicherheit der Chirurgie fehlt, ist doch nach dem Stande der Wissenschaft eine derartige Trennung im Recht nicht erlaubt. —

Arzt vereidigt wäre, könnte die fahrlässige Körperverletzung, welche vom Arzte ausging, nach dem R.-G.-B. § 230 Abs. 2 der erhöhten Strafe unterworfen werden.

Der Beruf des Arztes passt nach seiner jetzigen Regelung weder unter „Amt" noch „Beruf" des § 222, noch unter „Gewerbe" der Gewerbeordnung, da der Arzt geprüft wird.

Nichtsdestoweniger muss Theorie und Praxis nach der „Natur der Sache" annehmen, dass bei der fahrlässigen Verursachung des Todes durch Aerzte die härtere Strafe des § 222 eintritt. Das Gutachten der höchsten Medicinalbehörde Preussens hat mit Recht ausgesprochen, dass, wenn ein sogen. Kunst-fehler der Aerzte vorliege, eine Bestrafung nur dann eintreten könne, wenn gegen die allgemein anerkannten Grundsätze der Heilkunde gehandelt worden sei. „Es kann eine Fahr-lässigkeit nicht angenommen werden, wenn die Verhältnisse von der Art sind, dass dem Arzte der Mangel der Kenntnisse nicht imputirt werden kann" (Schwarze, Commentar, S. 539).

Zu beachten sind hier die neuen Reichsgerichtsentscheidungen (II. 23. April 1880, II. 4. Mai 1880, I. 21. October 1880, I. 2. December 1880, III. 22. December 1880, II. 1. März 1881). Die Praxis hat ihr letztes Wort noch nicht gesprochen. Unter-lassungen werden bei den Kuren stets schwieriger zu unter-suchen sein als ein falsches Eingreifen. Und doch können auch sie nach dem Stande der Wissenschaft den Tod ver-ursachen. Bei inneren Heilungen besteht die ärztliche Unkunst in Unwissenheit, bei Operationen in Unfertigkeit (Schwarze, loc. cit.). Die Unfertigkeit wird leichter erkennbar sein als die Unwissenheit. Ein Homöopath, der die Heilung des Armes unterlassen und bei einem Armbruch Pillen verordnen wollte, erscheint sofort strafbar. Unterlassungen bei der Heilung der Lungenschwindsucht liegen nicht so klar zu Tage.

Schwierig ist die Frage zu entscheiden, wann die durch schuldhafte Unkenntniss des Arztes veranlasste Fahrlässig-

keit durch Unterlassung zu bestrafen sei. Schon das Römische
Recht sagt: unus quisque peritiam in arte sua praestare debet
(pr. 13 D. de R. J.). Schwarze bemerkt aber mit Recht: „die
Unwissenheit ist nicht stets eine schuldhafte
Unkenntniss." Auch kann dem operirenden Arzte die
Geschicklichkeit fehlen, die er sich bei der grössten Aufmerk-
samkeit nicht geben kann. Hier kann aber eine Fahrlässigkeit
darin liegen, dass er es unterliess, einen zweiten, geschickteren
Arzt zuzuziehen.

Auch bei der Impfung kann Fahrlässigkeit durch Unterlassung, durch Nichtnachfragen etc. vorliegen. Dieselbe ist
nach dem Impfgesetz § 17 strafbar, auch wenn sie nicht unter
das Strafgesetzbuch fällt. (Die unbefugte Vornahme durch
Nichtärzte ist bei ihrer grossen Gefährlichkeit im § 16 desselben
Gesetzes **viel zu mild** unter Strafe gestellt.)

Es steht in grossem Widerspruch zu der schweren Verantwortung der Berufsärzte, dass sie nicht die **einzigen** sind, welche
diesen wichtigen Beruf ausüben dürfen. Man sage mir nicht,
dass der schlimme **Erfolg** ja bestraft wird. Es bedarf hier
nicht nur eines Strafgesetzes im engeren Sinne, einer Vergeltung, sondern eines Strafgesetzes im weiteren Sinne, welches das
Füreinandersein im Staate regelt. Die schlimmen Erfolge
der Kurpfuscherei und die Unterlassungen unwissenschaft-
licher Quacksalber müssen **von vornherein** dadurch vermieden
werden, dass diesen Leuten das „Handwerk gelegt" wird;
von einer wissenschaftlichen Behandlung ist hier ja nicht
die Rede. Exempla sunt odiosa! —

Die Unterlassungen der Hebammen sind durch Hebammen-
ordnungen, die der Apotheker durch Apothekerordnungen zu
regeln. Auch hier genügt nicht das Abwarten des Erfolgs und
der nachgewiesene Causalzusammenhang. Auf dieselbe Weise
regeln sich die Unterlassungen der Thierärzte.

Anhang I.

Eine sehr schwierige Frage ist die, ob der Arzt verpflichtet ist, zur Perforation des Kindes zu schreiten?
Meyer sagt: „diese Frage ist angesichts der ungemein un-
günstigen Chancen des sogenannten Kaiserschnitts zu bejahen,
der (ausser nach eingetretenem Tode der Mutter) nur da vorgenommen werden sollte, wo auch durch Perforation nicht eine
Geburt auf dem natürlichen Wege erzielt werden kann."
(Lehrbuch, S. 293). Auch ich möchte dem englischen Entwurfe
von 1878 aus Gründen des Staatswohls recht geben,
der dem Arzte geradezu untersagt, die Frau zu opfern, um das
Kind zu retten. Auch was die Ansicht über die Unterlassung der Perforation betrifft, schliesse ich mich der Ansicht
Meyers an. Die Perforation selbst kann nach der falschen
Auffassung des Nothstandes (§ 54 umschliesst die Thätigkeit
des Arztes nicht mit) in unserem Gesetzbuch nur deshalb nicht
bestraft werden, weil die Ausübung des Berufes hier die
Strafe ausschliessen muss. Perforation durch einen Nichtarzt
muss sofort als strafbar erscheinen, und doch können nach
unserer Gesetzgebung sogar in diesem eclatanten Falle
Zweifel entstehen.

§ 5.

Die Unterlassungen des Handelsstandes und der Gewerbetreibenden.

Die grossen industriellen Fortschritte unseres Jahrhunderts, insbesondere die Erfindungen auf dem Gebiete der **Dampfkraft,** gefährden Arbeiter und Dritte in hohem Masse. Ich theile Dernburgs Ansicht, dass alle Unfälle ohne Ausnahme, wenn sie nicht selbstverschuldet sind, **dem Arbeitsherrn** zur Last zu legen sind, der versichern und die Mehrkosten von dem **Konsumenten** nehmen mag. Diese Gefährdungen zu verbieten oder gar zu strafen ist nicht möglich. Wer die Vortheile unseres Jahrhunderts geniessen will, muss es tragen, wenn die Naturkräfte zuweilen dem Zwang nicht gehorchen. Andernfalls müssten ja zuerst die Eisenbahnen mit ihrer grenzenlosen Gefährlichkeit verboten werden. Hierüber ist kein Wort zu verlieren. Ebensowenig können wir es ja leider ändern, dass die Benutzung der Dampfkraft eine rein mechanische Menschenarbeit nöthig macht, welche nicht die Arbeitsfreudigkeit des Handwerkers theilt, **und nicht gerade zur geistigen Fortbildung der Arbeiter dient.** — Wichtig sind für Handel und Gewerbe die Strafen des Bankerotts. Wenn jetzt auch Nichtkaufleute sie erleiden können, werden sie doch zumeist die beiden genannten Stände treffen.

Die unterlassene Führung von Handelsbüchern, unterlassene Bilanzziehung, ohne Absicht die Gläubiger zu benachtheiligen, sind strafbar. Auch die Verheimlichung des § 212 der Concursordnung kann in Unterlassung bestehen.

Die „Regel des Lebens" Einzelner geht uns nichts an. Der Verkehr ruht in Deutschland auf Treu und Glauben und kaufmännischer Ordnung. Im Aufrechterhalten beider besteht die Seele des deutschen Handels, die kaufmännische Ehre! Und so erhalten die Thätigkeiten der Buchführung für den Verkehr hohe und sittliche Bedeutung. Die Unterlassung der Buchführung ist ein Handeln gegen eine Pflicht des A. 28 des H.-G.-B. Strafbar ist die Unterlassung nicht. Es muss Zahlungseinstellung hinzutreten.

Bei der enormen Wichtigkeit der Buchführung sollte Unordnung mit **Ordnungsstrafe** belegt werden können.

Nach dem Stande der Gesetzgebung liegt ein Mischthatbestand vor (Vergl. die Ausführungen Bindings über den Bankrott, Normen I, S. 113 ff.).

Es sind schliesslich noch zu erörtern die strafbaren Unterlassungen der Gewerbeordnung.

Die Strafbestimmungen sind enthalten im Titel X. Zahlreiche Unterlassungen sind hier unter Strafe gestellt, insbesondere unterlassene Anzeigen.

Auch die Strafen wegen unterlassenen Anzeigen und Entrichtungen der Gewerbesteuer gehören hierher. Wer den Anfang eines steuerpflichtigen Gewerbes nicht anzeigt, wird bestraft. Wer das Aufhören eines steuerpflichtigen Gewerbes nicht anzeigt, bleibt, so lange er diese Anzeige unterlässt, zur Bezahlung der Steuer verpflichtet.

§ 6.

Die Unterlassungen der Staatsbürger.

Die Unterlassungen der Staatsbürger, welche nicht durch
Amt oder Beruf zu einem bestimmten Handeln verpflichtet
sind, beruhen auf dem Strafrecht im weiteren Sinne, sofern die
betreffenden Normen ein Füreinandersein regeln, und auf dem
Strafrecht im engeren Sinne, sofern die Normen nur das Nebeneinandersein ordnen.

Ich verstehe hier unter Staatsbürger: Alle dem Strafgesetzbuche unterworfenen Personen, und gebrauche
das Wort um der Kürze willen.

Die Zahl dieser Delicte ist eine so grosse, dass meine
Monographie dem Strafgesetzbuche folgen muss, wenn sie, was
ich wünsche, eine **Alles umfassende** sein will.

1. Hochverrath und Landesverrath.

Der Staat kann in seinem inneren Bestande (Hochverrath)
und in seiner äusseren Sicherheit (Landesverrath) durch Unterlassung verletzt werden. Diese Unterlassung kann verursachen
durch eine vorangehende Handlung oder Willensäusserung, die
eine Willensäusserung begleitet, welche den Erfolg als einen,
der verhindert werden wird, hinstellt (der Fall sub A Seite 341)
oder durch eine Handlung oder Willensäusserung, welche als Hinderung bestimmter, schädlicher Erfolge erscheint (der Fall sub B).

Nun ist die Thatsache, als Staatsbürger in einem Staate
geboren worden oder dem Strafgesetz unterworfen zu sein, allerdings weder das eine noch das andere. Allein die staats-
rechtlichen Normen des Füreinanderseins erzeugen ein Strafrecht

im weiteren Sinne, nach dessen Gesetzen Geburt oder Existenz und Erreichung der Strafreife im Staate genügen, um von dem Staatsbürger zu verlangen, Alles zu thun und nichts zu unterlassen was den Staat in seiner Integrität unmittelbar berührt. Die Normen, welche das gesellschaftliche Leben in das Staatliche hinüberleiten, grenzen eng an das Strafrecht im engeren Sinne. Mit dem Staate ist eine Person da, welche über allen Personen steht. Wer sie verletzt, den müsste der Staat durch Talion aus dem Staate verbannen. Da indessen keine gesellschaftliche Talion vorliegt und nur der Staat **der Verletzte** ist, so steht es ganz bei ihm, welche Strafe er verhängen will.

Die Strafbarkeit des Ausländers im Inlande ruht auf dessen Wohnen unter dem hiesigen Staatsschutz als vorangegangener Handlung. Die Strafbarkeit des Ausländers für im Auslande begangene Delicte ruht auf dem **Weltrechtsprincip.** Das cultivirte **Europa** ruht auf der Cultur der einzelnen Staaten, und jeder Staat hat ein Interesse daran, dass in jedem anderen Staat das Unrecht bestraft wird. Es ist mit Braunschweig (Verfassung von 1832) und Sachsen festzusetzen, dass jeder Ausländer, der im Auslande delinquirt hat, im Inlande verfolgbar ist, falls die inländische Regierung dies beantragt (Meyer, Lehrbuch, S. 106).

Recht sichtbar ist die Unterlassung bei dem Verbleiben in der feindlichen Kriegsmacht (§ 88). Die reine Unterlassung genügt; durch die Kunde der Kriegserklärung ergeht der Appell an den Willen des Deutschen. Der Erlass eines Avocatoriums ist nicht Bedingung der Strafbarkeit.

2. Beleidigung des Landesherrn.

Nicht jede Unterlassung der üblichen Ehrfurchtsbezeigungen ist Majestätsbeleidigung. Indessen ist sie ohne Weiteres straf-

bar, wenn sich aus ihr der Wille ergibt, den Landesherrn be-
leidigen zu wollen. Hier ist von Bedeutung die während der
Unterlassung vorgenommene Handlung, denn aus ihr wird der
Interpretationswille erkannt.

3. Beleidigung von Bundesfürsten.

Es gilt dasselbe wie ad 2.

4. Feindliche Handlungen gegen befreundete Staaten.

Insofern hier die Beleidigung in Betracht kommt, gilt
dasselbe wie ad 2 und 3.

5. Verbrechen und Vergehen in Beziehung auf die Ausübung staats-bürgerlicher Rechte.

Nur im Falle des § 108 kann eine Unterlassung strafbar
werden, wenn sie ein unrichtiges Ergebniss der Wahlhandlung
herbeiführt.

Der § 109 bestraft nicht das **Enthalten** von der Wahl
gegen Zusage eines Vortheils. Auch d i e s e r Wahlumtrieb müsste
bestraft werden.

6. Widerstand gegen die Staatsgewalt.

Der Ungehorsam kann nicht als Widerstand gelten
(Schwarze, Comm., S. 319), denn zum Widerstand gehört
handelnde Gewalt. Der passive Widerstand, das Nicht-
gehorchen, Nichtgehen, Nichthörenwollen ist kein Widerstand
mit Gewalt. Gegen diese U n t e r l a s s u n g e n muss die
Obrigkeit Zwang anwenden, erst wenn gegen diesen Zwang
gehandelt wird, liegt Widerstand vor.

Die Nöthigung eines Beamten zu einer U n t e r l a s s u n g
ist nach § 114 strafbar.

Bei dem Auflauf ist die Unterlassung des sich Entfernens strafbar.

Auch das Entweichenlassen von Gefangenen ist eine strafbare Unterlassung.

7. Verbrechen und Vergehen wider die öffentliche Ordnung.

Beim Hausfriedensbruch reicht das blosse unbefugte Verweilen und Unterlassen des Gehens nicht zur Strafbarkeit hin. Es ist das Gebot des Berechtigten, sich zu entfernen, nöthig. Unterlässt dann der Unbefugte sich zu entfernen, so ist er strafbar.

Die unterlassene Anzeige des § 139 wird bei der Lehre von den echten Unterlassungsverbrechen besprochen werden.

Im Falle des § 140 ist das blosse sich Aufhalten und Nichtsichstellen strafbar. Auch das Sichuntauglichmachenlassen des § 142 gehört hierher.

8. Münzverbrechen und Münzvergehen.

Diese Delicte können durch Unterlassung begangen werden. Wer verfälschtes Geld als echtes empfängt, zur Zahlung hinlegt, nun erkennt, dass das Geld unecht sei, aber die Zurücknahme unterlässt, ist nach § 148 strafbar.

9. Meineid.

Der Meineid kann nicht durch Unterlassung begangen werden. Gegen das in einem Offenbarungseide gegebene Versprechen kann man durch Unterlassung fehlen.

Wer in einer Strafsache zum Nachtheil des Beschuldigten einen Meineid schwört, wird, wenn der Beschuldigte verurtheilt wurde, schwerer bestraft (§ 154, Abs. 2).

Es ist nicht nöthig, dass der Meineidige die Verurtheilung verursachen wollte, er muss sich nur bewusst gewesen sein, dass er das Urtheil durch den Meineid beeinflussen konnte.

Ueberhaupt ist der Causalzusammenhang zwischen Meineid und Verurtheilung schwer nachzuweisen, nachdem die freie Beweistheorie eingeführt ist. Die Talion wäre heut nicht mehr am Platze.

Wenn ein Zeuge schwört, und erst nach der Vernehmung erfährt, dass er sich ohne Schuld in seiner Wahrnehmung geirrt habe, aber die Berichtigung unterlässt, weil er nun die Verurtheilung will, so könnte man an ein Geschehen-lassen denken. Indessen ist das Urtel heut nicht ohne Weiteres die Folge eines Eides und die Verursachung hier schwer erkennbar. Selbstverständlich kann aber ein solches abscheuliches Unterlassen unter besondere Strafe gestellt werden.

10. Falsche Anschuldigung.

Hier kann ein Geschehenlassen vorliegen, wenn später der Anschuldiger die Unwahrheit seiner Anzeige etc. erkennt, aber deren Erfolg nun will. Eine Verursachung des Erfolgs ist nach dem heutigen Verfahren nicht anzunehmen. Die Römische Talion ist hier mit Recht beseitigt.

11. Vergehen, welche sich auf die Religion beziehen.

Ein leichtfertiges in einer Unterlassung liegendes Verhalten gehört nach den Motiven nicht zu den „beschimpfenden Aeusserungen" (Schwarze, Commentar, S. 430) des § 166. Auch § 167 und § 168 erfordern Handlungen. Ein Geschehenlassen ist auch hier denkbar.

12. Verbrechen und Vergehen in Beziehung auf den Personenstand.

Die „Unterdrückung" des § 169 und das „Verschweigen" des § 170 sind Unterlassungen.

13. Verbrechen und Vergehen wider die Sittlichkeit.

Bei diesen Delicten spielt die Unterlassung eine grosse Rolle. Insbesondere bei dem Weibe, welches hier geschehen lässt, während der Mann handelt. Dies gilt für die Ehedelicte wie für die sonstigen Sittlichkeitsdelicte.

Bei der Unzucht zwischen Männern und bei der Unzucht zwischen Menschen und Thieren genügt es, wenn der Thäter die Abwehr unterlässt und geschehen lässt (Reichsgericht II, 21. März 1881). Auch der § 183 kann durch Unterlassung übertreten werden (Meyer, Lehrbuch, S. 646, Reichsgericht I, 25. November 1880). Ebenso genügt ein Unterlassen und Geschehenlassen für den Thatbestand der Kuppelei.

14. Beleidigung.

Die Beleidigung durch Wort und Handlung gehört dem Strafrecht im engeren Sinne an. Die Beleidiguug durch Unterlassung gehört zum Strafrecht im weiteren Sinne. Der Staat verlangt, dass Jeder in dem Andern den Menschen achte. Am strafbarsten ist die Unterlassung beim **Militär.** Meist strafbar beim Verkehr der **Beamten** unter einander. Aber auch sonst kann die Unterlassung zur symbolischen Injurie werden, wenn der Beleidigte das positive Gegentheil fordern kann. Schwarze nennt mit Recht das Sitzenbleiben bei einem Trinkspruch keine Beleidigung.*) Bei einem Militär oder einem Beamten gegenüber einem Vorgesetzten würde aber Beleidigung vorliegen. Grobheit, Flegelei, Ungezogenheit, Rusticität, „ungehobeltes“ Wesen, schlechte Manieren, Taktlosigkeit, dummer Stolz — alle diese unliebsamen Eigenschaften sind natürlich mit ihren Unterlassungen ohne den **animus injuriandi** nicht Beleidigung.

Eine Beleidigung durch Unterlassung durch beleidigende Unterlassung auf der Stelle erwidert kann straffrei bleiben (§ 199).

---

*) Umstände können es aber, wie früher gezeigt, zu einer solchen machen.

15. Zweikampf.

Die Annahme der Herausforderung kann im Schweigen und Unterlassen der Abweisung bestehen (§ 201).

Die Regeln des Zweikampfes gelten für die Secundanten mit, und diese können den § 207 durch Unterlassung übertreten. Die Unterlassung der Zuziehung von Secundanten erhöht nach § 208 die Strafe. Unterlassene Bemühung hindert die Straflosigkeit des § 209.

16. Verbrechen und Vergehen wider das Leben.

Die Tödtung kann durch Unterlassung begangen werden.

Da ich bei meiner wissenschaftlichen Bearbeitung der Frage die Tödtung als Musterbeispiel behandelt habe, so erübrigt hier eine Wiederholung des schon Gesagten.

Nicht billigen kann ich Schwarzes Ansicht, dass Mehrere den Tod durch Unterlassung bewirken können (Commentar S. 516). Wenn die A bei der Entbindung ihrer Tochter mitwirkt, und beide die zur Erhaltung des Kindes nöthigen Massregeln unterlassen, erscheint nur die Mutter als Verursacherin des Todes ihrer Kindes. Höchstens kann man mit Binding (Normen II S. 266) annehmen, dass auch der Vater den Tod des Kindes durch Unterlassung verursachen könne. Aber dies nur dann, wenn die Mutter fehlt. Denn dieser, aus deren Leib das Kind geboren, und deren Leib das Kind säugen kann, liegt zunächst die Erhaltung des Säuglings ob. Beide Eltern verursachen als Mitthäter die hilflose Lage des Kindes; lassen sie das Kind verschmachten, so lassen sie den Tod schuldhaft geschehen. Es liegt also in diesem vielbestrittenen Fall ein Geschehenlassen vor, wie ja auch die Entstehung des Kindes nach dem Zeugungsact auf einem Geschehenlassen der Naturkräfte beruht. Die Grossmutter kann nur dann durch Unterlassung schuldig werden, wenn sie die Pflege übernommen hat, aber sie unterlässt. Ob sie bei der Entbindung mitgewirkt hat ist völlig gleichgiltig! Ich vermag nicht einzusehen, wie Schwarze zu dieser Construction kommt.

Ebenso muss angenommen werden, dass ein unmenschlicher Sohn, der etwa seinen Vater, der als alter und ganz hilfloser Auszügler bei ihm wohnt, verhungern lässt, dessen Tod schuldhaft verursacht.

Nur muss die Hilfslosigkeit eine **totale** sein, wie sie bei schwerer Krankheit vorliegen kann. Ehe der Mensch durch Alter so hilflos wird, ist er meist durch den Tod erlöst. Ist die Hilfslosigkeit keine so totale, wie etwa beim Säugling, so kann der Betreffende, der Hilfe zu suchen unterlässt, selbst den eigenen Tod verursachen.

Meines Erachtens können diese Verursachungen auch unter Ehegatten vorkommen. Dies sollte nach dem Wesen der Ehe nicht bestritten werden.

Der Sohn verspricht durch die Aufnahme seines Vaters im Hause, diesen zu pflegen. Der Gatte verspricht durch die Ehe Pflege fürs Leben. Deshalb wirken die Unterlassungen hier verursachend.

Wer einem hilflosen Kranken, den er zu pflegen verpflichtet, auf dessen ausdrückliches und ernstliches Verlangen hin zu pflegen unterlässt, so dass dieser stirbt, ist nach § 216 milder strafbar.

Wichtig ist die Unterlassung im Falle des § 221 (Verlassen in hilfloser Lage). Auch hier kann sie bei **totaler** Hilflosigkeit einen Tod nebenbei verursachen.

Auch eine fahrlässige Tödtung kann durch Unterlassung begangen werden (§ 222).

17. Körperverletzung.

Die Unterlassung verursacht auch hier.

Insbesondere kann die Fahrlässigkeit des § 230 in einem Unterlassen bestehen. Der Arzt, der die Cur unterlässt, ohne dass der Kranke sich an einen anderen Arzt wenden kann, die Hebamme, die eine Kreisende verlässt, ohne Ersatz zu gewähren, verursachen.

18. Verbrechen und Vergehen wider die persönliche Freiheit.

Die Einsperrung kann durch Unterlassung verursacht werden. Fährt Jemand mit einem Anderen auf dem Wasser und unterlässt gegen die Verabredung zu landen, so liegt der Thatbestand des Delicts vor.

Widerrechtliche Nöthigung zu einer Unterlassung ist nach § 240 schwer strafbar. Zwang zur Unterlassung einer strafbaren Handlung ist an sich straflos, indessen kann auch hier, trotz des löblichen Zwecks, der Grad des Zwangs strafbar werden. Zwang in Nothwehr schliesst die Strafe aus.

19. Diebstahl und Unterschlagung.

Für den Diebstahl ist der Begriff der Handlung so wesentlich, dass derselbe nicht durch Unterlassung verübt werden kann.

Ein Geschehenlassen kann auch hier vorkommen, z. B. Zuströmenlassen von Gas.

Die Unterschlagung kann durch Unterlassung begangen werden. In dem Behalten und Nichabgeben, in dem Nichtanzeigen etc. kann Zueignung liegen, denn auch die Unterlassung ist unter Umständen Willensäusserung. Nur darf dieselbe nicht ein rein ideeller Vorgang sein (Meyer, Lehrb. S. 510).

20. Raub und Erpressung.

Hier ist ein Handeln nöthig. Nach § 253 ist wiederum die erzwungene Unterlassung strafbar.

21. Begünstigung und Hehlerei.

Die Begünstigung bedarf einer positiven Handlung. Die negative Begünstigung ist Beihilfe, wenn sie vorher zugesagt ist. Indessen kann die Aufenthaltsgestattung sich als Unterlassung des Fortweisens darstellen.

22. Betrug und Untreue.

Die Täuschung kann durch eine concludente Unterlassung erfolgen.

Beim Eintritt in ein Rechtsgeschäft ist die stillschweigende Behauptung gewisser Thatsachen begründet (Meyer, Lehrbuch S. 557), und kann mit späterer Unterlassung **Betrug** verursacht werden. Auf das Nähere dieser hier spielenden grossen Controversen einzugehen, ist kein Raum.

Die im Verkehr ü b l i c h e n schwindelhaften Versicherungen sind stets strafbar; **die „Gewöhnungen des Verkehrs" müssen von den Juristen durch das Gefängniss abgewöhnt werden.** Es ist zu bedauern, dass neuerdings Juristen dem **Schwindel** des Verkehrs Z u g e s t ä n d n i s s e machen.

23. Urkundenfälschung.

Hier kann durch Unterlassen und durch Geschehenlassen das Delict begangen werden.

24. Bankerott.

Siehe das Nähere bei den Unterlassungen im Handelsstande.

25. Strafbarer Eigennutz und Verletzung fremder Geheimnisse.

Ein Wirth, der unterlässt, Spieler zu hindern, ist nach § 285 strafbar.

26. Sachbeschädigung.

Hier ist das G e s c h e h e n l a s s e n von Bedeutung.

27. Gemeingefährliche Verbrechen und Vergehen.

Dass Brandstiftung durch Unterlassung begangen werden könne, ist im wissenschaftlichen Theile an Beispielen gezeigt worden.

Für die Verursachung der Ueberschwemmung wählt das Gesetzbuch das für das Wasser passende Wort „herbeiführen." Binding nennt ein interessantes Beispiel für diesen Fall:

Durch Erdarbeiten auf meinem Acker habe ich vorübergehend den Damm eines fremden Teiches dadurch verstärkt, dass ich die aufgegrabene Erde davor warf; nachdem das Wasser des Teiches durch Regengüsse stark gestiegen, schaffe ich meine Erde wieder an ihre Stelle, und nun bricht der Damm.

Ich stimme Binding völlig darin bei, dass die eingetretene Ueberschwemmung hier verursacht wurde (Normen II S. 245 und 235).

Hier ist nicht nur beseitigt, was man selbst geschaffen, sondern mehr.

Im übrigen spielen Unterlassen und Geschehenlassen gerade bei den sog. Elementen eine grosse Rolle.

28. Uebertretungen.

Eine grosse Anzahl der Uebertretungen kann durch Unterlassung begangen werden. Hier, wo die polizeiliche Fürsorge waltet, ist das Strafrecht im weiteren Sinne sehr thätig gewesen, und muss mit jedem Fortschritte der Cultur noch thätiger werden. Aber auch das blosse Nebeneinandersein wird durch die gesteigerten Culturverhältnisse immer mehr strafbare Unterlassungen verlangen; moderne Erfindungen etc. steigern heilsam den Verkehr, vergrössern aber meist zugleich die Gefahr. Der **Electricität** ist vielleicht einmal eine friedlichere Thätigkeit beschieden, als der **Dampfkraft**.

29. Strafen für unterlassene Entrichtung von Zoll und Steuer.

Die Einfuhr, der Erwerb von Vermögen etc. sind hier die Voraussetzung der strafbaren Unterlassung. Bei der Kopfsteuer ist es die Geburt im Staate.

Der Grund der Steuerpflicht liegt in dem staat-
lichen Leben. Wir danken Alles der Vergangenheit und
schulden Alles der Zukunft unserer Nation. Dieses ewige
Erbrecht vermittelt der Staat. Mit der Geburt tritt die
Pflicht an jeden Einzelnen im Staate, hierzu mitzuwirken.
Von Wiedererstattungspflicht, von einem Assekurranzverhältnisse
kann nur reden, wer an Fictionen glaubt, und aus diesen
unfruchtbaren Gebilden construirt (cf. die Ausführungen bei
H. Schulze, das Preussische Staatsrecht, 1. Aufl. 1. Band
S. 375 § 111).

II. Die Omissivdelicte.

———

a. Die wissenschaftliche Construction.

§ 1.

Die reine Unterlassung als Unterlassung ohne Willensäusserung.

Die reine Unterlassung ist die, in der sich kein gesetzwidriger Wille äussert. Soll ich gesetzlich ein Verbrechen anzeigen, und unterlasse es, w e i l   i c h   g a r   n i c h t s   d a v o n e r f a h r e, so liegt eine „reine Unterlassung" vor. Ich unterlasse nicht, weil ich nicht handeln w i l l, sondern weil ich überhaupt in Bezug auf das Verbrechen n i c h t   w o l l e n k a n n; denn der Wille steht an der Pforte der Aussenwelt, aber bedarf eines Weckrufs. Das unbegrenzte Weben in der Wunschwelt spielt keine Rolle. „Gedanken sind zollfrei!"

So können wir mit Binding sagen: „die ungewollte Unterlassung, die „reine Unthätigkeit," hat somit hier ganz ausser Betracht zu bleiben" (Normen II, S. 450).

Die Bedeutung der Unterlassung bei den echten Unterlassungsdelicten.

Noch Binding darf mit Recht sagen: „die Frage nach der Natur der echten Unterlassungsdelicte scheint mir bisher etwas zu sehr vernachlässigt" (Normen II, S. 448, Anm. 652). Hertz übergeht sie z. B. in seinem „Unrecht" (1880) fast mit Stillschweigen. Wem der Staat ein „schattenartiger Begriff" ist (S. 66, loc. cit.), wer das ganze Wesen des Rechts verkennt, von dem kann man nicht fordern, dass er die auf dem Strafrecht im weiteren Sinne ruhenden Unterlassungsdelicte erforsche. Nach Schopenhauer, dem Hertz folgt, ist ja das Ziel des Einzelnen wie der Menschheit die Unterlassung des Lebens selbst. Gerade das Strafrecht im weiteren Sinne regelt aber das Füreinandersein im Staate, damit wir der Vorwelt durch unser Streben für die Nachwelt danken, oder besser **zahlen was wir schulden.** Diese Wahrheit bleibt bestehen trotz aller Indischen Märchenträume!

Die echte Unterlassung ist die Aeusserung eines Willens, welcher dem Staat den Gehorsam gegen eine bestimmte Anforderung, zu handeln, versagt. Sie ist strafbar, **weil** sie den Gehorsam versagt; aus keinem andern Grunde (cf. Glaser, Abhandlungen aus dem Oesterreichischen Strafrechte, S. 291).

Das Wesen der Unterlassung bei den echten Unterlassungsdelicten ist nicht Handlung, sondern Willensäusserung! Es wird von dem Ich eine Willensäusserung durch Unterlassung **verursacht.** Hierzu ist nöthig, dass ein

Appell zu handeln an den Willen ergeht, z. B. die Kenntniss von einem Verbrechen das angezeigt werden soll, und dass der Wille nun unterlässt und sich verneinend äussert. Der sog. widerrechtliche Entschluss ist damit nicht, wie Binding annimmt (Normen II, S. 447, Anm. 650) als genügender Delictsthatbestand anerkannt, sondern die Aeusserung dieses der unerkenubaren inneren Welt angehörenden Entschlusses ist erforderlich. Hierzu genügt nicht eine wunschartige Aeusserung gegenüber dem Gesetz, es genügt nicht, dass ich sage: „Ich zeige keine Verbrechen an," sondern es muss der bestimmte Appell eines bestimmten Falles an den Willen ergehen. Denn der Wille kann sich nur äussern gegenüber einer bestimmten Erscheinung der Gegenwart. Wünsche darf keine Gesetzgebung strafen. Es kann auch nicht bestritten werden, dass sich ein Entschluss durch Unterlassung äussern könne. So gut, wie ich, wenn ich gefragt werde, und widersprechen müsste, wenn ich nicht als ein Zustimmender gelten will, durch die Unterlassung des Redens, das Schweigen, meine Bejahung äussern kann, ebensogut kann ich, wenn mich die Kenntniss eines Verbrechens zum Anzeigen bewegen müsste, wenn ich nicht als Uebertreter gelten will, durch Unterlassung der Anzeige meinen Willen dahin äussern, dass ich dem Gesetz zuwider nicht anzeigen will.

Man darf nicht mit Binding, dem ich **hier** widersprechen muss, so überzeugt ich ihm sonst folge, annehmen, dass die Unterlassung die Verursachung des Nichteintritts eines bestimmten Erfolgs sei (Normen II, S. 452).

Die Bewegungen in der äusseren Welt und die Vorgänge in der inneren Welt, wie ich sie geschildert habe, sind **streng** auseinander zu halten. Durch die Handlung greife ich in den objectiven Weltlauf ein, durch ein Wort errege ich die innere Welt eines Anderen, wenn ich aber ein Gebot unterlasse, das

eine Handlung verlangt, so äussere ich meinen Ungehorsam; das „Produkt des sog. Unterlassungswillens fällt in
das Unsichtbare" (Binding, Normen II, Seite 453) und nur
wegen der Willensäusserung meines Ungehorsams bin
ich strafbar. Binding scheint dies selbst zu fühlen, denn er
sagt, diese Erwägung müsse den Juristen warnen, ein Ereigniss
des objectiven Weltlaufs als Resultat eines sogenannten Unterlassungswillens anzusehen. Dann aber kann ich auch den
Nichteintritt eines solchen Ereignisses nicht verursachen, wenn
nicht das Wort „verursachen" in einem uneigentlichen und
deshalb irrigen Sinne verstanden werden soll.

Das Wesen der während der Unterlassung vorgenommenen Handlung.

Die während der Unterlassung vorgenommene Handlung hat insofern grosse Bedeutung, als der in ihr liegende Wille ein **Interpretationswille** für den Unterlassungswillen ist. Wer beschliesst, ein Verbrechen nicht anzuzeigen, nun von dem Bedrohten gefragt wird, und diesem eine „Lügengeschichte" erzählt, der äussert in der Erzählung der Lügen den Willen, dass er den Bedrohten durch die Anzeige nicht retten will. Dieser Wille ist ein Interpretationswille. Aus diesem Verhalten kann der Richter schliessen, dass die Unterlassung der Anzeige eine v o r s ä t z l i c h e war.

Es ist indessen n i c h t n ö t h i g, dass i m m e r ein solcher Interpretationswille vorliegt. Jemand erhält eine Kunde von einem Verbrechen, ist aber zu träg, auf das Amt zu gehen, schläft zu Haus oder „t h u t g a r n i c h t s", und das Verbrechen geschieht. Er ist strafbar. Nur kann hier eine f a h r l ä s s i g e Unterlassung vorliegen, oder es kann d e r V o r s a t z n i c h t e r k e n n b a r sein.

§ 4.

Vorsatz und Fahrlässigkeit bei den echten Unterlassungsdelicten.

Der Vorsatz wird sich hier am besten aus dem Interpretationswillen ergeben. Aber auch wenn der Unterlasser „nichts thut," kann der Vorsatz eben aus diesem „Nichtsthun" äusserlich erkennbar sein. Nur ein Moment darf nicht fehlen, der äussere Appell an den Willen, denn sonst liegt eine reine, straflose Unterlassung vor.

Es ist aber zu unterscheiden. Der Soldat und der Beamte sind durch den Eid verpflichtet, den Appell nicht erst an den Willen herankommen zu lassen, sondern den Appell aufzusuchen, dass ihn der Wille höre.

Der Staatsbürger soll nur auf den Appell hören, er braucht ihn nicht, wie der Beamte, aufzusuchen.

Der Gensdarm muss dem Verbrecher nachforschen, der Staatsbürger braucht es nicht, er soll nur, wenn er etwas davon hört, anzeigen.

Deshalb kann bei dem Beamten und Soldaten Fahrlässigkeit schon darin liegen, dass sie das Object, das den Willen weckt, nicht aufsuchen. Der Gensdarm forscht z. B. Verbrechen fahrlässig nicht nach.

Der Staatsbürger aber, der von einem Verbrechen fahrlässig nichts erfährt, ist nicht strafbar. Denn ihn zwingt kein Eid zu einer gespannten Aufmerksamkeit zum Zwecke des Füreinanderseins, während er für das Nebeneinandersein gespannt aufmerksam sein muss und nicht fahrlässig sein darf.

Es ist nicht wünschenswerth, etwa vom Gesetzgeber zu fordern, dass er fahrlässige Nichtkenntniss eines Verbrechens bestrafe. Es gibt Pflichten, die nur dem Beamten auferlegt werden können, weil der Beamteneid Garantie für Selbstlosigkeit im Interesse der Allgemeinheit bietet.

Dagegen können Beamte wie Staatsbürger fahrlässig unterlassen, nachdem sie entweder das Verbrechen erforscht oder von ihm zufällig Kunde erhalten haben. Denn dass die Fahrlässigkeit kein Mangel an Willen ist, habe ich gezeigt. Auch hier ist von Bedeutung der Interpretationswille. Wer von einem Verbrechen Kenntniss erhält, im nächsten Momente aber eine Trauerbotschaft erhält und nun von dem eigenen Interesse so so sehr in Anspruch genommen ist, dass er nach Hause reist und die Anzeige unterlässt, der unterlässt fahrlässig. Er fuhr nach Hause, er wollte die Heimfahrt ohne zu überlegen, dass er hierdurch die Anzeige versäume. Wer fahrlässig gar nichts thut, von dem wird man schwer sagen, ob er aus Vorsatz handele. Er äussert sich nicht weiter über seine innere Welt, und wird die für ihn ungünstige Interpretation tragen müssen, wenn man nicht den Satz gelten lässt: in dubio mitius!

Ueber physischen Zwang, Versuch, Erfolg, Mitthäterschaft, physische Beihilfe, Anstiftung, und den Ort der begangenen Handlung habe ich mich schon bei der Kritik Schwalbachs geäussert.

Es bedarf hier nur noch eines Wortes über die Verjährung.

Der Grund der Verjährung liegt in der Abhängigkeit der Erscheinungswelt von der Zeit. Lebten wir im reinen Sein, so wäre jedes Verbrechen strafbar, möge es begangen sein, wann es wollte. Auch Meyer sieht den Grund der Verjährung „ganz allgemein in der tilgenden und umwandelnden Wirkung der Zeit (Lehrbuch S. 405).

Mit dem Reichsgericht (16. Sept. 1880) ist anzunehmen, dass die Verjährung strafbarer Unterlasssungen erst beginnen kann, wenn die Verpflichtung zum Handeln aufhört (Meyer Lehrbuch S. 408).

Ich nehme auch mit Glaser an, dass das Verbrechen vollendet sein kann, ohne beendet zu sein (Glaser, loc. cit. S. 292). „So lange die Bedingungen gegeben sind, unter welchen eine bestimmte Handlung bei Strafe geboten ist, so lange wird dieses Verbrechen von Augenblick zu Augenblick erneuert, und deshalb kann die Verjährungsfrist erst von dem Augenblick an laufen, wo es unmöglich wird, dem Gebot nachzukommen."

§ 5.

Die letzte Grundlage der echten Unterlassungsdelicte.

Die letzte Grundlage der echten Unterlassungsverbrechen ist eine andere wie bei den Commissivdelicten durch Unterlassung. Erfolg und Causalität haben hier keine Bedeutung.

Sie beruhen auf der Thatsache, dass Jemand Bürger des modernen Staates ist. Als solcher muss er sich den Anforderungen unterwerfen, welche der Staat im Interesse der Lebenden und der künftig Lebenden an den Einzelnen stellt, denn er dankt dem Staate Alles.

Der Staat andrerseits darf die Pflichten nicht überspannen. Er darf nicht allgemein fordern, was man nur von den Beamten fordern kann, und er darf nicht reine Moralpflichten zu Rechtspflichten umschaffen. Die modernen Stände im modernen Leben geben ihm die Anforderungen in die Hand. Für den Bürger, der nichts weiter ist als Steuerzahler, und nicht unter die von mir erwähnten Stände fällt, bleiben wenig Strafgesetzbestimmungen übrig.

---

b. Das positive Recht.

1) Die Omissivdelicte gegen den gegenwärtigen Staat.

§ 1.

Scheinbar echte Omissivdelicte.

Der Kreis der echten Omissivdelicte ve re ngert sich sofort, wenn wir das Wort in der Bedeutung nehmen, dass es bei diesen Vergehen nur auf die Unterlassung ohne Rücksicht auf eine vorangegangene Handlung ankommt. Der Kreis wird noch enger, wenn wir alle Unterlassungsvergehen ausscheiden, bei denen ein Amt, Beruf oder Gewerbe den Grund der Strafbarkeit der Unterlassung bildet.

Auf einer vorangegangenen Handlung beruht die Strafbarkeit der Unterlassung bei folgenden, scheinbaren Omissivdelicten:

1) Die Unterlassung der Fürsorge für Feuerstätten ist strafbar auf Grund der Erbauung derselben. Wer Feuerstätten errichtet, verspricht damit dem Staate, sich den Vorschriften über dieselben zu fügen (§ 368, No. 4).*)

2) Wer an Orten, wo Menschen verkehren, unterlässt Brunnen etc. zu bedecken, ist strafbar. Wer einen Brunnen erbaut, verspricht, die Gefahr des Hinein-

---

*) Ohne dass es einer Fiction bedarf. Das Leben im Staate verpflichtet!

fallens Anderer zu beseitigen. Wer einen Brunnen zeitweilig inne hat, tritt in diese Pflicht ein (§ 367, No. 12).

Selbst die Uebertretungen der Vorschriften, welche auf keinen speciellen Polizeigesetzen ruhen, sind also Fälle der Commissivdelicte durch Unterlassung.

Zahlreiche Unterlassungen sind durch Blankettstrafgesetze unter Strafe gestellt. Ich muss zunächst Binding zustimmen, dass diese Blankettstrafgesetze der Beseitigung harren. Ihre Normen sind partikulär. Das Reichsstrafgesetzbuch fordert die **Reichsnorm** (Binding, Normen I, S. 77).

Die Einzelstaaten müssen kraft ihrer Autonomie ihre **lokalen** Polizeigesetze mit Norm und Strafe selbständig aufstellen.

Nur wo das Reichsinteresse Einheit fordert (Küsten-schutz, Viehseuchen, Reblaus etc.) ist die Reichsnorm und die Reichsstrafe festzustellen (cf. auch Binding, Normen I, S. 77 Anm. 149 und den dort erwähnten Fall eines zulässigen Blankettstrafgesetzes).

Indessen müssen wir uns im Folgenden an das gegebene Recht anschliessen. — Die Natur der Blankettgesetze vermag an der Natur der Unterlassung nicht das geringste zu ändern. Denn es ist für sie gleich, ob in ihr eine Uebertretung gegen ein Gebot des Reichsrechts oder des Partikularrechts liegt:

1) In den Fällen des § 369 liegt im Falle sub 1 die vorausgegangene Handlung in der Uebernahme des Ge-werbes, welche zur Befolgung polizeilicher Massregeln verpflichtet; nicht anders steht es in den Fällen sub 2 und 3.

2) Im Falle des § 368, 8 verpflichtet der Besitz eines Hauses etc. oder der Eintritt in einen Gemeinde-verband zur Befolgung feuerpolizeilicher Anordnungen.

3) Auch das Gebot des Raupens geht nicht ohne Weiteres an alle Staatsbürger, sondern fordert vorangehende Handlung (§ 368, 2).

4) Die Besitznahme eines Weinberges macht Unterlassungen gegen § 368, 1 strafbar.

5) Wer Gebäude in Besitz genommen, darf es nicht unterlassen sie auszubessern (§ 367, 13).

Auch die Uebertretungen dieser Blankettstrafgesetze gehören also zu den Commissivdelicten durch Unterlassung und sind nur **scheinbar** echte Omissivdelicte.

———

Die beiden echten Omissivdelicte unseres Strafrechts.

Es gibt in unserem positiven Rechte nur zwei Fälle **echter** Unterlassungsdelicte:

1) Der Fall der unterlassenen Nothhülfe.
2) Der Fall der unterlassenen Anzeige von Verbrechen.

A. Die Unterlassung der Nothhülfe.

Es ist von Interesse, die Geschichte des § 360, 10, der jetzt so bescheiden mitten unter den Uebertretungen steht, zu betrachten, denn die Grundsätze dieses Paragraphen waren zu verschiedenen Zeiten sehr verschiedene.

Die Pflicht zur Hülfe und Unterstützung eines Jeden, der in einer besonderen Gefahr sich befindet, vorausgesetzt, dass diese Hülfe ohne eigene Gefahr geleistet werden kann, war im Römischen Rechte nicht anerkannt.

Aber die Römer erkannten, dass der Eintritt in den **Soldatenstand** die Unterlassung der Nothhülfe in der Schlacht strafbar mache. Es finden sich in dieser Hinsicht sehr strenge Vorschriften. Wer seinen Vorgesetzten nicht beschützt, wird, wenn derselbe gefallen, mit dem Tode bestraft. (L. 3, § 22, D. de re milit. 49, 16).

Auch das Sclavenverhältniss brachte die Pflicht der Nothhülfe mit sich (L. 1, pr. D. de SC. Silan. 29, 5). Es zeugt diese Vorschrift für die Unsicherheit des Römischen Lebens! Kein Haus war sicher, wenn nicht die Sclaven mit Lebensgefahr ihren Herrn zu vertheidigen gezwungen werden konnten.

Für den freien Bürger, der nicht Soldat war, gab es in Rom das Gebot der Nothhülfe nicht.

Das Canonische Recht, mit seiner Vermischung von Recht und Moral, erkannte die Pflicht sofort an. „Qui succurrere perituro potest, si non succurrerit, occidit". (cf. die Stellen bei Geib, II. B., S. 190, 191).

Das deutsche Recht schwankte lange nach der canonischen, moralisirenden Auffassung hin. Im Anfange des siebzehnten Jahrhunderts wurde in Zofingen ein Messerschmied enthauptet, weil er bei einem Schiffbruch als guter Schwimmer sich rettete, und es unterliess, Andere zu retten. (Geib, loc. cit. S. 191).*)

Das Preussische Recht (L. R. II, 20 § 782) und das Würtemberger Polizeistrafgesetzbuch (Art. 32) straften ohne Weiteres die Unterlassung der Nothhülfe. Preussen strafte mit 14 Tagen Gefängniss, aber nur, wenn der Andere wirklich das Leben eingebüsst. Würtemberg strafte weit leichter, strafte aber, wenn der schädliche Erfolg eingetreten, mit Arrest bis zu 4 Wochen. Hannover (Polizeistrafgesetzb. § 195) strafte, wenn Jemand die zu Rettungsversuchen ihm zu Gebote stehenden Mittel weigerte; es belohnte aber auch, wenn Jemand mit eigener Gefahr einen Menschen rettete (§ 196, loc. cit.).

In unserem Recht lautet der betreffende Paragraph:

wer bei Unglücksfällen oder gemeiner Gefahr oder Noth von der Polizeibehörde oder deren Stellvertreter zur

---

*) Sehr gute und tief eingehende Untersuchungen über die Geschichte der strafbaren Unterlassungen finden sich bei Glaser Abhandl. Seite 326—362.

Hülfe aufgefordert, keine Folge leistet, obgleich er der Aufforderung ohne erhebliche eigene Gefahr genügen konnte, wird mit Geldstrafe bis zu 150 M. oder mit Haft bestraft.

Da **vom Erfolge** mit Recht keine Rede ist, ergibt sich, dass unser Strafgesetzbuch nicht der Ansicht ist, dass durch Unterlassung der Nothhülfe o h n e W e i t e r e s das Unglück v e r u r s a c h t werde. Auch die geringe Strafe spricht dafür, dass es diese irrige Ansicht nicht theilt.

Dagegen missbillige ich das Hereinziehen der Polizeibehörde! Der Appell des Unglücks an den Willen muss genügen, wenn man einmal diesen Paragraphen aufstellen will. Die Ermahnung eines Polizeibeamten, zu helfen, kann doch nicht erst strafbar machen! Etwas ganz anderes wäre es, wenn ein Blankettgesetz vorläge. Dies ist aber nicht der Fall und kann nicht der Fall sein, weil das schnell hereinbrechende Unglück den Erlass einer Bestimmung unmöglich macht. Die **subjective Willkür eines Polizeiorgans** darf nicht an Stelle eines Gesetzes treten.

Meines Erachtens ist der Fall so zu regeln. Im Falle, wo allgemeine Massnahmen zur Abwendung eines e r s t d r o h e n d e n **Uebels** nöthig werden (Epidemieen, Hungersnoth, Kriegsnoth, Seuchen etc.), muss ein Blankettgesetz gegeben sein, falls d a s R e i c h zur Hülfe auffordert. Auch die L a n d e s g e s e t z g e b u n g wird in einzelnen Fällen Gesetz und Norm geben können. Im Falle der Unterlassung verlangt das Strafrecht im weiteren Sinne h a r t e S t r a f e.

In dem **concreten Unglücksfall** aber sollte die Nothhülfe als allgemeine Anforderung nicht verlangt werden.

Sie nimmt der M o r a l die beste und schönste Thätigkeit. Der Dank für Rettung eines Lebens ist die höchste Belohnung!

Durch das Einschreiten der Polizeibehörde wird beim concreten Unglücksfall die Sache zu sehr unter den rechtlichen Gesichtspunkt gestellt. Ein Bauer kann vortrefflich schwimmen, sieht aber gelassen zu, wie Jemand ertrinkt. Ein Gensdarm mahnt ihn, zu retten. Glaubt man wirklich, dass diese rechtliche Mahnung mit der leichten Strafe der Nichtbefolgung helfen kann, wo der moralische Antrieb fehlt?

Hier müssen Anordnungen für **Beamte, Stände** etc. helfen. In der Seenoth bedarf es der Gebote für bestimmte Strandbewohner. Die Posthalter können aufgefordert werden, bei Unglücksfällen ihre Pferde zur Verfügung zu stellen. Bergwerke und Deiche erfordern ihre besonderen Bestimmungen. Feuersgefahr kann durch Rettungsgebote etc. beseitigt werden.

In der vorliegenden Form aber kann ich das Gesetz im Falle eines concreten Unglücks nicht für haltbar erachten.

Eine andere Frage ist, ob man, auf die polizeiliche Aufforderung verzichtend, in der Unterlassung der Nothhülfe Unrecht finden kann?

Es ist ja nicht zu leugnen, dass die Frage in die M o r a l gehört. Indess das Füreinandersein im modernen Staat kann erfordern, dass die Nothhilfe unter Strafe, aber unter l e i c h t e Strafe, gestellt wird. (Dieser Ansicht ist A. F. Berner, Diss. de impunitate propter summam necessitatem proposita, Berolini 1861). Der Staat hat ein I n t e r e s s e an der Erhaltung seiner Bürger. Nur wird ihm die Strafe hier so wenig nützen, wie die Staatsbelohnung Hannovers wohl je a l l e i n Menschen angetrieben hat, mit eigener Gefahr Andere zu retten. Hier müssen andere Motive wirken.

B. Die Unterlassung der Anzeige von bevorstehenden Verbrechen.

Selbstverständlich ist hier nur von dem Falle die Rede, wo die Nichtanzeige nicht im Voraus versprochen, und wo die Anzeige nicht durch Amt· oder Pflicht geboten ist.

In Rom war rechtliche Pflicht zur Anzeige als Regel unbekannt. Nur bei Parricidium und Münzfälschung galt Nichtanzeige als strafbar (Geib, B. II, S. 389).

Im canonischen Recht wurde dies zunächst moralische Unrecht sofort criminell strafbares Unrecht (can. 7, 8, 11, Caus. 23, qu. 3). Qui non repellit a socio injuriam si potest, tam est in vitio, quam ille, qui facit.

Im deutschen Recht wurde eine Verpflichtung zur Anzeige bei einzelnen Verbrechen anerkannt (Geib, B. II, S. 392 ff.).

Unser Gesetzbuch sagt über das Omissivdelict Folgendes:

„Wer von dem Vorhaben eines Hochverraths, Landesverraths, Münzverbrechens, Mordes, Raubes, Menschenraubes, oder eines gemeingefährlichen Verbrechens zu einer Zeit, in welcher die Verhütung des Verbrechens möglich ist, glaubhafte Kenntniss erhält, und es unterlässt, hiervon der Behörde oder der durch das Verbrechen bedrohten Person zur rechten Zeit Anzeige zu machen, ist, wenn das Verbrechen oder ein strafbarer Versuch desselben begangen worden ist, mit Gefängniss zu bestrafen."

Auch mit der Fassung dieses Paragraphen kann ich mich nicht in allen Punkten einverstanden erklären. Es ist zwar zu loben, dass hier der Charakter des echten Omissivdelicts in seiner ganzen Reinheit gewahrt ist, die Kenntniss des Verbrechens und die Unterlassung genügen. Es ist keine vorangehende Handlung nöthig. Es wird eine solche auch nicht verlangt. Dem Verbrechen nachzuforschen hat nur der Beamte.

Es ist auch zu loben, dass die Anzeige begangener Verbrechen nicht gefordert wird, weil eine solche Pflicht auch nur dem Beamten obliegen darf, wenn nicht dem Denunciantenthum Thür und Thor geöffnet werden soll.

Dagegen kann ich die Einschränkung des Gesetzes nicht billigen. In der Aufzählung der Verbrechen ist kein rechtes Princip erkennbar. Wenn auch gewiss nicht bei den kleinsten geplanten Vergehen Anzeige vom Strafrecht im weiteren Sinne verlangt wird, so fordert doch das Staatsinteresse noch bei anderen Delicten, z. B. bei schweren Diebstählen, Nothzucht u. s. w. möglichste Anzeige und Verhütung.

Durchaus nicht zu billigen ist, dass die Strafbarkeit vom **Begehen** des Verbrechens abhängt. Dass das Delict als delictum sui generis und nicht als negative Beihilfe strafbar ist, zeigt die geringe Strafe. Läge Causalität vor, so müsste diese viel härter sein. Meines Erachtens muss dieses Nichtanzeigen gewisser Verbrechen sofort strafbar sein, solange ihre Verhütung möglich ist. Wie anderwärts kann dann auch hier der eingetretene Erfolg eine schärfere Strafe veranlassen.

Mit Meyer nehme ich an, dass unter glaubhafter Kenntniss eine zu verstehen ist, der den Umständen nach Zutrauen geschenkt werden müsste, so dass es leichtsinnig war, nicht daran zu glauben (Lehrbuch, S. 690).

Vorsatz und Fahrlässigkeit war m. E. bei diesem Delict entschieden zu trennen.

Wirklicher Nothstand wirkt natürlich schuldausschliessend.

Einer ausdrücklichen Ausnahme bedürfen m. E. **Angehörige und Geistliche.** Diese dürfen nicht zur Anzeige verpflichtet werden. Der Grund hierfür liegt in der „Natur der Sache."

Meyer stellt das Delict unter die Delicte gegen die Rechtspflege. Jedenfalls gehört es zu dem Strafrecht im weiteren Sinne. Vielleicht kann man darin eine Norm des so vielfach verkannten **Rechts auf Wahrheit** sehen, wie auch im **Zeugnisszwang** m. E. eine Norm dieses Rechts zu erblicken ist. Der Staat fordert von seinen Unterthanen ein Reden, wenn ein Verbrechen droht; denn schweigen sie, so muss er annehmen, dass keine Gefahr bevorsteht. Demnach liegt in diesem Schweigen eine Verletzung des Rechts auf Wahrheit.

So gering die Anzahl echter Unterlassungsdelicte im Gesetzbuch ist, so bedeutungsvoll wird die Natur der echten Unterlassung, wenn wir sie zunächst nicht als Delict gegen den gegenwärtigen Staat, sondern gegen die **Gattung Mensch** auffassen. Obwohl sich hierdurch eine unabsehbare und nicht bloss rechtliche Perspective eröffnet, glaube ich diese Auffassung nicht abweisen zu dürfen, so neu und abweichend von Andern sie auch erscheinen mag. Ich darf dies um so weniger, als die Unterlassung gegen die Gattung von einigen Philosophen und Juristen nicht für **strafbares Unrecht** sondern für **Recht** in neuester Zeit erklärt wird.

2) Die Omissivdelicte gegen die Gattung.

Die Freiheit unseres Wesens und der sittliche Geselligkeitstrieb.

Ehe ich die Unterlassungsdelicte gegen die Gattung Mensch näher prüfe, muss ich meine eigene Ansicht über die Unterscheidungsmerkmale dieser Gattung von anderen Gattungen der lebenden Wesen darlegen, denn aus dem Wesen ergibt sich die Pflicht gegen dasselbe.

Wir haben es als Juristen nur mit dem in der historischen Zeit lebenden Culturmenschen zu thun. Ja wir modernen Juristen haben denselben nur als Mitglied des modernen Staates zu erfassen.

Die Naturforscher mögen die Vorgeschichte des Menschen zu erforschen suchen. Für das Recht hat dieselbe keine Bedeutung. Die Resultate der Naturwissenschaft technisch zu prüfen ist weder unsere Aufgabe noch eine Nothwendigkeit für unseren Beruf. Diese Resultate mögen ausfallen wie sie wollen, an der Thatsache der Erscheinung des modernen Culturmenschen und seiner Rechtswelt vermögen sie nichts zu ändern. Der Mensch der historischen Zeit besitzt die Freiheit seines innersten Wesens, das ich „Ich" nenne. Er trägt den Beweis hierfür bei rechter Selbstbeobachtung in sich.

Wie alle Erscheinungen in der Sinnenwelt ist auch die des Menschen zugleich Erscheinung und zugleich Ding an sich.

Obwohl in diesem einzigen Falle die Erscheinung über das Ding an sich aussagen könnte, vermag sie doch als Sinnenwesen nur zu sagen, dass das Ich ist und dass es frei ist.

Im Wesen des historischen Menschen liegt der sittliche Geselligkeitstrieb. Dieser treibt den Menschen an, in sittlicher Gesellschaft zu leben. Auf ihm ruht die Sprache, die Erziehung, die Tradition, das Recht etc., kurz auf ihm ruhen alle Güter der menschlichen Gattung. Der sittliche Geselligkeitstrieb des Menschen ist die **natura sui generis**. Es ist vergeblich, über ihn noch Weiteres ausforschen zu wollen. Wir stehen hier an der Grenze der Erkenntniss unserer Zeit.

Das **Wesen** des einzelnen Menschen liegt frei hinter dem sittlichen Geselligkeitstrieb; wenn es auch von diesem beeinflusst wird, kann es ihm doch Widerstand leisten. Dieser Widerstand aber ist das grösste Verbrechen gegen die Gattung, in der dieser Trieb liegt. Nihilistische d. h. dem sittlichen Geselligkeitstrieb conträre Bestrebungen sind **auf das Härteste** zu unterdrücken!

Auf Grund des freien Wesens des Einzelnen bildet sich der Charakter. Dieser ist die freie That des Einzelnen, zugleich aber die That der Erziehung der Eltern etc., sowie der **ganzen Vergangenheit.** Dass das Wesen des Einzelnen in der Erscheinungswelt verschieden sei, ergibt die Vergleichung. Ob und wie viel an dieser Verschiedenheit die Ausbildung des Charakters schuld trägt, lässt sich nicht mit Bestimmtheit sagen; auf jeden Fall ist der Charakter aber **nicht angeboren und nicht constant,** deshalb ist der Mensch für denselben **verantwortlich.**

Die Verschiedenheit des Wesens des Einzelnen, welche bei gleicher Erziehung verschiedene Charakter nicht zur nothwendigen Folge hat, aber ermöglicht, bleibt uns in seinen ersten Anfängen beim Kinde noch unerforschbar. Eine

Gleichheit des Wesens des Einzelnen als Ding an sich anzunehmen, ist keine wissenschaftliche Forderung. Jedenfalls fehlt diese Gleichheit in der **Erscheinungswelt,** und theilt hier der Mensch mit dem Menschen **nur** den sittlichen Geselligkeitstrieb.

Den kategorischen Imperativ Kants als Imperativ im Ich „an sich" zu fassen, ist für die Erscheinungswelt des Rechts nicht von der Bedeutung, wie für die innere Welt der Moral.

Für die Erscheinungswelt des Rechts ergibt sich aus dem im Wesen des Menschen als natura sui generis liegenden sittlichen Geselligkeitstrieb die Forderung an jeden Einzelnen, so zu handeln, dass die Maxime seiner Handlung ein sittlich-geselliges Leben Aller ermöglicht. So verbindet sich menschlich im Recht die wahre Freiheit mit der wahren Nothwendigkeit.

Der sittliche Geselligkeitstrieb führt die Gesellschaft zur Bildung des modernen Staats, der alle Zwecke des Menschenlebens zu verwirklichen hat.

So folgt endlich im modernen Staat aus dem sittlichen Geselligkeitstrieb der **bewusste,** vom Menschen gesetzte Zweckgedanke des Rechts. Im ewigen Erbrecht der Menschheit verfolgen die Geschlechter diesen Zweckgedanken fort und fort.

Dass neben der Welt des Rechts auch in der Natur Zweckgedanken vorliegen, ist nicht zu leugnen. Nur fehlt uns für die Erkennung dieser die klare Erkenntniss, wie sie uns für die letzte Ursache fehlt, mögen wir sie nennen wie wir wollen (Der Wille — das Unbewusste — Gott). Auch stehen die naturwissenschaftlichen Resultate über Anpassung und Vererbung, welche den Zweckgedanken in die Unendlichkeit hinausrücken, noch nicht fest.

Der sittliche Geselligkeitstrieb als die Grundlage alles Rechts.

Um nachzuweisen, dass die Grundlage alles Rechts der sittliche Geselligkeitstrieb sei, bedarf es einer doppelten Betrachtungsweise des Menschen.

Erstens wollen wir einmal annehmen, dass nur ein einziger Mensch eine Spanne Zeit auf der Erde lebe, dass mit dem Moment wo er, sei es immerwoher auch, als homo sapiens aufgetreten, auch gewiss sei, dass er als Einziger seiner Gattung untergehe. —

Es ist für den Einzigen m. E. unmöglich, Sprache zu gewinnen und Begriffe zu formuliren. Wohl kann er ferner die ganze Erde occupiren, aber sein Besitz wird kein Recht. Erbrecht, Familienrecht, Vertragsrecht fehlen. Es fehlt wohl auch die Moral mit ihren Pflichten. Denn auch die Pflichten gegen sich selber ruhen auf dem sittlichen Geselligkeitstrieb.

Der Einzige dankt nichts der Vergangenheit und schuldet nichts der Zukunft. Sein armes Leben ist ohne jeden höheren Werth. **Das ist das wahre Bild vom „Einzigen und seinem Eigenthum!"** (cf. die Kritik von Hartmanns über Max Stirner, S. 716 der Philosophie des Unbew., 4. Aufl.).

Zweitens wollen wir einmal annehmen, dass es keinen **Staat in der Welt** gebe. Wie die Thiere würde Jeder neben dem Andern leben, mit seinem Wirkungskreis für sein Leben enden, nichts den Andern danken und nichts ihnen schulden. Von einem Recht wäre auch hier keine Rede.

Wo das Recht fehlte, würde aber das innerste **Wesen** des Menschen verletzt, denn:

> „Das Recht ist ein gemeines Gut,
> Es liegt in jedem Erdensohne,
> Es quillt in uns, wie Herzensblut."
>
> (U h l a n d.)

Dennoch **können** es verthierte Menschen und Thoren leugnen.*)

Das Recht muss deshalb **erzwingbar** sein, wo aber die **Staatsmacht** fehlt, ist der Starke allein im Recht, gleichviel ob er eine Bestie oder ein Thor ist. —

Eine Gesellschaft ohne Staat und nur gelenkt vom Gewohnheitsrecht ist mir als Trägerin der Cultur undenkbar. Die opinio necessitatis bedarf den Andersdenkenwollenden und Andersdenkenden gegenüber der **äusseren Macht des Staates.**

---

*) Weil das hinter dem sittlichen Geselligkeitstrieb liegende Wesen des Menschen ihm f r e i t r o t z e n k a n n.

§ 3.

Die Nothwendigkeit des Staats für das ewige Erbrecht der Menschheit.

Der sittliche Geselligkeitstrieb **treibt** die Menschheit zur Fortentwickelung. Er ist mit dem ersten Menschen, woher dieser auch immer stamme, gegeben! Denn er scheidet den Menschen von der Thierwelt. Er liegt in unserem Wesen, wir sehen und fühlen und wissen, dass wir ihn haben. So wenig wie unser Wesen ist er weiter erklärbar. —

Die Fortentwickelung geschieht im Recht von den Eltern zu den Kindern, zur Familie, zum Stamm, zur Nation, zur Menschheit. In der Moral verfolgt die Entwickelung dieselbe Reihe. Das Recht aber, weil mehr an die Erscheinungswelt gebunden, schliesst bei der Nation ab. Nur einzelne Verkehrsadern des Rechts pulsiren von Volk zu Volk.*) Für die Moral ist die Grenze der Erdball.

Jeden Begriff, jedes Wort, jeden Rechtssatz erringt die Gesammtheit **nach langem Kampfe.** Ist der Sieg errungen, so geht nicht verloren, was gewonnen ist, sondern von Ich zu Mitich, und von der Gesammtheit der Mitichs zu den Nachichs pflanzt sich die Errungenschaft fort. Wie aber das Gute sich fortpflanzt, so wirkt auch das Böse nach. Jede schlimme That und jede **Unterlassung** wirkt auf die späteren Geschlechter, weil diese die Ausbildung ihres Ichs aus der Vergangenheit nehmen, und Alles, was sie in der Gegenwart haben, Erbe ihrer Ahnen ist.

----

*) Handelsrecht! Dies ist mit Recht vom nationalen Recht zu trennen, auch bei der künftigen Codification.

Aus diesem Grunde bedarf es einer Regelung der Gesellschaft, um alle ihre Zwecke in dem ewigen Erbrecht
der Menschheit zum Ziele zu führen. Diese Regelung ist
die hohe Aufgabe des Staates. Alle Staatsweisheit liegt
im Blick auf die Zukunft. Selbstverständlich hat diesen Blick
nur, wer die Gegenwart scharf erkennt. Denn wer Nahe-
liegendes nicht sieht, wie sollte der in die Ferne sehen
können? —

Es wäre denkbar, dass es gelingt, neben dem von uns
gesetzten Zweckgesetz des Rechts, ein höheres Zweckgesetz in diesem ewigen Erbrecht nachzuweisen. Indessen,
in Folge der Unerkennbarkeit unseres Wesens an sich ist es
für uns wohl unmöglich, uns gleichsam ausser unserer Erscheinung stehend zu denken. —

Der bleibende Staat ist sozusagen der unsterbliche Testamentsvollstrecker der Gesellschaft. Die Geschlechter sterben
dahin, sie erreichen nur wenig von ihrem Ziele, aber der Staat
theilt ihr Erbe aus an die späteren Geschlechter.

Das menschliche Zweckgesetz, welches der Staat
im Gesetz verfolgt, schliesst sich an an das Zweckgesetz in der
Gesellschaft. Im Erbrecht, im Familienrecht, im Vertragsrecht
hat die Gesellschaft und das Gewohnheitsrecht gewaltig vor-
gearbeitet. Das Recht der **positiven Institute** aber verlangt
den ausgebildeten Staatsorganismus. **Erst im Staate** reisst sich
z. B. die Vormundschaft von dem Familien - Schutz und Nutz-
Gedanken los und wird ein Institut des **öffentlichen** Rechts.
Die Abwesenheitsvormundschaft tritt erst im Staate als **öffent-
liches** Institut neben die p r i v a t e negotiorum gestio.

Das Strafrecht ist gleichsam der **Besitzesschutz**,
mit dem der Staat als Testamentsvollstrecker des
ewigen Erbrechts der Geschlechter festhält, was er hat. Die
Strafe im weitern Sinn, die Staatsstrafe, hat den Zweck, gegen
das Unrecht schärfer zu reagiren, als der Schadensersatz,

nicht Geldersatz, sondern Vergeltung zu fordern. Denn das Strafgesetz ist der Ausspruch, dass der Staat in einer Normübertretung eine **Gefährdung seines ganzen Besitzstandes** sieht. In diesem Ausspruch klingt die Vergeltungsforderung des einzelnen Verletzten bei einzelnen Verbrechen mit, und ruft nach Talion. —

So ist der Zweck der Strafe Vergeltung und verschärfte staatliche Reaction gegen das Unrecht **zugleich**. Der erweiterte Begriff der Strafe im weiteren Sinn ermöglicht es, auch die Nebenzwecke zu verfolgen. Diese dürfen aber nicht über den Hauptzweck überwiegen. —

§ 4.

Die Unterlassungen als Verbrechen gegen die Gattung Mensch.

Es wäre möglich, dass auch in der Thierwelt ein Anfangs-
begriff des Rechts insofern waltete, als Handlungen des
einen Thieres gegen das andere ein Rachegefühl aufriefen,
wenn bei diesen Handlungen das Thier nicht neben dem anderen
bestehen könnte. Ich nehme an, dass dieses Rachegefühl
instinctiv ist, und nicht, wie bei dem kategorischen
Imperativ, aus dem Gebote folgt: Lebe so, dass in deinem
Verhalten ein Gesetz für Alle liegt!

Es ist aber nicht möglich, dass in der Thierwelt Unterlassungen die Reaction eines anfangenden Rechtsgefühls
erwecken könnten.

Damit die Thiere nicht unterlassen, ihre Gattung zu
erhalten, hat die Natur, gleichsam einen Zweck verfolgend —
wenigstens scheint es uns so, und daran mag auch der
Umstand nichts zu ändern, dass durch die Gesetze der Anpassung,
Vererbung etc. der Zweckgedanke in die Unendlichkeit
hinausgerückt wird — den **Trieb** des Hungers und den
Geschlechtstrieb in die Thierseele gelegt. Diese wirken so
mächtig, dass ein Aussterben vor dem planetarischen Ende nicht
zu erwarten ist. Es ist auch nicht zu befürchten, dass das Thier,
wie der Mensch, über diese Triebe reflectirte und ihnen Trotz
böte, dass die Thierwelt, wie unsere neuen Philosophen
vom Menschen wollen, die Fortpflanzung unterliesse und sich
vernichtete. Fressen und Zeugen bringen dem Thiere Lust,
Hunger bringt ihm den schmerzhaften Tod. Das genügt für

das Thier, dem das menschliche, überlegende, verallgemeinernde und Begriffe bildende Ich fehlt, um **blind** dem Zweckgedanken der Natur dienstbar zu werden.

Der Mensch hat wie bei dem thierischen Triebe den H u n g e r oder besser die Lust am Leben und die Furcht vor dem Tode, und die g e s c h l e c h t l i c h e L i e b e. Auch die grossen Massen der Menschheit haben dem Z w e c k g e d a n k e n der Natur bisher Folge geleistet und werden ihm trotz v. Hartmann Folge leisten.

Werden aber gewisse staats- und menschenfeindliche Lehren des Pessimismus immer weiter in den Massen verbreitet, so wird mit der Unzufriedenheit am Leben der S e l b s t m o r d zunehmen, und der G e s c h l e c h t s t r i e b, dem Familienleben und der Kinderzeugung grollend, auf Abwege gerathen. B e i d e s a b e r d a r f d e r S t a a t n i c h t d u l d e n! Uebrigens möchte ich v. Hartmann, der in einem Massenselbstmord die Erlösung sieht, auf ein Bedenken aufmerksam machen. Wollte er für alle Zeiten die Erde erlösen, so müsste er zugleich mit den Menschen die k l e i n s t e Z e l l e mit vernichten, denn sonst sagen ihm die Jünger Darwins, dass aus jeder Zelle wieder eine Menschheit werden kann. Wer steht ihm aber, wenn auch das gelänge, dafür, dass nicht k o s m i s c h e Einflüsse walten können, gegen die der Erdenbürger nichts vermag? Also selbst wenn man sich über das unmoralische, abscheulich-undankbare, theoretische Wesen dieser Ansicht hinwegsetzen könnte, bliebe sie doch unausführbar.

Die Unterlassung der Menschenliebe.

Die Menschenliebe vermag alles Leid aus der Welt zu
bannen mit Ausnahme der beiden grössten Uebel: Der Krankheit
und des Todes.

Ihr Wesen ist Handeln und nie unterlassen, denn sie
ist kein sentimentales „Mitleid" mit sich selber. In Indien
verschwimmen die Dinge ins **Grenzenlose,** die Götter, die
Menschen, selbst die Zahlen, mit denen diese rechnen. Die
Menschenliebe aber kann nicht mit dem Grenzenlosen rechnen.

Ihr erstes Gebot ist: liebe dich selbst! Und ihr
zweites: deinen Nächsten liebe wie dich selbst! Sie geht
also von dem berechtigten Egoismus aus, statt ihn, wie
die Indischen Gläubigen, zu verneinen.

Auch die Nächstenliebe verschwimmt nicht in eine kosmopolitische Völkerliebe. Sie setzt an bei der Liebe zu den
Eltern und Kindern. Ihre Krone ist die erste Liebe der Welt,
die Mutterliebe. Dann folgt die Elternliebe. Dann erweitert
sie ihren Kreis und zeigt sich in der Liebe zum Weib. Es
schliesst sich an die Liebe zu den Verwandten. Mit dieser
ist es freilich in gewissen Ländern, wie in Norddeutschland,
schlimm bestellt. Dort spottet man über die Thüringische und
Sächsische Liebe zu den „Vettern." Nun, ich meine, nachdem
der niedere Adel den Grundbesitz verloren, hat er noch eine
schöne und hohe Aufgabe in der Pflege der Liebe zu den Verwandten, der Achtung vor den Ahnen und der Sorge, dass
die Stammesehre erhalten bleibe. Würden alle Familien so
denken, vergässe der Bürger nicht schon des Urgrossvaters

(ausser wenn er ihm Vermögen dankt) und kümmerte sich besser um arme oder verkommene Verwandte, so würde es besser um Deutschland stehen.

An die Liebe zur Familie schliesst sich die Liebe zu den Landsleuten und zur Nation. Auch sie verschwimmt nicht gleich in das Weite, sondern schliesst an an die Liebe zur Heimath. Das Vagabondenwesen zeigt uns, was es heisst, die Heimath aufgeben. Hier hilft Alles Gründen von Arbeitercolonieen nichts. Die Heimathsgemeinde muss der Mann wieder lieben lernen und diese muss sich seiner wieder liebend annehmen, wenn ihm die Noth des Lebens ohne Schuld sein Loos vernichtete. Statt dessen schiebt ein Staat und eine Stadt die Vagabonden zum nächsten Staat und zur nächsten Stadt. Ist es da ein Wunder, wenn diese heimathlosen Menschen auch die Liebe und Achtung gegen die grosse Heimath Deutschland verlieren? — An die Liebe zur Heimath schliesst sich die Liebe zum Stamm. Man möge nicht von Particularismus reden, wenn man von dieser Liebe spricht! Wir bestehen aus Stämmen, und **ich glaube nicht, dass ein einheitliches Recht bald die Stammesverschiedenheiten im Erbrecht und im Familienrecht beseitigen kann.** Auch in Preussen musste man ja die betreffenden Titel des **Landrechts suspendiren!**

Hoch über diesem Allen steht die Liebe zum neuen deutschen Reich. Und hier gilt für uns der Grundsatz: Deutschland über Alles!

Ich weiss, dass ich damit der Ansicht vom **Weltbürgerthum** entgegentrete, aber ich glaube, so wenig wie die Familienliebe in einer allgemeinen Männer- und Weiberliebe enden wird, so wenig wird der nationale Gedanke je dem kosmopolitischen weichen.

Das Weltbürgerthum ist ein Wahn, der sich nie verwirklichen kann. Ein Weltbürger wäre, abgesehen davon, dass er immer noch partikularistischer Erdbürger ist, ein Apostat seines Geschlechts! —

Eine Weltliebe ist so wenig denkbar wie ein Weltrecht. Windscheid sagt: „Ich spreche es mit voller Ueberzeugung aus, dass die Generation, welche jetzt erzogen wird, nur einen Wahlspruch haben wird, das ist: **nationales Recht.** Es wird ihr Glaubenssatz sein, dass eine deutsche Rechtswissenschaft nur Wissenschaft des **deutschen** Rechts sein dürfe." (Recht und Rechtswissenschaft, Greifswald 1854 S. 20). Derselbe Gelehrte, der dies prophetische Wort 1854 aussprach, verwirklicht jetzt mit das Werk des deutschen Gesetzbuchs.

Wohl aber gibt es zwei Dinge, die den Weltfrieden herbeiführen können. Die Menschenliebe in ihrer r e i n m o r a l i s c h e n Auffassung als Liebe zu den Menschen als Brüdern. Diese Liebe, wie sie das Christenthum lehrt, ist das Ziel der Entwickelung. Es folgt aber aus ihr nicht, dass neben ihr die Nationen, wie sie die R e c h t s w e l t braucht, verschwinden müssten.

Das andere Moment ist der W e l t v e r k e h r. Von Ihering ist es, der dem V e r k e h r seine Bürgerkrone neuerdings zuerkannt hat. Der Weltverkehr erzeugt das weltverbindende Handelsrecht. Es folgt aber hieraus nicht, das daneben je das n a t i o n a l e Privatrecht verschwinden müsste.

Die Unterlassungen der Menschenliebe gehören nicht in dies Werk. Ich lasse daher die weitere Ausführung dieses Abschnittes bei Seite.

J u r i s t i s c h e S t r a f e und s t a a t l i c h e r Lohn können gegen Unterlassungen auf diesem Gebiete wenig helfen. Hier müssen andere Kräfte wirken.

Allein von der Moral abgesehen liegt es im Staatsinteresse, dass sich Jeder im Staate möglichst wohl fühlt, und dass allzustark sich vordrängendem Egoismus Schranken auferlegt werden, wenn er die Armuth daneben rücksichts-los zu Boden drückt. Dann muss sich der Staat fragen, was er für die „Enterbten" thun kann?

Auf die schwierigen Fragen der Unterlassungen in der Socialpolitik habe ich hier nicht einzugehen. Es sei nur darauf hingewiesen, dass auch v. Ihering „das angebliche Recht des Eigenthümers, von den Gütern dieser Welt beliebig viel zusammen zu scharren" bestreitet (S. 519 des „Zweck im Recht"), und gegen die **Unersättlichkeit des Egoismus** die Gegenhülfe in den **Steuern** findet, eine Ansicht, die ich theile.

§ 6.

Die Unterlassung der Selbsterhaltung.

Die Unterlassung der Selbsterhaltung wird verhindert durch das Moralgebot: liebe dich selbst!

In erster Linie sorgt für die Erhaltung der Gattung der Zweckgedanke der Lebenslust und des Todesschmerzes, zu welchem noch die Todesfurcht tritt.

Trotz dieser beiden gewaltigen Feinde des Selbstmords wagt es eine Richtung der neueren Philosophie ihn zu empfehlen als Welterlösung.

Er aber vor Allem ist der Feind des Rechts, des Staats; der Selbstmörder ist der undankbare Erbe, welcher ein reiches Erbe annimmt, es geniesst, dann es aber aus Ueberdruss fortwirft, ohne daran zu denken, den Seinen etwas zu hinterlassen.

Es ist nothwendig, über ihn zu sprechen, denn die Schopenhauersche Richtung schon liebäugelt mit ihm und leugnet die Kantischen Pflichten gegen uns selbst (die beiden Grundprobleme der Ethik, II. Ueber das Fundament der Moral). v. Hartmann aber sieht das Ziel der Menschheit in einem dereinstigen Massenselbstmord. —

Der Selbstmord kann natürlich nicht gestraft werden, denn der Todte ist kein Subject mehr für die Strafe. Der Versuch des Selbstmordes aber ist strafbares Unrecht.

Diese Ansicht schlägt den Ansichten der Jünger Schopenhauers so heftig in das Antlitz, dass ich sie ausführlich begründen muss.

Wenn ich von Selbstmördern höre, oder Schopenhauers Ansichten lese, fällt mir als Juristen stets der § 84 des Militärstrafgesetzbuchs ein:

„Wer während des Gefechts aus Feigheit die Flucht ergreift und die Kameraden durch Worte oder Zeichen zur Flucht verleitet, wird mit dem Tode bestraft."

In der That, es ist nichts als eine strafbare, feige Flucht aus dem Kampfe um das Dasein! Viel schärfer als der Versuch ist aber die Verleitung Anderer zum Selbstmord zu bestrafen. Die ganze Schopenhauersche Philosophie gehörte, wenn wir schärfere Gesetze hätten, einfach vor den Staatsanwalt. Die Aufgabe der Statistik ist es, zu erforschen, ob nicht die Vermehrung der Selbstmorde mit dieser Philosophie zusammenhängt.

Doch wir müssen den Einwand gewärtigen, dass aus praktischen Rücksichten keine Philosophie tadelnswerth sei. —

Nur schade, dass dieser Einwand so unlogisch ist wie möglich, denn der praktische, sittliche Geselligkeitstrieb ist dem Menschen angeboren! Schopenhauer und von Hartmann bedurften und bedürfen des Staates, wenn sie ihre Bücher schreiben wollen, sie können ausserstaatlich gar nicht wirkend leben.

Auf dem sittlichen Geselligkeitstrieb ruht das Recht und ruht der Staat, dieser Trieb selbst liegt in dem Ich als Wesen des reinen Seins, ebenda, wo die Freiheit zu suchen ist. Und weil beide grossen Güter der Menschheit im freien Ich für die Sinne unerkennbar aber im eigenen Selbst erfassbar liegen, so ist Freiheit und Nothwendigkeit in diesem Sinne kein Widerspruch, sondern die Grundlage alles Rechtes.

Im freien Ich, zumeist auf dem sittlichen Geselligkeitstrieb, ruht die Sprache, die Tradition, die Erziehung des Menschengeschlechts. Jedes Ich lebt und wirkt für die Mit-Ichs und Nach-Ichs, und setzt Ursachen, deren Erfolge fortdauern bis zum Ende unseres planetarischen Lebens. Die ganze Menschheit ist eine grosse Familie, durch jede That und jede Unterlassung, sofern sie Unrecht ist, versündigt sich Jeder an den Mitlebenden wie an der Nachwelt. —

Hierauf beruht der grosse Unterschied des Menschen vom Thiere! Es ist ein „elender Kunstgriff" (Schopenhauer, loc. cit. 239) Schopenhauers, der „nicht glaubt weit genug gehen zu können im Verleugnen und Lästern" des freien Ichs, an Stelle dieses Ichs das unbewiesene, vor allem unjuristische Dogma vom „Willen" zu setzen! Aber diese Philosophen müssen den Selbstmord am eigenen Ich erst begehen, um ihn Andern als neuestes Weltenheil rathen zu können, und den Wahnsinn zu behaupten: Ich sei gleich Du, also 2 = 3!

Ich bin der Letzte, der nicht zugibt, dass die Pflichten gegen das organische Leben von unserer, dem Materialismus und dem „Geschäft" folgenden Zeit nicht verstanden werden. Thiere und Pflanzen sind um ihrer selbst willen zu schützen, und nicht aus neunzehnjahrhundertlichen Nützlichkeitsrücksichten! Aber den Wahnsinn zuzugeben, dass im Thiere mein „Ich" lebe, weil das die kindlichen und kindischen Indier glauben, mag der Philosoph von Kindern fordern, die noch nicht „ich" sagen können. „Hunde-narren" macht es vielleicht Freude, neben ihren Hunden begraben zu werden (loc. cit. S. 240).

Das Taschenspielerkunststück Schopenhauers und seiner Anhänger besteht einfach darin, dass er an die Stelle des inneren Kerns des Menschen den Willen setzt, ein Dogma, in allen seinen Theilen elend und schwach, aber gestützt durch die widerwärtige, der Menschheit unwürdige Lüge vom angebornen Charakter. Dann kann man recht kühn behaupten, dass im Secundären, im Intellect, im Grad der Erkenntnisskraft die Verschiedenheit des Menschen liege. Das Wort „secundär" hat der harmlose Leser vielleicht übersehen, und dann wundert es ihn gar nicht, dass der primäre „Wille" plötzlich eine Rolle spielt, die dem „freien Ich" zukommt, welches Schopenhauer in das secundäre Märchenreich, den Intellect, verbannt. —

Ein lauter Protest gegen die Lehren des grossen Denkers, vor dem man trotz aller seiner Unhöflichkeiten und Derbheiten die grösste Achtung hat und haben wird, und der in seiner Art einzig dasteht, scheint mir geboten. Ich selbst habe mich mit dieser irreführenden Logik sehr mühsam, aber nicht ungern abgefunden, denn die **Klarheit** des Denkers hat etwas Erfrischendes. Andere Autoren folgen ihm freilich, durch eben diese Klarheit bestochen, blind und ohne jede eigene Kritik.

Obwohl Schopenhauer sagt: operari sequitur esse, und ein freies Ich im reinen Sein annimmt, behilft er sich mit der grossen und offenbaren Unwahrheit des angeborenen und constanten Charakters, um für die einzelne Handlung die Freiheit und die Schuld zu streichen.

Und was ist denn der Zweck dieses Taschenspielerkunststücks? Kein anderer als der, die Schuld der einzelnen Handlung wegzudisputiren und mit dem freien Ich der Menschheit die Nation, die Freude am Leben, **die Fortentwicklung durch bewusste That** zu rauben, und ihr zu rathen, in's Wasser zu springen. Dabei sass aber der Philosoph selbst ruhig in Frankfurt, erfreute sich aller Vorzüge des Rechts und des Staats,*) und rettete sich sein Ich durch

*) Auch die Worte und Begriffe, mit denen Schopenhauer rechnet, dankt er den Vor-Ich's. Jedes Wort hat seine tausendjährige, kampfreiche Geschichte! Das entsetzliche Experiment, einen Menschen total von Menschen von der Geburt an abzusperren, würde zeigen, was er der Vorwelt dankt!

die Lüge des angeborenen Charakters. Aber er war die Schuld los, die Reue und das Gewissen. Er hatte die R u h e des „Nirwana" für die Erscheinungswelt herbei-geführt. Der Verbrecher wird sich nun, wie er sagt, in der Zelle höchstens „langweilen". Und wir bösen und be-schränkten Juristen sind überflüssig! —

Um das freie Ich noch ganz hinweg zu disputiren, wagt er noch ein Taschenspielerkunststück. Dem Dinge an sich ist Zeit und Raum fremd. Denn es liegt nicht in der Sinnenwelt. Nun sagt Schopenhauer „so ist es noth-wendig auch die Vielheit". Woher weiss er denn aber das vom unerkennbaren Ding an sich? Aus den „heiligen Veden" (S. 268). Mit dem G l a u b e n habe ich aber hier nicht zu rechten, so wenig wie mit dem A b e r g l a u b e n Schopenhauers an Seelenwanderung, Vorhersehen, Träume etc. etc.

Aus dem G l a u b e n nimmt der Philosoph ein D o g m a für die „Dinge an sich." Ob sein G l a u b e wirklich dem Christenthum so ähnlich sei, mag der Theolog entscheiden. Ich habe es hier mit dieser Frage nicht zu thun. Ich bin Jurist und nicht Theolog.

Es möchten diese „kläglichsten Sophismen" (S. 269, loc. cit.) noch gehen, wenn sie nur von dem Reiche des reinen Seins oder von Schopenhauers „Nirwana" sprächen. Die Annahmen über dieses Reich könnten den Juristen zunächst nicht berühren. Wer hier Erkennbarkeit annimmt, möge philosophisch phan-tasiren, wenn es ihm Freude macht. W i r h a b e n n i c h t s d a w i d e r! —

Aber Schopenhauer setzt sein Ich des reinen Seins in die E r s c h e i n u n g s w e l t! Der M ö r d e r i s t d e r G e-m o r d e t e, d e r R i c h t e r d e r M ö r d e r, d a s P u b l i k u m n i m m t A n t h e i l w e i l e s A l l e z u s a m m e n i s t! Das i s t e i n e E r s c h e i n u n g s w e l t f ü r V e r r ü c k t e, denn das „Ich" haben die Schopenhauerschen Neu-indischen Menschen verloren. In dieser Erscheinungswelt gibt es nur **einen Verbrecher**, und der ist der **Strafrichter!**

Nach der Widerlegung dieser neuen Lehre, auf die unser Jahrhundert nicht stolz zu sein braucht, da sie einfach eine neue Auflage der Indischen Religion ist, habe ich zu erörtern, ob der Selbstmord strafbar ist. Gerade der Selbstmord ist das Lieblingskind der neuen Heiligen. Deshalb musste erst mit ihnen gesprochen werden.

Unter den Juristen herrscht jetzt die Ansicht vor, dass der Selbstmord strafbar sei, d. h. natürlich der Selbstmordversuch. Die Strafbarkeit ist in sich selbst begründet.

Jeder wird in der Gegenwart geboren als Mitglied des Staates, bekommt vom Staat die Lebenssicherheit und die ganze staatliche Cultur, und überkommt die Staatspflicht, zu Nutz und Schutz des Staates sich, seine körperliche und geistige Kraft, dem Staate zu weihen, dem er die Wahrung seiner Existenz und die Wahrung seines Ich dankt.

Die Schwärmerei für den Urzustand Rousseaus, die Schopenhauer billigt, ist ein Wahn! Wer das Recht der „Wilden" studirt, weiss, was er ohne den Staat zu hoffen hat! Ein Zulukaffer mag sich das Leben nehmen, ein Culturmensch verletzt durch den Selbstmord die erste Staatspflicht, denn der Muth zum Leben ist im Staatsleben eben so nöthig für die Fortentwickelung unseres Geschlechts, wie bei dem Soldaten der Muth zum Kampfe nöthig ist zum Siege. „Ein Mensch sein heisst ein Kämpfer sein." *) Ein Selbstmörder aber ist ein feiger, elender Schurke.

---

*) Das sprach der von Schopenhauer viel citirte aber lebensfreudige, weil lebensmuthige Göthe.

Nur zwei Entschuldigungsgründe gibt es: Geistes- und schwerste Körperkrankheit. v. Hartmannsche Gründe für den Selbstmord sind ein Erschwerungsgrund für die Strafe des Versuchs, denn sie zeigen so recht den abscheulichen Vorsatz, dem Staate, der Zukunft der Menschheit und der Welt seine Kraft zu entziehen. Während der Selbstmord meist ein Selbsttodtschlag ist, wo der Affect auch den Versuch entschuldigen mag, entspricht der Selbstmord aus philosophischen Gründen total dem mit kalter Ueberlegung vollzogenen Morde, und ist deshalb strafbarer, als der Selbsttodtschlag. Sollte daher diese Richtung v. Hartmanns immer mehr Anhänger erhalten, so muss der Staat ein Gesetz geben, welches die feigen Flüchtlinge aus dem Kampfe, wenn ihnen die Weltflucht nicht gelingt, bestraft. Land darf sich der Staat nicht rauben lassen, noch viel weniger aber Leute!

Da der Selbstmord in Deutschland ein Verbrechen gegen den deutschen Staat ist, will ich die Römischen *) und Canonischen **) Ansichten übergehen und das deutsche Recht allein berücksichtigen, da fremde Rechtsübertragungen auf den modernen, deutschen Staatsbegriff stets etwas sehr Bedenkliches haben.

Bis gegen Ende des achtzehnten Jahrhunderts galt Selbstmord als Verbrechen und wurde mit unfeierlichem, oft unehrlichem Begräbniss bestraft.***) Heut wird der Selbstmord am Leichnam mit Recht nicht mehr bestraft. Ein Leichnam

---

*) Cf. die Literatur bei Geib II S. 204 ff. und die reichhaltigen Quellenangaben daselbst. Dass Seneca den Selbstmord preist, darf uns bei dem Erzieher Neros so wenig wundern, als bei einem anderen Staatsbürger der verfallenden Römerzeit.

**) „Nulla prorsus pro illis in oblatione commemoratio fiat, neque cum psalmis ad sepulturam eorum cadavera deducantur."

***) Schön unterscheidet die Henneberger Landesordnung VIII 5, 7, den Selbstmord und den Selbsttodtschlag: „So jhm einer oder mehr den

ist, weil ohne „Ich", kein Subject sondern ein Object, und auch der überlegende Selbstmörder kann Hinterlassene haben, an denen er zumeist frevelt, denen aber doch sein Leichnam ein Object der Pietät ist. Das unehrliche Begräbniss ist verwerflich. Die Frage nach dem unfeierlichen Begräbniss hat die Kirche für ihre Kirchhöfe zu entscheiden. —

Dagegen ist der Versuch zu bestrafen. Es ist total irrig, zu behaupten, das sei nicht möglich, weil die Vollendung nicht strafbar sei. Sie ist strafbares Unrecht, aber die Vollziehung der Strafe ist nicht möglich. Wer das verkennt, der verkennt den Unterschied zwischen „Strafgesetz" und „Norm".*)

Mit Recht sagt Meyer von dem Versuche des Selbstmords, nachdem er hervorgehoben, dass derselbe nach ausländischen Rechten (im praktischen England!) bestraft werde: „wenn das geltende Recht bei ihm auf Strafe verzichtet, so ist der Grund davon nur darin zu erblicken, dass das Interesse des Staates an der Erhaltung des Einzelnen nicht gross genug ist, um auch die Selbsttödtung unter Strafe zu stellen" (Lehrbuch, S. 287).

Früher, wo der Selbstmord meist als ein Zeichen des Irrsinns galt, konnte der Staat den Versuch ignoriren. Jetzt, wo durch von Hartmann der Wahnsinn Methode bekommt, muss er ihn strafen.

---

todt, nicht aus obligendem schmertzen, oder wehtagen, oder sinnloser, sondern wolbedechtiger weise und furcht künfftiger straffe und marter anthun. — „Wohlbedächtiger Weise" kennzeichnet gut den sog. philosophischen Selbstmord.

*) Die Norm lautet: Erhalte dich dem Staate, der Menschheit, der Zukunft! Sie ruht auf dem sittlichen Geselligkeitstriebe. Ein Hund darf sich ersäufen, denn er dankt nichts der Vergangenheit und schuldet nichts der Zukunft, wie der Mensch. Gänzlich irrig sind daher die Ansichten Berners Seite 139 seines Lehrbuchs. Eine vorzügliche und total richtige Auffassung hat Schütze Lehrbuch S. 104.

Die Schwierigkeit, ein Strafübel zu finden, kann hier nicht allein massgebend sein (Schütze, Lehrbuch, S. 104 Anm. 5). Einsperrung mit Bewachung und Ehrenstrafe ist angemessen! Im Rückfall Schärfung! Gelingt trotz aller Strafe dem Lebensmüden der Selbstmord, so sind eben die Mittel des Staates erschöpft. Er muss sie aber um seiner Selbsterhaltung und um der Zukunft willen anwenden.

Der Mensch steht nicht nur zu sich selbst in einem sittlichen Verhältniss (Köstlin, Wächter, Hälschner), sondern er steht in Folge des sittlichen Gesellschaftstriebes in einem solchen Verhältniss zur Mitwelt und zur Nachwelt, wie er der Vorwelt sein „Wesen" dankt. *)

Keines Wortes bedarf es nach meiner Construction, dass die Theilnahme am Selbstmord strafbar ist, wie sie Sachsen und Thüringen früher strafte (cf. Meyer, Lehrbuch, S. 241, Anm. 25). In dem praktischen England wird die Theilnahme als Theilnahme am gemeinen Mord bestraft!

Die Anstiftung zum Selbstmord ist schwerer zu strafen als die Anstiftung, der nur ein Versuch folgt. Der Selbstmord ist strafbar, straflos nur wegen der Unmöglichkeit der Vollziehung. Den Anstifter aber kann und soll die Strafe treffen.

---

*) Dass beim Selbstmord immer Unzurechnungsfähigkeit vorliege, nimmt Lion an (Goltd. Archiv 1858). Ich möchte wissen, was von Hartmann hierzu sagt? Indessen, wenn dem Richter ein „Ich" sagte, es sei kein „Ich", es sei der „Wille", der auch in der anorganischen Welt lebt, und es tödte so nothwendig, wie der Stein Jemand erschlage, es trage keine Schuld und verdiene Mitleid und nicht Strafe — so wird er den Arzt fragen, ob das „Ich", das sich selbst nicht mehr kennt, „verrückt" ist, und ich will nicht behaupten, dass der Mediciner die Frage stets verneinen würde. Wir sehen die Consequenzen dieser Philosophie. Die Augen auf!

Die Anstiftung muss hier im tiefsten Ich des Menschen einsetzen und dieses zu vernichten suchen. Erst dann kann das Ich den entsetzlichen Entschluss fassen. Am besten wird dieser Weg erreicht, wenn der Anstifter dem Ich vorspiegelt, es sei kein Ich, sondern nur „Wille", es habe keinen sittlichen Gesellschaftstrieb und keine Pflicht für die Mit- und Nachwelt. Kommt hierzu noch eine abscheuliche Verketzerung der menschlichen Arbeit, der Ehe und des Rechts und ein Vorgaukeln von Indischem Spuk, so ist das Ich zu verführen; wenn v. Hartmanns grosses Massenvernichtungsmittel erfunden (?), stehen wir sogar vor der horriblen Thatsache, die Begriffe „Complott" und „Bande" beim Selbstmord strafrechtlich anzuwenden.

Man sage mir nicht, dass ich mit ungegebenen Grössen rechne! Es ist zu betonen, dass v. Hartmanns Träume vollsten Beifall finden. **Videant Consules etc.!**

Sollte das „Ich" in Folge der Anstiftung nicht einen Selbstmordversuch begehen, sondern „verrückt" werden — und es ist „verrückt" sobald es von sich selbst kein klares Bewusstsein mehr hat — so liegt der Fall der schweren Körperverletzung vor. Auch vorübergehende Geisteskrankheit genügt (Reichsgericht III, 12. Mai 1880. Meyer, Lehrbuch, S. 437).*)

Für die Unterlassungsverbrechen ist de lege ferenda das Resultat folgendes:

1) Die Unterlassung der Lebenserhaltung ist strafbares Unrecht. Führt sie zum Selbstmord, so ist die Strafe unmöglich.

2) Der Versuch, sich durch Unterlassung zu tödten, ist dann zu strafen, wenn kein Selbstmord aus Krankheit

---

*) Auch die durch den modernen **Spiritismus** erregte Geisteskrankheit kann schwere Körperverletzung sein.

versucht worden*), wenn ferner auch kein Selbsttodtschlag vorliegt (dieser ist vorhanden, wenn der Tödtungsversuch nicht mit Ueberlegung ausgeführt wurde)**), sondern wenn die Selbsttödtung vorsätzlich ***) mit Ueberlegung †) versucht wurde.

3) Die Anstiftung zum Selbstmord ist strafbarer als der Versuch.

4) Die Anstiftung zum Versuch des Selbstmordes trifft die Strafe des Versuchs.

5) Beihilfe ist beim Versuch milder zu strafen; bei der Vollendung aber noch strenger als die Anstiftung. (vide England!)

An die Erörterung über den Selbstmord schliesst sich die Erörterung über die Tödtung eines Einwilligenden.

Es kann sich Jemand durch Unterlassung der Selbsterhaltung tödten. Es kann aber auch ein Kranker z. B. einen Andern bitten, seine Pflege und Ernährung zu unterlassen, und dieser kann hierdurch den Tod des Anderen verursachen. Nur gehört bei allen diesen Fällen **vollständige Hilflosigkeit** des Andern dazu, um die Causalität zu begründen.

Tödtung und schwere, zur körperlichen oder geistigen Arbeit unbrauchbar machende Körperverletzung kann nie durch

---

*) Der Nothstand hat beim Selbstmord seine besondere Gestalt.

**) Der Selbsttodtschlagsversuch ist strafbar, bleibt aber mit Rücksicht auf den unglücklichen Zustand des nicht überlegenden Thäters besser straflos.

***) Der fahrlässige Selbstmord ist strafbares Unrecht. Das Ich überlegt nicht, ehe es verursacht, und verursacht als zweite Folge seinen Tod. Von einem Versuche kann hier nicht die Rede sein. Fahrlässige Körperverletzung seiner selbst unter besondere Strafe zu stellen, ist nicht nöthig, da der Selbsterhaltungstrieb trotz v. Hartmanns Wahn für Ueberlegung sorgt, sobald es sich um das eigene „Ich" handelt.

†) Sog. philosophischer Selbstmordversuch ist am strafbarsten.

Einwilligung des Verletzten straflos erscheinen, weil der Staat an dem Leben des einzelnen Bürgers ein grosses Staatsinteresse hat und seine Leute braucht.

Meines Erachtens ist Meyer der Beweis nicht gelungen, dass die Tödtung eines Einwilligenden in Rom straflos war. Der Satz volenti non fit injuria ist richtig für die Injurie im engeren Sinne (Lex 1 pr. D. de injuriis 47, 10 und lex 1 § 5 D. loc. cit.). Die Injurie verliert durch die Einwilligung, wie Meyer anerkennt (Lehrbuch S. 289) den beleidigenden Charakter, und der Staat hat kein Interesse ehrlose Private zu schützen in einer Ehre, auf die sie verzichtet haben. Der Beamte kann auf seine Ehre, soweit sie Staatsehre ist, nicht verzichten.

Uebrigens beweist die Strafe für die Castration, dass die Römer wussten, dass der Staat bei Leben, Gesundheit und Kraft des Einzelnen gewaltig mitinteressirt sei.

In der Lex 4 Dig. ad leg. Cornel. 48, 8 (nicht 48, 3, wie Meyer citirt) wird bestimmt, dass der Arzt, der Jemanden verschnitten, wie auch der, der die Abwehr dagegen unterliess, mit dem Tode bestraft werde. Wo Eunuchenunwesen und fanatische Askese herrscht, wird der Staat ähnliche Bestimmungen zu treffen haben.

Mit dem positiven Recht über die Tödtung auf Verlangen kann ich mich in keiner Hinsicht einverstanden erklären (S. 216 St.-G.-B.).

Die Tödtung auf Verlangen ist nicht als ein selbständiges Delict, sondern als ein Fall des Mordes aufzufassen. Bei der Tödtung auf Verlangen fehlt das Vergeltungsmoment aus dem Strafrecht im engeren Sinne. Ich kann nicht Vergeltung wünschen für etwas das ich wünsche. Dem Sterbenwollenden ist der Tod kein Uebel. Aber die Strafe im weiteren Sinne bleibt. Es bleibt das Unrecht gegen den Staat. Dies Unrecht ist gross und die Strafe des § 216 ist viel zu klein.

Daraus, dass ich die Tödtung auf Verlangen als Abart des Mordes auffasse, folgt, dass es bei ihr auch einen milder zu bestrafenden Todtschlag geben muss. Hierher gehört das in der Praxis so oft vorkommende Beispiel, dass ein Liebespaar verabredet sich zu tödten. In der Aufregung erschiesst der Liebhaber die Geliebte und hat dann, zur Ueberlegung gekommen, nicht den Muth sich zu erschiessen. Hier ist es übrigens mit dem „ausdrücklichen und ernsten Verlangen" bei der Nachgiebigkeit der weiblichen Natur doppelt ernst zu nehmen.

Nach dem geltenden Recht möchte ich mit Schwarze gegen Meyer annehmen, dass es leider keinen Todtschlag bei dem selbständigen Delict gibt (Commentar S. 525).

Ebenso ist leider der Versuch nach dem geltenden Recht nicht strafbar.

Neben diese milder zu strafende Abart des Mordes wäre dann, wie früher in Würtemberg (Art. 239) der Fall als selbständiges Delict zu stellen, wenn ein Todtkranker oder tödtlich Verwundeter ein solches Verlangen gestellt hat. Dieses Delict ist aber dann wieder viel milder zu strafen als § 216 strafen will. Ich denke an den Fall, wo ein Kamerad seinem entsetzlich verwundeten Kameraden auf dessen Bitte den Gnadenstoss gibt. Ich denke an den Fall, wo ein Arzt einem Todtkranken, für den es nach menschlichem Ermessen keine Rettung, aber entsetzliche Schmerzen gibt, auf dessen ausdrücklichen und ernsten Wunsch und nicht gegen den Willen der Familie, ein Mittel gibt, dass er hinüberschläft.

Hier hat auch die Strafe im weiteren Sinne keine Bedeutung, denn der Staat kann kein Interesse daran haben, dass ein armer, elender, unbrauchbarer Mensch noch einige Stunden unter entsetzlichen Schmerzen athmet.

Freilich werden mir die Aerzte entgegnen, „todtkrank" sei ein vager Begriff. Indess es gibt Krankheiten, bei denen der Begriff nach menschlichem Ermessen keine Bedenken hat.

Den Fall des Affects würde ich hier nicht von dem der Ueberlegung scheiden. Der Versuch wäre bei dem selbständigen Delict nicht strafbar.

Im Falle der Körperverletzung eines Einwilligenden liegt es in unserer, in Bezug auf **Duellstrafen** in der Praxis scheinbar n o r m l o s e n Zeit nahe, an das Duell zu denken. Allein wenn ein Duell bloss g e g e n s e i t i g e K ö r p e r v e r l e t z u n g nach den **Regeln des Zweikampfes** bezweckt, so liegt durchaus nicht Körperverletzung e i n e s Einwilligenden vor. Der **Begriff** des Duells bleibt **derselbe,** gleichviel ob „tödtliche Waffen" mitwirken oder ob nicht, wenn nur der Begriff des **regelrechten Kampfes** vorliegt. Die Lücken der G e s e t z g e b u n g sind durch die G e s e t z g e b u n g zu ergänzen!

Die K ö r p e r v e r l e t z u n g e i n e s Einwilligenden nimmt der Strafe den Begriff der Vergeltung, nicht aber den der Strafe im weiteren Sinne. Denn der Staat hat ein Interesse daran, dass der Einzelne seine A r b e i t s k r a f t für den Staat behält, ganz abgesehen von der W e h r k r a f t.

Im Falle der s c h w e r e n Körperverletzung ist es zweifellos, dass das Staatsinteresse trotz der Einwilligung verletzt ist. Ich vermag Schwarze nicht beizustimmen (Commentar S. 155).

Ebensowenig aber vermag ich auch die Ansicht des Reichsgerichts zu billigen, welches l e i c h t e Körperverletzungen bei Einwilligung strafen will (Reichsgericht I, 15. Nov. 1880). Diese haben straflos zu bleiben wie die Beleidigung Privater, wenn Einwilligung vorliegt.

Bei der F r e i h e i t s e n t z i e h u n g eines Einwilligenden kann Strafe im weiteren Sinne angemessen sein, wenn K r a n k h e i t

29 *

daraus folgt. Aber auch dann, wenn nach der Entlassung Arbeitsuntüchtigkeit in Folge der Freiheitsentziehung und Verarmung eintritt, so dass dem Staate Kosten ent-entstehen.

Indem der deutsche Staat die **Klöster** für unzulässig in seinem Reich erklärt, hat er ausgesprochen, dass sich in Deutschland Niemand aus religiösen Gründen durch freiwillige Freiheitsentziehung im Staatsleben der **Arbeit** am Weiterbau desselben entziehen darf.

Anhang I.

Die Strafe im weiteren Sinne bleibt in vielen Fällen trotz der Einwilligung bestehen, weil der moderne Staat ein weiteres Interesse, als das der Vergeltung, in den meisten Fällen hat. Insbesondere zeigt sich dies bei den Sittlichkeitsdelicten. Der Satz „volenti non fit injuria" bezieht sich in erster Linie auf die Ehrverletzung. Im weiteren, üblichen Sinne kommt ihm im Strafrecht „nur eine beschränkte Richtigkeit zu" (Meyer Lehrbuch S. 288).

§ 7.

Die Unterlassung der Erziehung.

Das grause Experiment, einen Menschen von seiner Geburt an abzuschliessen, würde zeigen, wie es mit den „angeborenen Gütern" steht, wenn der sittliche Geselligkeitstrieb, ohne den sie keinen Werth haben, unterdrückt wird. Es würde ein blödsinniges Wesen aufwachsen. Die Menschheit könnte ein solches Experiment aber n i e v e r a n t w o r t e n!

Sprache, Worte, Sitte, Recht erwirbt ein Geschlecht vom Andern z u e r s t durch Erziehung. Dann, wenn das Geschlecht erwachsen ist, bildet es seine Güter weiter aus, und v e r e r b t m e h r, als es ererbt hat; wenigstens soll dies der Fall sein.

Deshalb ist die Erziehung für den Staat so ungeheuer wichtig, und rächt sich ihre Unterlassung so schwer.

Zunächst will ich die Erziehung der Kinder besprechen. S t r e n g e S c h u l s t r a f e n, wobei auch recht tüchtige Prügel nicht schaden, müssen das Kind zur Selbsterziehung antreiben. S c h w e r e, sehr schwere Strafen, und zwar ö f f e n t l i c h e Strafen müssen die Eltern treffen, die aus bösem Willen die Kinder der Schule entziehen. S c h w e r e Disciplinarstrafe müsste den Lehrer treffen, der sein heiliges Amt vernachlässigt, der Staat aber muss ihm, was nicht immer geschieht, ein a n s t ä n d i g e s G e h a l t gewähren, damit er sein s c h w e r e s Amt nicht mit Seufzen und Sorgen erfüllt.

Die Sorge für die Erziehung trägt der **Staat.** Die K i r c h e hat für den Religionsunterricht zu sorgen. Indessen bleibt eine Verbindung beider in der Schule angemessen, so lange die

Kirche nicht, wie die katholische, äussere, weltliche
Macht in Anspruch nimmt, die nichts mit der Moral, noch
weniger mit der Religion zu thun hat; denn das Schwert
führt der Staat, er muss die Macht haben, welche die
Gesetze erzwingbar machen.

Es steht durchaus nichts entgegen, die Unterlassung
der Erziehung unter Umständen mit strenger, öffent-
licher Strafe zu belegen. Es ist ja auch im neueren Recht
der Werth der Erziehung mehrfach anerkannt. Kinder, die vor
dem zwölften Jahre Verbrechen begehen, werden nicht mehr
der Familienzucht allein überlassen, sondern können,
nachdem durch Beschluss der Vormundschaftsbehörde die Begehung der Handlung feststeht und die Unterbringung für
zulässig erklärt ist, in eine Erziehungs- oder Besserungsanstalt
gebracht werden (Pr. Gesetz vom 13. März 1878). Personen
über 12 Jahre, wenn sie nicht für zurechnungsfähig befunden
worden, können durch Beschluss des Gerichts derartigen
Anstalten überwiesen werden.

Auch ist in Folge der Novelle von 1876 strafbar, wer
Kinder von der Begehung gewisser Delicte nicht abhält. Das
Princip dieser verschuldeten Unterlassung (§ 361 No. 9), in
der ein Vergehen an der Erziehung liegt, ist auszudehnen
auf alle Verbrechen. Die weitergehende Haftbarerklärung einzelner
Gesetze, wonach die Erzieher für Geldstrafe der Pfleglinge
haften, mag praktisch dienlich sein, strafrechtlich ist sie nicht
ohne schwere Bedenken, und m. E. würde strenge Strafe der
Nichtbeaufsichtigung und Nichtabhaltung, die leicht
nachzuweisen ist, genügen.

Sittlichkeitsdelicte der Erzieher gegen die Pfleglinge sind
ein doppeltes Unrecht, das schwere Strafe verdient.

Auf der andern Seite genügt bei gewissen Vergehen der
Pfleglinge gegen die Erzieher die Strafe der Zucht, und

darf die öffentliche Strafe von einem Antrage abhängig gemacht werden.

Von grösster Bedeutung ist die Erziehung für die Ausbildung des **Gewissens**. Diese Stimme in uns, die auf dem sittlichen Geselligkeitstrieb ruht, verleugnet doch das historische Wesen des Menschen nicht. Der Wilde hört sie anders sprechen, als wir! Oeffentlichkeit der Strafverhandlungen und würdevoller Ernst derselben weckt das Gewissen neben der Erziehung.

Meines Erachtens hat auch die **Schule** dafür zu sorgen, dass die Imperative der Strafnormen, die nicht alle der Gesellschaft bekannt sind, ihr bekannt werden. Man glaube nicht, dass der „trockene Stoff" die „Laien" nicht interessire. Das Volk hat Sinn und Herz für sein Recht. Ich selbst weiss aus eigener Erfahrung, dass populäre Vorträge über Rechtsgebiete in Kaufmännischen-, Gewerbe- und Landwirthschaftskreisen stets mit Interesse und Verständniss aufgenommen worden sind.

Die Strafe selbst endlich hat den Nebenzweck der Erziehung. Es ist nicht nöthig, dies zu betonen, da unsere Zeit nahe daran war, diesen Nebenzweck zum Hauptzweck zu machen.

§ 8.
Die Unterlassung der Arbeit.

Es ist eine Kunst, recht zu handeln, und es bedarf geistiger Arbeit, ohne Rechtsverletzung zu leben. Denn wir wollen im Leben stets etwas, aber der Staat verlangt, dass wir nicht darauf los wollen, sondern vorher überlegen.

Wer diese Ueberlegung unterlässt, der unterlässt eine vom Staate geforderte Geistesarbeit und wird strafbar wegen Fahrlässigkeit.

Abgesehen hiervon fordert das ewige Erbrecht der Menschheit Arbeit des Einzelnen, so lange nur seine Kräfte reichen.*) Hierdurch zahlt er der Zukunft ab, was er der Vergangenheit schuldet. Nur hierdurch erwirbt er den Anspruch, dass ihm der Staat bei unverschuldeter Noth mit der Armen- und Krankenpflege zu Hülfe komme, wie er sich auch des Kindes annehmen muss, dass elend geboren worden und nichts leisten kann.

Durch Faulheit und Müssiggang aber diese Staatshilfe ertrotzen zu wollen, ist strafbares Unrecht.

Es ist wieder, wie es uns scheint, ein grosser Zweckgedanke, dass die Arbeit Freude bringt. Indessen führt die Entartung dazu, dass der Mensch im Müssiggang Freude findet. Hier kann nur ein empfindliches Uebel helfen.

Dieses Uebel ist das **Arbeitshaus** mit **harter Arbeit.** **Strafcolonieen** würden einen ähnlichen Dienst thun. Das Uebel ist angemessen, denn es fordert der Staat hier von

---

*) Hieraus folgt die Verwerflichkeit der Klöster im Deutschen Staate. Mit Schopenhauers Ansicht und Indischem Glauben vertragen sich dieselben sehr gut! —

dem Arbeit ohne Lohn, der ihm seine Kraft entzogen und ohne Arbeit den Bettellohn erbettelte.

Die Landstreicher, Bettler und Müssiggänger gehen von der Voraussetzung aus, dass sie der Staat umsonst erhalten müsse, weil sie leben. Der Staat hat diese Pflicht nicht, er darf durch Arbeit von diesen Personen erzwingen, was sie ihm kosten. Denn er ist ein Staat der gegenwärtigen Cultur. Lebten wir im Urzustande, so könnte auch jeder sich kleiden, wie er wollte. Jetzt ist es die erste Anforderung, dass sich jeder anständig bekleide, wenn er nicht strafbar werden will. Diese Kleidung kann er sich aber nur durch Arbeit beschaffen.

Ferner muss sich Jeder ein Unterkommen schaffen (§ 361, 8 St.-G.-B.). Auch dies erlangt er nur durch Arbeit.

Weiter darf er sich nicht dem Müssiggang, also dem totalen Unterlassen, so hingeben, dass er in einen Zustand geräth, in welchem fremde Hilfe in Anspruch genommen werden muss (§ 361, 5).

Auch darf er nicht das Arbeiten unterlassen und betteln.*) Es ist in der Welt der Besitz occupirt, er kann nicht rechtlos mehr ergriffen werden; er soll aber auch nicht von Andern erbeten sondern erarbeitet werden.

Der freiwilligen Liebe, welche ohne Bitte gibt, sind deshalb keine Schranken gesetzt.

Ebensowenig kann ein Betteln im Nothstande strafbar sein. Wer unverschuldet total verarmt, keine Arbeit findet, und nun, um sich und die Seinen vor dem Hungertode zu retten, vor den Thüren der Reichen bettelt, ist nicht strafbar, sondern bedarf der Staatshilfe, wenn ihm die Privatleute keine Gaben reichen oder besser durch geordnete und prüfende Armenvereine reichen lassen.

---

*) Deshalb waren die Orden der Bettelmönche aufzuheben.

Der Staat hat nur dem Müssiggänger gegenüber ein Recht zu strafen, der ihm durch seinen Müssiggang zur Last fallen würde. Zu wünschen wäre m. E., „dass die Heimathsgemeinde für Landstreicher und Müssiggänger zu sorgen hätte, und dass der Staat dieser den Sträfling zur Zwangsarbeit überweisen könnte. Dem reichen Müssiggänger gegenüber bleibt ihm nur die Anforderung der **Steuer.** Er kann nicht ändern, dass ihm dieser nicht weiter nützt. —

Uebrigens, wo der Zweckgedanke der Freude an der Arbeit wegen Stumpfsinn hier nicht mehr ausreicht, tritt der Zweckgedanke der Freude am Weitererwerb auch bei dem schlimmsten Egoisten, wenn er eben nicht bloss durch das liegende Kapital erwerben will, an dessen Stelle, und bewirkt, dass er, während er nur für sich sorgen will, doch für Andere mitarbeitet.

§ 9.

Die Bedeutung der Ehe.

Für die Fortpflanzung der menschlichen Gattung sorgt zunächst der thierische Geschlechtstrieb.

Dann aber die Ehe, wie sie nur der Mensch kennt. Die Nationen haben sie verschiedenartig ausgebildet. Erst die Deutsche Nation gab der Ehe die rechte Bedeutung! Schon Tacitus sagt, dass die Deutschen im Weib etwas Göttliches ahnten.

Deutsches Familienleben und deutsche Ehe aufrecht zu erhalten ist eine Hauptaufgabe des deutschen Staats.

Diese Aufgabe geht aber nicht so weit, dass staatlich gegen Ehelose einzuschreiten wäre. Es war eine grosse Verirrung der Römer, Ehelose und Kinderlose zu strafen. Die Ehe ruht auf der freien Wahl unseres freien Wesens. Schopenhauer, der dies freie Wesen leugnet, will in der Liebe einen geheimnissvollen Zweckgedanken der Natur nachweisen, so dass jede Ehe nothwendig wäre. Indessen, wenn auch in der Hinneigung der Männer zu schönen*) Frauen scheinbar ein Zweckgedanke liegt, weil aus solchen Ehen vollkommene Kinder entstehen werden, so liegt doch das letzte Geheimniss in unserem freien Wesen selbst. Es hilft dem Philosophen nichts, zu erörtern, was das Weib in uns sucht. Um dies zu wissen müsste er selbst Weib sein. Ich meine, dass bei

---

*) Dass Schopenhauer blondes Haar und blaue Augen hasst und eine „Spielart" nennt, ruht auf seinem unberechtigten Hasse gegen die deutsche Nation und seine Vorliebe für die „braunhäutigen" Hindus. (Welt als Wille und Vorstellung B. II S. 627).

der rechten Ehe das Weib das Wesen des Mannes sucht, was von ihrem weiblichen Wesen aus ihrem innersten Ich entspricht, und dass beim Manne das Umgekehrte der Fall ist. Ich weiss aber auch, dass dies Geheimniss unerklärlich bleibt, wie unser Wesen selbst.*)

Uebrigens gebe ich Schopenhauer darin recht, dass er nur bei der eigentlichen Verliebtheit das Wesen der Ehe gelten lassen will (S. 625, loc. cit.). Vernunftehen sind ein Unrecht gegen die Gattung!**)

Daraus, dass die Unterlassung der Eheschliessung straflos bleiben muss, folgt aber nicht, dass der Staat nicht gegen Verbände einschreiten könnte, die systematisch die Ehe verachten (Klöster).

Ebensowenig braucht der Staat zu dulden, dass gewisse philosophische Richtungen die Ehe verlästern und die Menschheit bewegen wollen, die Natur so zu sagen zu hintergehen, ihren Trieben nicht zu folgen und nicht zu heirathen, damit die Menschheit aussterbe.

Dergleichen Lehren sind um so verwerflicher, weil die ganze Weiterentwicklung durch das Weib hindurchgeht, und dasselbe, welches Schopenhauer in seinen Werken mit Unrecht so hässlich verkannt hat (Parerga und Paralipomena, II. Band,

---

*) Ich will hier ein Dichterwort Kletke's citiren, das ich einer Anthologie entnehme: „Wie berührt mich wundersam — oft ein Wort von dir — das von deiner Lippe kam — und vom Herzen mir!" — Wer die Bedeutung derartiger Citate auf diesem Gebiet nicht gelten lassen will (Schopenhauer hegt diese irrige Ansicht nicht), den erinnere ich daran, dass die römischen Juristen im „trockenen" corpus juris eine längere Stelle aus der Ilias citiren, um das Wesen des Todtschlags zu erklären (Lex. 16 § 8 Dig. De poenis 48, 19, wo vier Zeilen aus Ilias XXIII. citirt werden).

**) Durchaus nicht billigen kann ich deshalb in Iherings Bemerkung S. 205 des „Zweck im Recht, wonach die Tochter des reichen Fabrikanten oder Kaufmanns die „geborne Frau" des Officiers oder Beamten sein soll, der ihr die sociale Stellung bringt.

S. 649 „Ueber die Weiber"), unendlich adelt. Dazu kommt, dass die Pflege und Erziehung der Mutter dem Menschen zuerst das Erbe vergangener Geschlechter ausliefert. Endlich kommt dazu, dass erst im Frieden der deutschen Ehe der Mann das Selbstgenügen findet, welches ihm die Schaffensfreude für das Wirken im Staate giebt.

Die von Schopenhauer und seinen Jüngern gepriesene Askese und Verachtung des Weibes ist vom staatlichen Standpunkt aus durchaus verwerflich. Verwerflich entschieden auch vom moralischen Standpunkte aus.

Auf der Auffassung der Ehe beruhen die harten Strafen der Sittlichkeitsverbrechen und der dabei vorkommenden, von mir früher erwähnten Unterlassungen. Die harten Strafen zeigen, dass deutscher Geist in unserem Staate waltet!

Die Bedeutung der Unterlassungen gegen die Gattung bei dem einzelnen Verbrechen und bei dessen Strafe.

Ich darf es nicht unterlassen, am Schlusse der Unter-lassungen gegen die Gattung deren Bedeutung für die Handlung des einzelnen Verbrechers und dessen Strafe zu erörtern. Die sittliche Weltordnung des Rechts ruht auf den v. Ihering'schen Sätzen: Ich bin für mich da, die Welt ist für mich da, welche die Rechtsstellung der Person bezeichnen, und dem Echo was die Welt zurückgibt: Du bist für mich da, womit dem Rechte die Pflicht gegenüber-tritt. Aus dieser Pflicht, die ich aus dem ewigen Erb-recht der Menschheit construirt habe, folgt das pflicht-widrige der Unterlassungen gegen die Gattung. —

Wie tritt dies nun bei der Handlung eines einzelnen Verbrechers hervor? Es könnte scheinen, als ob die Unter-lassung gegen die Gattung mit diesem Verbrechen nichts zu thun habe. —

Allein das wäre ein folgenschwerer Irrthum. --

Wie dem Kinde so unendlich viel durch schlechte Er-ziehung geschadet werden kann, so auch dem Manne, wenn die Nation selbst im Sinken begriffen ist. Wohl ist es in Folge der Freiheit unseres Wesens möglich, dass das Kind anderswoher bessere Maximen nimmt, und trotz der schlechten Erziehung besser ist als die Eltern, wohl ist es möglich, dass in einer verderbten Nation ein Edler von Fremden lernt, wie Tacitus die Germanen zum Muster nahm, aber die schwere moralische Mitschuld der Eltern und der Nation lässt sich nicht wegleugnen.

Nicht nur die Verbrechen wirken schädigend auf künftige Generationen, auch straflose Unterlassungen gegen die Gattung haben diesen Einfluss in hohem Grade. Sehr schwer straft sich vernachlässigte Erziehung, und die Schuld hierfür trifft nicht nur die Eltern, sondern auch den Staat, der sie duldet. Bei fehlender Menschenliebe aber würde die schwerste Schuld vorliegen.

Diese Betrachtung führt mich zu einer eigenthümlichen Auffassung der von mir schon besprochenen **Statistik.** Im einzelnen Verbrechen zeigt sich in Folge der Willensfreiheit die Schuld des Einzelnen. Es zeigt sich aber auch darin die Schuld der Gattung. Nicht in jedem Falle, aber in vielen Fällen, am meisten bei jugendlichen Verbrechern.

Hierdurch fällt der Statistik die grosse Aufgabe zu, die Gesellschaft und den Staat darauf hinzuweisen, wo sie in Zukunft zu handeln und zu sorgen haben, und welche **Unterlassungen** sie **meiden** müssen.

Und ich weiss nicht, ob diese Aufgabe nicht edler ist, als jene, die Nothwendigkeit des einzelnen Verbrechens nach- zuweisen, um sich dann, weil ja doch die Willensfreiheit fehlt, in das traurige Resultat zu ergeben. Wenn nach meiner Ansicht die Statistik das Collectivgewissen der Ge- sammtheit an die Collectivschuld mahnt, so kann eben die Statistik, welche uns das Wachsen der Verbrecherzahl zeigt, ver- ursachen, dass sich diese Verbrecherzahl durch energisches Handeln mindere, **sie könnte das Gesetz „der grossen Zahl" corrigiren!**

Hätten meine „Unterlassungen gegen die Gattung" auch nur **diese Aufgabe der Statistik** klargelegt, so wollte ich mit diesem Resultate zufrieden sein.

Anhang I.

Eine Richtung der neueren Philosophie' betont wiederum den antiquen Schicksalsgedanken in einer Weise, dass daneben die Freiheit unseres Wesens schwindet. Auch einige theologische Ansichten stehen, wenn auch mit anderen Worten, auf gleichem Standpunkte. Fassen wir den Begriff „Schicksal" mit juristischer Schärfe in's Auge. In der äusseren Welt herrscht das eherne Gesetz der Causalität. Dieses Gesetz hat keine Lücke, bleibt sich gleich und trägt keine Schuld. Die Ursache des Gesetzes ist für uns unerkennbar. Ebenso dessen Princip; ich verstehe unter Princip nicht Brunos Begriff, sondern die Immanenz einer Kraft in dem Verursachten; mit mechanischen Bewegungen das Princip erklären zu wollen, ist ein circulus vitiosus, denn auch in der Mechanik liegt zuletzt unerkennbar das Princip. — In der inneren Welt herrscht die Freiheit unseres Wesens. Hiermit ist das Gesetz der Causalität ein für allemal durchbrochen. Vom menschlichen Standpunkte aus ist Alles nicht durch uns Verursachte „Zufall", wie dies ja auch vom Rechte anerkannt wird. Die Ursache unserer Existenz ist wiederum unerkennbar. Das Princip unseres Wesens ist in seiner letzten Tiefe ebenfalls unerkennbar. Doch eine wichtige Aeusserung desselben können wir erfassen: den sittlichen Geselligkeitstrieb!

Demnach bleibt für das für uns Sinnenwesen erkennbare „Schicksal" kein Raum! In der äusseren Welt herrscht ein ehernes Gesetz. Dasselbe nur auf uns zu beziehen, wäre eine grosse Täuschung. Die „Schicksalsfälle" in der Geschichte aber beruhen auf jahrtausendalter Schuld oder ebenso altem Verdienst der ganzen Nationen, die im ewigen Erbrecht sich weiterbilden. —

Das Wort hat demnach nur in der Poesie Berechtigung, nicht aber in der Wissenschaft. Hier bleibt uns nur übrig, vor den letzten, unerkennbaren Begriffen der „Ursache" und des „Princips" ehrfurchtsvoll stillzustehen, wie wir ja auch das „Ding an sich" nicht erkennen können, wenn wir nicht leichtfertig und gedankenlos in der Wissenschaft sinnengläubig werden wollen.

Dem religiösen Gemüth aber bleibt sein volles Recht, an den schaffenden und erhaltenden Gott zu glauben, ohne sich dem Vorwurfe der Unwissenschaftlichkeit auszusetzen, den unlogische und flachdenkende Köpfe nur zu gern erheben. Die Wege und das Wirken dieses Gottes aber sind dem Wissen ewig unerkennbar. — — —

§ 11.

Schluss und höhere Ansicht.

Wir dürfen die für den Staat und die Menschheit nöthigen Handlungen nicht unterlassen, wenn Beide ihr Ziel erreichen sollen, das wiederum uns und unsern Enkeln zum Wohle gereicht. —

Mit diesem Satze könnte ich mein Buch schliessen. — —

„Aber," werden die Gegner sagen, „Schopenhauer und v. Hartmann zeigen uns „Woher?" und „Wohin?" du aber überlässest uns dem Glauben oder dem Zweifel!" —

Ich darf mein Wissen nicht auf den Glauben stützen, wenn ich in einem wissenschaftlichen Werke den **Indischen Glauben** widerlegen will. Ich muss streng beim **Wissen** bleiben, sonst erklingt gegen mich derselbe Vorwurf, den Schopenhauer so oft gegen Kant erhoben hat, der „theologischen Tendenz!" Und diese liegt mir fern.

Ich stelle mein ganzes System auf die **Freiheit des menschlichen Willens,** welche der Mensch der **Gegenwart** besitzt, mag er sie erworben haben, **woher es immer sei.**

Der Wille ist motivirt aber frei, weil unser innerstes **Wesen,** unser Ich, frei ist.

Diese Freiheit des Wesens des gegenwärtigen Menschen vom Causalitätsgesetz liegt in der Natur des gegenwärtigen Menschen. Sie ist uns bewusst, weil wir diese Natur theilen. Ueber das Ich selbst vermag das Ich nichts zu sagen, als dass es ist und frei ist. —

In unserem Wesen liegt aber auch der sittliche Geselligkeitstrieb, den schon Aristoteles anerkannt hat. Er gibt der menschlichen Freiheit, zum Unterschied von der thierischen, erst den menschlichen Werth und führt die Gesellschaft zum Staat und zum Recht.

Ich vermag v. Ihering nicht darin beizustimmen, dass er Kants kategorischen Imperativ verwirft, weil kein blosser Begriff den Menschen zum Handeln treiben könne (Zweck im Recht S. 56).

Gewiss! Der Wille ist keine logische Potenz. Das Interesse gibt ihm den realen Druck (S. 57). Gerade meine Auffassung betont seine Beziehung zur gegenwärtigen Aussenwelt im Gegensatz zum **Wunsch.**

Allein der kategorische Imperativ steht h i n t e r dem Willen und liegt im Wesen des Menschen. Woher kommt es denn, dass der Mensch nicht wie das Thier nur für sich oder für die Gegenwart sorgt, sondern im Staate für die Zukunft seiner Gattung Sorge trägt? Das liegt als unergründlicher **Trieb** in seinem Wesen. I c h w e i s s s e h r w o h l, d a s s i c h d a m i t v o n K a n t a b w e i c h e (cf. von Ihering Zweck im Recht S. 56). Als „blossen Begriff" kann ich das Sittengesetz f ü r d a s R e c h t d e r E r s c h e i n u n g s w e l t nicht fassen.

Ich weiche auch in einem anderen Punkt von Kant ab. Kant setzt Gott und Unsterblichkeit als Forderungen der praktischen Vernunft. Ich behaupte, dass sie nicht Dinge des Wissens und des Verstandes, sondern des Glaubens und des Gemüthes sind. I c h g l a u b e v o n g a n z e m H e r z e n a n B e i d e u n d s c h ä m e m i c h m e i n e s G l a u b e n s n i c h t, aber wenn ich sagen wollte, ich w ü s s t e von Beiden etwas, so spräche ich die Unwahrheit. —

Von Gott und Unsterblichkeit können wir nicht **wissen,** dass sie sind, wir können aber auch nicht **wissen,** dass sie n i c h t sind. Deshalb spreche ich mit Recht an dieser Stelle

meinen **Glauben** den Leuten gegenüber aus, die logisch zu
denken gründlich verlernt haben, die **Phantasieen** für **Wahrheiten** ausgeben, und mit **unerhörter Kühnheit** behaupten,
sie hätten den Schleier der Maja als **Sinnenwesen** gehoben! —
Unsere unlogischen Zeitgenossen verwechseln einfach das
„**nicht wissen**" mit dem „**Wissen, dass nicht!**" — Ich habe
gegen Gläubige, denen das „Unbewusste" und das „Nirwana"
imponirt, kein Wort der Erwiderung. Wer von diesem
Indischen Gott und dieser Indischen Unsterblichkeit etwas aus
den „heiligen Veden" der Indier g l a u b e n will, mag es thun.
Er soll aber seinen Glauben nicht Wissen nennen.

Indem ich also als J u r i s t vollständig d e m K a i s e r
l a s s e was d e s K a i s e r s i s t und Gott was G o t t e s i s t,
hoffe ich, den Vorwurf des „**Theologisirens**," den unsere Zeit
nur zu gern erhebt, **nicht** zu befürchten zu brauchen.

Auf der **Willensfreiheit** ruht die Möglichkeit, dass wir
unser Loos durch den Staat von Geschlecht zu Geschlecht für
die Erscheinungswelt verbessern. Und aus dem **ewigen Erbrecht der Menschheit** folgt die s c h w e r e m o r a l i s c h e
S c h u l d einer jeden U n t e r l a s s u n g.

Die Möglichkeit unserer freien Selbstbestimmung und das
ewige Erbrecht der Menschheit muss uns zur V e r a c h t u n g
des Pessimismus führen.

Ich setze diesem P e s s i m i s m u s unserer pflichtvergessenen
Zeit nicht etwa den O p t i m i s m u s gegenüber. **Eine solche
Geistesrichtung lässt sich philosophisch nicht vertreten!** Für uns Menschen ist die Natur draussen oft ein
Feind (in der Gegenwart zeigen uns wieder die Ueberschwemmungen und anderes grosse Elend, was wir von dem
Zweckgesetz der Natur zu hoffen haben, wenn wir es nur auf
uns beziehen. Hier ist kein Erbarmen. Nur der Mensch hilft
dem Menschen, und er hat den Verstand dazu, dem Menschen
helfen zu können, wenn Wasserfluthen, Theuerung oder Pest

hereinbrechen). Die Uebel der Krankheit und des Todes
genügen, um zu dem Wunsche zu führen: „Nicht geboren
zu sein wäre besser!" Der Wille des Selbstmörders oder
vielmehr dessen Ich weiss aber nicht, ob es diesen Wunsch
erfüllen kann. Der Unglaube ist kein Wissen! Und der
sittliche Geselligkeitstrieb verdammt den Wunsch als ein
grosses Unrecht. — Vom Standpunkte des Einzelnen aus hat das Leben sehr wenig Werth. Wer
noch wie v. Hartmann mit **unbegreiflicher Naivität** an
Illusionen, an ein das Ich **befriedigendes** Glück der
Frauengunst und der **Kunst** etc. etc. glaubt, dem sind die
optimistischen, **kindlichen** Ausrufe erlaubt, die jener Philosoph
hören lässt, den die Gunst der Jetztzeit und das **sogenannte**
„Glück" trägt und hebt. Wer in den vergänglichen und
nichtigen Gütern und im sogenannten Glück ein das Ich total
befriedigendes Glück nicht erblicken kann, den hebt und trägt
allein die Pflicht, die aus dem sittlichen Geselligkeitstriebe und
dem ewigen Erbrecht entspringt. Ich selbst stehe mit
Tausenden auf diesem Standpunkte! Für mich handelt
es sich nicht um Optimismus oder Pessimismus. Ich bin
nicht gefragt worden, ob ich in dieser Welt Ich sein will, ich
kann nicht wissen, ob ich je Nicht-Ich sein werde, ich
weiss nur dass die Atome meiner Erscheinung, die mit meiner
Geburt in die Welt getreten, nicht aus derselben schwinden
können, und daraus vermuthet mein Ich, dass es mit ihm
als Ding an sich vielleicht ähnlich ergehen würde. Der
Gedanke, sterben zu müssen, d. h. nicht mehr forschen zu
können und von seinen Lieben getrennt zu werden, lässt auch
in mir den Wunsch rege werden: Nicht geboren zu sein wäre
besser! Denn der Tod ist ein grauses Uebel. Wenn Schopenhauer und v. Hartmann mit dem Tode liebäugeln, weil sie
darin eine Erlösung von ihren Leiden sehen, so ist dies einfach
ein Mangel an Muth. Die Trennung von den Lieben spielt

für Schopenhauer keine Rolle, denn er kennt nur ein liebloses, armes, egoistisches Mitleid mit sich selber. — Ich vermag aber den Wunsch: nicht geboren worden zu sein, nach den Gesetzen der Logik nicht zum Willen werden zu lassen! — —

Indem ich mich nun als bewusstes Ich in dieser Erscheinungswelt umsehe, erkenne ich, dass ich nur sittlich gesellig leben kann, dass ich aber auch, weil ich Alle Begriffe der Vergangenheit schulde, für die Zukunft arbeiten muss, so lange es Tag ist, ehe die Nacht kommt, wo Niemand wirken kann.

Zugleich fühle ich, dass ich frei bin, und frei diese grossen Zwecke der Menschheit als thätiges Glied mit erfüllen kann. —

Und dies Gefühl der Freiheit meines Wesens gibt mir den Muth, für das Ganze zu wirken. Nicht „Optimismus" nenne ich meine Richtung, sondern ich nenne sie die Philosophie der **Freiheit** unseres Wesens und des **Muthes** für die Fortentwickelung.

Den Pessimismus lasse ich den verzagenden und des ewigen Erbrechts vergessenden, undankbaren Naturen! —

Ich glaube nicht, dass meine Richtung den Namen „seichter Optimismus" verdient, mit welchem **Mittelstädt** andere Richtungen der Neuzeit benennt (Zeitschrift f. d. g. Strafrechtsw. B. 2 S. 419 ff.); den **Pessimismus der Kirche vermag ich eben für die Rechtswelt** nicht mit ihm **zu theilen!** Obwohl wir auf **verschiedenem Standpunkte** stehen, glaube ich doch, dass seine Angriffe gegen dieselben Egoisten im schlimmen Sinne sich richten, gegen welche auch in v. Iherings „Zweck im Recht" ein gerechter Groll durchklingt; ich nenne diesen Groll gerecht, weil er ein wissenschaftlich berechtigter ist. —

Es ist nämlich auch mir die pessimistische Richtung weit lieber, als der „seichte Optimismus" vieler modernen Menschen, die aus dem Handel wie aus der Wissenschaft eben nur ein „Geschäft" machen, die nur denken um schnelle Erfolge zu erringen, die Optimisten sich nennen, wenn es ihrem lieben Ich gut geht, und Pessimisten, wenn es dem lieben Ich schlecht geht, die unter „gut gehen" Gold oder Erfolge in Fülle, und unter „schlecht gehen" Wenigverdienen oder Misserfolge verstehen, die einen ungeheuren Jammer loslassen, wenn ihnen einmal eine schnell aufgeblasene Seifenblase, wie billig, zerplatzt ist, die weder für die Menschheit noch für deren höchstes Gut, die Wissenschaft, ein Herz haben, und von denen es besser wäre, wenn sie die Erde nicht drückten! Mit diesen Gegnern lässt sich nicht streiten, weil sie für das **Allgemeine** weder denken **können,** noch **wollen!**

Wirkten Pflicht und Liebe in der Menschheit mehr, würde nicht so viel **unterlassen,** so würde das Uebel der Armuth und des leiblichen Elends immer mehr aus der Welt schwinden.

Ist es aber nicht eine Schmach, dass unser Volk, das vor so grossen Zielen steht und diesem Jahrhundert so viel schuldet, sich von einigen missvergnügten Philosophen die Köpfe verdrehen lässt, und in der Unterlassung des Lebens das Weltenziel sieht? —

In der That würde diese elende und trostlose Philosophie mehr Schaden anrichten, wenn nicht der uns als solcher erscheinende Zweckgedanke, der wie v. Ihering richtig sagt, die Welt des Willens lenkt, — freilich ohne dass wir das Zweckgesetz selbst klar erkennen können — die Jünger der Weltweisen erhielte. Der Hunger, die Liebe, die Lust und der Schmerz hindern das Aussterben des Geschlechts! Mit dem Tode ist der grösste

Schmerz, mit der Liebe die höchste Lust des Körpers wie die höchste Seelenfreude des Ichs verbunden, — was Wunder, dass die neuen Weisen den Schmerz vergöttern um die Menschheit zum Tode zu verlocken und in der Liebe nur die vergängliche Sinnenlust verspotten, damit das Geschlecht sich nicht fortpflanze.

Das Causalitätsgesetz führt zur Ursache, wie das Zweckgesetz zum Princip führt. Ursache und Princip sind aus der Welt nicht wegzuleugnen und wer die Ursache etwa in die Unendlichkeit verlegt, **glaubt** ebenso an etwas Metaphysisches, wie ich an **Gott** glaube. Von dem „unendlich kleinsten" Bruch der Mathematik bis zur Null liegt keine Spanne Zeit, sondern eine methaphysische Ewigkeit.

Ich will mit dem Weltenziel in dieser Erscheinungswelt schliessen. Wir können erreichen was wir w o l l e n, wenn wir ernst wollen und im Gebiet des Möglichen bleiben. Dieses Ziel ist für uns der immer vollkommnere Ausbau des deutschen Staats und die Vervollkommnung der deutschen Gesellschaft. Zur Erreichung dieses Zieles dürfen wir in der Spanne unseres Lebens n i c h t s u n t e r l a s s e n.

Ein kosmopolitisches Ziel w o l l e n wir nicht. Der uns als solcher erscheinende Zweckgedanke in der Welt, der die Nationen so verschieden gestaltet, wird es auch nicht zulassen, dass wir es erreichen. Deutsche werden immer Deutsche bleiben und werden immer Deutschland über Alles stellen.

Aber das kosmopolitische Handelsrecht wird den friedlichen Verkehr erringen und das kosmopolitische Völkerrecht ihn schützen.*)

---

*) Für den auch von Ka n t für möglich gehaltenen Völkerfrieden tritt neuerdings wieder in die Schranken Dr. S. Rhamon (Völkerrecht und Völkerfriede 1881). Cf. auch die gute Bearbeitung von Kants Schrift von D r. K e h r b a c h. —

„Der Nationalismus ist die richtige Form des Kosmopolitismus" (Dahn, Bausteine, Vierte Reihe 1883, S. 156).

Der Traum der Herstellung einer Theilmenschheit auf Erden mit den Menschen auf andern Gestirnen, wie ihn Ahrens in seiner Rechtsphilosophie darstellt, wird ein Traum bleiben. Die Natur zwingt uns, Particularisten unseres Planeten zu bleiben. Zwischen den Sternen gibt es kein Erbrecht.

Hämisch, wie immer, spottet Schopenhauer über das Weltenziel, wo es „eine grosse Herrlichkeit sein wird" (Welt als Wille, II. B., S. 507).

Ich glaube an diese „grosse Herrlichkeit" für die Erscheinungswelt nicht. Jedes menschliche Ziel wird unvollkommen erreicht! Wollten wir aber Alles **unterlassen**, so würde es **immer schlechter** statt besser werden, und wir würden **gar kein Ziel** erreichen! —

Was ist nun der Trost des Einzelnen? Eben die Freude am Handeln, die das **Unterlassen** nicht gibt, das Mitarbeiten am grossen Ziel. Auch die Natur **unterlässt** nie und ist stets thätig. Folgen wir ihr, so werden wir die reinste Freude empfinden.

Und wenn das planetarische Leben der Erde endet, wie es enden muss? Ueber das Grab hinaus mag nur der Glaube trösten, auch über das Grab Aller hinaus kann nur er Trost geben. Die Wissenschaft ist hier am Ende.

Der Zweckgedanke aber, der scheinbar darin liegt, dass uns das Schaffen und Streben selbst erfreut mit reinster Freude, wird die Menschheit hindern, deshalb zu verzagen, weil für die Erscheinungswelt kein Erbrecht unter den Sternen besteht. Man spreche mir auch nicht von einer ewigen Sisyphosarbeit! Es ist schöner nach der Wahrheit zu suchen, als sie zu haben!

Wir leben und denken im Reiche des Werdens und freuen uns des Werdens; das Reich des reinen Seins ist uns in der Erscheinungswelt verschlossen. Und so wird und wächst die menschliche Erkenntniss in uns und mit uns selbst, wenn wir es niemals **unterlassen,** nach der Wahrheit zu forschen. Und dies nie zu unterlassen, ist unsere schönste und heiligste Menschenpflicht. —

Autoren- und Sach-Register.

Ich habe mich der mühsamen Arbeit eines ausführlichen Registers aus doppeltem Grunde unterzogen. Einmal muss dem Leser daran liegen, die Kritiken über die Autoren schnell auffinden zu können. Dann aber wünsche ich durch das Sachregister mein Buch zu einem Nachschlagebuch für die Praxis zu machen. Die Besprechung der gesammten einschlagenden Stellen des Strafgesetzbuchs und aller Nebengesetze sichert ihm einen Platz in der Praxis vielleicht mit demselben Rechte, wie dieser den „praktischen Commentaren" gewährt wird, zumal da auf den modernen Standpunkt der Philosophie wie der Rechtslehre, nicht weniger aber auf die Praxis des Reichsgerichts überall Rücksicht genommen worden ist. —

An der Verbreitung meines Buches in der Deutschen Praxis liegt mir auch aus dem Grunde, weil auch in der Praxis jene modernen Stimmen laut werden, die, von einigen Erfolgen anderer Wissenschaften geblendet, mit dem Strafrechtssystem und der Grundlage unserer Wissenschaft brechen zu müssen glauben, und alle logischen Einwendungen mit der Berufung auf einen modernen Philosophen oder einen modernen Naturforscher abweisen. Diesen durch Trugschlüsse getäuschten Sinnengläubigen gegenüber ist es geboten, in der Praxis nicht weniger als in der Theorie nachzuweisen, dass ihre Schlüsse eben Trug-

schlüsse sind, die vor der **Vernnnft** nicht bestehen.
Einem grossen, ernsten und ehrlichen Denker, Schopenhauer, gegenüber, der auch in der Praxis viele Jünger
hat, bedurfte es um seiner Grösse willen einer
breiteren Auseinandersetzung. — Die nicht direct in
der Praxis zu verwerthenden Lehren möge die Praxis
dem Theoretiker verzeihen. Ich habe alle Paragraphen besprochen, die man für den praktischen Haus-
halt braucht; aus diesem Grunde durfte ich auch auf ferner
Liegendes eingehen. —

Autorenverzeichniss.

Sachverzeichniss.

Druckfehlerverzeichniss.

(Der Zweck meines Buches erforderte einen schleunigen Druck. Dieser Umstand möge die nachfolgenden Druckfehler entschuldigen.)

S. 12 Z. 8 v. u. lies: „Farinacius" statt: Fabrinacius.

S. 23 Z. 5 v. o. lies: „eintreten werde" statt: eintrete.

S. 34 Z. 4 v. u. lies: „wann" statt: wenn.

S. 75 Z. 3 v. o. lies: „dass D für die Herstellung" statt: dass D objectiv für die Herstellung.

S. 84 Z. 6 v. u. lies: „von Bars" statt: von Buris.

S. 87 Z. 5 v. o. lies: „von Bar" statt: Bar.

S. 91 Z. 3 v. o. liess: „das" statt: dass.

S. 100 Z. 10 v. o. lies: „und 22])" statt: und 22).

S. 107 Z. 4 v. o. lies: „Strafrechtsw." statt: Rechtsw.

S. 109 Z. 11 v. o. lies: „Hertz" statt: Herz.

S. 127 Z. 5 v. u. lies: „Schwarzes" statt: Schwarzens.

S. 205 Z. 9 v. o. lies: „transcendentale" statt: transscendentale.

S. 220 Z. 4 v. o. lies: „Hartmann sagt:" statt: Hartmann: sagt.

S. 225 Z. 4 v. u. lies: „transcendenteste" statt: transscendenteste.

S. 236 Z. 15 v. o. lies: „Freiheit" statt: Freihet.

S. 240 Z. 7 v. u. lies: „einen Erfolg" statt: Erfolg.

S. 245 Z. 3 v. u. lies: „malus" statt: molus.

S. 248 Z. 7 v. u. lies: „liegt" statt: liegen.

S. 255 Z. 15 v. o. lies: „das" statt: dass.

S. 277 Z. 12 v. u. lies: „nach dem" statt: nach den.

S. 288 Z. 1 v. o. lies: „Was sie ist" statt: was ist sie.

S. 289 Z. 13 v. u. lies: „ist" statt: ist".

S. 326 Z. 6 v. u. lies: „scheint" statt: erscheint.

S. 333 Z. 6 v. o. lies: „von v. Bar" statt: war von Bar.

S. 347 Z. 6 v. u. lies: „haben" statt: heben.

S. 417 Z. 6 u. 7 v. o. lies: „den Fall" statt: der Fall.